女大明年奇佑貳　妻

男明簡年參佑陸拾

男思社年奇佑肆貳　白丁

男明孝年奇佑陸貳　白丁

敦煌社會歷史文獻釋録第一編

策劃、主編：郝春文

英藏敦煌社會歷史文獻釋録

第二卷

郝春文編著
助編：史睿　劉屹　朱俊鵬　張華宇

社會科學文獻出版社

圖書在版編目(CIP)數據

英藏敦煌社會歷史文獻釋録. 第二卷 / 郝春文編著.
-- 北京：社會科學文獻出版社，2003.7（2022.7 重印）
（敦煌社會歷史文獻釋録. 第一編）
ISBN 978 - 7 - 80190 - 004 - 3

Ⅰ. 英… Ⅱ. 郝… Ⅲ. 敦煌學 - 文獻 - 注釋
Ⅳ. K870.6

中國版本圖書館 CIP 數據核字（2003）第 042151 號

敦煌社會歷史文獻釋録　第一編
英藏敦煌社會歷史文獻釋録　第二卷

編　　著 / 郝春文

出 版 人 / 王利民
項目統籌 / 雁　聲
責任編輯 / 雁　聲　張　敏　陳振藩
責任印製 / 王京美

出　　版 / 社會科學文獻出版社 · 人文分社（010）59367215
地址：北京市北三環中路甲 29 號院華龍大厦　郵編：100029
網址：www. ssap. com. cn
發　　行 / 社會科學文獻出版社（010）59367028
印　　裝 / 北京虎彩文化傳播有限公司

規　　格 / 開　本：889mm × 1194mm　1/32
印　張：18.75　字　數：360 千字
版　　次 / 2003 年 7 月第 1 版　2022 年 7 月第 3 次印刷
書　　號 / ISBN 978 - 7 - 80190 - 004 - 3
定　　價 / 55.00 圓

讀者服務電話：4008918866

本書第一至三卷係：

國家社會科學基金項目

北京市培養跨世紀理論人才『百人工程』研究項目

北京市跨世紀優秀人才工程專項資助項目

北京市優秀人才專項經費資助項目

英藏敦煌社會歷史文獻釋録

凡例

一　本書係大型文獻圖集《英藏敦煌文獻》的文字釋録本。其收録範圍、選擇内容均與上書相同。但增收該書漏收的部分佛教典籍以外文獻；對於該書未收的佛經題記，因其具有世俗文書性質，亦予增收；對於該書所收的部分佛經，本書則予以剔除。凡屬增收、剔除之文書，均作説明。

二　本書的編排順序係依收藏單位的館藏編號順序排列。每號文書按正背次序排列，背面以『背』（V）表示。文書正背之區分均依文書原編號。發現原來正背標錯的情況，亦不改動，但在校記中加以説明。

三　凡一號中有多件文書者，即依次以件爲單位進行録校。在每件文書標題前標明其出處和原編號碼。

四　每件文書均包括標題、釋文兩項基本内容；如有必要和可能，在釋文後加説明、校記和有關研究文獻等内容。

五　文書的擬題以向讀者提供儘量多的學術信息爲原則，凡原題和前人的擬題符合以上原則者，即行採用；不符者則重新擬題。

六　凡確知爲同一文書而斷裂爲兩件以上者，在校記中加以説明；若能直接綴合，釋文部分將徑録綴合后的釋文。

七　本書之敦煌文獻釋文一律使用通行繁體字釋録。釋文的格式採用兩種辦法，對有必要保存原格式的文書，以忠實原件、反映文書的原貌爲原則，按原件格式釋録；没有必要保存原格式的文獻，則採用自然行釋録。原件中之逆書（自左向右書寫），亦不改動；一件文書寫於另一件文書行間者，分别釋録，但加以説明。保存原格式的文書，原文一行排不下時，移行時比文書原格式低二格，以示區别。

八　釋文的文字均以原件爲據，適當吸收前人的研究成果。如已發表的釋文有誤，則徑行改正，並酌情出校。

九　同一文書有兩種以上寫本者，釋録到哪一號，即以該號中之文書爲底本，以其他寫本爲參校本；有傳世本者，則以寫本爲底本，以傳世本爲參校本。

一〇　底本與參校本内容有出入，凡底本中之文字文義可通者，均以底本爲準，而將參校本中之異文附于校記，以備參考。若底本有誤，則保留原文，在錯誤文字下用（　）注出正字；如底本有脱文，可據他本和上下文義補足，但需將所補之字置于［　］內；改、補理由均見校記。

一一　原件殘缺，依殘缺位置用（前缺）、（中缺）、（後缺）表示。因殘缺造成缺字者，用□表示，不能確知缺幾個字的，上缺用□表示，中缺用□表示，下缺用

□表示，一般佔三格，但有時爲了保持原文格式，可適當延長，視具體情況而定。

一二　凡缺字可據別本或上下文義補足時，將所補之字置于□內，並在校記中説明理由；原文殘損，但據殘筆劃和上下文可推知爲某字者，徑補；無法擬補者，從缺字例；殘存一半者照描，殘損部分用□□表示；字跡清晰，但不識者照描，在該字注以『（？）』，以示存疑；字跡模糊，無法辨識者，亦用□表示。

一三　原書寫者未書完或未書全者，用『（以下原缺文）』表示。

一四　原件中的俗體、異體字，凡可確定者，一律改爲通行繁體字；有些因特殊情況需要保留者，用（　）將正字注于該字之下。

一五　原件中的筆誤和筆劃增減，徑行改正；出入較大的保留，用（　）在該字之下注出正字，並在校記中説明理由。

一六　原件中的同音假借字照録，但用（　）在該字之下注出本字。

一七　原件有倒字符號者，徑改；有廢字符號者，不録；有重疊符號者，直接補足重疊文字；均不出校。有涂改、修改符號者，只録修改後的文字；不能確定哪幾個字是修改後應保留的，兩存之。有涂抹符號者，能確定確爲作廢者，不録；不能確定已涂抹的文字，則照録。原寫於行外的補字，徑行補入行內；不能確定補於何處者，仍照原樣録於夾行中。

一八　原件中的衍文，均保留原狀，但在校記中注明某字或某字至某字衍，並説明理由。

一九　文書中的朱書和印跡，均在説明中注明。

二〇　本書收録與涉及的敦煌文獻，在標明其出處時，使用學界通用的略寫中文詞和縮寫英文詞，即：

『斯』：倫敦英國國家圖書館藏敦煌文獻斯坦因（Stein）編號

『北敦』：北京中國國家圖書館藏敦煌文獻編號

『Ch BM』：倫敦英國國家博物館藏敦煌絹紙畫編號

『Ch IOL』：倫敦英國印度事務部圖書館藏敦煌文獻編號

『S. P』：倫敦英國國家圖書館藏敦煌文獻木刻本斯坦因（Stein）編號

『伯』：巴黎法國國立圖書館藏敦煌文獻伯希和（Pelliot）編號

『Дх.』：聖彼得堡俄羅斯聯邦科學院東方學研究所聖彼得堡分所藏敦煌文獻編號

『Φ.』：聖彼得堡俄羅斯聯邦科學院東方學研究所聖彼得堡分所藏敦煌文獻弗魯格（Флуг）編號

目録

斯三二七背
一　社司轉帖……一
二　己丑年十月七日巷社結案局席憑……三
斯三二八　伍子胥變文……五
斯三二九＋斯三六一　書儀鏡……四五
斯三二九背＋斯三六一背
一　雜寫……八四
二　詩抄（閨情）……八五
三　雜寫……八六
四　詩抄（長信草）……八七
五　雜寫（書儀等）……八八
六　日落影西山詩抄……八九
七　雜寫……九〇
八　三月三日范（泛）龍舟詩抄（二通）……九一
九　雜寫……九二
一〇　日落影西山詩抄……九三

一一　十二月書儀……………………………………………………九四
一二　遊通信狀抄……………………………………………………九六
一三　雜寫（行人轉帖、祝願新郎文等）…………………………九七
一四　曲子名…………………………………………………………九九
一五　社司轉帖抄……………………………………………………一〇〇
一六　雜寫（詩一首等）……………………………………………一〇二
一七　通信上曲子名一首……………………………………………一〇四
一八　雜寫（補官牒抄等）…………………………………………一〇五
一九　社司轉帖抄……………………………………………………一〇七
二〇　雜寫（社司轉帖抄等）………………………………………一〇八
二一　兒郎偉驅儺之法抄……………………………………………一〇九
二二　雜寫……………………………………………………………一一〇
二三　裙帔綾錦抄……………………………………………………一一一
二四　習字……………………………………………………………一一二

斯三三〇

一　雍熙二年五月沙州三界寺授惠意程氏八戒牒…………………一一四
二　太平興國九年正月沙州三界寺授惠意程氏八戒牒……………一一五

三　太平興國七年五月沙州三界寺授程氏八戒牒……一一七
四　太平興國七年正月沙州三界寺授惠意程氏八戒牒……一一八
五　太平興國九年正月沙州三界寺授程氏惠意八戒牒……一二〇
六　太平興國七年正月沙州三界寺授惠弘八戒牒……一二二

斯三三三〇背　人姓名……一二四

斯三三三五背　一　依根本部差分房舍人卧具人並安居法……一二五
二　對二日安居文……一二七
三　雜寫（千字文）……一二八

斯三三四一　延昌二年六月敦煌鎮經生張顯昌寫經題記……一三〇

斯三三四三　齋儀……一三一

斯三三四三背　一　雜寫（遺書文樣抄、三春欲末殘句等）……一四七
二　述三藏聖教序抄……一四八
三　遺書文樣抄……一五一
四　大唐皇帝述聖記抄……一五二
五　大般若經第六會序抄……一五四
六　齋儀抄……一五六

七　應用文文樣抄（遺書、放良書、放妻書等）……………………一六一
斯三四四背　經帙數及陰押牙題名……………………………………一六五
斯三四五背　建福社司轉帖抄…………………………………………一六六
斯三四七　乾德三年正月沙州三界寺授張氏八關齋戒牒……………一六八
斯三六一　書儀鏡（見斯三二九＋斯三六一）………………………一七〇
斯三六一背　雜寫等（見斯三二九背＋斯三六一背）………………一七〇
斯三六六　某寺諸色斛斗破歷…………………………………………一七〇
斯三六六背　付法傳……………………………………………………一七二
斯三六七　光啓元年（八八六）十二月廿五日書寫沙、伊等州地志……一七四
斯三七〇　一　淨土讚…………………………………………………一八一
二　同會往生極樂讚……………………………………………………一八四
三　五臺山讚……………………………………………………………一八五
斯三七一　戊子年十月一日淨土寺試部帖……………………………一八九
斯三七二＋斯三七八　丁亥年正月某寺諸色斛斗入破歷計會………一九一
斯三七三　僧詩…………………………………………………………一九五
斯三七四　至道二年（九九六）新鄉副使王漢子等牒………………二〇二

斯三七五　己巳年五月九日付圖經本數……二〇四

斯三七五背　勘經部帙數目……二〇六

斯三七六　某年正月廿四日尚書與鄧法律書……二〇七

斯三七六背　封題……二〇九

斯三七八　丁亥年正月某寺諸色斛斗入破歷計會（見斯三七二）……二一一

斯三八一　一　唐京師大莊嚴寺僧智興判抄……二一一

二　鳩摩羅什傳……二一三

三　龍興寺毗沙門天王靈驗記……二一四

四　鳴鍾（鐘）詩……二一六

斯三八一背　一　僧威信祭嬸文抄……二一八

二　己卯年十二月廿四日僧惠繹祭表姊十二娘文抄……二一九

三　雜寫（咸通十四年僧）……二二〇

四　丁亥年五月十五日僧常惠等祭姊文抄……二二一

五　丁亥年五月十五日十二娘祭婆婆文抄（一）……二二二

六　丁亥年五月十五日十二娘祭婆婆文抄（二）……二二四

斯三八二　大乘淨土讚一本……二二五

斯三八三　西天路竟一本……………………一三二
斯三八七背　雜寫……………………一三五
斯三八八　一　字樣……………………一三七
二　正名要録……………………一四二
斯三八九　肅州防戍都狀……………………一五〇
斯三八九背　孝子傳……………………一五三
斯三九〇　氾嗣宗和尚邈真讚……………………一五七
斯三九一　八十種好……………………一六〇
斯三九五　一　孔子項託一卷……………………一六二
二　社司轉帖抄……………………一八一
斯三九五背　雜寫……………………一八三
斯三九六背　《大般若經》點勘録……………………一八七
斯三九七　五臺山行記……………………一八八
斯三九八背　釋迦牟尼讚……………………一九一
斯四〇六　茶酒論一卷並序……………………一九二
斯四〇六背　雜寫（社司轉帖）……………………一九七

斯四〇九　金光明經卷第一題記……二九八
斯四〇九背　寺名……二九九
斯四一〇　大般若波羅蜜多經卷第五百七十六題記……三〇〇
斯四一三　經卷首尾佛像畫……三〇一
斯四一五背　道人訴狀稿（？）……三〇二
斯四二〇　某寺諸色斛斗入破歷計會……三〇四
斯四二五　太極真人問功德行業經……三〇七
斯四二五背　太極真人問功德行業經卷題……三一一
斯四二七　禪門十二時……三一二
斯四四〇　説偈文……三一八
斯四四四　大般若波羅蜜多經卷第二百二題記……三二一
斯四四六　唐玄宗加應道尊號大赦文……三二二
斯四四七　大乘淨土讚……三二七
斯四四七背　太子太師告紫亭副使等帖……三三〇
斯四四九　大般若波羅蜜多經卷第三百一勘經題記與題名……三三一
斯四五三　天王文……三三二

斯四五三背　雜寫（禮懺文等）……………………………………………………………………三三四
斯四五六　妙法蓮華經卷第三題記……………………………………………………………………三三五
斯四五七　大智度論卷第四十四題記……………………………………………………………………三三七
斯四五八　佛説無量壽宗要經題記……………………………………………………………………三三八
斯四六一　勘經題記及雜寫……………………………………………………………………三三九
斯四六一背　雜寫（字書、千字文等）……………………………………………………………………三四〇
斯四六二　一　懺悔滅罪《金光明經》傳……………………………………………………………………三四二
　　二　大唐中興三藏聖教序……………………………………………………………………三四七
斯四六四背　勘經題記、雜字及雜寫……………………………………………………………………三五一
斯四六六　廣順叁年（九五三）十月廿二日莫高鄉百姓龍祐定兄弟出典地契……………………三五二
斯四六七　五臺山曲子六首……………………………………………………………………三五四
斯四六八　頓悟無生般若訟（頌）一卷……………………………………………………………………三六〇
斯四七一背　習字……………………………………………………………………三六二
斯四七三　勸善文……………………………………………………………………三六三
斯四七四　社邑慶像文抄……………………………………………………………………三六六
斯四七四背　戊寅年三月十三日分付行像司便粟算會……………………………………………………………………三六八

斯四七六　一　沙州僧團勘經部帙數目……三七〇
　　　　　二　沙州僧團勘經部帙數目……三七四
斯四七六背　一　沙州僧團大衆轉經付經點檢歷……三七八
　　　　　二　沙州僧團勘經部帙數目……三八〇
斯四七七　老子道經河上公章句卷上……三八四
斯四七九　太公家教一卷……三九九
斯四八二　元陽上卷超度濟難經品第一……四一二
斯四九〇　毗尼心一卷題記……四二二
斯四九八　毛詩正義（大雅民勞）……四二三
斯五〇九　千手千眼大悲心陀羅尼經題記……四二八
斯五一一背　雜寫（齋文等）……四二九
斯五一二　歸三十字母例……四三〇
斯五一三　金剛般若波羅蜜經題記……四三二
斯五一四　沙州敦煌縣懸泉鄉宜禾里大曆四年（七六九）手實……四三四
斯五一五　齋文集……四五七
斯五一五背　一　敕歸義軍節度使牒稿……四六三

二　敕歸義軍節度使牒稿……四六四
斯五一六　歷代法寶記……四六七
斯五一八　天福拾肆年（九四九）八月廿二日歸義軍節度使曹某建窟檐記……五六五
斯五二〇＋斯八五八三　天福八年（九四三）二月十九日河西都僧統龍辯牓……五六六
斯五二二
一　消滅交（教）念往生發願文……五七一
二　數息觀門……五七二
三　大乘四無量安心入道法要略……五七三

釋文

社司轉帖〔一〕

右緣年支□□局席〔二〕，次至主人王富全，人各麵一斤，粟一斗。

幸請諸公等〔三〕，帖至〔四〕，限今月廿三日卯時主人家送納〔五〕。捉二人後到，罰酒一

角〔六〕；全不來者〔七〕，罰酒半瓮〔八〕。其帖各自示名遞過者。

□□□□□月廿二日録事景帖〔九〕。

□□　□安定　□□全　王弘□　王章

（後缺）

說明

此卷正面是佛經，因此帖是被用來修補正面的佛經，故上半部和尾部已被剪掉。但上半部可據文義及其他社司轉帖例補足。與此件相連的是一件巷社結案局席文書，亦被用來粘接紙張，下半部及尾部殘缺。

此件失紀年。

校記

〔一〕「社司轉帖」，據其他社司轉帖例補。
〔二〕「右緣年支局」，據文義及其他春秋座局席社司轉帖例補。
〔三〕「幸請諸公等」，據文義及其他社司轉帖例補。
〔四〕「帖至」，據文義及其他社司轉帖例補。
〔五〕「限」，據文義及其他社司轉帖例補。
〔六〕「罰酒一角」，據文義及其他社司轉帖例補。
〔七〕「全不來者」，據文義及其他社司轉帖例補。
〔八〕「罰」，據文義及其他社司轉帖例補。
〔九〕「月」，據文義及其他社司轉帖例補。

參考文獻

《敦煌寶藏》三册，一二〇頁（圖）；《敦煌學》一五輯，一一八頁；《敦煌社會經濟文獻真蹟釋録》一輯，三四一頁（録）（圖）；《北京師院學報》一九八九年四期三五頁（録）；《中國社會經濟史研究》一九八九年四期二七頁（録）；《北京師院學報》一九九〇年一期九六頁（録）；《英藏敦煌文獻》一卷，一二三頁（圖）；《敦煌社邑文書輯校》二〇八至二一〇頁（録）。

斯三二七背　二　己丑年十月七日巷社結案局席憑

釋文

己丑年十月七日巷社一周□

結案局席羊價麥叁□

張虞候就倉門來悵（償）麥壹斗，□

斗。正月□□□（後缺）

說明

此件與上件相連，關於卷子的情況請參看上件的說明。

在敦煌的一些私社中，由社人輪流充當置辦局席的主人。每個社人都置辦一次局席以後（即文書中所說的『一周』），大約要舉行一次結案局席（可參看郝春文《敦煌遺書中的『春秋座局席』考》，載《北京師院學報》一九八九年第五期）。此件就是某巷社有關結案局席的文書。可惜的是此件已被剪裁，用於粘接紙張。

此件用干支紀年，其時代應在歸義軍時期。歸義軍時期計有三個己丑年，即咸通十年（八六九）、天成四年（九二九）和端拱二年（九八九）。此件究屬上述哪一個己丑年，尚待研究。

參考文獻

《敦煌寶藏》三册，一二〇頁（圖）；《敦煌社會經濟文獻真蹟釋録》一輯，三八一頁（録）（圖）；《中國社會經濟史研究》一九八九年四期二七頁（録）；《英藏敦煌文獻》一卷，一二二頁（圖）；《敦煌民俗研究》九六頁（録）；《敦煌社邑文書輯校》一九六至一九七頁（録）。

斯三三二八　伍子胥變文

釋文

（前缺）

『今卻返，具述胥言。適有𪐏疏，請君勿責』〔一〕。使人得語，便即卻迴，將繩自縛，乃見平王。啓平王曰：

奉命身充爲急使，日夜奔波歷數州，
會稽山南相趁及，拔劍擬欲斬臣頭。
臣懼子胥手中劍，子胥怕臣俱惣休。
彼此相擬不相近，遥語聲聲說事由：
『卻迴報你平王道：即日興兵報父讎』。

楚帝聞此語，怕（拍）陛（髀）大嗔〔二〕：『勃逆小人，何由可耐。一寸之草，豈合量天；一筓毫毛，擬拒爐炭？子胥狂語，何足可觀；風裏野言，不須採拾！』楚王便獄中喚出伡（伍）奢子尚〔三〕，處法徒刑。子尚臨死之時，仰面向天，歎而言曰：『吾當不用弟語，遠來就父同誅，奈何，奈何！更知何道！吾死之後，願弟得存。忽爾天道開通，爲父讎冤煞楚。』遺語已訖，便即煞之。父子二人，同時誅戮。

楚王出敕，遂捉子胥處若爲？敕曰：『梁國之臣，逆賊子胥，父事於君，不能忠謹，徒（圖）謀社稷，暴虎（虐）貪殘〔四〕。子尚鄭國之臣，並父同時煞訖〔五〕；唯有子胥逃逝，目下未獲。如能捉獲送身，賞金千斤，封邑萬户〔六〕。隱藏之者，法有常刑：先斬一身，然誅九族。所由寬縱，解任科徵。晝日奏聞，固（錮）身送上。』敕既行下，水楔不通，州縣相知，牓標道路。村坊搜括，誰敢隱藏？競擬追收，以貪重賞。

子胥行至莽蕩山間，按劍悲歌而歎曰：

『子胥發分（忿）乃長吁：大丈夫屈厄何嗟歎，
天網恢恢道路窮，使我栖惶没投竄。
渴乏無食可充腸，迴野連翩而失伴，
遥聞天漸（塹）足風波〔七〕，山岳岧嶤接雲漢。
窮洲旅際絶船（舟）船〔八〕，若爲得達江南岸？
上倉（蒼）儻若逆人心〔九〕，不免此處生留難。』

悲歌以（已）了〔一〇〕，更復前行，信葉（業）隨緣，至於穎水。風來拂耳，聞有打沙（紗）之聲〔一一〕，不敢前盪，隈形即立。

子胥行至潁水傍，渴乏飢荒難進路，
遥聞空裏打沙（紗）聲，屈節斜身便即住。
慮恐此處人相掩，捻脚攢形而暎樹；
量（良）久穩審不須驚，漸向樹間偷眼覷。
津傍更亦没男夫，唯見輕盈打沙（紗）女，
水底將頭百過窺，波上玉腕千迴舉。
即欲向前從乞食，心意懷疑生遊（猶）豫，
進退不敢輒諮量，踟蹰即欲低頭去。

女子泊（拍）沙（紗）於水，舉頭忽見一人，行步獐狂，精神慌惚，面帶飢色，腰劍而行，知是子胥，乃懷悲曰：『兒聞桑間一食，靈輒爲之扶輪；黄雀得藥封瘡，銜白環而相報。我雖貞潔，質素無虧，今於水上泊（拍）沙（紗），有幸得逢君子，雖即家中不被（備），何惜此之一餐。』緩步岸上而行，乃喚：『遊人且住！劍客是何方君子，何國英才？相貌精神，容儀聳幹。緣何急事？步涉長途。失伴周章，精神慌惚。觀君面色，必然心有所求。若非俠客懷冤，定被平王捕逐？兒有貧家一惠，敢屈君餐。情裏如何，希垂降步。』

子胥答曰：『僕是楚人，身充越使，比緣貢獻，西進楚王。及與梁鄭二國計會軍國，乘肥卻返，行至小江，遂被狂賊侵欺，有幸得存。今日登山驀嶺，糧食罄窮，空中聞娘子打沙（紗）之聲，觸處尋聲訪覓，下官形骸若此，自拙爲人，恐失王逞（程），奔波有實；今遊會稽之路，從何可通？乞爲指似南途，亦不敢忘（望）食！』女子答曰：『兒聞古人之語，蓋不虛言。情去意實難留，斷弦由（猶）可續，君之行李，足亦可知。見君眄後看前，面帶愁容而步涉，江山迢遞，冒染風塵，今乃不棄卑微，敢欲邀君一食：

兒家本住南陽縣，二八容光如皎練，
泊（拍）沙（紗）潭下照紅粧，水上荷花不如面。
客行由（猶）同海泛舟，博（薄）暮皈巢畏日晚，
儻若不棄是卑微，願君努力當（嘗）餐飯。』

子胥即欲前行，再三苦被留連，人情實亦難通，水畔蹲身，即坐喫飯。三口便即停餐，媿賀女人，即欲進發。更蒙女子勸諫，盡足食之。慚愧彌深，乃論心事。子胥答曰：

『下官身是仵（伍）子胥，避楚逃逝入南吴。
慮恐平王相捕逐，爲此星夜涉窮途。
蒙賜一餐堪充飽，未審將何得相報！
身輕體健目精明，即欲取别登長路。
僕是棄背帝鄉賓，今被平王見尋討，
恩澤不用語人知，幸願娘子知懷抱。』

子胥語已向前行，女子號咷發聲哭：

『旅客㤱㤱實可念，以死匍匐乃貪生，

食我一餐由（猶）未足，婦人不愜丈夫情。

君雖貴重相辭謝，兒意慚君亦不輕。』

語已含啼而拭淚，『君子容儀頓顦顇，

儻若在後被追收，必道女子相帶累。

三十不與丈夫言，與母同居住鄰里，

嬌愛容光在目前，列（烈）女忠貞浪虛棄。』

喚言仵（伍）相物（勿）懷擬（疑）〔一二〕，遂即抱石投河死。

子胥回頭聊長望〔一三〕，憐念女子懷惆悵〔一四〕，

遥見抱石透（投）河亡，不覺失聲稱『冤枉』。

無端穎水滅人蹤，落淚悲嗟倍凄愴：

『儻若在後得高遷，〔一五〕唯贈百金相殯葬！』

子胥哭已，更復前行。風塵慘面，蓬塵暎天，精神暴亂〔一六〕，忽至深川。水泉無底，岸闊無邊〔一七〕。登山入谷〔一八〕，遶澗尋源。龍蛇塞路〔一九〕，拔劍盪前，虎狼滿道，遂即張弦。餓乃蘆中餐草，渴飲岩下流泉。丈夫爲讎發憤，將死由（猶）如睡眠。川中忽遇一家〔二〇〕，

遂即叩門乞食。有一婦人出應，遠蔭弟聲〔二一〕，遥知是弟子胥〔二二〕。切語相思慰問〔二三〕，子胥滅（緘）口不言。知弟渴乏多時〔二四〕，遂取葫蘆盛飯，並將苦、苣爲虀（齏）〔二五〕。子胥賢士〔二六〕，逆知阿姊之情〔二七〕，審細思量〔二八〕，解而言曰〔二九〕：『葫蘆盛飯者，内苦外甘也，苦、苣爲虀（齏）者，以苦和苦也。義合遣我，速去速去〔三〇〕，不可久停。』便即辭去〔三一〕。姊問弟曰〔三二〕：『今乃進發，欲投何處〔三三〕？』子胥答曰：『欲投越國。父兄被煞，不可不讎。〔三四〕』阿姊抱得弟頭，哽咽聲嘶，不敢大哭〔三五〕。歎言：『痛哉！苦哉！自摸（撲）魂搥〔胸〕〔三六〕，共弟前身何罪〔三七〕，受此孤恓〔三八〕！

曠大劫來有何罪〔三九〕，如今孤負阿耶孃〔四〇〕。
雖得人身有富貴，父南子北各分張。
忽憶父兄行坐哭（處）〔四一〕，令兒寸寸斷肝腸〔四二〕，
不知弟今何處去，遺吾獨自受恓惶。
我今更無眷戀處〔四三〕，恨不將身自滅亡！』
子胥別姊稱『好住〔四四〕！不須啼哭淚千行。
父兄枉被刑誅戮〔四五〕，心中寫火劇煎湯〔四六〕。
丈夫今無天日分，雄心結怨苦倉（蒼）倉（蒼）〔四七〕；
儻逢天道開通日，誓願活捉楚平王。

剜心並戀（臠）割〔四八〕，九族惣須亡，
若其不如此，誓願不還鄉！』

作此語了，遂即南行。行得廿餘里，遂乃眼瞤〔耳〕〔熱〕〔四九〕，〔遂〕〔即〕畫地而卜〔五〇〕，占見外甥來趁。用水頭上攘（禳）之，將竹插於腰下，又用木劇（屐）到（倒）著，並畫地戶天門，遂即臥於蘆中，咒而言曰：『捉我者殃，趁我者亡，急急如律令！』子胥有兩個外甥〔五一〕，子安、子永，〔至〕〔家〕〔有〕〔一〕〔人〕〔食〕〔處〕〔五二〕，〔知〕〔是〕〔胥〕〔舅〕〔五三〕，〔不〕〔顧〕〔母〕〔之〕〔孔〕〔懷〕〔五四〕，〔遂〕〔即〕〔生〕〔惡〕〔意〕〔奔〕〔遂〕（逐）〔五五〕：『〔我〕〔若〕〔將〕〔見〕〔楚〕〔帝〕〔取〕〔賞〕〔五六〕，〔必〕〔得〕〔高〕〔遷〕〔五七〕。〔逆〕〔賊〕〔今〕〔既〕〔至〕〔門〕〔五八〕，〔何〕〔因〕〔不〕〔捉〕〔五九〕？』〔行〕〔可〕〔十〕〔里〕〔六〇〕，〔遂〕〔即〕〔息〕〔於〕〔道〕〔旁〕〔六一〕。〔子〕〔永〕少解陰陽〔六二〕，遂即畫地而卜。占見阿舅頭上有水，定落河傍；腰間有竹，冢墓城（成）荒；木劇（屐）到（倒）著，不進傍徨。若看此卦，必定身亡。不假尋覓，廢我還鄉。』子胥屈節看文，乃見外甥來（不）趁〔六三〕，遂即奔走〔六四〕，星夜不停。

川中又遇一家〔六五〕，墻壁異常嚴麗，孤莊獨立，四迴無人，不耻八尺之軀，遂即叩門乞食。

子胥叩門從乞食，其妻斂容而出應：
劃見知是自家夫，即欲發言相識認。

婦人卓立審思量〔六六〕，不敢向前相附近，
以禮設拜乃逢迎，怨結啼聲而借問〔六七〕：
『妾家住在荒郊側〔六八〕，四迴無鄰獨棲宿〔六九〕，
君子從何至此間，面帶愁容有飢色？
落草獐狂似佉（怯）人〔七〇〕，屈節攢刑（形）而乞食〔七一〕。
妾雖禁閉在深閨〔七二〕，與君影響微相識。』
子胥報言娘子曰：
『僕是楚人充遠使〔七三〕，涉歷山川歸故里，
在道失路乃迷昏〔七四〕，不覺行由來至此。
鄉關迢遰海西頭〔七五〕，遥遥阻隔三江水，
適來專輒橫相忓，自側於身實造次〔七六〕。
貴人多望（忘）錯相認，不省從來識娘子。
今欲進發往江東，幸願存情相指示〔七七〕。』

其妻遂作《藥名〔詩〕》〔七八〕，問曰：『妾是仵茄之婦細辛，早仕於梁〔七九〕，就禮未及當歸，使妾閑居獨活。薵（高）茛（良）薑芥，澤瀉無憐，仰歎檳榔，何時遠志〔八〇〕。近聞楚王無道，遂發豺狐之心，誅妾家破芒消，屈身苜（昔）蓫（遂）〔八一〕。葳蕤怯弱，石膽難當，夫

怕逃人，茱萸得脱。潛形菵草，匿影藜蘆，狀似被趁野干，遂使狂夫茛菪。妾憶淚霑赤石，結根青箱。夜寢難可決明，日念舌乾卷百（柏）。聞君乞聲厚樸，不覺躑躅君前，謂言夫壻麥門，遂使蓯蓉緩步。看君龍齒，似妾狼牙，桔梗若爲，願陳枳殼。』子胥答曰：『余亦不是仵（伍）家之子〔八二〕，亦不是避難逃人。聽説途之行李，余乃生於巴蜀，長在藿鄉，父是蜈公，生居貝母，遂使金牙採寶，支子遠行〔八三〕。劉寄奴是余賤朋〔八四〕，徐長卿爲之貴友。〔共〕渡蘘河〔八五〕，被泥寒水傷身，三（二）伴芒消〔八六〕，唯余獨活。每日懸腸斷續〔八七〕，情思飄颻，獨步恒山，石膏難渡。披巖巴戟，數值狼（柴）胡〔八八〕，乃意款冬〔八九〕，忽逢鍾乳。留心半夏〔九〇〕，不見鬱金，余乃返步當歸，芎窮至此。我之羊齒，非是狼牙，桔梗之情，願知其意。』妻答曰：『君莫急急〔九一〕，即路遥長〔九二〕，

縱使從來不相識，錯相識認有何方（妨）？
妾是公孫鍾鼎女，疋配君子事貞良。
夫主姓仵身爲相，束髮千里事君王。
自從一別音書絶，憶君愁腸氣欲結。
遠道冥冥斷寂寥，兒家不慣長頭别。
紅顏顑頷不如常，相思落淚何曾歇。
年光虚擲守空閨〔九三〕，誰能渡得芳菲節〔九四〕。

青樓日夜減容光，衹緣蕩子事（仕）於梁。
懶向庭前覩明月〔九五〕，愁歸帳里抱鴛鴦。
遠附雁書將不達，天寒阻隔路遥長，
欲織殘機情不喜〔九六〕，畫眉羞對鏡中粧。
偏憐鵲語蒲桃架，念燕雙栖白玉堂。
君作秋胡不相識，妾亦無心學採桑。
見君口中雙板齒〔九七〕，爲此識認意相當。
麤飯一餐終不惜〔九八〕，願君且住莫悤（匆）忙。』
子胥被認相辭謝〔九九〕，方便軟言而帖寫：
『娘子莫漫横相干〔一〇〇〕，人間大有相似者〔一〇一〕。
娘子夫主姓仵（伍）身爲相〔一〇二〕，僕是寒門居草野。
儻見夫壻爲通傳，以理勸諫令歸舍，
今緣事急往江東〔一〇三〕，不得停留復日夜〔一〇四〕。』
其婦知〔胥〕謀大事〔一〇五〕，更亦不敢驚動，如法供給，以理（禮）發遣。
子胥被婦認識，更亦不言：『丈夫未達於前，遂被婦人相識，豈緣小事，敗我大儀（義）。』列（烈）士抱石而行，遂即打其齒落。晝即看日，夜乃觀星，奔走不停，遂至吴江北岸。慮恐有人相掩，潛身伏在蘆中，按劍悲歌而歎曰：

『江水淼漫波濤舉，連天沸或淺或深。
飛沙蓬勃遮雲漢，清風激浪喻摧林。
白草遍野副（覆）平源（原），緑柳分行垂兩岸。
烏鵲拾食遍交横，魚龍踴躍而撩亂。
水猫游獺戲爭奔，千迴不覺長吁歎。
忽憶父兄狂（枉）被誅，即得五内心腸爛。
思量讎恨痛哀嗟，今日相逢不相捨。
我若命盡此江潭，死活看惣今日夜。
不辭骸骨掩長波，父兄之讎終不斷。
上蒼靡草惣由風，還是諸天威力化。』

悲歌以（已）了，行至江邊遠眄。唯見江潭廣闊，如何得渡！蘆中引領，迴首寂然。不遇泛舟之賓，永絶乘查（楂）之客。唯見江烏出岸，白露鳥而爭飛[一〇六]；魚鱉縱横，鸕鴻芬泊。又見長洲浩汗，漠浦波濤，霧起冥昏，雲陰叆叇。樹摧老岸，月照孤山，龍振鱉驚，江沌（豚）作浪。若有失鄉之客，登岫嶺以思家[一〇七]；乘查（楂）之賓，指參辰而爲正。岷山一住（柱），似虎狼盤旋。漬漬如鼓角之聲，並無船而可渡。經餘再宿，隱匿蘆中。波上唯見一人，唱謳歌而撥棹，手持輪鈎，欲似魚（漁）人〔一〇八〕。即出蘆中，乃唤言：『執鈎乘船之仕（士），暫屈就岸相看，勿辭之勞，幸願存情相顧。』魚（漁）人聞唤，當乃尋聲，蘆中忽見一人，便即摇船就岸。收輪卷索，息棹停竿，隨流水上翩翩，歌清風而問曰：『君子今欲何去，迴在江傍浦側？不見乘船泛客，又無伴侣肅（蕭）然〔一〇九〕。爲當流浪漂蓬，獨立窮舟（洲）旅岸？縱使求船覓渡，在此寂絶舟船；不耻下末愚夫，願請具陳心事。』子胥答曰：『吾聞：人相知於道術，魚相望於江湖。下奏（走）身是遊人，豈敢虚相誑語！今緣少許急事，欲往江南行李。自拙爲人，幸願先生知委。儻蒙賜渡，恩可煞身，若也不容，自當息意。』魚（漁）人答曰：『適來鑒貌辨色，觀君與凡俗不同。君子懷抱可知，更亦不須分雪。我聞「别人不賤，别玉不貧」。秦穆公賜酒蒙恩，能言獨正（止）三軍〔一一〇〕，空籠而獲重賞。觀君艱辛日久，渴乏多時，不可空腸渡江，欲設子之一餐。吾家去此，往返十里有餘，來去稍遲，子莫疑怪。』子胥答曰：『但求船渡，何敢望餐！』魚（漁）人答曰：『吾聞麒麟得食，日行千里；鳳凰得食，飛騰四海。』答語已了，留船即去。乃向家中取食。子胥聞得此語，即與魚（漁）人看船。子胥心口思惟：『此人向我道家中取食，不多唤人來捉我以否？』遂即抛船而走，遂向蘆中藏身。魚（漁）人逡巡之間，即到船所。其魚（漁）人乃取得美酒一榼，魚肉五斤，薄餅十翻，飯攜一罐，行至船所，不見蘆中之士，唯見岸上空船。顧戀之情，悲傷不已。魚（漁）人歌而唤曰：『蘆中之仕

（士），何故潛身？出來此處相看，吾乃終無惡意，不須疑慮，莫作二難。爲子取食到來，何故不相就食？』子胥聞船人此語，知無惡意，遂即出於蘆中〔一一〕，愧賀取食艱辛〔一二〕，逢迎卑謝。於時鋪設，兩共同餐，便即鼓棹摇船，至於江半。子胥得食喫足，心自思惟：『凡人得他一食，慚人一色；得人兩食，爲他着力。』懷中璧玉以贈。船人畏暮貪前，與物不相承領。子胥慮嫌信少，更脱寶劍於（以）酬。魚（漁）人息棹迴身，乃報子胥言曰：『君莫造次，大須三思，一惠之餐，有何所直。人之屈厄，魚鼈同群；君子迍邅，龍蛇共處。楚王捕逐於子，捉獲賞賜千金；隱匿之人，誅身滅族。吾上不貪明君重賞，下不避誅戮之褰（愆），子欲寶劍相讎（酬），何如平王之物？龍泉寶劍，與子防身；璧玉荆珍，將充所貴。後若高遷，富貴莫忘，一朝自責。蒲柳之年，逢君日晚，劍璧之事，請更莫留。子若表我心懷，更亦不須辭謝。』子胥見人不受，情中漸覺不安。心口思惟，慮恐船人嫌我信物輕少：『雖是君王寶物，知欲如何？』遂擲劍於江中，放神光而焕爛。劍乃三涌三没，水上偏（翩）偏（翩）。江神遥聞劍吼，戰悼涌沸騰波，魚鼈忙怕攢泥，魚龍奔波透出。江神以手捧之，怕懼乃相分付。劍既離水，魚鼈跳梁，日月貞明，山林皎亮，雲開霧歇，霞散烟流，岸樹迎賓，江風送客。遠望沙傍白露（鷺），博（薄）暮擬欲歸林。浦側不見承（乘）船泛客，又無伴侶。唯見孤山森漫，迴眄故鄉，拭淚沾衣，心懷鬱怏。渡江欲至南岸，子胥乃問船人曰：『先生姓何名誰？鄉貫住在何州縣？』魚（漁）人答曰：『亦無姓無名，長住江而爲伴。横干（竿）莫（漠）浦，縮劍深潭，今日兩賊相逢，何用稱名道姓！君爲蘆中之事（士），我爲船上之人，意義足亦可知，富貴不須相忘。』子胥曰：『蒙先生一濟，無有忘時。遇藥傷蛇，由（猶）能返報。』魚（漁）人問曰：『祇今逃逝，擬投何國？』子胥曰：『擬投越國。』魚（漁）人曰：『子投越國，越國與楚和順，元不交兵，慮恐捉子送身，懷報（抱）讎心不達。子投吴國，必得流通。吴王常與楚讎，兩國不相和順。吴與楚國數爲征戰，無有賢臣，得子甚要。』子胥問船人曰：『吴國如何可投得？』船人曰：『子至吴國，入於都市，泥塗其面，披髮獐狂，東西馳走，大哭三聲。』子胥曰：『此法幸願解之。』船人答曰：『泥塗其面者，外濁内清；大哭三聲，東西馳走者，覓其明主也；披髮在市者，理合如斯也。吾非聖人，經事多矣。』子胥蒙他教示，遂即拜謝魚（漁）人。慮恐楚使相逢，不得久停，至岸即發。哽咽聲嘶，由（猶）如四鳥分飛，狀若三荆離别；遂别魚（漁）人南行，眷戀之情，悲傷不已。迴頭摇（遥）望，忽見魚（漁）人覆船而死。子胥愧荷魚（漁）人，哽咽悲啼不已，遂作悲歌而歎曰：

『大江水兮淼無邊〔一一三〕，雲與水兮相接連；
痛兮痛兮難可忍，苦兮苦兮冤復冤。
自古人情有離别，生死富貴揔關天。
先生恨胥何勿（物）事〔一一四〕？遂向江中而覆船。

波浪舟兮浮没沉，唱冤枉兮痛切深。
一寸愁腸似刀割，途中不禁淚沾禁（襟）。
望吴邦兮不可到，思帝鄉兮懷恨深，
儻值明主得遷達，施展英雄一片心。』

悲歌已了，更伏（復）前行，棲（淒）愴依然。丈夫契闊，何大迍邅？忠心盡節，事君九年，夙夜匪懈，晨省無愆。今遭落薄，知伏（復）何言。語已懷恨，氣上衝咽。葉（業）也命也，並悉關天。登山驀嶺，渡水尋川，求卻不卻，求前不前。動即被餓，性命轉然。平王太劇，唱叫稱冤，子胥遰（帶）劍，途（徒）步而前。至莽蕩山間，石壁侵天萬丈澤（？），入地騰（藤）竹縱横。遥望松羅（蘿），山崖斗（陡）暗，蟲狼離合，百鳥關（關）關（關）[一一五]。思憶帝鄉，乃爲歌曰：

『我所思兮道路長，涉江水兮入吴鄉。
父兄冥莫知何在，零丁遣我獨恓惶。
丈夫流浪隨緣葉（業），生死富貴亦何常，
平王曲受魏陵語，信用讒佞煞忠良。
思故鄉兮愁難止，臨水登山情不已。
楚帝輕盈憐細腰，宮裏美女多餓死，

秦穆公之女顔如玉，二八容光若桃李，
見其姿首納爲妃，豈合君臣有此理。
自從逃逝鎮懷憂〔一一六〕，使我孤遺無所投，
晝即途中尋鬼路，躡（匿）影藏形恒夜遊。
燕山勒頌知何日，冒染蓬塵雙鬢秋，
不慮東西抗天塞，唯愁渴乏渡荒州（洲）。
願我平安達前所，行無滯礙得通流；
儻若吴中遇明主，興兵先斬魏陵頭。』

悲歌已了，由（猶）懷慷慨，北背楚闗（關），南登吴會。厲逢天暗，雲陰叆靆。失路傍（彷）徨〔一一七〕，山林權滯〔一一八〕，怪鳥成群，蟲狼作隊，禽號姓（猩）姓（猩）〔一一九〕，獸名狒狒。忽爾心驚，拔劍即行〔一二〇〕。〔匣〕〔中〕〔光〕〔出〕〔一二一〕，〔遍〕〔野〕〔精〕〔明〕〔一二二〕，〔中〕〔有〕〔日〕〔月〕〔一二三〕，〔北〕〔斗〕〔七星〕〔一二四〕，心雄燥烈〔一二五〕，不懼千兵。〔平〕〔王〕〔捉〕〔我〕〔一二六〕，〔事〕〔未〕〔消〕〔寧〕〔一二七〕，儻被擒獲，百死無生〔一二八〕。〔偷〕〔蹤〕〔竊〕〔道〕〔一二九〕，〔飲〕〔氣〕〔吞〕〔聲〕〔一三〇〕，〔風〕〔吹〕〔草〕〔重〕（動）〔一三一〕，〔即〕〔便〕〔藏〕〔形〕〔一三二〕。劍歌已了，更復前行〔一三三〕。〔北〕〔跨〕〔廣〕〔陵〕〔一三四〕，〔南〕〔登〕〔吴〕〔會〕〔一三五〕，〔闗〕〔津〕〔忽〕〔切〕〔一三六〕，〔州〕〔縣〕

〔嚴〕〔加〕〔一三七〕，〔勒〕〔鋪〕〔交〕〔横〕〔一三八〕，〔鎮〕〔戍〕〔相〕〔續〕〔一三九〕。〔潛〕〔身〕〔避〕〔影〕〔一四〇〕，一步一前，不經旬月之間〔一四一〕，即至吴國。一依魚（漁）人教示〔一四二〕，披髮遂入市中〔一四三〕，泥塗面上〔而〕〔行〕〔一四四〕，獐狂大哭三聲〔一四五〕，東西馳走。吴國臣佐〔一四六〕，乘馬入市遊行，正見異色奇才〔一四七〕，身長八尺，知是子胥〔一四八〕，留別諸人：『惣是良家子，同來共苦辛，相看情未足，豈忍別生分，後會如（知）何日〔一四九〕，離心若至親，從兹一隔别，俱作越鄉人。』賢人貴宰〔一五〇〕，奔走啓告吴王〔一五一〕：『適別龍顔〔一五二〕，遊於纏（廛）示（市）〔一五三〕，見一外國君子，泥塗面而獐狂，披髮悲啼，東西馳走〔一五四〕。臣以傍觀的審〔一五五〕，監貌可知，望陛下追問逗遛〔一五六〕，必是懷冤俠客！』吴王聞相此語〔一五七〕，心生歡喜，遂集群臣〔一五八〕，撥珠簾而説夢〔一五九〕：『朕昨夜三更，夢見賢人入境〔一六〇〕，遂乃身輕體健，踴躍不勝。卿等詳儀（議），爲朕解其善惡。』百官聞王此語，一時舞道（蹈）呵呵，齊唱太平，俱稱萬歲：『市中有八尺君子，雅合陛下之心，見在群臣，不勝喜賀。』吴王即令急使，向市中迎召賢臣。『爲朕傳語，雖不先相識，欲得相見，面申懷抱。』使人得其口敕，走馬直入市中，見子胥具説吴王口敕。子胥奉王敕命，不敢遲違，隨使便行。乃至吴王殿所，匍面在地，哽咽聲嘶，良久而起。吴王知是子胥，便即悲情弔問：『楚王不納忠諫之詞，曲受佞臣之語，枉煞卿之父兄，奈何荼毒，棲（淒）槍（愴）難論，痛苦之哉，誰復能忍！山河阻隔，遠涉風雲（霜）〔一六一〕，朕國狹小，勞卿遠至。』

子胥良久，攬髮而言：『臣父兄事君不謹，遂被楚帝誅身。臣即不紹於家，棄父離君逃走。臣聞『國之將喪，災害競興；樹欲摧折，風霜共逼』。孤情難立，見此艱辛，皂帛（白）難分，龍蛇混雜。臣欲自刎而死，地下羞見仙（先）人。故投托明王，願陛下知臣心素。臣居草野，長在蓬門，不堪事立君王，多幸蒙王收録。』吴王報言曰：『朕國狹窄，乏少中（忠）良；立卿今欲爲臣屈節，莫將爲所耻？』子胥曰：『臣是小人，虚霑大造，蒙王收録，早是分外垂恩。更蒙舉立爲臣，死罪終當不敢！』吴王問左右曰：『卿等如何？』群烈（列）咸言唱允，悉道：『明王有敢（感），外國來投。拜爲匡輔大臣，合國齊稱萬歲。』

子胥爲臣志節，恒懷匪懈之心；夙夜兢兢，事君終無二意。言不傷氣，語乃合（和）光，遐邇詵詵，官寮濟濟。天兵不動，征馬停鞭，四塞歸臨，八方安帖。禍亂不作，災害不興，百姓歡忻，歌謡滿路，同於堯、舜之年。咸云『我皇有感，聖日巍巍，乾巛（坤）再明〔一六二〕。』子胥治國一年，風不鳴條，雨不破塊；治國二年，食（倉）庫盈益（溢）〔一六三〕，天下清太（泰），吏絶貪殘，官寮息暴；治國三年，六夷送款，萬國咸投；治國四年，感得景龍應瑞，赤雀咸（銜）書，芝草並生，嘉和（禾）合秀，耕者讓畔，路不拾遺，三教並興，城門不閉，更無呼喚，無摇（傜）自活；子胥治國五年，日月重明，市無二價，猫鼠同穴，米麥論分，牢獄無囚，競説君臣道合，遠近宣贊，愧賀仵（伍）相之功。百姓皆詣子胥之門：『願與仵（伍）相爲兵伐楚。』子胥見勇夫投募，不敢自專，遂啓吴王：『臣是小人，濫蒙恩寵，功效未立，何敢興心！自度無堪，終當不敢。』吴王報曰：『朕聞「養子備老，積行擬衰」。去歲擬遣相讎，慮恐讎心未發。比年清太（泰），皆是仵（伍）相之功。今不讎冤，何名孝子？朕國興兵伐楚，正合其時。』敕召國内勇夫，乃與仵（伍）相讎報。敕召曰：『仵（伍）相父兄，枉被平王誅戮，今欲徵發天兵討楚，召募效力之人。如有判命相隨，火急即須投募。先賜重賞，勳禄不輕。有此驍列（烈）之夫，速來咨陳，牒。』敕既行下，遠近咸知，各悉投名，爭前應募。兵部簡練，選試詮量，勇冠三軍，決勝千里。亦有撓（翹）關弄木，手把方梁，抱石跳空，弓彎七札。牓示七日，募得九十萬精兵。賞排（緋）借緑，各賜千段。所由將過城外，排立雁行。吴王既見戰卒，列在城南，便即慰勞戰仕（士）。吴王問子胥曰：『今欲伐楚，可用幾兵？』子胥啓吴王曰：『且須萬兵。』吴王曰：『萬兵不少以不？』子胥曰：『臣聞「一人判死，百人不敵；百若齊心，横行天下」。』吴王曰：『不然，但將九十萬人，始可相伐。』吴王即立子胥爲元帥大將軍行兵節度。上承天子之教，爲父報讎俠冤。於是廣煞牛羊，城南宴設。酒有千斛，肉乃萬斤，一概均分，食無高下。吴王出城送子胥：『卿但努力，謹慎前路，天道相饒，讎心必究。朕亦無憂於國；卿亦不負幽魂。事了早還，莫令憂慮。』子胥啓吴王曰：『臣今將兵討楚，必稱所心。願陛下莫慮，愁心遠念，臣之逞（程）路，計亦不遠；旬月中間，事了迴兵，自當死謝！』子胥辭王以（已）了，便即徵發天兵。卅二面大鼓籠天，三十六角音聲括地，傍震百里山林，隱隱轟轟。搦生手（先）鋒〔一六四〕，乃先踏道。陣雲鋪於四面，遍野聲滿平源（原），鐵綺（騎）磊落已（以）爭奔，勇夫生寧（獰）而競透。飛騰千里，恰似魚鱗；萬卒行行，猶如雁翅。長槍排肩直竪，森森刺天；屑（犀）角對掌開弦，彎彎如寫月。白旌落雪，戰劍如霜，努（弩）發雷奔，抽刀劍吼。將軍告令，水楔不通，大惣管出教嚴嚀，飛鳥難度。兵馬浩浩瀚瀚，數百里之交横，金甲昤（玲）朧（瓏），銀鞍焕爛，騰踏山林，奔波鬧亂。胡（狐）菟（兔）怕而爭奔，驚龍蛇而競竄。

將軍馬上卓紅旗，兵士各各依條貫。
先鋒踏道疾如風，即至黄河東北岸。

先鋒引道，〔□〕路奔騰〔一六五〕，排批舟船，横軍渡水。所由修造，撲水蓬飛〔一六六〕。兵馬既至江頭，便須宴設兵士。軍官食了，便即渡江。屬風浪静，山林皎亮，日月貞明，霧卷青天，雲歸滄海。直爲人多手衆，至曉即至江西。子胥告令軍兵：『大須存心捉搦，此是平王之境，未曾諳悉山川，險隘先登，遠致虞候，長巡子將，絞略横行。』傔奏偷路而行，遊奕經餘一月。行逞（程）向盡，欲至楚邦。楚王不幸早亡，立太子昭王，知其軍國。照（昭）王聞子胥兵馬欲至，遂乃徵發天兵，簡練驍雄，五戎之士，多賜絹帛，廣立功勳。楚國土曠人稠，遂即興兵百萬，綨（旗）毒（纛）敵（蔽）日〔一六七〕，衣甲漫天，列陣横行，擬共子胥交戰。城上修營戰格，門門格立抛車，更伏（復）作冶鎔銅。四面多安擂木，兵馬具備，力敵萬夫。昭王統領勇夫，遂與吴軍相擊。子胥乃布兵列陣，一似魚鱗，跋羅迴吼喚三聲，大鼓揚名即發。列千軍於楚塞，佈萬陣於黄池。須臾鋒劍夜横，抽刀劍吼，槍沾汙血，箭下獐狂。塵土張天，鐵馬嘶滅，一死一進，唯努唯前。各辦煞心，終無退意。西軍大敗，遍野横屍，干戈不得施張，人馬重重相厭（壓）。子胥十戰九勝，戰士不失一兵。昭王見兵被煞，怕懼奔走入城。子胥遂後奔馳，狀如蓬飛撲火；吴軍隨後即趁，恰似風雲。一向（晌）摩滅楚軍，狀似熱湯撥（潑）雪。子胥遥鞭語昭王曰：『你父平王，至當無道，與子娶婦，自納爲妃。忠臣諫言，遂被誅戮；佞臣諂亂，卻賜封侯。煞我父兄，枉死傷苦，今乃報讎父罪，即當快吾心意。吾今欲食汝心，將爲不足；縱使萬兵相向，未敵我之一身。今取你父骸骨，及你生身，祭我父兄靈魂始得。』昭王怕懼之心，遂即白幡降伏。吴軍大叫，直入楚城，尋逐昭王，燒其宫殿。昭王棄城而走，遂被仵（伍）相擒身，返（反）縛昭王：『你父墳陵，今在何處？』昭王啓子胥曰：『我父平王，已從物化，負君之罪，命處黄泉，事既相當，身從臠割。父愆子替，何用屍骸？請快讎心，任從斧越（鉞）。』昭王被考，吃苦不前，忍痛不勝，遂即道父之墓所。子胥捉得魏陵，臠割剜取心肝。萬斬一身，並誅九族。子胥喚昭王曰：『我父被煞，棄擲深江，遂乃偃息停流。』取得平王骸骨，並魏陵、昭帝，並悉惣取心肝，行至江邊，以祭父兄靈曰：『小子子胥，深當不孝，父兄枉被誅戮，痛切奈何！比爲勢力不加，所以蹉跎年歲。今還煞伊父子，棄擲深江，奉祭父兄。惟神納受。』子胥祭了，發聲大哭，感得日月無光，江河混沸。忽即雲昏霧暗，地動山摧。兵衆含啼，人倫棲（淒）愴，魚龍飲氣，江水不潮，澗碣（竭）泉枯，風塵傪（慘）列（烈）。子胥祭了，自把劍，結恨之深，重斬平王白骨；其骨隨劍血流，狀似屠羊。取火燒之，當風颺作微塵。即捉劍斬昭王，作其百段，擲著江中：『魚鱉食之，還同我父。』子胥尋覓父兄骸［骨］不得[一六八]，立樹乃作父兄，於今見在亳州境内東南一百廿里有餘，後世莫知，今城父懸（縣）是也。

子胥收兵卻返，擬伐梁鄭二邦。作書與鄭王曰：『楚平王無道，枉誅我父兄；子尚是君之臣，如何不與設計？送與楚王遣死，以君賤臣。雠滅楚王，回兵討鄭。』鄭王得信，忙怕異常，莫知何計。即欲興兵相敵，慮恐士卒不勝；遂召秘略之人：『止得吴軍兵者，分國共治，更賜千金。』乃有魚（漁）人之子，遂即應募投名。『臣能止得吴軍，不須寸兵尺劍，唯須小船一隻，棹椑一枚，鮑魚一雙，麥飯一謳（甌），美酒一榼，放在城東水中，臣自有其方法。』鄭王依語，即覓船等，送在水中。魚（漁）人撥棹長歌，乘船遊戲。其鄭王閉卻城西（四）門[一六九]，城頭遥看，設何方計，卻得吴軍。子胥兵馬，欲至鄭國，三十餘里，先遣健兒看鄭國有幾許兵馬相敵。行至鄭國，四城門牢閉。又行至城東門外，池水中唯獨有一人，乘漏蓋船，口唱歌而言曰：『蘆中一人，豈非窮事（士）乎？我有美酒一榼，魚肉五斤，餅有十播（翻）[一七〇]，飯有一罐，請來就船而食。

凶即請自當，吉則知吾意，
儻若事明君，榮華取富貴。
忽爾事相當，願勿生遺棄。』

其將聞船人此語，遂即卻迴，至子胥邊具説船人之語。子胥聞此語已，即知是船人之子。子胥歡憙。『我有冤讎，至當相滅，因他得活，豈得孤（辜）恩？富貴忘貧，黄（皇）天不助；有恩不報，豈成人也！有恩若報，風流如（儒）雅。』子胥控馬籠鞭，就水抱得小兒，拍搦悲啼弔問：『汝父沈溺深江，荼毒奈何奈何，願子莫懷讎恨！』鄭王怕懼，乃出城迎拜子胥，向前言曰：『臣聞將軍讎冤得達，憙賀快哉！臣今死罪有餘，乞存草命。』子胥報鄭王曰：『兄事於君，君須藏掩，曲取平王之意，送往誅身；兄既身亡，君須代命。』鄭王曰：『遠使將書，云捨慈父之罪，臣不細委知，遣往相看。爲言旬月即還，不知平王誅戮。臣今合死，愜意無言。大將軍得允讎心，滅其宗廟，快哉踴躍，憙賀不勝！伏願寬恩，乞存活路。』船人啓言：『大將軍！我被鄭王召募，被吴軍來伐，能卻得吴軍兵者，賜金千斤，封邑萬户。我既貪他重賞，其意如何？』子胥曰：『君不索吾身命，由（猶）自與之，取賞卻兵，敢相違負。』子胥見魚（漁）人勸諫，遂即適（釋）放鄭王。鄭王歡憙，乃索酒食如山，三日三夜，供承吴軍兵馬。子胥遂策（册）魚（漁）人之子爲楚帝。楚鄭二邦，並乃太平。

即發天兵，討伐梁帝。梁王聞吴軍欲至，遂煞牛千頭，烹羊萬口，飲食堆如山嶽，列在路邊，帳設鋪施。吴軍即至，梁王肘行膝步，拜謝子胥：『伏願寬恩，乞存活路。今聞將軍伐楚，臣等憙賀不勝，遥助快哉，深加踴躍。』子胥報曰：『我緣急事，不能設計相留，懷恨於君，故來相伐。』子胥見酒食列在城南，乃問梁王，梁王啓大將軍曰：『此酒食可供將軍兵事（士）。』子胥既見此言，即令兵衆飽食。兵事（士）食訖。其兵喫食飽足，精神踴躍；啓子胥言曰：『得他一食，慚人一色；得他兩食，謝他不足。』兵將咸言：『大將軍，此語快哉，莫伐梁王。』子胥心口思量：『我有寃讎，端心相滅，因他得活，豈得孤恩。』乃捨梁王之罪。

語以（已）進發。乃收天兵，行至潁水河傍，仰面向天，歎而言曰：『我昔逃逝至此，遂從女子求餐，其女亦不相違，抱石投河而死，今日更無餘物，報女子之恩。』一依生存之言，遂取百金投潁水。子胥祭曰：

『我昔逃逝入南吴，在路相逢從乞食，
慚君與我一中餐，抱石投河而命極。
自從分別歲年多，朝朝暮暮長相憶，
念君神識逐波濤，遊魂散漫隨荆棘。』
語已含啼而啓告：『冥靈幸願知懷抱，
既能貞質透（投）河亡，黄泉能莫生嗟悍（悼）！

幽冥路隔不相知，生死由來各異道，
更無餘物奉於君，唯取百金相殯報。』

子胥祭祀訖，迴兵行至阿姊家，捉得兩個外甥子安、子永，兀（髡）其頭，截其耳，打卻前頭雙板齒：『我昔逃逝從乞食，捉我欲送楚平王。今日讎之，願汝永爲奴僕。』

天兵有限，不可久停，馬乃掣電奔星，行至子胥妻舍。擬迎婦歸吴國。遂即叩門而喚，其妻掩閉門庭，隔墻遥應，不相容内（納）。子胥報妻曰：『吾昔遭楚難，塊（愧）君出應逢迎；今乃讎楚，迴軍相見，望同往日，何爲閉門相却，不覩容光？爲當别有他情，何爲耻胥不受？自茲隔别，每念君恩，愧賀不輕，故未諮屈。』妻答曰：『君乃昔遭楚難，行路相過，叩門面覩，此乃知君屈厄，妾乃懸響相仍，君乃拒諱不承，妾亦無能苦死。夫妻義重，望君結死同生，君乃先辱不輕，妾即後嫌不受。貧賤不相顧眄，富貴何假提携？不貪寵禄榮華，願君知兒懷抱！』子胥乃承死罪，隔門拜謝叩頭。其妻既見殷勤，遂乃開門納受。恩愛還同昔日，相命即歸。

子胥令三軍，單行引隊。今既天下清太（泰），日月貞明，玉鞭齊打金鞍，乃爲歌曰：
『我天兵兮不可對，塞平川兮千萬隊。
一掃萬里絶塵埃，征討楚軍如凡（瓦）碎。
大丈夫兒天道通，提戈驟甲遠從戎，

戰卒驍雄如虎豹，鐵騎生寧（獰）真似龍。
布陣鋪雲垂曳地，神旌集鶴發陵空，
横行天下無對當，將知萬國惣還同。
樂兮樂兮今日樂，歡兮歡兮今日歡，
金鞭打節齊聲和，尋途逐（遂）乃入吴中。』

征馬合合雜雜，隱隱堪（填）堪（填）[一七一]，鐵馬提（啼）撕（嘶），大軍浩汗，長松青翠，短草黄禾，王（玉）響清泠[一七二]，金鞍瓘錫。日夜登其長路，旬月即到吴中。吴王聞子胥得勝，遂即從騎迎來。子胥見吴王迎來，子胥下馬拜謝吴王，高聲唱言起居曰：『遇（愚）臣自別龍顔後，匪懈之心中（終）不忘。臣蒙王借兵伐楚，兵衆與臣，共同一心，統領無乖，驅馳合契。兵至河北，營在楚南，平王不幸身亡，立太子昭王知其軍國。聞臣兵至，出敵相交。臣遣驍兵褐（遏）後，猛將衝前，一向（晌）摩滅楚軍，人馬重重相壓。横屍遍野，血染山川。由如鶻打鵶鵝，狀若豹征狐免。俗捧崑崙之押（壓）卵，何得不摧；執炬火已（以）燎毛，如何不盡？昭王見兵退散，遂即奔走入城藏；臣乃從後奔馳，遂即城中擒獲。臣已（以）結恨尤深，即斬昭王百段。平王枯骨，劍斬血流。臣見此傷，讎心得止。吴之戰士，並惣平安；煞楚兵夫，横屍遍野。王之勢力，得愜讎心。愧賀大王，仰天無盡。不失一兵一馬，衣甲具全，中有驍勇之夫，願王酬功給效。』吴王曰：

『朕自別卿之後，戀念不離心懷。慮恐楚卒人多，俠讎之心不達。天道相助，得已滅楚歸吴；所有功勳，朕自憂（優）加處分。』子胥隨帝部卒入城，檢納干戈，酬功給效。中有先鋒猛將，賞緋各賜金魚；執毒（纛）旌兵，皆沾班位〔一七三〕；自餘戰卒，各悉酬柱國之勳。一時舞道（蹈）呵呵，咸言君王有感。

吴王見子胥有大人之相，遂立子胥爲國大相。

後乃越王勾踐，興兵動衆，來伐吴軍。越王賢臣范蠡諫越王曰：『吴國賢臣仵（伍）子胥，上知天文，下知地里（理），文經武律（緯）〔一七四〕，以立其身。相貌希奇，精神挺特。吴國大相，國之垓首。王今伐吴，定知自損。』越王言：『我計策以（已）成，不可中途而罷。』遂乃興兵動衆，往伐吴軍。其吴王，越兵來伐，遂遣國相仵（伍）子胥將兵往伐。子胥領兵共越兵交戰，煞越兵夫，横屍遍野，血流漂杵。越王見兵被煞，遂共范蠡捉（投）西（栖）會稽山避難〔一七五〕。越王共范蠡向仵（伍）相邊進言曰：『吾見國相爲父報讎，遂來相看，無有往伐之意。』子胥聞此言：『我不緣賢臣范蠡之言，越王合國死矣。』其越王追（退）兵還國後〔一七六〕，乃吴王致疾，臨死之時，付屬太子夫差：『汝後安國治人，一取國相子胥之語。』吴王死後，夫差太子爲吴王。

爾時吴王夜夢見殿上有神光，二夢見城頭鬱鬱槍（蒼）槍（蒼），〔三〕〔夢〕〔見〕〔南〕〔壁〕〔下〕〔有〕〔匣〕〔一七七〕，〔北〕〔壁〕〔下〕〔有〕〔匡〕（筐）〔一七八〕，三（四）夢見城門交兵門戰〔一七九〕，四（五）夢見血流東南〔一八〇〕。吴王即遣宰彼（嚭）解夢，宰彼（嚭）曰：『夢見殿上神光者，富（福）禄盛；城頭鬱鬱槍（蒼）槍（蒼）者，露如霜；南壁下匣、北壁匡（筐）〔者〕〔一八一〕，王壽命長；城門交兵者，王手（守）備纏綿；血流東南行者，越軍亡。吴王即遣子胥解夢。其子胥上知天文，下知地理，中知人情，文經武律（緯），一切鬼神，悉皆通變。吴王即遣解夢。子胥曰：『臣解此夢，是大不祥。王若用宰彼（嚭）此言，吴國定知除喪。』王曰：『何爲？』子胥直詞解夢：『王夢見殿上神光者，有大人至；城頭鬱鬱蒼蒼者，荊棘備（被）；南壁下有匣、北壁下有匡（筐）〔者〕〔一八二〕，王失位；城門交兵戰者，越軍至；血流東南者，屍遍地。王軍國滅，都緣宰彼（嚭）之言。』吴王聞子胥此語，振睛努目，拍陛（髀）大嗔：『老臣監監，兇咒我國。』子胥解夢了，見吴王嗔之，遂從殿上褰衣而下。吴王問子胥曰：『卿何褰衣而下？』子胥曰：『王殿上荊棘生，刺臣脚，是以褰衣而下殿。』王賜子胥燭玉之劍，令遣自死。子胥得王之劍，報諸百官等：『我死之後，割取我頭，懸安城東門上，我當看越軍來伐吴國者哉。』

煞子胥了，越從吴貸粟四百萬石，吴王遂與越王粟，依數分付其粟。將後，越王蒸粟還吴，乃作書報吴王曰：『此粟甚好，王可遣百姓種之。』其粟還吴被蒸，入土並皆不生。百姓失業，一年少乏，飢虚五載。越王即共范蠡平章：『吴國安化治人，多取宰彼（嚭）之言，共卿作何方計，可伐吴軍？』范蠡啓王曰：『吴國賢臣仵（伍）子胥，吴王命遣自死。屋無强梁，必當頹毀；墻無好土，不久即崩；國無忠臣，如何不懷（壞）？今有佞臣宰彼（嚭），可以貨求必得。』王曰：『將何物貨求？』范蠡啓言王曰：『宰彼（嚭）好之金寶，好之美女，得此物必是開路，更無疑慮。』越王聞范蠡此語，即遣使人麗水取之黄金，荆山求之白玉，東海採之明珠，南國娉之美女。越王取得此物，即差勇猛之人，往向吴國，贈與宰彼（嚭）。彼（嚭）見此物，美女輕盈，明珠昭灼，黄金焕爛，白玉無瑕。越贈宰彼（嚭），彼（嚭）乃歡忻受納。王見此佞臣受貨，求之。又問范蠡曰：『吴王煞仵（伍）子胥之時，吴國不熟二年，百姓乏少飢虚，經今五載。』越王唤范蠡問曰：『寡人今欲伐吴國，其事如何？』范蠡啓言王曰：『王今伐吴，正是其時。』越王即將兵動衆卌萬人，行至中路，恐兵仕（士）不齊，路逢一怒蝸（蛙），在道努鳴，下馬抱之。左右問曰：『王緣何事，抱此怒蝸（蛙）？』王答：『我一生愛勇猛之人，此怒蝸（蛙）在道努鳴，遂下馬抱之。』兵衆各自平章：『王見怒蝸（蛙），由（猶）自下馬抱之；我等亦須努力，身强力健，王見我等，還如怒蝸（蛙）相似。』兵士悉皆勇健，怒叫三聲。王見兵仕（士）如此，皆賜重賞。行至江口，未過小江，停歇河邊，有一人上王一瓠之酒，王飲不盡，頃（傾）在河中：『兵事（士）共寡人同飲。』其兵惣飲河水，例聞水中有酒氣味，兵喫河水，皆得醉。王聞此語大憙。『單醪投河，三軍告醉。』越王將兵北渡江口，欲達吴國。其吴王聞越來伐，見百姓飢虚，氣力衰弱，無人可敵。吴王夜夢見忠臣仵（伍）子胥一言曰：『越將兵來伐，

王可思之。』□臣平章：『朕夢見忠臣仵（伍）子胥言，越將兵來□吾父

（後缺）

說明

此件前後均缺，起『今卻返』，迄『吾父』。敦煌文獻中保存有此內容的計有四件，除此件外，尚有斯六三三一、伯三二一三和伯二七九四背，各件均無題，《敦煌變文集》編者擬題爲『伍子胥變文』，此從之。上列數件中，以此件保存的內容最多，伯三二一三僅保存了『伍子胥變文』的起首部分，斯六三三一祇有一三行，其內容亦屬起首部分，這兩件所保存的的內容均與此件不重複。伯二七九四背存一三四行，其內容未超出此件。以上的釋文是以斯三三二八爲底本，用伯二七九四背參校，稱其爲甲本。

此卷卷背有蔣孝琬所書之數碼及『列國傳』三字，未録。

校記

〔一〕《敦煌變文選注》指出此句應爲伍子胥對楚王使者語。

〔二〕『怕』，當作『拍』，《敦煌變文集》據文義校改。

〔三〕『仵』，據相關歷史記載當作『伍』，《敦煌變文集》、《敦煌變文選注》、《敦煌變文校注》均徑釋作『伍』，下同。

〔四〕『虎』，當作『虐』，《敦煌變文選注》據文義校改。

〔五〕『煞』，當作『殺』，『煞』通『殺』，《敦煌變文集》、《敦煌變文選注》、《敦煌變文校注》等諸校本均徑釋作『殺』，下同。

〔六〕「封邑萬户」，原作「户封千户」，後以淡墨塗去「户」、「千」二字，又於行間補「萬户」二字。

〔七〕「漸」，據文義當作「塹」，「漸」通「塹」，《敦煌變文選注》徑釋作「塹」。

〔八〕「船船」，當作「舟船」，據文義改。

〔九〕「倉」，據文義當作「蒼」，「倉」通「蒼」，《敦煌變文選注》徑釋作「蒼」。

〔一〇〕「以（已）」，《敦煌變文選注》徑釋作「已」。

〔一一〕「沙（紗）」，《敦煌變文選注》徑釋作「紗」，下同。

〔一二〕「擬」，當作「疑」，《敦煌變文集》據文義校改。

〔一三〕「聊」，甲本作「耿」。

〔一四〕「憐」，甲本作「懸」。

〔一五〕「在後」，甲本作「一日」。

〔一六〕「暴」，甲本作「怉」。

〔一七〕「闊」，甲本作「闕」。

〔一八〕「山」，甲本作「峻」。

〔一九〕「塞路」，甲本作「混雜」。

〔二〇〕「遇」，甲本作「愚」，「愚」通「遇」。

〔二一〕「弟聲」，甲本作「弟語聲」。

〔二二〕「子胥」，甲本無。

〔二三〕「切語相思慰問」，甲本作「慰問父兄被煞」。

〔二四〕「渴乏」，甲本作「乏少」；甲本此句下有「切語相思慰問」。

〔二五〕甲本此句下尚有「與弟食之，心由速去」。
〔二六〕「子胥」，甲本作「胥見」。
〔二七〕「逆知」，甲本作「逆即知」。
〔二八〕「審細」，甲本作「内自」。
〔二九〕「解而言曰」，甲本作「便即解而言曰」。
〔三〇〕甲本「速去」不重叠。
〔三一〕「便即辭去」，甲本作「便辭姊去」。
〔三二〕「弟曰」，甲本作「小弟」。
〔三三〕「投」，甲本作「牧」，誤，下同。
〔三四〕「不可」，甲本作「可不」。
〔三五〕「大」，甲本作「不」，誤。
〔三六〕「摸」，當作「撲」，據甲本改；「胸」，據甲本補。
〔三七〕「共弟前身何罪」，甲本作「共弟身」。
〔三八〕「受此孤恓」，甲本無。
〔三九〕「曠大劫來」，甲本無。
〔四〇〕「如」，甲本作「我」。
〔四一〕「哭」，當作「處」，據甲本改。
〔四二〕「兒」，甲本作「子」。
〔四三〕「更」，甲本作「身」。

〔四四〕「别姊」，甲本作「説偈」。
〔四五〕「刑」，甲本作「楚」。
〔四六〕「劇」，甲本無。
〔四七〕「苦」，甲本作「哭」。
〔四八〕甲本無「割」字及以下至「行得」一段。
〔四九〕「耳熱」，據甲本補。
〔五〇〕「遂即」，據甲本補。
〔五一〕「子胥」，甲本作「胥」。
〔五二〕「至家有一人食處」，據甲本補。
〔五三〕「知是胥舅」，據甲本補。
〔五四〕「不顧母之孔懷」，據甲本補。
〔五五〕「遂即生惡意奔遂（逐）」，據甲本補。
〔五六〕「我若將見楚帝取賞」，據甲本補，各校本均漏録「將」字。
〔五七〕「必得高遷」，據甲本補。
〔五八〕「逆賊今既至門」，據甲本補。
〔五九〕「何因不捉」，據甲本補。
〔六〇〕「行可十里」，據甲本補。
〔六一〕「遂即息於道傍」，據甲本補。
〔六二〕「子永」，據甲本補。

〔六三〕「來」，當作「不」，據甲本改。
〔六四〕「奔走」，甲本作「彼驟」。
〔六五〕「家」，甲本作「字」，誤。
〔六六〕「卓立」，甲本作「貞」。
〔六七〕「怨結」，甲本作「唅怨」。
〔六八〕「住在」，甲本作「任石」，誤。
〔六九〕「四迴無鄰獨棲宿」，甲本作「四過若鄰獨星息」。
〔七〇〕「獐」，甲本作「輩」；「怯」，或當作「怯」，諸校本均徑釋作「怯」。
〔七一〕「節攢」，甲本作「弟措」。
〔七二〕「雖」，甲本作「須」，「須」通「雖」。
〔七三〕「楚」，甲本作「王」。
〔七四〕「迷昏」，甲本作「昏述」，誤。
〔七五〕「遭」，甲本作「遞」。
〔七六〕「次」，甲本作「此」。
〔七七〕「示」，甲本作「亦」。
〔七八〕「詩」，據甲本補。
〔七九〕「仕」，甲本作「是」。
〔八〇〕「志」，甲本作「處」，「處」通「志」。
〔八一〕「莒（昔）」，甲本作「潛」。

〔八二〕「家」，甲本作「茄」。
〔八三〕「支」，甲本作「之」。
〔八四〕「寄」，甲本作「以」。
〔八五〕「共」，據甲本補。
〔八六〕「三」，當作「二」，據文義及甲本改。
〔八七〕「斷續」，甲本同，據文義應乙爲「續斷」，「續斷」爲藥名。
〔八八〕「狼」，當作「柴」，據甲本改。
〔八九〕「意」，甲本作「憶」。
〔九〇〕「留」，甲本作「流」。
〔九一〕「急急」，甲本作「急」。
〔九二〕「即」，甲本無。
〔九三〕「光」，甲本作「華」。
〔九四〕「渡得」，甲本作「莊對」。
〔九五〕「覩」，甲本作「步」。
〔九六〕「織」，甲本作「識」，誤。
〔九七〕「口中」，甲本作「當前」。
〔九八〕「終」，甲本作「中」。
〔九九〕「相辭謝」，甲本作「不免相辭謝」。
〔一〇〇〕「横」，甲本作「錯」。

〔一〇一〕「人間大有」，甲本作「大有人間」。
〔一〇二〕「姓仵（伍）」，甲本無。
〔一〇三〕「今」，甲本無。
〔一〇四〕「得」，甲本無。
〔一〇五〕「胥」，據甲本補。
〔一〇六〕《敦煌變文選注》指出「露鳥」，即「鷺」字，傳抄致誤。
〔一〇七〕「登」字右側有一後添寫的「山」字，字體極小。
〔一〇八〕「魚」，據文義當作「漁」，《敦煌變文選注》徑釋作「漁」，下同。
〔一〇九〕「肅」，當作「蕭」，《敦煌變文集》據文義校改，《敦煌變文選注》徑釋作「蕭」。
〔一一〇〕「正」當作「止」，《敦煌變文選注》據文義校改。
〔一一一〕「遂」字右側有「相龍」二字，字體甚小。
〔一一二〕「賀」，《敦煌變文選注》釋作「荷」。
〔一一三〕「水」，甲本作「海」。
〔一一四〕「勿（物）」，甲本作「忽」。
〔一一五〕「閑」，當作「關」，據文義改，下同。
〔一一六〕「自從」，甲本作「丈夫」；「鎮懷憂」，甲本作「更何愛」。
〔一一七〕「失路傍徨」，甲本作「去路傍邊」。
〔一一八〕「權滯」，甲本作「摧礙」。
〔一一九〕「號姓（猩）姓（猩）」，甲本作「子性子」。

〔一二〇〕「即」，甲本作「而」。

〔一二一〕「匣中光出」，據甲本補。

〔一二二〕「遍野精明」，據甲本補。

〔一二三〕「中有日月」，據甲本補。

〔一二四〕「北斗七星」，據甲本補。

〔一二五〕「心雄熛烈」，甲本作「雄心熾列（烈）」。

〔一二六〕「平王捉我」，據甲本補。

〔一二七〕「事未消寧」，據甲本補。

〔一二八〕「死」，甲本作「先」，誤。

〔一二九〕「偷蹤竊道」，據甲本補。

〔一三〇〕「飲氣吞聲」，據甲本補。

〔一三一〕「風吹草重（動）」，據甲本補。

〔一三二〕「即便藏形」，據甲本補。

〔一三三〕「更復前行」，甲本作「便進前逢（行）」。

〔一三四〕「北跨廣陵」，據甲本補。

〔一三五〕「南登吴會」，據甲本補。

〔一三六〕「關津忽切」，據甲本補。

〔一三七〕「州縣嚴加」，據甲本補。

〔一三八〕「勒鋪交橫」，據甲本補。

〔一三九〕「鎮戍相續」，據甲本補。
〔一四〇〕「潛身避影」，據甲本補。
〔一四一〕「不經」，甲本無。
〔一四二〕「示」，甲本作「語」。
〔一四三〕「遂」，甲本作「直」。
〔一四四〕「而行」，據甲本補。
〔一四五〕「三聲」，甲本無。
〔一四六〕「吴國臣佐」，甲本作「吴臣善别君子」。
〔一四七〕「奇」，甲本作「求」，誤。
〔一四八〕「子胥」，甲本作「賢臣遺〔士〕」。
〔一四九〕「如」，當作「知」，《敦煌變文選注》據文義校改。
〔一五〇〕甲本無「留别諸人」至「賢人貴宰」一段。
〔一五一〕「啓」，甲本作「喊」。
〔一五二〕「適」，甲本作「皦」。
〔一五三〕「纏（廛）示（市）」，甲本作「市纏」。
〔一五四〕「泥塗面而獐狂，披髮悲啼，東西馳走」，甲本作「泥隆其面，獐狂大走，被髮在市」。
〔一五五〕「的」，甲本作「者」。
〔一五六〕「望陛下」，甲本作「願王」。
〔一五七〕「吴王聞相」，甲本作「王聞」。

〔一五八〕「遂集」，甲本作「遂即集」。
〔一五九〕「夢」，甲本作「蒙蒙」，當衍一「蒙」字，「蒙」通「夢」。
〔一六〇〕「夢」，甲本作「蒙」。
〔一六一〕「雲」，當作「霜」，《敦煌變文校注》據文義校改。
〔一六二〕「巛」，當作「坤」，《敦煌變文學注》據文義校改。
〔一六三〕「食」，當作「倉」，《敦煌變文選注》據文義改。
〔一六四〕「手」，當作「先」，《敦煌變文集》據文義校改。
〔一六五〕據文義當補一字。
〔一六六〕《敦煌變文校注》認爲「水」應校改爲「火」。
〔一六七〕「綨」，當作「旗」；「毒」、「纛」；「敵」、「蔽」；均爲《敦煌變文集》據文義校改。
〔一六八〕「骨」，《敦煌變文選注》據文義校補。
〔一六九〕「西」，據下文當作「四」，《敦煌變文選注》校改。
〔一七〇〕「翻」，據上文「薄餅十翻」改。
〔一七一〕「堪堪」，當作「填填」，《敦煌變文選注》校改。
〔一七二〕「王」，當作「玉」，據文義改，諸校本均徑釋「玉」。
〔一七三〕「沾」，諸校本均釋作「佔」，細審原件，實應作「沾」。
〔一七四〕「律」，當作「緯」，《敦煌變文選注》據文義校改，下同。
〔一七五〕「捉」，當作「投」，《敦煌變文集》據文義校改；「西」，當作「栖」，《敦煌變文集新書》據文義校改。
〔一七六〕「追」，當作「退」，《敦煌變文集》據文義校改。

〔一七七〕「三夢見南壁下有匣」，《敦煌變文集》、《敦煌變文選注》等書據文義校補。

〔一七八〕「北壁下有匼（筐）」，《敦煌變文集》、《敦煌變文選注》等書據文義校補。

〔一七九〕「三」，當作「四」，《敦煌變文選注》、《敦煌變文校注》據文義校改。

〔一八〇〕「四」，當作「五」，《敦煌變文選注》、《敦煌變文校注》據文義校改。

〔一八一〕「者」，《敦煌變文校注》據文例校補。

〔一八二〕「者」，《敦煌變文選注》據文義校補。

參考文獻

Descriptive Catalogue of the Chinese Manuscripts from Tunhuang in the British Museum, p. 240；《敦煌變文匯録》二九九至三二六頁（録）；《敦煌論集》一〇二頁；《敦煌變文社會風俗事物考》一八九至二一八、三四九至三五一頁；《敦煌雲謠集新書》二二頁；《敦煌古籍叙録》三三五頁；《敦煌寶藏》三册，一二一頁（圖）；Mair, Chinoperl Papers No, 10, 44（R）；《敦煌變文論文録》上，三五、《敦煌學》五輯，六六頁；一五二頁；Tun－huang Popular Narratives, p. 123－165；《敦煌變文集》一至二八頁（録）；《西北師院學報》一九八四年增刊，一四至二一頁；《敦煌學》一一輯，二至三頁（録）；《文史》一七輯，二一七頁；《敦煌古籍叙録新編》一七册一至七、三二至五七、六八至九八頁（録）；《敦煌文學作選》六、六七頁（録）；《敦煌講唱文學作品選》一〇五至一四九頁（録）；《敦煌變文話本研究》一二二至一六五頁；《一九八三年全國敦煌學術討論會文集·文史遺書編》下，三九三頁（録）；《敦煌古醫籍考釋》五〇一至五〇三頁（録）；《敦煌學散策新集》三至二二頁（録）；《敦煌變文選注》一至九三頁（録）；《英藏敦煌文獻》一卷，一二三至一二八頁（圖）；《敦煌變文集新書》八三一至八六八頁（録）；《全國敦煌學研討會論文集》一一一至一一八頁；《敦煌變文校注》一至五九頁（録）。

斯三二九＋斯三六一　書儀鏡

釋文

（以下爲斯三二九）

（前缺）

□履珍□集洩久乖，增悵係〔一〕，餘垂檢校，幸也。不具。謹□久不奉見，爲言東西。使至辱書，忽承乖癘，惆悵□似。弊務草草，足下先知，未由奔慰，幸善將攝，三兩日間，冀當□□□□未聞，增以懸望。先狀何多，所須藥餌，垂示當即賫送，因還人不□，謹狀。

闕奉曠久，傾眷尤深，不辱芳猷，何以爲慰。朝夕微寒，惟　所履珍適。僕推免，諸不改常耳。限以逕（遥）阻〔二〕，披冀未期，但亦馳情，無慰勤企。因還立附狀，不具。謹狀。

一自執辭，屢易晦朔，人使駱驛，音問傾乖，深訶（呵）薄情，何吝刀翰。曉夕微寒，惟所履兼勝。僕疲少理〔三〕，可以意量。常見要少乳，即此難求。承彼邊有，僕與此人，生平闊奉，不敦輕觸。委知與足下非外，幸方使咨求，市三五兩，深要也。儻遂使次，早垂惠及。所用價直，使當馳送。願珍重珍重。不宣，謹狀。

忽得來問，深以慰懷，復承乖和，倍增驚悚。微寒，惟所履清勝。僕免耳，限守弊務，迫屑可量。不審所苦，信後何如？承要乳，當家先有少多，稍堪服，勒隨狀送，垂檢領。善將理，早就痊平。幸甚幸甚，不宣。謹狀。

一自辭奉，屢易炎涼，忽沐得（德）音，不殊面會。承所苦勞，隨逐願，警（驚）喜倍深。朝夕微寒，惟履佳也。僕推遣可，草草間，未期披賀，因使不具。謹狀。

乖叙曠久，企望增勞，不辱芳音，何解馳望。朝夕微寒，惟履休適。僕草草，不足言耳。限以遥阻，何當面申，翹翹之心，何止晨夕；但多耿歎，札豈能宣！人信之因，無吝珠玉，是所望也。因使附狀。

忽辱來書，深解邊思。往頻附狀，謂無累達覽，尋行旬然委。書疏久乖，幸迷阻逕（遥），有此疏索。朝夕微寒，惟　履珍祐。僕王事驅碌，況不足言，未審旅途何似？常思展會，竟未遂心，悵悕（係）增多[四]，寤寐無戀。即此足下宅上清帖，諸不改常，無逮慮也。人信不絶，訪及幸甚。謹因使不具。謹狀。

睽間日久，企望爲勞，音信寂寥，何欸心目？曉夕微寒，惟所履清適。僕諸疾寡況，何（可）以意量[五]。人信往還，無吝珠玉，幸也，因使略附單誠，不代。謹狀。

頻頻使往，皆附音書；數數人來，無垂問及。相知咫尺，札何吝耶？深呵薄情。暄和，惟珍祐也。僕幸推遣，草草間不足言。不日從使出巡，冀當披奉。面會既近，預慰勤情。未問但益企〔望〕〔六〕，先狀何多，不具。謹狀。

一自執辭，動纏累載，眷想如昨，炎涼屢移，暐舊之情〔七〕，每乖叙對。曉夕微寒，惟履休悆。僕旅途搔屑，可以意度。近蒙不次恩奏，將入番，見到四鎮。昨使次，復承得還。悲慰交集，星夜奔縱，冀望面會。但若遠涉荒磧，深助勤勞，披展匪賒，預增歎詠。因先使不具。謹狀。

離別索居，屢經晦朔，近沐芳問，深豁懸情。微寒，唯　佳也。僕王事繩（黽）絻（勉）〔八〕，諸不改常耳。僕昆季偏露，離闊多時。近承得還，途遊貴境。沐已恩其深媿周旋〔九〕，銘之於心，安敢忘矣。不久以官一使，次〔當〕拜慶〔一〇〕，面會之日，冀當答賀耳。昨辭日有少乖適，善自將養，早見痊平；事了早還，是所望也。因使不具。謹狀。

別近增馳仰。暄和，〔惟〕　履清宜〔一一〕，僕昨辭日，足下所苦，情深耿耿。續有使至，雖不辱問，承已瘳減，欣慰何言。某乙數日郡城，已望祇奉，以展馳情。程逼促〔一二〕，事阻願爲（違），係戀殊增，無拾（捨）痞寐。珍重珍重，人使之次，時希問及〔一三〕，以寬荒心，幸也。不宣。謹狀。

賢郎至，辱問，慰紱（拊）兼深〔一四〕。夏中炎，惟　所履佳也。僕比患頭瘡，兼及諸疾，以（已）經餘月，尚未痊除。人事之間，實謂疏索。緣所況謙，勒臣往小問，勾當發遣，無令淹滯，幸也。不宣。謹狀。

賀四海加官袟（秩）書題

使至辱問，用豁懸企。暄和，惟　履清適。承加厚命，但多喜慰；相望雲霄，攀附何及。唯知歎詠。餘所及〔一五〕，公務草草，未及拜賀，先狀不伏（代）〔一六〕。謹狀。

答書：　忽辱芳問，用慰懸情。自顧不才，叨班榮命，何幸更勞專使，悚愧倍深。草草間未即披展，因使不代。謹狀。

適枉得意，深爲慰也。復加恩命，攀仰何階？屢以阻遥，未即往慰，故勒馳狀先賀，三五日間，冀當披説（謁），不宣。謹狀。

使至沐書，用欵馳仰。自顧無才，擢承奬用，叨濫至甚，薄效微班。何幸更勞專使，悚恩尤增。不宣。謹狀。

賀四海婚嫁書

比不奉問，無以爲慰。承納貞結，但增欣慰。屬以農務迫屑，往助深延企〔一七〕，曉夕猶寒，惟　履佳也。僕疾弊少理，可以意量，小小有所須，垂示當賚送。因使不代。謹狀。

忽奉芳音，惟深傾悚。不自揆度，已娉婚姻，禮媾之時，何不檢校，深訶（呵）薄情。草草間未由披集。因使不具。謹狀。

賀四海男女婚姻書

闕叙稍久，系仰殊深。朝夕猶寒，惟　履清適。承若干賢郎納某氏之良媛，聞問喜躍倍深，未委何當就禮？人信次〔一八〕，希絶知聞，當就助慰，未聞多悵係〔一九〕，因使謹此不代。

答書：奉書爲慰，愚子納徵，但多悲愴。更勞遠問，悚愧何言。計彼多閑，何不檢校。朝夕猶寒，惟　所履休祐，僕弊務煎迫，可以意量。未即披會，增勞企，時希芳及，幸也。不具。謹狀。

乖叙稍久，係望爲勞，曉夕猶寒，惟所履清適，承賢郎娉于華門，琴瑟斯調。納吉之日，闕如助慰，因使不具。謹狀。

使至枉問，慰院良深。自顧兒子愚駑，限（猥）事華族，濫蒙奬取，相去非遠。成禮之日，鵠望降駕。竟未蒙檢校，深訶（呵）薄情。謹因使次不具。謹狀。

囑四海求事意書

執辭雖近，顧眷彌深，夏末毒熱，惟　所履清勝。某乙幸推免。往沐深恩，竟未答賀，常愧於心。去春所論，已蒙允許。自衣公務草草〔二〇〕，不暇展會，中間頻頻狀往，寂絶來音。今故勒馳狀咨聞。事願見終，佇待奉賀，不具。謹狀。

忽奉流問，傾得良多。朝夕極熱，〔惟〕　所履佳也〔二一〕。某乙幸願推免，諸不異常。

見所論諸況，當一言發即祇擬〔二二〕。比日鶴望，不奉來音。謂言不要，中間欲附便使，自擅麤惡，無能輕觸。今狀附往，推（惟）檢領〔二三〕，使次垂示，不責遲遲，幸也。謹附狀不宣。謹狀。

前者所許，尋擬送來；鶴望東瞻，竟不見至。即日深要，無處市求。馳狀諮聞，無使空返；將非諸外，敢此叨繁，願見言佇待奉賀，因使還奉狀。不宣。謹狀。

奉口馬奴婢書

先陳節序，已下即言：家生一駒，稍堪調習。不敢私畜，胃（冒）責輕觸〔二四〕；伏願檢領，是小人望也。謹狀。

並準前。　奴某乙齒纔中，景行亦純，承公要人驅使，不揆麤要，敢以狀諮，伏惟檢領。謹狀。

並準前。　亦云：貧家弊口，闕以獎訓。承公要手力，謹隨狀送，伏願檢領。謹狀。

準前。　馬一匹，某毛色；已下即云，不揆麤馬駘〔二五〕，而造華歷（櫪）。下情伏增惶悚，願不棄麤體，見垂檢領，即小人願畢，謹因使往，謹狀不宣。謹狀。

與稍尊問疾書

近有使至，奉某月（日）書誨〔二六〕；復承某公尊體乖和，下情伏增驚懼。奉計積福之家，必有餘慶。願藥有徵，早就除痛。某乙有限，不日拜慰，謹勒馳狀。不宣。謹狀。

又云：伏承尊體遠（違）和〔二七〕，小人乍聞，倍增惶懼。未審後何如？伏願藥餌有徵，漸就瘳減。某乙有限，不由奔慰。謹因使，謹奉狀不宣。謹狀。

謝尊人問疾書

先無（陳）節序起居〔二八〕，已下云：卑痛虛，將理乖道，至於藥餌，多不謝宜。冷熱虧方，遂纓（嬰）疾積，賴以諸佛加備（被），得痊除。自顧何人，蒙賜問及，不勝惶悚。驅馳有限，未由拜奉；謹因使次，謹奉狀不宣。謹狀。

又云：某使至，奉某月日誨，但增嘉躍。某乙介理養失冥〔二九〕，忽染疴纏，經餘旬月，賴諸善所祐，漸得痊除。何幸頻奉問及，不勝戰越。謹因使，謹奉狀不宣。謹狀。

謝平懷問疾書

使至休問，用緩心目。將理乖方，是纓（嬰）諸疾，賴天佛所備（被），漸至痊除。弊況可量，未即披謝，因使次不具。謹狀。

忽纓（嬰）沉瘵，伏枕數旬，賴以諸善所加，不至全重。何幸頻辱音問，悚愧於懷。謹因使不果一一。謹狀。

拙自將理，久染纏疴。賴藥餌所加，似覺瘳減。每沐顧撫，屢賜芳音，但媿於心〔三〇〕，何階答賀。因使附此不伏（代）〔三一〕。謹狀。

賀四海正書

緹幕灰飛，王律司節；履新之慶，萬善同宜。僕寡況，復屬來〔三二〕，增以悲愴。因使往，謹陳　某公執事。空　某月日某乙狀通。謹狀。

風和氣美，序屬正農，履納之顔，固用同慶。僕驅屑，可以意量。因使謹附狀，不宣。謹狀。

氣序初融，景物暄美；履新之慶，祉福咸宜。僕先疾弊，已無情理。更屬新正，實多悲愴耳。謹此不代。謹狀。

自拜辭間，頻移晦朔，新正吉發，可善咸宜。僕嗟咒以無堪〔三三〕，更遇正期，殊無理賴，諸草草。祐歎久乖〔三四〕，彼此他鄉，計無形迹。謹勒馳狀，謹諮。望同來，專佇待，不宣。謹狀。

先囑，旅途已凄愴。更逢正首，實益傷人。福祐是宜，萬善同理。諸疾少理，可以意量。未卜何當一此披搆，欽佇於德，札何述焉！人使〔之〕問（間）〔三五〕，無吝芳及，是〔所〕望也〔三六〕。因使不宣。謹狀。

久絶知聞，悵係增積〔三七〕。春首餘寒，惟　所履休適。僕幸推免，舊各云謝〔三八〕。新歲吉，初節既殊，理納同慶。僕先所苦，比拙將理，尚未痊除；思一慶情，竟不遂意〔三九〕。足下愴至，諸況不審如何支濟？忝爲閭里，昆季不殊，小小幸無形跡。有少野味，謹勒馳送，惟檢領，無責輕觸，幸也。不具。謹狀。

與四海賀冬書

曠接稍久，延佇惟增。復屬移冬，履新同慶。朝夕極寒，惟 所履清勝。僕幸推〔免〕〔四〇〕，望餘暇希檢校，幸也。 律序云換，灰管已遷，屬以新冬，故同慶於初寒，惟履清泰。僕馳屑，異常煎迫，言笑久乖，人言相伋，何係（吝）刀翰〔四一〕，同決不代〔四二〕。謹狀。

氣候云移，風景告謝；比清寒訝（迓）〔四三〕，南日遽臨，長至惟新，履納往慶。僕寡況，可以意量。彼此他鄉，願〔同〕休吉〔四四〕，因使不具〔四五〕。謹狀。

時稱景換，長至吉臨。納祐之宜，固當同慶。彼此栖屑，冬首他鄉，悲愴〔盈〕懷〔四六〕，不足言也。少間一酌，專輒敢有，諸故人亦望同降。專褁望不至遲遲，幸也。不具。謹狀。

節初移易，風景差殊，彼此他鄉，願同休慶。僕弊務迫屑，披集未期，不審何當一此會面？人信之次，時希芳及，幸也。不具。謹狀。

客遇他鄉，同福冬節。旅情凄愴，伊何述焉！初寒，惟 履休適。某乙疾弊少理，可以意量。人使〔之〕次〔四七〕，時嗣音問，幸甚。不具。謹狀。

弔四海遭父母喪書

禍不（出）出（不）圖〔四八〕，上延某位尊府君，載未居高，冀延遐壽，何途（圖）藥餌無效，淹（奄）至傾背。聞問惻切，一痛何可〔言〕〔四九〕，惟攀號〔五〇〕，五内屠割，痛當奈何！酷當奈何〔五一〕！某乙限以諸務，不由造慰，但多悲鯁。謹因使往，謹奉白弔，不宣。謹狀。

某乙至孝苦　月日名言。亦云：不圖突變，延及尊夫人。若孝即言：載雖居高，冀攀金壽，何圖福善無徵，遘此凶禍。聞問驚惻，痛何可言！唯號叫摧絶，割利實深。痛當奈何！酷當奈何！某乙有限，不及造慰，倍增鯁塞。謹因使往，謹附狀不宣。謹狀。　月日封題準前

禍不（出）出（不）圖〔五二〕，賢弟若干叔，何圖積善無徵，奄至傾背，聞問傷悼，痛何可言！唯悲痛傷切，痛〔當〕奈何〔五三〕！〔酷〕當奈何〔五四〕！某乙有限，驅驅不獲奔慰，謹因使往，謹奉狀，慘愴不次。謹狀。

弔伯母叔喪書

不圖凶禍，某氏賢若干伯母，雖載已居高，冀保遐延，何圖善福不滅，奄至傾背。聞問悲悼，痛傷何言。悲痛摧切，痛當奈何！傷〔當〕奈何〔五五〕！某乙有限，以所守不及造慰，但多鯁塞。謹因使往，謹奉慘愴。

弔四海遭兄弟喪書

禍故無常，賢若干弟何圖厥疾不瘳，計（針）藥無效〔五六〕，奄至傾逝。聞問傷悼，悲愴何言。惟哀痛何可言。痛當奈何！某乙當復〔奈〕何〔五七〕！忝爲朋執，能無悲愴。限以驅

馳，不及披慰，但多悲仰，謹因使次，謹附白弔，慘愴不次。謹狀。

弔四海遭妻子喪書

凶故無常，賢夫人素無積善疹〔五八〕，何期藥善（膳）不徵，奄至殞逝。聞問驚悼，悲切何言。惟追念願塞，悲痛何堪。痛當奈何！苦當奈何！某乙成（誠）合奔赴，限以驅馳，不獲造慰，但多悲塞。因使往，謹奉狀不宣。謹狀。

凶變無常，賢郎莫委冠群，冀榮貢族；何圖遘此迍禍，奄從夭逝。聞問追念，痛悼〔實〕深〔五九〕。惟　傷切悲咽，痛何可言！痛當奈何！當復奈何！某乙疾弊，不及造慰，增之悲念〔六〇〕。因使往，謹此不代。謹狀。

四海奴婢亡書

久絶芳問，無已（以）爲懷，復承傷財，聞問追惜。傷之倍深。惟　念惜，不至悲愴。因使附狀，〔謹〕此不伏（代）〔六一〕。謹狀。

弔四海傷犬馬之書

人之所貴，惟彼是難。忽〔而〕滅化〔六二〕，歎惜之深。奉計諮嗟，不捨朝夕。雖財之云亡，抑亦人道亭矣。惟寬念惜，不至纏心。相見未期，增多悵係〔六三〕。不宣。謹狀。

參謁法官貴求身名語

某乙痛疷（？）家之師訓，身事灌落不名，有幸得遇將軍。

某乙薄有膂力，請效一年，得捧鞭轡，即小人願畢。

得身名拜謝。

某乙多幸，蒙將軍垂以不次，乞某乙身名，小人摩頂至足，不可爲謝。

又云：某乙實無堪，濫承奬用，才輕任重，恐辱所使，下情伏增惶悚。

謝衣服語

某乙何幸，每承顧眄。更蒙賜衣服，下情不勝戰悼。

謝車馬

自顧不才，濫承既録，早以叨幸，復賜車馬，實不敢當。

四海平蕃破國慶賀書

使至辱問，深慰馳情，孟秋尚熱，伏惟　公動止勝悆。某乙幸推遣，即此將軍違和，竟未痊損。西蕃（蕃）事意，前伏（狀）具呈〔六四〕。二郎遠涉巍途，實當難弊。伏承擒獲生口數百餘人，吐蕃投降，莫知崖（涯）際。且未動兵甲，兇醜來賓；勃律小蕃，滅亡在即。此皆　聖恩遠備（被），中丞良謀，凡所知聞，莫不欣慶。各限王事，拜賀未由，謹因王惟翼赴軍，謹奉狀不宣。謹狀。

使至奉書，豁如會面。孟冬尚寒，伏惟　公動止勝常。某乙幸推免，伏承兼和拔躍，謹因使次，奉狀不宣。謹狀。

使至奉問，下情實增悲悚。孟冬漸寒，伏惟大夫五郎，五郎動止勝途。某乙罪酷，亡過周載，觸目推（摧）裂，痛貫心魂。不孝奈何！時逝奈何！遠承平賊破國，皆是五郎深謀，此之一切，實爲善代，下情不勝悲慶。有限不獲遠迎，專於路左拜賀，未間但係深荒戀〔六五〕。謹因使次，奉狀不宣。謹狀。

某乙使至，損書不殊會面。冬首嚴寒，惟公動静珍適。遠入招討，光揚 聖謀；所向尅成，實深慶快。專於路佐（左）祇奉，未間但〔增〕馳望〔六六〕。差將狀先賀，不宣。謹狀。

亦云：遠入不側（測），所向尅成，蓋代功高，苦（古）之莫有〔六七〕。

亦云：官軍遠謝，果願尅成，具得全師而旋，彼此莫不欣慶。弟久處荒塞，仰計觸目難爲。不日軍迴，祇款在近〔六八〕，未間尤益係望也。不宣。謹狀。

累有狀去，亦頻奉書至，下情倆（？）多悲悚。初寒，惟 公動〔止〕勝愈〔六九〕。某乙罪酷，正經歲暮，獨（觸）目摧裂〔七〇〕，痛貫心魂。不孝奈何！酷罰奈何！四郎京迴，名得家信，彼此歡咸，夫復社之况乎。同附一驥，旋有東西，聚散之情，人理常也。他鄉萬里，知我者希，惟二三賢不離心目。加以聞承，不奉音耗；西路抄賊，相伋嚴答，雪寒山閉，途絶進退，仿佛改年，不知何當得歸京輦？深評此，深評〔此〕〔七一〕。有限，不由披冀，但增悲戀。謹因使不宣。謹狀。

使至奉問，下情不勝悚戀。孟冬漸寒，伏惟　給事三郎子動止萬福。某乙蒙恩，伏計乍到極邊，懸遠萬里之外，暴中野，履賤（踐）雪驗（險），至於下情，倍戀恒百。比者將爲使過，中間無狀　起居，實積悚怠。伏願體怒（恕）〔七二〕。不審官軍更有何消息？此軍鎮莫不優（憂）惶。限以所守，未由拜奉，但增戀〔結〕〔七三〕。謹因使不具。謹狀。

使至辱書，以慰勤企。惟　大夫二郎子所履清暢。某乙諸並尋常，仰知　中丞未迴，進發難取，遠助幽悶，亦何能之（云）〔七四〕？有限，未卜披展，增以延望。謹因使不宣。謹狀。

乍別，深眷望，計程未遠，行李如何？秋深轉凉，惟　公清晏，免僕耶異，異蕃路遠，賊徒險阻。幸若籌科（料）〔七五〕，以保萬全。珍重珍重。未卜披展，但益勤誕詠也。因馬麟往，附狀不宣。謹狀。

使至枉書，豁如會面。不期萬〔里〕〔七六〕，而（與）我同心。漸寒，惟公所履珍勝。某乙罪酷，痛深奈何！奉計此行，必多難弊。王事靡濫（盬），夫欲何云。況雪險途遠，接（淒）煞（然）有懷〔七七〕；忠臣無私，自古常也。願珍重珍重。有限，未由披拜，但深馳結。謹因使次，附狀不宣。謹狀。

將軍某乙至，奉少（書）問及〔七八〕，不勝悚戀。孟冬漸寒，伏惟　中丞公動止萬福。某乙不才，濫蒙驅策，權知監後，已經廿旬。忽聞二兄全師而還，抃躍無喻。實〔以〕　天恩遠備（被）〔七九〕，二兄良謀，一舉驍雄，群戎蕩滌，自已降則刁斗不擊。衡輈自駕，數百年秋，林胡無束（東）顧之心〔八〇〕；在四鎮中　聖上罷西軫之望。某乙位者，誠如是言哉。尋於路旁拜慶，謹遣卒某乙，將少糧踖，兼及武士鞋靺等，奉狀先賀。未間但增快志，不宣。謹狀。

公所履清勝常〔八一〕，僕幸推免。公親承睿策，遠降中外，櫛風休（沐）雨〔八二〕，破國平城，千載之功，莫如此也。遠聞但深慶慰。謹使奉使先賀，不宣。謹狀。

頻使纍狀，奉計續達。秋中差涼，惟　履珍勝，進承隨使，遠入虜庭，斬首生禽（擒），群胡蕩滌。此之一舉，曠古未聞。皆足下深謀，功高蓋代；專望獻捷，佇賀遷榮。有限，未即拜慶，但多慰意。謹因使不宣。謹狀。

使至，以慰翹軫。朝夕已涼，惟侍御弟久在極邊，計多勞思；加以小賊狂劫，致使往被煞。數載之間，無能奈此。賴弟長轡遠御，坐甲裹糧，舉鋒旗群胡蕩滌。比　聖上遠備（被），而長我軍威；咸所知聞，莫〔不〕幸甚〔八三〕。限以監後，未果披慶，增快志也。因使往，略附狀不宣，謹狀。

惟公所用情（清）暢，僕碌碌不足言者。所聞破賊，慶快尤多。奉計深謀，無不尅捷。此之一舉，倍百鹽功，深慰意耶。有限，未由拜賀，未聞（間）益延仰〔八四〕。不具。謹狀。

使至不辱書，審如清晏。首冬漸寒，惟　判官珍宜。足下參卿，軍事毗營中丞一舉尅千載足過，深增慶慰。豈筆然申，尋冀言展，未問（間）〔八五〕，益延詠也。因使不宣。謹狀。

阻闊言笑，向逾一周。念德懷賢，當忌寤寐。忽辱流問，有同面申，平生故情，欣慰無俞（喻）。夏末炎極，惟　履勝念。僕久滯殊荒，近方還駕。足下銜命，綏輯（緝）西塞〔八六〕。上差弔，復乖展對；再三鬱憤，夫何可言？見將首領等獻款天庭。各限王命，祇叙尚賒。　勤勤之殊積詐（？），惟珍重珍重。因吳供奉還，附狀不宣。謹狀。

仲秋已涼，伏惟太守二弟動止勝豫。惟部統甲兵，遠討胡虜。軍官暫舉，乘勝敗之。功高蓋代，尅捷還京。某乙遠聞，倍深欣慰，限以公務，祇賀未由，但增瞻仰，寧任勤情。謹因使不宣。謹狀。

公動止勝念，遠入虜庭，捕逐殘孽，官軍一舉，餘黨盡降。蓋代功高，故（古）之莫有。凱歌還郡，欣慰倍增。限以驅碌，披賀未從，但增傾望。因使不宣。謹狀。

四海書題、內外文官三品云閣下，左右丞相、節度使云節下，五品云記室，已下侍者、左右、唯執事之語，不論重平並通用。內外武官三品云麾下，太守管軍亦云麾下、節下，折衝已下無管押（以下爲斯三六一一）與文官五品以下同。

重書相國、左右丞相、御史大夫、中丞、侍御、六尚書、三公九卿、節度使、太守同。

孟春猶寒伏惟　官位公尊體動止萬福，即此蒙恩。如有事意，即於蒙恩之下論。所守有限，拜奉未由，無任下情，伏增馳戀，謹遣使次。即謹因某官某乙使次，即云使次奉狀。　起居不宣，謹狀。

官位公閣下　　月日行官位姓名狀上。

謹謹上　　位公閣下行官位姓名狀上封重封官位姓名狀至某所去皮送某官答書

使至，辱某月日書爲慰，春寒，惟　動息清宜，此某長遣，何當祇對，但搖然，因人還粗此無俞（喻），謹狀。

月日官位姓名狀通　姓位郎侍任從所稱謹空

官位姓名書至某所通送　　姓位次郎

次重

仲春漸暄，伏惟　公尊體動萬福。即此蒙恩，卑守有限，拜伏未由，無任下情，伏增馳戀，謹因某使奉狀不宣。謹狀。

題如前重書。

答書

刀札至，如復面焉。自非垂情，有此仰止仰止。春暄，惟　官次郎動息兼勝。此某常度懸千里〔八七〕，政存慰望，不易如舊，時嗣德音。因人還不復一一。謹狀。

月日官〔位〕姓名狀通〔八八〕　　姓位次郎侍者

謹空　　謹通

姓位次郎侍者　　官位姓名狀封

屈讌書

濁酒一樽，思接高議，故勒馳屈，降趾爲幸。不宣。謹狀。

蔬飯奉屈，幸即降臨，對之不敢下筯。不具。謹狀。

三月三日

不審何處追賞，欲泛觴曲水，同往南亭，速駕。幸甚幸甚。

五月五日

長絲節角，乘奉屈〔八九〕，降趾爲幸。

九月九日

菊酒一樽，欲登〔高〕飲〔九〇〕，不惜馬蹄即同往，幸也。

答書

刀札忽臨，具承來意。緣某尊者，處分少事未了，了即奔赴，無恠遲遲，不宣。謹狀。

與僧尼書

久不頂禮，但增瞻仰，〔初〕伏毒熱〔九一〕，惟　闍梨道體勝常，弟子世綱未除，諸昏不滅，佇方便鑰，闢（闢）生死門，頗能降臨，是所願也。故勒馳請，枉趾爲幸。不具。

弟子姓名　和尚　闍梨侍者

官位弟子姓名　和尚（南）〔九二〕　封

與道士書

數日不禮謁，傾心以無涯，雪中嚴寒，惟　尊師動静兼祐，某常遣，限以公務，不果造言；在於中情，實爲瞻仰。不具。謹狀。

弟子姓名循承。月日。尊師座前

謹上姓尊師座前　　官位弟子姓名循承　封

與妻父母書內外族表〔丈〕兄姊同〔九三〕

曠辭，久不奉問，無慰下情，孟春尚寒，伏惟　丈人丈母尊體動止康豫，即此耶孃萬福，某及〔次〕娘子蒙恩〔九四〕，男女等通善，未由拜奉，伏增馳係，謹因使往，謹奉狀不宣。謹狀。

月日位（姓）名狀上〔九五〕

丈人丈母座前　次姊再拜　參問阿嫂　謹空

答書

使至辱書，知上下通善，爲慰也。差凉，敬想清宜，次娘子佳致，不知何當〔更〕得聚會〔九六〕，增憂歎也。因〔使〕還略此不一一〔九七〕。

姓名月日　白姓郎　報次娘侍巾櫛善事舅姑及某郎是吾願也。

位姓名書至某所送某郎　封

與姊夫書

操袂如昨，炎涼數度。聞無翰墨，何慰馳情。春寒，惟　動静兼勝，某娘清吉，男女通善。即此　耶孃萬福。某恒遣，不審何當復〔得〕祗對〔九八〕。〔但〕增延詠〔九九〕，因使〔不〕具〔一〇〇〕。謹狀。

答書

頻枉金玉，慰喻何深，但仰止。春寒未減，惟　動静兼祐，此某常度云云。頻狀往，計有達者。榮向（問）不至〔一〇一〕，何慰馳情。

月日姓名狀通　　某郎記室

與親家翁〔母〕書親家伯叔同〔一〇二〕

執别雖近，延詠已深，不嗣德音，無捨傾係。中伏毒熱，惟親家翁母動静兼勝。此某常遣，新婦及男女並無恙。未議祗叙，無慰乃心；時嗣德音，是所望也。因使不宜。謹狀。

月日姓名狀通　　親家翁記室　題如平書

答書

忽枉刀札，如復面焉，〔晚〕伏鬱蒸〔一〇三〕，惟　親家翁母動静兼勝，某郎某娘男女等通善。此某常度，不審早晚復得披豁。日夕延佇，庶幾，因使還，不宣。謹狀。

月日位姓名狀通親家翁執事　　謹空

題如前

與妻姨舅姑書

久不拜覿，無任馳情，孟春尚寒，伏惟　次姨動止康悆，即此某及娘子男女等無恙，未由拜奉，狀增馳積，謹因某使往，奉狀不宜。謹狀。

月日位姓名狀上　次姨座前　外甥名姓〔一〇四〕　封書

答書

使至，得月日書，爲慰也。春寒，某郎清宜，但增歎滿（懣），因人還此不多。某氏次姨白。

月日某郎〔一〇五〕　次姨書至某所送　某郎封

與同門書

會爲姻婭，得接顔色，聞（間）無金玉〔一〇六〕，無慰乃心。頗限（恨）〔一〇七〕，秋季〔霜〕冷〔一〇八〕，惟　次姊姊夫婦妹云某郎　動静安祐，外甥等日惠，此某恒遣，不審何當復得申豁。但增延詠不遺，時及刀札，幸甚。因使不宣。謹狀。

月日．姓名．狀通　位姊夫記室　謹空　題如前

答書

使至枉書，慰喻何甚，仰止仰止。冬中雪寒，惟　某郎動静兼勝，外生（甥）等

佳致，此〔某〕恒遣〔一〇九〕，未議聚樂，延詠何言。不遣此情，時及數字。因使還略此不宣。謹狀。

月日題如前

書儀鏡凶下

凡五十條

凡修弔書，皆須以白藤紙楷書；無問尊卑，皆須别爲項首，幽明有異，重亡者也。

和上表及已則否。

凡前人有大功已上服通弔書，極尊云友福，次尊云友豫，稍尊云友勝，平云友適、友常、友祐，卑云友度、友遣。

凡大功已上服通弔書，無問尊卑，皆慘愴不次，某頓首。

凡通寒温，前人是己小切已上親依吉儀，如疏屬及四海即依凶儀。

凡子侄及外甥並孫居喪云無横苦、無他惡，輕服云無恙，不云友立、友度之語。

凡遭父母喪書皆云日月名頓首頓首，結尾云：謹奉疏慰，慘愴不次，名頓首頓首；小功已上單云頓首。

凡弔前人父云（亡）稱至孝〔一一〇〕，母云（亡）稱至哀〔一一一〕，父先亡母後亡亦稱至孝。

凡題弔書，父亡書題云塊前，母亡云苫前。

凡周親稱服前，婦人居喪亦稱服前，承重者準男子稱。

凡父亡稱考，母亡稱妣；族內耶孃有號任稱。

凡無父稱孤子，父在母亡稱哀子，父母俱亡亦稱孤子。

凡嫡孫承重祖云孤孫，孫祖母亡云哀孫，曾云孤曾孫，玄孫云孤玄孫、哀孫。

凡女在室爲喪主云孤女、哀女。

凡弔答父母云孤子，母云哀子，首尾並云頓首，結尾云扶力白答。荒塞不次，名頓首頓首。

題如吉書，無謹封之語。

凡孝弔孝子書云白書，不得云白弔，爲己有哀，不免於人。

凡弔答小祥、大祥、除禫書題如初服。

凡身有重喪，與人書云：日月流速，荼毒如昨，頻遷時序；即云：不自死滅，苟延視息。

凡無父稱孤露，無母稱偏露。

凡高祖稱高門，曾祖稱曾門，祖稱大門，父稱家裏，母稱堂上。

凡弔人夫喪書〔與〕〔父〕同〔一二〕，爲出嫁以夫爲天。

凡婦人不言踴，不言崩，唯攀慕擗摽，貫割屠裂，不云崩潰。

凡舅孤（姑）存日稱大君、大家，歿後稱先舅先姑。

五服告哀書凡父亡哭稱罪逆蒼天、罪深蒼天，父在母亡哭稱罪深，父母俱亡云罪逆蒼天、罪深蒼天，伯叔兄弟姊姑及姨舅弟妹男女哭稱痛深，舅姑云（亡）稱罪深〔一一三〕。

凡五服爲答哀書皆依吉儀，不用謹封云（之）語〔一一四〕，云几前、座前。

凡五服内凶書之末，皆再拜，不合有頓首之語。

凡婦人修内族書之末，皆云再拜，不云不宣、不具之語。

父母喪告兄姊書

月日名言：罪逆深重，禍不自滅，上延　耶孃。攀慕無及，五内摧烈（裂），不能堪忍。惟奉凶諱，號天叩地，五情縻潰，何可勝任。酷罰罪苦。耶孃違和，冀漸瘳豫，何圖不蒙靈祐，以某月日奄遘凶衰。日月流速，奄經某節，追慕永遠，觸目崩絶。酷罰罪苦，酷罰罪苦。孟春猶寒，伏惟哥姊動止友福，某不自死滅，苟存視息，未由號訴，倍增殆絶。因使附白疏，荒塞不〔次〕〔一一五〕，某再拜。

題如吉。

父母喪告弟妹〔書〕〔一一六〕

吾與汝罪逆深重，禍不自滅，上延　耶孃，五情崩潰，不自堪居。念汝輩奉凶諱，號天叩地，貫割五情，何可堪居。酷罰罪苦，酷罰罪苦。耶孃違和，冀漸瘳豫，何圖不蒙靈祐，以某月日奄遘凶釁。日月流速，奄經某節，攀慕無及，觸目崩潰。酷罰罪苦，酷罰罪苦。春暄，念汝無恙。吾在荼毒，無復生賴。未即見汝，倍增號楚，遣書荒塞不次，哥告。

某月日。

題如前。

子亡父母〔告〕孫兒書〔一一七〕

不意凶衰，汝父某月日喪逝，〔哀〕痛貫割〔一一八〕，不能自勝。念汝輩荼毒難居，哀苦奈何！哀痛奈何！毒熱，念汝輩無横，吾氣未滅，更罹此哀，悲痛纏懷，日夜何極？即冀見汝，遣此慘愴不次。耶（翁）孃（婆）告〔一一九〕。　月日

四海弔答書儀廿首 諸儀複書皆須兩紙，今刪爲一紙，頗爲剪浮，但重叙（叙）六（亡）人〔一二〇〕，兼申孝子哀情，參驗古今，亦將通體，達者裁擇，安敢執焉。

封弔書儀三

官位某奉慰　　謹封　　孤子姓名白書至某所通送姓位

姓位至孝苫（苦）前〔一二一〕　　官位郡名疏慰

弔遭父母喪書 如尊人不同（問）遠近，並短封　平卑遠即長，近則否。

日月名頓首頓首，凶釁無常，尊府君夫人崩背，奄棄榮養，聞問驚惻，不能已已。惟攀慕號擗，五内屠裂，哀苦奈何，哀痛奈何。尊府君年　雖居高，冀延眉壽，何圖奄遘凶釁，如未有弔書，即於凶釁之下云日月迅速，奄經祥制。丁此荼毒。哀痛奈何！哀苦奈何！春初寒，惟云伏，動息友勝。云動止友勝。某疾

弊少理，未由造慰，慘愴不次。姓名頓首頓首。

弔小祥大祥及除禫

名頓首頓首，日月迅速，承以某月日俯就祥制。禫云奄及禫制。惟孝感罔（罔）極，攀慕號擗，哀苦奈何！哀痛奈何！春中已暄，惟動静友祐。某疾弊少理，不獲奉慰，但增悲仰。謹疏慰，慘愴不次。姓名頓首頓首。

答書

孤子名頓首頓首，日月流速，荼毒如昨，奄及經祥制，攀慕無及，觸目號絶。不孝罪苦，永痛罪苦。春暄，惟　動静兼勝。辱書執對，倍增崩潰。扶力遣疏，荒繆不次。孤子姓名，頓首頓首。

題如前。

弔起服從政

月（日）日（月）迅速〔一二二〕，頻遷時祭，攀慕號擗，五情貫割，哀苦奈何！哀痛奈何！季夏毒熱，惟　位次郎動静友豫。某諸弊少〔一二三〕，哀苦奈何！哀痛奈何！又承聖恩擇才，起服從政，孝感罔（罔）極，五内屠裂。哀苦奈何！哀痛奈何！季夏毒熱，惟
位次郎動静友豫。某諸弊少理，未由拜洩，但增悲仰。謹因位姓名使往，慘愴不次。姓名頓首。

位次郎服前　題如前。

答書

日月流速，罪逆深重，荼毒如昨，奄及祥制，頻遷晦朔，歲序時祭。天恩奪情起服，從政居職。攀慕無及，觸目崩潰，酷〔罰〕罪苦〔一二四〕！永痛罪苦！夏中毒熱，惟動静兼勝。某不自死滅，苟延視息；辱書執對，但增號絶。因使遣答，荒塞不次。孤子姓名，頓首。

位次郎　　題如前但云孤子、哀子月日。

弔兄妹亡書

日（月）月（日）名頓首〔一二五〕，凶故無常，賢兄傾逝，貫割枝氣〔一二六〕，哀痛奈何！悲切奈何！賢兄年未居高，冀保榮禄；何圖執（報）施無準〔一二七〕，奄遘凶衰。哀痛奈何！悲痛奈何！春〔暮〕暄甚〔一二八〕，惟　動静友勝。某疾弊少理，未由造慰，但增悲仰。謹遣書慰，慘愴不次。姓名頓首。謹通。

姓位次郎服前郡姓名疏　封

答書〔一二九〕

日（月）月（日）名頓首〔一三〇〕，不圖凶舋，家兄傾逝〔一三一〕，枝氣割裂〔一三二〕，痛深。家兄忽攖某疾，冀漸瘳豫。何圖不蒙靈祐，奄遘凶禍。痛切痛深。初秋尚熱〔一三三〕，惟動静兼勝。此某哀痛可量，拜洩未由。但增悲仰。謹遣還答，慘愴不次〔一三四〕。姓名頓首。月日。

題如前。

弔姑亡書

日（月）月（日）名頓首頓首〔一三五〕，凶故無常，尊姑年未居高，曾（冀）延眉壽〔一三六〕。何圖忽嬰疾疹，遘此凶故〔一三七〕。惟痛切奈何！〔痛〕〔切〕奈何〔一三八〕！中秋氣凉，惟動息友祐。某諸弊少理，造慰未由，但增悲係。謹遣疏慰，慘愴不次。名頓首。月日。

題如前。

答書〔一三九〕

日（月）月（日）名頓首〔一四〇〕，不圖凶舋，次姑傾逝，哀苦痛深。秋季霜冷，惟動静兼祐。造慰未由，但積悲係。還答慘愴不次。姓名頓首。月日。

題如前〔一四一〕。

弔弟妹亡書

凶故無恒，妹云某氏妹、族云次娘夭逝，割裂枝氣〔一四二〕，何以爲懷。悲悼奈何！悲痛奈何！賢弟盛年，冀保榮禄，會此凶故，忽爲今古。悲慟奈何！痛切奈何！秦（春）寒，惟　友勝。某諸弊少理，造慰未由，但〔增〕悲仰〔一四三〕。謹遣疏，慘愴不次。姓名頓首。月日。謹通。

姓位次郎服前位姓名慰　　封

答書

不意凶衰，某弟殞逝，羽翼彫落，難以爲懷。悲痛深，悲痛深。辱書增〔悲〕仰〔一四四〕。秋暮甚冷，惟動静兼祐。某諸弊少理，未由造慰，但增悲係。謹遣還答，〔慘〕〔愴〕不次〔一四五〕。名頓首。月日。

題如前。

弔妻亡書

凶故無恒，賢室尊云夫人殞逝，惟悲悼傷切，痛當奈何！賢室貞孝發聞，謂保終吉，何圖降年不永，奄從逝水。撫視偏露，其情如何。春寒，惟動静兼祐。限以疹弊，造慰未由，〔但〕增悲仰〔一四六〕。謹遣疏慰，慘愴不次。姓名頓首。月日。

題如前。

答書

不意凶故，拙屋殞逝内外族云新婦〔一四七〕，撫對偏露，難以爲懷。辱書但增悲仰。春寒，惟動静兼勝。某諸理□□□□□□□但增悲係。〔一四八〕謹遣疏慰，慘愴不次。姓名頓首。月日。

題如前。

弔姪亡書〔一四九〕

禍不（出）出（不）圖，〔一五〇〕賢姪盛年殞逝，惟悲痛奈（後缺）

説明

此件前後均缺，起『履珍』，迄『惟悲痛奈』。所存部分由斯三三二九和斯三六一兩號組成，斯三三二九在前，斯三六一在後，兩號之間恰可拼合。全卷抄寫於烏絲欄內，爲一人所抄，書法正規。斯六一一一保存了部分與斯三三二九相同的內容，而斯三六一保存的大部分內容都可在伯三六三七中找到。

此件雖前後殘缺，但中間保存了書題。斯三三二九與斯三六一可以拼合係趙和平教授所發現，他以此件與伯三六三七《新定書儀鏡》對應的部分相同爲據，推斷此《書儀鏡》係杜友晋所撰，並考定此件的撰寫年代在開元天寶中（參看《敦煌寫本書儀研究》二九五至二九八頁）。趙和平還對此件作過細致的録校。

以上的釋文是以斯三三二九、斯三六一爲底本，用斯六一一一（稱其爲甲本）和伯三六三七（稱其爲乙本）參校。

校記

〔一〕『傜』，《敦煌寫本書儀研究》釋作『㑿』，此字在此件中凡五見，有四處寫作『傜』，一處寫作『㑿』，『㑿』字不見於諸字書，頗疑其由上文『悵』字類化而來，實即『傜』字之俗體字。

〔二〕「逕」，據下文當作「遥」，據文義改。

〔三〕「疫」，《敦煌寫本書儀研究》誤作「疾」。

〔四〕「悕」，當作「係」，理由見注一。

〔五〕「何」，當作「可」，《敦煌寫本書儀研究》據文義校改。

〔六〕「望」，《敦煌寫本書儀研究》據文義校補。

〔七〕「暐」，《敦煌寫本書儀研究》校作「憐」。

〔八〕「繩」，當作「黽」；「絻」，當作「勉」，《敦煌寫本書儀研究》據文義校改。

〔九〕「媿」，《敦煌寫本書儀研究》校改爲「愧」，疑未當。

〔一〇〕「當」，《敦煌寫本書儀研究》據文例補。

〔一一〕「惟」，據文例補。

〔一二〕《敦煌寫本書儀研究》疑「程」上脱一字。

〔一三〕「問」，《敦煌寫本書儀研究》釋作「間」，誤。

〔一四〕「紱」，《敦煌寫本書儀研究》校改作「沃」，疑當作「拊」，「紱」，通「拊」。

〔一五〕《敦煌寫本書儀研究》疑「餘」上脱「其」字。

〔一六〕「伏」，當作「代」，《敦煌寫本書儀研究》據文例改。

〔一七〕《敦煌寫本書儀研究》疑「深」上脱三字。

〔一八〕《敦煌寫本書儀研究》疑「次」上脱「之」字。

〔一九〕「係」，《敦煌寫本書儀研究》校改爲「悕」，疑未當。

〔二〇〕《敦煌寫本書儀研究》疑「衣」下脱二字。

〔二一〕「惟」，據文例補。
〔二二〕「發」，《敦煌寫本書儀研究》釋作「尋」。
〔二三〕「推」，當作「惟」，《敦煌寫本書儀研究》據文例校改。
〔二四〕「冐」，當作「冒」，《敦煌寫本書儀研究》據文義校改。
〔二五〕《敦煌寫本書儀研究》已指出「馬」字爲衍文，當删。
〔二六〕「日」，《敦煌寫本書儀研究》據文義補。
〔二七〕「遠」，當作「違」，《敦煌寫本書儀研究》據文義校改。
〔二八〕「無」，當作「陳」，《敦煌寫本書儀研究》據文義改。
〔二九〕《敦煌寫本書儀研究》疑「養」上脱三字。
〔三〇〕「媿」，《敦煌寫本書儀研究》校改作「愧」，疑未當。
〔三一〕「伏」，當作「代」，《敦煌寫本書儀研究》據文例改。
〔三二〕疑「來」下脱「蘇」字，《敦煌寫本書儀研究》疑脱二字。
〔三三〕「兕」，《敦煌寫本書儀研究》疑作「況」。
〔三四〕「諸草草祐歘久乖」，《敦煌寫本書儀研究》釋作「諸算不祐，〔□〕歘久乖」。
〔三五〕「之」，《敦煌寫本書儀研究》據文義校補；「間」，當作「間」，《敦煌寫本書儀研究》據文校改。
〔三六〕「所」，《敦煌寫本書儀研究》據文義校補。
〔三七〕「係」，《敦煌寫本書儀研究》釋作「悕」，疑未當，理由見注一。
〔三八〕「謝」，《敦煌寫本書儀研究》斷屬下句。
〔三九〕「竟」，《敦煌寫本書儀研究》釋作「意」，誤。

〔四〇〕「免」，《敦煌寫本書儀研究》據文例補。
〔四一〕「係」，當作「吝」，據文義改；《敦煌寫本書儀研究》釋作「悋」，疑未當，理由見注一。
〔四二〕「決」，《敦煌寫本書儀研究》疑作「快」。
〔四三〕「訝」，當作「迓」，據文義改。
〔四四〕「同」，《敦煌寫本書儀研究》據文義校補。
〔四五〕「因使」，《敦煌寫本書儀研究》録作「□□」。
〔四六〕「盈」，《敦煌寫本書儀研究》據文義校補。
〔四七〕「之」，《敦煌寫本書儀研究》據文義校補。
〔四八〕「不出」，據文義與下文應爲「出不」，《敦煌寫本書儀研究》校改。
〔四九〕「一」，《敦煌寫本書儀研究》認爲系衍文；「言」，《敦煌寫本書儀研究》據文義校補。
〔五〇〕《敦煌寫本書儀研究》於「號」下補「擗踴」二字。
〔五一〕「酷當奈何」，《敦煌寫本書儀研究》漏録。
〔五二〕「不出」，應爲「出不」，《敦煌寫本書儀研究》據文義乙。
〔五三〕「當」，《敦煌寫本書儀研究》據文義補。
〔五四〕「酷」，《敦煌寫本書儀研究》據文義補。
〔五五〕「當」，《敦煌寫本書儀研究》據文義校補。
〔五六〕《計》，當作「針」，《敦煌寫本書儀研究》據文義校改。
〔五七〕「奈」，《敦煌寫本書儀研究》據文義校補。
〔五八〕「善」字衍，據文義當删。

〔五九〕『實』，《敦煌寫本書儀研究》據文義校補。
〔六〇〕『之』，《敦煌寫本書儀研究》釋作『至』，誤。
〔六一〕『謹』，據文例補；『伏』，當作『代』，據文例改。
〔六二〕『而』，《敦煌寫本書儀研究》據文義校補。
〔六三〕『係』，《敦煌寫本書儀研究》釋作『悕』，疑未當，理由見注〔一〕。
〔六四〕『伏』，疑當作『狀』，據文義改。
〔六五〕『間』，《敦煌寫本書儀研究》校改作『間』。
〔六六〕『增』，據文義補。
〔六七〕『苦』，當作『古』，《敦煌寫本書儀研究》據文義校改。
〔六八〕『近』，《敦煌寫本書儀研究》釋作『道』，疑誤。
〔六九〕『止』，《敦煌寫本書儀研究》據文例補。
〔七〇〕『觸』，《敦煌寫本書儀研究》據文例改。
〔七一〕底本只有『深評』二字有重文符號，『此』字無重文符號，但甲本『深評此』三作均有重文符號，此據補。
〔七二〕『怒』，當作『恕』，《敦煌寫本書儀研究》據文義校改。
〔七三〕『結』，據甲本補。
〔七四〕『之』，當作『云』，即甲本改。
〔七五〕『科』，當作『料』，據甲本改。
〔七六〕『里』，《敦煌寫本書儀研究》據文義補。
〔七七〕『接煞』，當作『凄然』，據甲本改。

〔七八〕「少」，當作「書」，據甲本改。
〔七九〕「以」，據甲本補。
〔八〇〕「束」，當作「東」，《敦煌寫本書儀研究》據文義校改。
〔八一〕《敦煌寫本書儀研究》指出「清常」二字當有一字爲衍文。
〔八二〕「休」，當作「沐」，《敦煌寫本書儀研究》據文義校改。
〔八三〕「不」，《敦煌寫本書儀研究》據文義校補。
〔八四〕「聞」，當作「間」，《敦煌寫本書儀研究》據文義校改。
〔八五〕「問」，《敦煌寫本書儀研究》疑當作「間」。
〔八六〕「輯」，當作「緝」，《敦煌寫本書儀研究》徑釋作「緝」。
〔八七〕《敦煌寫本書儀研究》認爲「懸」上脱一字。
〔八八〕「位」，據上文補。
〔八九〕「乘」，《敦煌寫本書儀研究》釋作「黍」。
〔九〇〕「高」，據乙本補。
〔九一〕「初」，據乙本補。
〔九二〕「尚」，當作「南」，據乙本改。
〔九三〕「丈」，據乙本補。
〔九四〕「次」，據乙本補。
〔九五〕「位」，當作「名」，據乙本改。
〔九六〕「更」，據乙本補。

〔九七〕「使」，據乙本補。

〔九八〕「得」，據乙本補。

〔九九〕「但」，據乙本補。

〔一〇〇〕「不」，據乙本補。

〔一〇一〕「向」，當作「間」，據乙本改。

〔一〇二〕「母」，據乙本補。

〔一〇三〕「晚」，據乙本補。

〔一〇四〕「名姓」，乙本作「姓名」。

〔一〇五〕「月日」，在原件並不缺，但《敦煌寫本書儀研究》釋作「月日」，不知何故。

〔一〇六〕「聞」，當作「間」，據乙本改。

〔一〇七〕「限」，當作「恨」，據乙本改；「頗恨」，乙本作「頗恨頗恨」。

〔一〇八〕「霜」，據乙本補。

〔一〇九〕「某」，《敦煌寫本書儀研究》據文義補。

〔一一〇〕「云」，當作「亡」，據乙本改。

〔一一一〕「云」，當作「亡」，據乙本改。

〔一一二〕「與父」，據乙本補。

〔一一三〕「云」，當作「亡」，據乙本改。

〔一一四〕「云」，當作「之」，據乙本改。

〔一一五〕「次」，據乙本補。

〔一一六〕「書」，據文義及乙本補。
〔一一七〕「告」，據文義及乙本補
〔一一八〕「哀」，據乙本補。
〔一一九〕「耶孃」，當作「翁婆」，《敦煌寫本書儀研究》據文義及伯三八四九改。
〔一二〇〕「叙」，當作「叙」，《敦煌寫本書儀研究》據伯三八四九改；「六」，當作「亡」，據文義改，《敦煌寫本書儀研究》徑釋作「亡」。
〔一二一〕「莒」，當作「苦」，《敦煌寫本書儀研究》據伯三八四九改。
〔一二二〕「月日」，當作「日月」，《敦煌寫本書儀研究》據文義校改。
〔一二三〕據乙本自「哀苦奈何」至「某諸弊少」爲衍文，應删。
〔一二四〕「罰」，據乙本補。
〔一二五〕「日月」，當作「月日」，《敦煌寫本書儀研究》據文義校改。
〔一二六〕「枝」，《敦煌寫本書儀研究》釋作「拔」，疑誤。
〔一二七〕「執」，當作「報」，據乙本改。
〔一二八〕「暮」，據乙本補。
〔一二九〕「答」字之上空白處有一後人添加的「答」字，因與此件無關，未録。
〔一三〇〕「日月」，當作「月日」，《敦煌寫本書儀研究》據文義校改。
〔一三一〕「家兄」二字之上空白處有後人添加的「家兄」二字，因與此件無關，未録。
〔一三二〕「枝」，《敦煌寫本書儀研究》釋作「拔」，疑誤。
〔一三三〕「尚」字之上空白處有一後人添加的「家」字，因與此件無關，未録。

〔一三四〕「愴」字之上空白處有一後人添加的「忽」字，因與此件無關，未録。

〔一三五〕「日月」，當作「月日」，《敦煌寫本書儀研究》據文義校改；「日月」二字之上空白處有後人添加的「日月名」三字，因與此件無關，未録。

〔一三六〕「曾」，當作「冀」，據乙本改。

〔一三七〕「遘」字之上空白處有一後人添加的「遘」字，因與此件無關，未録。

〔一三八〕「痛切」，據乙本補。

〔一三九〕「答」字之上空白處有一後人添加的「動」字，因與此件無關，未録。

〔一四〇〕「日月」，當作「月日」，《敦煌寫本書儀研究》據文義校改。

〔一四一〕「題」字之上空白處有一後人添加的「題」字，因與此件無關，未録。

〔一四二〕「枝」，《敦煌寫本書儀研究》釋作「拔」，疑誤。

〔一四三〕「增」，據乙本補。

〔一四四〕「悲」，據乙本補。

〔一四五〕「慘愴」，據乙本補。

〔一四六〕「但」，《敦煌寫本書儀研究》據文義校補。

〔一四七〕「屋」，乙本作「室」，近是。

〔一四八〕「但」，據文義補。

〔一四九〕「弔姪亡書」，據下文補。

〔一五〇〕「不出」，當作「出不」，據文義改。

參考文獻

Giles, BSOS, 9.4, 1042、1027、1033®; *Descriptive Catalogue of the Chinese Manuscripts from Tunhuang in the British Museum*, p. 253®; Mair, Chinoperl Papers Vo, 10, 44®; 《敦煌寶藏》三册，一二八至一三二頁（圖）；《敦煌遺書總目索引》一一六頁；《一九八三年全國敦煌學術討論會文集·文史遺書編》下，二四八頁（録）；《歷史研究》一九八四年一期五二頁；《漢學研究》四卷二期二九一至二九九頁（R）；《敦煌吐魯番文獻研究論集》四輯二四、三二頁；《敦煌吐魯番學研究論文集》五七〇頁；《敦煌學輯刊》一九九〇年二期六五至六九頁；《英藏敦煌文獻》一卷，一二九至一三二頁、一五一至一五三（圖）；《敦煌寫本書儀研究》二二至二三、四六至五〇、二四三至三〇四頁（録）；《唐五代書儀研究》一三八至一四二頁（録）；《一九九〇年敦煌學國際研討會文集·史地語文編》五七三頁；《慶祝潘石禪先生九秩華誕敦煌學特刊》二六七至二七三頁。

斯三二二九背＋斯三六一背　一　雜寫

釋文

（以下爲斯三六一背）

（前缺）

□□弟子銀青光禄

子弟判官掌

苦心流君交而取家

沙州大都督府

沙州大都督

乾符二年歲次乙未廿日記。　地

地地地地地地地地

弟壹莫祖貳莫休弟三莫祖退乎（？）

説明

此號係由斯三三二九與斯三六一拼接而成，有關情況可參看此卷正面之説明，所不同者此號正面是斯三三二九在前，斯三六一在後，而背面是斯三六一在前，斯三三二九在後。

參考文獻

《敦煌寶藏》三册，二四三頁（圖）；《英藏敦煌文獻》一卷，一五四頁（圖）。

斯三三二九背＋斯三六一背　二　詩抄（閨情）

釋文

千迴萬轉夢難成，萬迴轉膩（？）個（以下原缺文）

説明

此詩之全部見於伯二五五五《唐詩文叢抄》，據該件，此詩第二句應爲『萬遍千迴夢里驚』（參看徐俊《敦煌詩集殘卷輯考》，中華書局二〇〇〇年六月七一九頁）。

參考文獻

《英藏敦煌文獻》一卷，一五四頁（圖）；《敦煌詩集殘卷輯考》七一九頁（録）。

斯三二二九背＋斯三六一一背　　三　雜寫

釋文

維大唐乾寧貳年乙卯三月廿二日李〔一〕（以下原缺文）

校記

〔一〕此行前有蔣孝琬所書數碼（數碼係朱筆所書）和『書信稿式』四字，因非時人所書，未録。

參考文獻

《敦煌寶藏》三册，二四三頁；《英藏敦煌文獻》一卷，一五四頁（圖）。

斯三三二九背＋斯三六一背　四　詩抄（長信草）

釋文

長新（信）窮（宮）中草，年年愁處生，惟親（侵）珠治（履）七（跡），段（没）事（使）玉皆（階）行〔一〕。

説明

此見原未抄題，徐俊考出其爲崔國輔所撰之《長信草》（參看徐俊《敦煌詩集殘卷輯考》，中華書局二〇〇〇年六月八四九頁）。

校記

〔一〕『段』，疑當作『没』，《敦煌詩集殘卷輯考》徑釋作『没』。

參考文獻

《敦煌寶藏》三册，二四三頁；《英藏敦煌文獻》一卷，一五四頁（圖）；《敦煌詩集殘卷輯考》八四九頁（録）。

斯三二一九背＋斯三三六一背　五　雜寫（書儀等）

釋文

答云：不意凶衰，汝舅　　智（婿）云親家翁母辭〔一〕。不意凶衰，某郎逝（傾）傾（逝）〔二〕，割裂戀愛，悲痛奈何！不圖凶衰。答云（以下原缺文）

珊

校記

〔一〕『智』，當作『婿』，據文義改。

〔二〕『逝傾』，當作『傾逝』，據文義及其他《書儀》體例改。

參考文獻

《英藏敦煌文獻》一卷，一五五頁（圖）。

斯三二九背＋斯三六一背　六　日落影西山詩抄

釋文

日落影西山，姑（孤）男留與君，煎（剪）刀皁（並）樓（柳）赤（尺），煎（賤）妾且遂（隨）身，含（盒）禮（裏）〔殘〕莊（妝）糞（粉）〔一〕，留〔些〕與後人〔二〕，黃泉元（無）用處，〔三〕度（徒）蘭（勞）作微陳（塵）。

説明

此件在本號背面抄寫了兩遍，第二通在此件之後，原未抄完。從筆體看，這兩通似爲一人所抄，抄寫者水平不高，多用同音字代替本字。

此詩又見於斯五三八一背，文字略有不同。此詩原無標題，因斯五三八一號在此詩後有『君但努力，康大娘遺書一道』，故著録、録校者或將此詩定名爲『康大娘遺書一道』，或定名爲『康大娘遺書詩』。其實，斯五三八一中之『康大娘遺書一道』，並非此詩的標題，其後的文字纔是遺書。我們按本書定名慣例，暫將此詩歌定名爲『日落影西山詩抄』。

據考證，此詩與孟棨《本事詩·征異》第五所載幽州衙將張氏之妻孔氏所作詩部分相同（參看徐俊

《敦煌詩集殘卷輯考》，中華書局二〇〇〇年八九二頁）。

校注

〔一〕『含』，當作『盒』，據此號中另件『日落影西山詩歌抄』補；『殘』，據此號中另件『日落影西山詩抄』補。
〔二〕『些』，據此號中另件『日落影西山詩抄』補。
〔三〕『元』，當作『無』，據此號中另件『日落影西山詩抄』改。

參考文獻

《英藏敦煌文獻》一卷，一五五頁（圖）；《敦煌詩集殘卷輯考》八九二頁（録）。

斯三二二九背＋斯三六一一背　七　雜寫

釋文

君但努力康娘
敕河西節度
曲子名一首

參考文獻

《英藏敦煌文獻》一卷，一五五頁（圖）。

斯三二二九背＋斯三三六一背　八　三月三日范（泛）龍舟詩抄（二通）

釋文

三月三日范（泛）龍州（舟），政（正）見李（鯉）魚水上由（游），義（意）〔若〕（欲）將釣來鳥口〔一〕，恐怕怪龍動福（復）收。

三月三日范（泛）龍州（舟），政（正）見李（鯉）魚水上由（游），義（意）若（欲）將〔釣〕來鳥口〔二〕，恐（以下原缺文）

説明

此件連抄兩遍，第二通原未抄完。徐俊考出其爲隋煬帝楊廣所撰，見於《太平御覽》卷九三六引《廣五行記》。此件前有『曲子名一首』，徐俊認爲是此詩標題，實際原件上『曲子名一首』和此詩中間有

三、四的空白，而且用『曲子名一首』做此詩之標題也不貼切，故未從（參看徐俊《敦煌詩集殘卷輯考》，中華書局二〇〇〇年八四九至八五〇頁）。

校記

〔一〕『若』，據下件補。
〔二〕『釣』，據上件補。

參考文獻

《英藏敦煌文獻》一卷，一五五頁（圖）；《敦煌詩集殘卷輯考》八九二頁（録）。

斯三二九背＋斯三六一背　九　雜寫

釋文

自别名時

參考文獻

《英藏敦煌文獻》一卷，一五五頁（圖）。

斯三二二九背＋斯三三六一背　一〇　日落影西山詩抄

釋文

日落影西山，姑（孤）男留與君，剪刀卑（並）樓（柳）赤（尺），賤妾且遂（隨）身。合（盒）利（裏）殘莊（妝）糞（粉），留些以（與）後人。黄泉無用處，度（徒）蘭（勞）（以下原缺文）

參考文獻

《英藏敦煌文獻》一卷，一五五頁（圖）；《敦煌詩殘卷輯考》八九二頁（録）。

斯三三二九背＋斯三三六一背　一一　十二月書儀

釋文

雙飛峽蝶，戲樂花藂。
雲開務（霧）裏，群飛逐暖，節起追凉。鷰鷰子新，歸在於莘。宣
意情相憶馳深，戀結在懷，皆由延奉陽春，應戀暖含暉。柳放臨桃，
三月
使，略附空心，不耻疏言，賜垂下顧。
恐生勞慮，終終戀憶，逐伴思朋，琴酒交遊，願心存意重，今因信
漸暄，不審足下體内如何？但某乙頻遭契闊，奉謁未由，欲往諮參，
氣温和，百鳥爭新，梅花色變，雲光浪氣，散影隨時。仲奉（春）
不離心抱。尉（慰）同無由，結友纏懷，恒生戀想，楊風稍暖，節
二月　　行更
酒交遊，恐生離別，今因往信，略附單行，更欲多言，心生疏日。

鄉邑，闕奉經旬，歲節新來，未閑參謁，連襟樓袖，不許分張，盃風影雲調，寒光漸散，孟春猶寒，不審足下體内如何？但某乙雖同分別兩處，憶念纏懷，思憶往還，恨不交容。初臨新節，慶賀乾坤，維乾寧貳年歲次乙卯三月廿三日爲起

正月

説明

此件爲自左向右逆寫。

參考文獻

《敦煌寶藏》三册，二四四頁（圖）；《漢學研究》四卷二期二九一至二九九頁（録）；《敦煌研究》一九八七年四期四九頁（録）；《英藏敦煌文獻》一卷，一五五至一五六頁（圖）；《敦煌寫本書儀研究》一〇一至一〇四、一一二至一五一頁（録）。

斯三三二九背＋斯三三六一背　一二　遊通信狀抄

釋文

李丈（？）
自從面別，思慕尤深，季秋霜冷，伏惟
丈人尊體動止萬福。即日通信再□，不審
（以下爲斯三三二九背）
近日尊體何以（似），伏惟以時善加保重，
下情所望也。上□丈人發遣來，
於書以（已）得，不用遠憂。今因使次，
□次略付以□，不與了。　通信再拜。
　九月一日女婿遊通信狀上。
丈人記室
年謹謹上丈人記室　　女婿遊通信　狀。謹封。

説明

此件是斯三二一九與斯三六一一拼接處，墨跡甚淡，極難辨識，《英藏敦煌文獻》於斯三二一九背缺印六行。

參考文獻

《英藏敦煌文獻》一卷，一三三、一五五頁（圖）。

斯三二一九背＋斯三六一一背　一三　雜寫（行人轉帖、祝願新郎文等）

釋文

飛家舍〔一〕

今月廿三日李丈建

敕歸義軍河西

行人轉帖　　隊頭康營田、副隊游兵馬使、紫（子）將索百達，已上人各并（餅）二，前（箭）

咒願新郎

今擇吉日，又會時□，雙花掩面，對拜高堂。五男二女，穀麥〔滿〕倉，細馬千疋，奴婢成黄，出（以下原缺文）

已上行人，帖至，限今月廿九日窮前（箭）槍排，不得欠少，官有重罰。十月廿八日。

凡贊　　今月日隊

今擇吉日，聲譶譶，齊矗矗轟轟

景福二年十一月學士安君。

子弟壬義延右補充子弟虞候　牒

敕歸義軍節度使　牒

大年歲曲子名十年歲奴拋拋

校記

〔一〕此三字寫於狀抄間，係隨手所寫。

參考文獻

Mair, Chinoperl Papers Vo, 10, 44（R）；《上智史學》二六卷四五至四六頁（R）；《敦煌寶藏》三册，一三三頁（圖）；《敦煌學》一五輯，一一九頁；《英藏敦煌文獻》一卷，一三三頁（圖）。

斯三三九背＋斯三六一背　一四　曲子名

釋文

曲子名

十年五歲相看過，爲愛木蘭花一墮（朵）〔一〕，九天願他覓將來，餘（移）將後遠（院）深處坐。又見胡（蝴）蝶千千箇，由住尖（賢？）良不敢坐，傍人不乃（必）苦項（相）須（逼）〔二〕，恐怕春風斬斷我。

文說長安萬理經，里黃龍，累兩堅，早萬開，得見河西路梁富，小三安。文說太公烏疑以，經三載，父命者，上鈎闌，我不是梵語水上由，還解間別，不恨亂吞鈎。

說明

此件雖題爲『曲子名』，但第一部分實爲『木蘭花』詞一首，第二部分方爲曲子名。

校記

〔一〕「愛」，《敦煌歌辭總編》釋作「道」。

〔二〕「乃」，當作「必」，《敦煌歌辭總編》據文義校改。

參考文獻

《敦煌寶藏》三册，一三三頁（圖）；《敦煌歌辭總編》上，五三七至五三九頁（録）；《明報月刊》一九九〇年一二月號四七至四八頁；《英藏敦煌文獻》一卷，一三三頁（圖）。

斯三二九背＋斯三六一背　一五　社司轉帖抄

釋文

社司　　轉帖

右緣常年春坐局席，〔次〕〔至〕張建子家。〔一〕幸請諸公等，帖至，限今月廿九日卯時，於靈圖寺門前取齊。捉二人後到，罰酒一角；全不來，罰酒半瓮，其帖立遞相分付，不〔得〕停滯〔二〕，如滯帖者，準條科罰。帖周却付本司，用憑告罰。

十月廿八録事都頭。

説明

此帖爲抄件，淡墨抄寫，無紀年。其前有「景福二年（八九三）十一月二日學士安君」題記一行，後有「大順三載壬子歲（八九二）二月　日牒」一行。大順僅二年，三年即景福元年。改元時間在正月，此消息至二月尚未傳至敦煌。上述兩條紀年題記均用淡墨書寫，筆體亦與此帖相近，其年代當相近。據此，此件當抄於九世紀末。此件後有一《常年設齋轉帖抄》，一《年支局席轉帖抄》。年代亦當與本件相近。

校記

〔一〕「次至」，據文義及其他社司轉帖例補。
〔二〕「得」，據文義及其他社司轉帖例補。

參考文獻

Mair, Chinoperl Papers Vo, 10, 44（R）；《敦煌寶藏》三册，一三三頁（圖）；《英藏敦煌文獻》一卷，一三三頁（圖）；《敦煌社邑文書輯校》一四六至一四七頁（録）。

斯三二二九背＋斯三六一一背　一六　雜寫（詩一首等）

釋文

建建見見見感
氈褥盤椀算　　在太右同
依行敷役所配兩□，伏望□納，親親大一口
從頭至尾仔細學（？），□□珍珠□□□。
一軸令書則未多，要來之時那人何（？），
歲歲歲維歲歲歲
亡子皮歲歲歲歲
天下芒芒念安兵戈甲馬首同明
敕歸義軍節度使　牒
夫夫子曰善
維歲次

或或大或海君海君
風雨無期
或或成成歲或
維歲歲歲歲
龍魚未變色，非人就
大順三載壬子歲二月　日牒
維歲次癸丑二月　日
廿年間　離
歲歲歲歲歲
三十年間苦學書，背記一家
□月九日
正月九日學仕張

參考文獻

《英藏敦煌文獻》一卷，一三三至一三四頁（圖）。

斯三二九背＋斯三六一背　一七　通信上曲子名一首

釋文

飛過盡，不敢臺（擡），今歲中隨竹，妄（望）夫臺（?）。輕花落，又蟲（重）開，斷弦霸（罷），却世已，心量任塵埃〔一〕。傍竹減，禁子頻，飛眼達花相（香），軍（君）南（難）畔（伴），意南（難）財（猜），敬途再生人，名烏能，眼中雙淚留（流）。

泡我一身却，自家一身當，千萬努力歸明王，憶著吐里〔二〕。

通信上曲子名一首

校記

〔一〕「已心」，《敦煌歌辭總編》釋作「總」。

〔二〕「里」，《敦煌歌辭總編》釋作「蕃」。

參考文獻

《敦煌寶藏》三册，一三四頁（圖）；《敦煌學》一五輯，一一九頁；《敦煌歌辭總編》上，五四〇至五四二頁

（録）；《西北民族研究》一九九〇年二期二七頁（R）；《英藏敦煌文獻》一卷，一三四頁（圖）。

斯三二九背＋斯三六一背　一八　雜寫（補官牒抄等）

釋文

判官押衙銀青光禄大夫檢校國子祭酒
使兼御史大夫
判官押衙銀青光禄大夫檢校國子
判官押衙銀青光禄大夫檢校國子祭酒兼御史中丞□□
判官押衙
　　景福貳年正月貳拾日牒。
牒知者故牒。　狀
拔劍作場，斬□□□者□。
牒，奉處分，右件官，□心在日，其身勇猛

右補充衙前政兵馬使。

隨身□□□，

敕歸義軍節度使　　牒

伏惟郎君　　飛

敕歸義軍

癸丑二年正月廿一日

張弁集張

張弁集

春春春春春

大中十二年五月廿三日夜於王家色女壹頭

大乘寺海妙生絹一疋，白練兩。

大乘寺大乘寺法門門

參考文獻

《英藏敦煌文獻》一卷，一三四至一三五頁（圖）。

斯三二九背＋斯三六一背　一九　社司轉帖抄

釋文

社官郭某　社長武　虞候游通信　竹胡奴

告罰。正月十三日録事　帖。

遞相分付，不得停滯；如滯帖者，準條科罰。帖周却付本司，用憑

時於普光寺門前取齊。後到，罰三斗；全不到，罰麥五斗。其帖立

右緣常年設齋，人各麥一斗。幸請諸公等，帖至，限今月廿七日齋

社司　　轉帖

説明

此帖爲抄件，原爲自左向右逆書。此件無紀年，其前有『大中十二年（八五八）五月廿三日夜於王家色女壹』，後有『歲次甲寅六月廿四日立契』「甲寅」爲乾寧元年（八九四）（見寧可、郝春文《敦煌社邑文書輯校》一四一至一四二頁，江蘇古籍出版社，一九九七年），則此件當抄於公元八五八至八九四年間。

參考文獻

《敦煌寶藏》三册，一三五頁（圖）；《敦煌社會經濟文獻真蹟釋録》一輯，三一五頁（録）（圖）；《英藏敦煌文獻》一卷，一三五頁（圖）；《敦煌社邑文書輯校》一四一至一四二、二四六至二四七頁（録）。

斯三二二九背＋斯三三六一背　二〇　雜寫（社司轉帖抄等）

釋文

歲次甲寅六月廿四日立契。

前（以下原缺文）

右緣年支局席，幸請諸公等。帖至，限今月十四日卯時於□□寺門

社司轉帖　　色心　　慮

十年歲相

社司轉

敕歸義軍節度兵馬留

敕歸義軍節度兵馬留後使觀察御史大夫張

説明

此件中之社司轉帖爲自右向左逆寫。『歲次甲寅六月廿四日立契』後有蔣孝琬所書之數碼和『寫信式樣，大順年間事』，因非時人所書，未録。

參考文獻

《敦煌寶藏》三册，一三五頁（圖）；《英藏敦煌文獻》一卷，一三五頁（圖）。

斯三二九背＋斯三六一背　二一　兒郎偉驅儺之法抄

釋文

若到秋初夏末，天使便到西邊，假日毬（以下原缺文）

願表章平善，早到天子案前，開封讀之一遍，便賜虎節旌旗（？），

今旦萬人極美，請下龍節威權，與我城隍爲主，長教百姓團圓。但

取春光邊世，太平便在新年。大夫家門鼎族，閥閲歷代稱賢。

兒郎偉　驅儺之法，出自軒轅，除故迎新之事，嘉祥慶賀之筵。迎

説明

此件爲自左向右逆寫，應自左向右讀。

參考文獻

《敦煌寶藏》三册，一三六頁（圖）；《英藏敦煌文獻》一卷，一三五頁（圖）；《九州學刊》五卷四期五一至八二頁（録）；《敦煌願文集》九六三頁（録）；《敦煌語文叢説》六四二至六四三頁（録）。

斯三三二九背＋斯三三六一背　二二　雜寫

釋文

勑歸　　麴氏（？）

勑歸義軍節度使

兒郎偉驅儺之法

敕歸義軍節度使　牒
一軸令書則未多要來不得
敕歸義軍節度使
敕歸義軍節度使
桂鈞表奉奉
碧

參考文獻

《敦煌寶藏》三册，一三六頁（圖）；《英藏敦煌文獻》一卷，一三六頁（圖）。

斯三二九背＋斯三六一背　一三　裙帔綾錦抄

釋文

子（紫）繡帔子一條，青繡裙一腰。

碧繡裙壹腰，紅繡裙壹腰，錦一疋，紫綾壹，半疋，白練帔子一條，

説明

此件爲自左向右逆寫。

參考文獻

《敦煌寶藏》三册，一三六頁（圖）；《英藏敦煌文獻》一卷，一三六頁（圖）。

斯三二九背＋斯三六一背　　二四　習字

釋文

飛飛

飛飛飛

言□□上時申□□□〔二〕

校記

〔一〕此行爲倒書。

參考文獻

《敦煌寶藏》三册，一三六頁（圖）；《英藏敦煌文獻》一卷，一三六頁（圖）。

斯三三〇　一　雍熙二年五月沙州三界寺授惠意程氏八戒牒

釋文

南贍部州娑訶世界沙州三界寺授八戒牒

　授戒女弟子惠意程氏

牒得前件弟子，白月垂光，入寒譚（潭）而是幻；紅蓮出水，悟生死之無餘。今則方駕牛車，將辭火宅，欲網烈而須堅固，塵世出而坐寶華，吾今覩斯真意，方施戒條。仍牒知者，故牒。

　雍熙二年五月十四日牒。

奉請阿彌陀佛　爲檀頭和尚。

奉請釋迦牟尼佛　爲阿闍梨。

奉請彌勒菩薩　爲羯磨阿闍梨。

奉請十方諸佛　爲證戒師。
奉請諸大菩薩摩訶薩爲同學伴侶。
授戒　師主沙門　道真。

説明

此件爲授戒之證明書，上鈐有朱色佛印兩方，道真二字爲本人簽名。
此卷計有六件授戒牒，每牒爲一紙，現已粘接爲一卷。

斯三三〇　二　太平興國九年正月沙州三界寺授惠意程氏八戒牒

釋文

南贍部州娑訶世界沙州三界寺授八戒牒
授戒女弟子程氏惠意
牒得前件弟子，白月垂光，入寒譚（潭）而是
幻；紅蓮出水，悟生死之無餘，今則方駕

牛車，將辭火宅，欲網烈而須堅固，塵
世出而坐寶華，吾今覩斯真意，
方施戒條。仍牒知者，故牒。
　太平興國九年正月十五日　牒。
奉請阿彌陀佛　爲檀頭和尚。
奉請釋迦牟尼佛　爲阿闍梨。
奉請彌勒菩薩　爲羯磨阿闍梨。
奉請十方諸佛　爲證戒師。
奉請諸大菩薩摩訶薩爲同學伴侣。
　　授戒　師主　沙門〔一〕。

説明

此件受戒人與上件同，但無授戒師主簽名，上鈐有朱色佛印兩方。

校記

〔一〕《敦煌社會經濟文獻真蹟釋録》在『沙門』後尚有『道真』二字，但原件實無此二字。

斯三三〇　三　太平興國七年五月沙州三界寺授程氏八戒牒

釋文

南贍部洲娑訶世界沙州三界寺授戒　牒

授戒女弟子程氏

牒得前件弟子，白月垂光，入寒譚（潭）而

是幻；紅蓮出水，悟生死之無餘。今則

方駕牛車，將辭火宅，欲網烈而須

堅固，塵世出而坐寶華，吾今覩斯

真意，方施戒條。仍牒知者，故牒。

太平興國七年五月廿四日。

奉請阿彌陀佛　爲檀頭和尚。

奉請釋迦牟尼佛　爲阿闍梨。

奉請彌勒菩薩　爲羯摩阿闍梨。

奉請十方諸佛　　爲證戒師。
奉請諸大菩薩摩訶薩　爲同學伴侣。
　　授戒師主沙門　　道真。

説明

此件上鈐有朱色佛印三方，道真二字爲本人簽名。

斯三三〇　四　太平興國七年正月沙州三界寺授惠意程氏八戒牒

釋文

南贍部州娑訶世界沙州三界寺授八戒　牒
　授戒女弟子　惠意程氏。
牒得前件弟子，白月垂光，入寒譚（潭）而是幻；紅蓮出水，悟生死之〔無〕餘[一]，今則方駕牛車，將辭火宅，欲網烈而須堅固，塵世出而坐寶華，吾今都（覩）斯真意〔二〕，方施戒條。仍牒知者，故牒。

太平興國七年正月八日授戒弟子惠意牒。

奉請阿彌陀佛　爲壇頭　和尚。

奉請釋迦牟尼佛　爲阿　闍　梨。

奉請彌勒菩薩　爲羯磨阿闍梨。

奉請十方諸佛　爲證　戒　師。

奉請諸大菩薩摩訶薩　爲同學伴侶。

授戒　師主釋門　道　真。

説明

此件上鈐有朱色佛印二方，道真二字爲本人簽名。

校記

〔一〕「無」，《敦煌社會經濟文獻真蹟釋録》據文義校補。

〔二〕「都」，當作「睹」，《敦煌社會經濟文獻真蹟釋録》據文義校改。

斯三三〇　五　太平興國九年正月沙州三界寺授程氏惠意八戒牒

釋文

南贍部州娑訶世界沙州三界寺授八〔戒〕牒〔一〕

　　授戒女弟子程〔氏〕惠意〔二〕。

牒得前件弟子，白月垂光，入寒譚（潭）而是

幻；紅蓮出水，悟生死之無餘。今則方

駕牛車，將辭火宅，欲綱烈而須堅

固，塵世出而坐寶華，吾今覩斯真

意，方施戒條。仍牒知者，故　牒。

　　太平興國九年正月廿八日

奉請阿彌陀佛　　爲檀頭和尚。

奉請釋迦牟尼佛　爲阿闍梨。
奉請彌勒菩薩　爲羯磨阿闍梨。
奉請十方諸佛　爲證戒師。
奉請諸大菩薩摩訶薩　爲同學伴侶。
授戒師主　釋門　道真。

說明

此件上鈐有朱色佛印三方，道真二字爲本人簽名。

校記

〔一〕「戒」，據此號内各件之體例補。
〔二〕「氏」，據此號内第一件、第二件補。

斯三三〇　六　太平興國七年正月沙州三界寺授惠弘八戒牒

釋文

南贍部州娑訶世界沙州三界寺授八戒牒

　　授戒弟子惠弘

牒得前件弟子，白月垂光，入寒譚（潭）而是幻；紅蓮出水，悟生死之〔無〕餘[一]，今則方駕牛車，將辭火宅，欲網烈而須堅固，塵世出而坐寶華。吾今都（覩）斯真意[二]，方施戒條。仍牒　知者，故　牒。

　　太平〔興〕國七年　正月　八日　授戒弟子惠弘[三]。

奉請阿彌陀佛　爲壇頭和尚。

奉請釋迦牟尼佛　爲阿闍梨。

奉請彌勒菩薩　爲羯磨阿闍梨。

奉請十方諸佛　　爲證戒師。

奉請諸大菩薩摩訶薩　爲同學伴侣。

授戒　師主　釋門　道真。

説明

此件上鈐有朱色佛印二方，道真二字爲本人簽名。

校記

〔一〕「無」，《敦煌社會經濟文獻真蹟釋録》據文義校補。

〔二〕「都」，當作「睹」，《敦煌社會經濟文獻真蹟釋録》據文義校改。

〔三〕「興」，據文義補。

參考文獻

Giles, BSOS, 11.1, 166Ⓡ; *Descriptive Catalogue of the Chinese Manuscripts from Tunhuang in the British Museum*, p.210；《スタイン將來大英博物館藏敦煌文獻分類目録·道教之部》八至九頁；《敦煌寶藏》三册，一三七至一三九頁（圖）；《敦煌佛經卷子巡禮》三二至三三頁（録）；《敦煌遺書總目索引》一一五頁；《敦煌社會經濟文獻真蹟釋録》四輯，八四、八五、九三、九四、九七頁（録）（圖）；《英藏敦煌文獻》一卷，一三六至一三九頁（圖）；《敦煌學輯刊》一九九一年二期四八頁；《敦煌佛學·佛事篇》二四九頁（録）。

斯三三〇背　人姓名

釋文

郭幸者

程

李幸姿

説明

上録人姓名寫於「授戒牒」之背，《英藏敦煌文獻》漏收，現予補録。此件後有蔣孝琬所書數碼和「程氏女惠意之三界寺受戒牒，太平興國七年」，未録。

斯三三五背　一　依根本部差分房舍人卧具人並安居法

釋文

差分房

依根本部差分房舍人卧具人並安居法集僧已，先應問言：衆中誰能爲分房舍卧具人，彼能者應答言，我某甲能。問答已，羯磨者作如是言：

大德僧聽：僧差比丘某甲夏安居爲僧作分房舍卧具人。若僧時到，僧忍聽。僧今差比丘某甲作分房舍卧具人。白如是。大德僧聽：今差比丘某甲爲夏安居僧作分房舍卧具人，僧今差比丘某甲爲夏安居僧作分房舍卧具人，誰諸長老忍僧差比丘某甲爲夏安居僧作分房舍具人者，嘿然。誰不忍者說。僧已忍。差比丘某甲爲夏安居僧作分房舍卧具人竟。僧忍，嘿然，故是事如是持。差已，彼分房舍卧具人應具舍羅，其舍羅不得曲戾，應以香塗從花嚴飾，安置篋中，然後置上座前，應告僧作如是言：大德僧聽：衆中誰能於此處安居者，應受此籌。於其夏中，若比丘，若犯戒、若犯見、若犯威儀、若犯命者不，得舉之。若有聞疑者，即今便說，後不得舉。受衆僧卧具已。若不如法受用者，白僧知已。應如法治，願僧當知。然後上座應作此白：大德僧聽：若僧時到，僧忍聽，僧今四月十五日受籌，明旦坐夏，白如是。作此白已，彼分房舍卧具人從上座至下座應次第行舍羅，其沙州籌，和尚闍梨受之，行籌訖，却收。應白言。大德僧聽：此一住處一安居，大僧若干人，沙彌若干人，都合若干人。各於佛法中清淨出家，和合安居。上順佛教，中報四報（恩）〔一〕，下爲含識，念阿彌陀佛，一切普誦。至十六日分房舍卧具人，若小食，若集僧處應白言：大德僧聽，今夏安居僧施主某甲聚落某名執事人，某甲願僧知時如法座（坐）夏。

説明

此件非實用文書，因其中提到了沙州籌，故應是敦煌僧人在舉行夏安居活動時參考的樣式，對瞭解敦煌僧人的夏安居活動具有一定價值。《英藏敦煌文獻》僅收録了此件的尾部。

校記

〔一〕『報』，當作『恩』，據文義改。

參考文獻

《敦煌寶藏》三册，一五八至一五九頁（圖）；《唐後期五代宋初敦煌僧尼的社會生活》二〇七頁（録）。

斯三三五背　二　對二日安居文

釋文

對二日安居文

長老一心念我比丘某甲，今依某處前三日夏安居。若座（坐）後夏者，應言後三日夏安居。施主某甲，聚落某名執事人某甲，看病人某甲，舍破修治故。如是三說。

參考文獻

《敦煌寶藏》三册，一五八至一五九頁（圖）；《英藏敦煌文獻》一卷，一三九頁（圖）；《唐後期五代宋初敦煌僧尼的社會生活》二〇七頁（録）。

斯三三三五背　三　雜寫（千字文）

釋文

十種十一犯　六種不

十種犯五種不犯

千字文敕員外散騎待待待待待待待待待待

千　周周周周周周

千字文敕員外散騎待（侍）郎郎郎郎郎郎郎郎

千字文敕員外散騎待（侍）郎周千字文敕員外散騎待（侍）郎周

千字文敕員外散騎待（侍）郎周千字文敕員外散騎待（侍）郎周

千字文敕員外散騎待（侍）郎周千字文敕員外散馬（騎）

千字文敕員外散騎待（侍）郎周千字文敕員外散騎

千千字文敕員外散騎待（侍）郎周

千千字

説明

此件爲時人隨手所寫，其後有蔣孝琬所書數碼和『沙門各差事分房』，未録。

參考文獻

《敦煌寶藏》三册，一五九頁（圖）；《英藏敦煌文獻》一卷，一三九頁（圖）。

斯三四一　延昌二年六月敦煌鎮經生張顯昌寫經題記

釋文

延昌二年歲次癸巳六月□□日敦煌鎮經生張顯昌所寫經成訖。
用紙廿。
典經師令狐崇哲。
校經道人。

説明

此件《英藏敦煌文獻》未收，現予增收，其文字書於《大樓炭經》卷第七尾部，其背有蔣孝琬所書數碼和『某某經第七，延昌二年　日，敦煌鎮經生張顯昌寫』等，未録。

參考文獻

Descriptive Catalogue of the Chinese Manuscripts from Tunhuang in the British Museum, p.128（録）；《敦煌寶藏》三册，一七二頁（圖）；《中國古代寫本識語集録》一〇三頁（録）。

斯三四三　　齋儀

釋文

（前缺）

〔律〕〔師〕〔患〕〔文〕〔一〕

齔生知。落採從真，偏（徧）迦（加）誦□。□□□□，□□修持。辰（晨）昏不假（斷）於諮承〔二〕，旦暮無虧於□□。□使火風不適，寒暑乖違，五情不安，四大無順，伏枕纍夕，未能起居。雖藥食（石）屢施，竟無瘳咸（減）。表（爰）憑法力〔三〕，用益身田，謹捨珍財，乞求加護。是以經開般若，爐焚天香，福事既圓，威衆斯集。以斯轉經功力，念誦之因，惣用資薰此律師，唯願承斯福力，業障雲消，纍世愆尤，從兹湯（蕩）滌。或威儀微細，難護難持；或戒品甚深，不知不俁（誤）；或經行殿塔，涕唾伽藍；或進止之間，觸貝（背）尊長。如斯等障，亦願消除，即使心花早茂，意樹常榮，患苦即日而湯（蕩）除，福善應時而圓備。色力堅固，同白月如（而）漸圓；身心獲安，等紅蓮而轉盛云云。

悔文

仰啓無邊刹土，一體法身，塵沙界中，十方化佛，真容形像，舍利浮圖，四帝五乘，三賢十地，山間得道，羅漢聖人，天眼他心，現前清衆，咸願證明，降臨此會。然今意者，疾苦纏眠，火風不適，昨已捨施，轉誦大乘，今再披陳，發路（露）懺悔。

某甲從無始已來，至於今日，身居愛網，久受輪迴，染習猶深，生爲女質，幼年入道，施受近圓，戒品雖霑，每多虧犯，情耽染欲，煩惱纏心，雖免粗愆，横生邪相。或攝他自利，惡求多求；邪命貪生，無慚無愧；讚死勸死，害物傷胎。或欺誑聖賢，妄言綺語；心虚口實，見是言非；自顯己能，蔽他善事；犯五逆罪，作一闡提；於三毒中，造十惡業。或僻執邪見，輕毀大乘；樂著二邊，傲蔑尊德；縱恣解（懈）怠，放逸貢（功）高；諂曲憍奢，疾妒我慢；睡眠惡作，嗔恚愚痴；五蓋十纏，三毒四到（倒），俱生分别，逼切身心，若重若輕，無量罪障。或曾任綱首，檢校多虧，衆物己財，混亂雜用，人情借貸，妄（忘）悮不還，米穀樵新（薪），輕重侵損，呵嗎（罵）徒侣，迷處（？）衆僧，柯（呵）責淨人，横加作使。或修殿塔，廓宇堂房，擾亂僧祇，傷煞蟲蟻，恐爲怨結，惱逼身心，八敬不修，三乘虧失，圖名持戒，虚號出家，篇聚威儀，遍皆違犯。日夜長久，遂經覆藏，自作教他，見聞隨喜。如斯罪垢，無量無邊，今對佛前，盡皆發路（露），願六通運足，八解融心，乘寶駕以託西方，坐連（蓮）臺而至彼國云云。

願文

入十方界，拔一切苦，放月愛光，施甘路（露）藥者，其惟我釋是（氏）能人（仁）焉。卓彼真慈，無緣普濟，利樂之道，夫何以加。然今陳雅志，捨所珍，竪（樹）良緣，祈妙福者，其誰施之，則有某大德之謂矣。僧云：道器清秀，神儀爽然，精心示逾（諭），逸志高上。尼女云：行淨明珠，戒含秋月，温柔作德，松竹堅心。捨施意者：頃自攝卷（養）乖方[四]，忽瘿（嬰）疹疾，屢投藥食（石），未沐瘳除。所恐路（露）命難留，風燈易滅。謹將衣物，投仗三尊，俙（希）佇法財，冀情六符（府）。今者良願既備，勝福成（咸）享[五]，盡用莊嚴患律師即體，惟願塵沙垢或（惑），承念誦而消除；無量勝因，應如願而霧集。即使十方事垂，慈悲願而護持；三世如來，賜醍醐之妙藥。身病心病，念念云佉（祛）；福根惠根，運運增長。多願諸親眷屬[六]，恒報（保）休宜；法界有情，用賴斯慶。俗人云：乃深信因果，非乃今生；暮（慕）道情殷，誠惟曩劫。夫越愛河，登彼岸者[七]。

亡妣文

夫苦海波濤，四生以之漂没；愛河奔朗（浪），三有由（猶）是沉倫（淪）。假使自在諸王，未能保歡悮（娛）之劫；神通衆聖，亦隨方造示滅之期。則福禍更蒙，興衰相奄

（掩），其惟我希夷正覺十力雄尊不死不生獨超難思者也〔八〕。厥今惻（側）足捧爐虔跪所申意者，奉　爲亡妣某七功德之嘉會也。惟亡妣乃母儀秀發，佳訓流芳，四德生知，元出於天〔九〕。亦合久住於世，育子謀孫。豈其業韻（運）難停，忽奄風燭。居諸易往〔一〇〕，時運不停，亡没已來，某七俄届。至孝等攀號擗踴，茹（荼）毒酸辛，望龍（壠）樹以增悲，附寒泉而泣血。縱使灰身粉骨，未益亡靈，唯福是馮（憑），齋薦冥路〔一一〕。於是清申（甲）弟（第）〔一二〕、嚴尊容、焚寶香、陳清供，考斯勝福，莫限良緣，先用奉資亡靈去識，惟願白毫引道，一念昇於梵天；紅蓮化生，刹那遊於佛國。又持勝善，次用莊嚴至孝等，大者如山不動，小者比海不傾，智惠運運而生，煩惱粉（紛）粉（紛）而落。然後地獄火滅，天堂户開。有色有心，齊登覺道〔一三〕。

〔亡〕〔尼〕〔文〕〔一四〕

夫世想（相）不可以久流（留），泡幻何能而永貯。從無忽有，以有還無，如來有雙樹之悲，孔丘有兩盈（楹）之歎。然今所申意者，爲亡尼某七功德之所崇也。惟亡尼内行八敬〔一五〕，外修四德，業通三藏，心悟一乘。得愛道之先宗，習蓮花之後果。形同（雖）女質〔一六〕，志操丈夫節，世希之有也。可謂含花始發，忽被秋霜；春葉初榮，偏逢下雪。何期玉樹先彫，金枝早落。父心切切，母意惶惶。覩喜（栖）處以增悲，對嬌車而灑淚。冥冥去識，知詣何方；寂寂幽魂，聚生何路？欲祈資助，惟福是馮（憑）。於是幡花佈地，梵嚮（響）陵天。爐焚六殊，餐茨（資）百味。以斯功德，並用莊嚴亡尼所生魂路，惟願神超火宅，生淨土之蓮臺；識越三塗，入花林之佛國。然後云云。

亡僧號〔一七〕

夫法身無像，流出報形；盧舍圓明，垂分身化質〔一八〕，人悲八塔，鶴變〔雙〕林〔一九〕。此界緣終，他方滅（感）應，掬多散籌而影滅，僧伽攀樹而身亡。泉埋錦石，巖吐香蓮，紺馬浮空，馱金棺而漸遠；青龍遶座，帶珠月而却道。一切江河，會有枯竭；凡慈（兹）恩愛，必有離別。痛哉無常，頗（叵）能談惻（測）者矣。然今所申意者，奉爲亡師某七功德之所崇也。

禪師

四神凝慮，六度冥懷。玄（懸）法鏡於心臺，浪（朗）戒珠於性海。慈林定秀，將覺樹而蘭芳；惠炬揚暉，澄桂輪而含影。渾金模（璞）玉〔二〇〕，湸（諒）屬其人〔二一〕，成（誠）梵宇之降棟樑，寔法門之龍象。亦合久居住世，表慈緇徒，何圖敢（感）化有終，是乎生滅。門人荼毒，同傷悲之憂〔二二〕；俗眷攀號，共切鶴林之痛。悲風樹之易慟（動），追誓（逝）水之難留。九（久）隔尊顔，机（几）筵希設，於是爐焚海岸，梵轉魚山，邀衆等於王城，進香飯於方室。即願生涅槃之境界，佛日重明；定覺海之波蘭（瀾），法船常駕。然後云云。

願文

夫玉毫騰相，超十地以孤遊；金色流暉，夸（跨）萬令（靈）而獨出。權機妙用，拔朽宅之迷途；感應遐通，道昏衢於惑吕（侣）。歸依者，苦原皆盡；迴向者，樂果期深。大哉法王，名言所不惻（測）也。厥今敷法座，烈（列）真容，捧今（金）爐陳願者，有誰施之，時則有坐端齋主保願平安之所建也。惟　公乃禀質英靈，夙標和雅。資神庭（挺）秀，氣識淹凝。信義滿於鄉閭，禮節緰（踰）於倫黨。於是信珠久淨，心鏡先明。知〔泡〕幻之不堅〔二三〕，悟浮生之難保。每驚二鼠，常衢（懼）四蛇。是知紅顔〔易〕念念之間〔二四〕，白髮變須臾之際。有心内發，壇會外施。今生植來世之因，即種後世之福。於是幡〔花〕佈地〔二五〕，梵嚮（響）陵天。爐焚六殊，餐資百味。以斯功德，廣大善因，先用莊嚴座前齋主，惟願三千垢累，沐法水以雲消；八萬塵勞，拂慈光而永散。功德寶聚，念念滋繁，福智善牙（芽），運運增長。官班日進，寵禄逾昌。大小休宜，尊卑納慶。男芳蘭桂，女曜珠輝。俱延鶴問（聞）之休，共襲龍光之慶。合門居眷，同蔭福雲；内外親姻，各霑滋潤。

然後上通三界，傍括十方，並沐良緣，摩訶般若云云。

亡文

經曰：『瞻部州中，遷亦（易）是本，迷盧極大，泯滅須臾。』况扶危之身，可謂堅久？惟大覺者，倫流莫霑。我今所師，高附此矣。闕（厥）今此會，茹（荼）毒咸（銜）悲意者，奉爲亡考妣追福之嘉會也。伏惟考君英譽早聞，芳猷素遠，閭閻鼎蓋，郡邑推賢。豈期風燭難留，掩（奄）歸大夜。日月不駐，某七斯臨。至孝等懷恩望（罔）極，痛貫五情。泣血幽扃，悲傷六府（腑）。無處控告，惟福是資。爰於此時，竟（敬）設清齋，奉薦魂路。於是列釋座，建尊容，爐焚海岸香，供設天厨饌，總斯殊勝，無限良緣，並用資勳（薰）亡考神道：惟願足踏紅蓮出三界，逍遥獨步極樂鄉。安養世界覩彌陀，之（知）足天宫遇彌勒。又持勝福，次用莊嚴至孝合（闔）門家眷等，惟願福康千月，壽寶（保）百齡。常佉（祛）病累之惱，永安輕利之泰。然後竪通三界，傍洎四流〔二六〕，俱離苦因，咸登覺道。

〔社〕〔齋〕〔文〕〔二七〕

夫坼昏綱、爍煩何（河）、萬類開覺而發心者，佛；崇智山、室（釋）生路、六道絶而永亡者，法；觀其用、調其與（御）、一受證斷而遐昇者，僧。是知佛法僧寶，最上福田。其有歸依者，果無不克矣[二八]。然今闕（厥）席，時有清信士某公建慈（兹）福事者，爲邑義功德之嘉會也。惟諸公等，並乃流沙望族，墨沼英靈。居家盡孝悌之誠，奉國竭忠勤之節。更能悟佛乘之可託，知幻質之難亭（停）。同發勝心，歸依三寶。於是清弟（第）宅，列珍羞，爐香鬱郁以蒸空，梵響清零（泠）而肅物。總斯繁耻（祉），無疆勝因，先用莊嚴合邑諸公等，惟願九横滅、三災除、百福臻、萬祥集。又持勝福，次用莊嚴齋主及諸家眷等：惟願蕩［千］殃[二九]、增萬善、淨業長、道芽生。同種智而圓明，等法身之堅固。然後霑有識，備無艮，賴芳因，登正覺。

脱服

斯乃生恩至重，掬（鞠）育情深。盡禮苫廬，屈身草土。哀哀父母，生我劬勞，泣血終身，莫能報得（德）。慈顔一去，再覩無期。堂宇寂寥，昊天罔極。但以禮章有［限］[三〇]，俗典難違，服制有終，除凶就吉。然今絲（緦）麻有異，生死道殊，靈凡（几）既除，設齋追福。

願亡文

託質紅蓮，清昇彼岸，蔭七重寶樹，坐千葉蓮花。憂（悠）遊常樂之階，永舉（攀）無生之境〔三一〕。願一切種智而爲根原，甚深法藏莊嚴百體。意樹開七覺之花，身田含八解之果。蕩除心垢，流潤法牙（芽）。身若金山，八風之所不動云云。

願神遊乃（柰）苑，託質花臺。逍遥十地之階，縱賚（賞）九仙之位〔三二〕。賓鉢羅樹下，長爲禪悦之林；安褥達池中，滌塵勞之垢。

願龍神潛衛，釋梵冥資；百福盈家，七珍常滿。菩提種子，長積於心田；智惠明（萌）牙（芽），芬芳〔於〕意樹〔三三〕。

願駕一乘之惜（楫），遊八正之門；廣六度之舟，截四流之海。然後坐連（蓮）臺如（而）聽法〔三四〕。入寶殿以安祥。辭四（死）生之泥犁，到涅槃之彼岸。

願永食天禄，常簡帝心。明（鳴）佩趍鏘，珪章（璋）〔□〕〔□〕〔三五〕。列管隱隱，與碧海如（而）齊深；德望峨峨，等孤峰而迥秀。佈恩義而蕩蕩，正真性而滔滔。振玉嚮（響）於八方，播金聲於四海。夫人堂堂之美，濟濟之儀，比朗月之長明，並神珠之永照。願〔災〕殃解散〔三六〕，若高風之建（見）白雲；業障消除，等涅槃而湯輕雪。不扶人啓，望上天心。切（功）名共山欒（巒）齊高，福禄以（與）烟霞並遠。官榮日進，方延五鼎之尊；峻哈（恰）時遷〔三七〕，坐列萬鍾之禄。子孫昌盛，眷屬駢羅。花蕚芬芳，閨（桂）闌（蘭）茂晟（盛）。

莊嚴僧

願常修正道，崇信法門。般若爲心，慈悲作量。平生垢重，休（沐）法水以長消〔三八〕；宿昔塵勞，拂慈光如（而）永散。

郎君子意

則五神扶衛，持六藝於龍門；小娘子則八臂護持，四德傳於鳳閣。男則如金如玉，榮國榮家；女則如芳如蘭，仁行依教。官報（保）跉（齡）遐，壽共春（椿）鶴如（而）俱長；顯識重名，與臺鼎如（而）參烈（列）。萬神扶衛，千聖名冥資。福益日新，智隨年積。娘子神衿穎悟，儀範端嚴。餐法善而無煩〔三九〕。惠命不斷金之術〔四〇〕。

僧統

菩提妙願，念念薰修；般若智燈，心心益照。爲佛法主，弘護教門，福命俱高，才名轉峻。

都河玉女娘子文

天威神勇，地泰龍興。逐三光而應節，隨四序而騁申。陵高山如（而）掣電，閃劈靂如巖崩。吐滄海，泛洪津，賀（駕）雲輦[四一]，衣霓裙。纖纖之玉面，赫赫之紅唇。噴驪珠而永漲，引金帶如（而）飛鱗。與牛頭如（而）㸗（角）聖，跨白馬而稱尊。邦君伏願小娘子炎光掃殄，春色霞鱗。都河石堰，一修永全；平磨水道，提（堤）坊峻堅。俾五稼時稔，百姓豐年。天沐高（膏）雨，地涌甘泉。黄金白玉，報賽神前；十方諸〔佛〕[四二]，爲資勝緣。龍神八部，報願福田。

願文

蓋聞大雄寥廓，浩汗無邊；量等虛空，體同無極。納須彌於芥子，拆（坼）大地以微塵；吸巨海於腹中，綴山河於毛孔；摧天魔於舍衛，伏外道於迦羅；擊法鼓於大千，振鳴鍾（鐘）於百億；演金言於靈鷲，敷寶坐於菴羅；發豪（毫）相於東方，佈慈雲於西域。敬述如來功德，寂嘿難測者哉。

然今此會焚香意者，爲男遠行之所崇也。惟男積年軍旅，爲國從征，遠涉邊戎，虎（虔）心用命[四三]。白雲千里，望歸路而何期？青山萬重，思顧（故）鄉而難見。慮恐身投沙漠，命謝千（干）戈[四四]，惟仗白（百）靈，仰馮（憑）三寶。故於是日，灑掃庭宇，嚴飾道場，請佛延僧，設齋追福。又捨淨財，造某功德，並以（已）成就，謹因此晨，用申慶讚。所有設〔齋〕轉經[四五]，種種功德，惣用莊嚴，行人即體，惟願觀音引路，世（勢）

至逢迎，千佛一一護持，四大天王，雙雙圍繞。恒沙菩薩，供共慈悲，百億釋迦，常爲覆護。願早迴還，平安相見。

患文

某公染患已來，經今數旬，藥食（石）頻投〔四六〕，未蒙詮（痊）損。所以危中告佛，厄乃求僧，投託三尊〔四七〕，乞垂加護。其患者乃自從無始曠大劫來，至於金（今）日，造十惡業，身三口四意三業道，廣造諸罪。謹因今日，對三寶前，披肝露膽，不敢〔覆〕藏〔四八〕，盡皆懺悔，願罪道（消）滅。某日以來，〔轉〕〔大〕〔乘〕〔經〕〔典〕〔四九〕，金石微言，舒卷則無明海〔清〕〔五〇〕，〔披〕〔誦〕〔則〕〔智〕惠泉踊（涌）〔五一〕。以斯殊勝功德，迴〔向〕〔莊〕〔嚴〕患者〔五二〕：此世他生，或有怨家債主，負財負命者，願領功德，分發歡喜心，放捨患兒〔五三〕，還復如故。又患者即體，耆婆妙藥，灌主（注）身心；般若神湯，恒流四大。諸佛益長年之算，龍天贈不死之符。又持是福，即用莊嚴，（以下原缺文）

說明

此件首缺，尾原缺文，起『範生知』，迄『即用莊嚴』。從其内容看係供僧人起草齋文參考的《齋儀》（有關情況請參看郝春文《關於敦煌寫本齋文的幾個問題》，《首都師範大學學報》一九九六年二期），其中的一些篇章見於其他敦煌寫本。如第一件「願文」見於伯二二五五背、「亡妣文」和第二件「願文」見於伯二九一五、「郎君子意」見於斯四九九二、「患文」見於伯三二五九等等。

此卷原有烏絲欄，文字抄寫於欄內，書法尚可，所存部分係一人所書。推測其書寫年代在吐蕃統治敦煌以前。此卷背面有「遺書」、「述三藏聖教序」、「大唐皇帝述聖記」、「大般若經第六會序抄」和部分「齋儀」。

校記

〔一〕「律師患文」，據下文「惣用資薰此律師」補。

〔二〕「斷」，本假借爲「段」，又訛爲「假」，據文義改。

〔三〕「表」，當作「爰」，形近致誤，《敦煌願文集》據文義校改。

〔四〕「卷」，當作「養」，據文義改。

〔五〕「成」，疑當作「咸」，據文義改。

〔六〕「多」，《敦煌願文集》釋作「爲（唯）」。

〔七〕此句係齋文之引語，置于此處，似應有下文。

〔八〕「希夷」，《敦煌佛學·佛事篇》釋作「師哉」。

〔九〕「元出於天」，《敦煌佛學·佛事篇》釋作「出於天率」。

〔一〇〕「往」，《敦煌佛學·佛事篇》釋作「住」，誤。

〔一一〕「薦」，《敦煌佛學·佛事篇》釋作「爲」，誤。

〔一二〕「申」，當作「甲」；「甲第」，《敦煌佛學·佛事篇》釋作「申器」，誤。
〔一三〕原件此句下尚有「有色有心，齊等覺道，天堂户開」，字體略小，係後人粘貼在此的紙條，未録。
〔一四〕「亡尼文」，據文義補。
〔一五〕「敬」，《敦煌佛學·佛事篇》釋作「解」，誤。
〔一六〕「同」，疑當作「雖」，據文義改，《敦煌佛學·佛事篇》徑釋作「雖」。
〔一七〕「亡僧號」，又稱「號頭」，是可放在所有「亡僧文」之首的一段引語。此號内「亡僧號」之後只有「禪師」一目，實際亡律師及其他僧人等均可用此號頭。
〔一八〕「垂」字似可删。
〔一九〕「雙」，據文義補。
〔二〇〕「摸」，當作「璞」，據文義改。
〔二一〕「湟」，疑當作「諒」，據文義改。
〔二二〕據下文此句應補一字。
〔二三〕「泡」，據文義補。
〔二四〕「易」，據文義補
〔二五〕「花」，據伯二九一五《願文》補。
〔二六〕「洎」，《敦煌願文集》釋作「汲」，誤。
〔二七〕「社齋文」，據文義補。
〔二八〕「克」，《敦煌願文集》釋作「曉」。
〔二九〕「千」，據文義補。

〔三〇〕「限」，據文義補。
〔三一〕「舉」，當作「攀」，《敦煌願文集》據文義校改。
〔三二〕「賫」，當作「賞」，《敦煌願文集》據伯二三五八改。
〔三三〕「於」，《敦煌願文集》據文義補。
〔三四〕「連（蓮）」，《敦煌願文集》釋作「邊（蓮）」，誤。
〔三五〕據《禮記》應補「特達」二字。
〔三六〕「災」，《敦煌願文集》據文義校補。
〔三七〕「哈」當作「恰」，據文義改。
〔三八〕「休」，當作「沐」，據文義改。
〔三九〕「善」，《敦煌願文集》釋作「喜」。
〔四〇〕此處疑有脱誤。
〔四一〕「賀」，當作「駕」，據文義改。
〔四二〕「佛」，《敦煌願文集》據文義校補。
〔四三〕「虎」，當作「虔」，《敦煌願文集》據文義改。
〔四四〕「千」，當作「干」，《敦煌願文集》據文義校改。
〔四五〕「齋」，《敦煌願文集》據文義補。
〔四六〕「食（石）」，伯三二五九作「耳（餌）」。
〔四七〕「託」，伯三二五九作「仗」。
〔四八〕「覆」，據文義及伯三二五九補。

〔四九〕「轉大乘經典」，據伯三二五九補。

〔五〇〕「清」，據伯三二五九補。

〔五一〕「披誦則智」，據伯三二五九補。

〔五二〕「向莊嚴」，據伯三二五九補。

〔五三〕伯三二五九在「分發歡喜心」和「放捨患兒」之間尚有「解怨捨結轉生人道天中莫爲讎對」。

參考文獻

Giles, *Descriptive Catalogue of the Chinese Manuscripts from Tunhuang in the British Museum*, p.202；《敦煌寶藏》三册，一七五至一八一頁（圖）；《敦煌研究文集》六二至六三、一一一頁（録）；《敦煌研究》一九八三年三期五七頁（録）；《敦煌遺書總目索引》一一五頁；《敦煌學輯刊》一九八八年一三、一四期，七三頁；《英藏敦煌文獻》一卷，一四〇至一四五頁（圖）；《敦煌文學概論》一四一、四八七至四八八頁；《敦煌文獻研究》一九六至一九七頁；《敦煌佛學·佛事篇》二八〇至二八三頁（録）；《敦煌願文集》一至三〇頁（録）；《敦煌社邑文書輯校》八五四至八五六頁（録）；《敦煌語文叢説》五四六至五四七頁。

斯三四三背　一　雜寫（遺書文様抄、三春欲末殘句等）

釋文

脱服文

中天竹（竺）國王第三子是也

吾今桑榆已逼，鍾（鐘）漏將窮，病疾（纏）身[一]，暮年不愈，日日承亡（望）痊損，月月漸復更加。相（想）吾死（四）體不安，吾則似當不免。未得安排，遂有死亦（奔）之道[二]，須（雖）則孥（辜）負男女[三]，誓（世）命天不肯用（容）[四]。所是城外莊田，城内屋舍，産業等畜牧什〔物〕等[五]，恐後或有人爭論偏並，或有無智滿説與（異）端

（以下原缺文）

三春欲末千花競，去於金園朱炎迎，初百卉蓊鬱於銀苑。

説明

斯三四三背卷背的内容龐雜，多爲隨手所寫的雜寫和抄件，中間穿插抄有佛教典籍片段，其文字有正寫，有倒書，顯然爲時人用廢紙之背面粘接成卷，用以抄寫《齋儀》。故此號背面之文字的時代多在正

面之前。但有的紙張可能原本無字，其背面文字的時代晚於正面。

校記

〔一〕「纏」，據同號另件「遺書文様抄」補。
〔二〕「亦」，當作「奔」，據同號中另件「遺書文様抄」改。
〔三〕「孥」，當作「辜」，據同號中另件「遺書文様抄」改。
〔四〕「容」，當作「用」，據同號中另件「遺書文様抄」改。
〔五〕「物」，據同號另件「遺書文様抄」補。

參考文獻

《敦煌寶藏》三册，一八一頁（圖）；《英藏敦煌文獻》一卷，一四五頁（圖）。

斯三四三背　二　述三藏聖教序抄

釋文

夫顯揚正教，非智無以廣其文；崇闡微言，非賢莫能定其旨。蓋真如聖教者，諸法之玄宗，衆經之軌躅也。綜括宏遠，奥旨遐深。極空有之精微，體生滅之機要。詞茂道曠，尋之者，不究其源；文顯義幽，履之者，莫測其際。故知聖慈所被，業無善而不臻；妙化所敷，緣無惡而不剪。開法網之綱紀，弘六度之正教。拯群有之塗炭，起三藏之秘局。是以名無翼而長飛，道無根而永固。道名流慶，歷遂古而鎮常；赴感應身，經塵劫而不朽。晨鍾（鐘）夕梵，交二音於鷲峰；慧日法流，轉雙輪於鹿苑。排空寶蓋，接祥雲而共飛；莊野春林，與天花而合彩。伏惟　皇帝陛下，上玄資福，垂拱而治八荒；德被黔黎，斂衽而朝萬國。恩加朽骨，石室歸貝葉之文；澤及昆蟲，金匱流梵説之偈。遂使阿耨（耨）達水，通神甸之八川；耆闍崛山，接嵩華之翠嶺。竊以法性凝寂，靡歸心而不通；智地玄奥，感懇誠而遂顯。豈謂重昏之夜，燭慧炬之光；火宅之朝，降法雨之澤。於是百川異流，同會於海；萬區分義，總成乎實。豈與湯武校其優劣，堯舜比其聖德者哉。玄奘法師者，夙懷聰令，立志夷簡，神清齠齔之年，體拔浮華之世。凝情定室，匿跡幽巖。栖息三禪，巡遊十地。超六塵之境，獨步迦維；會一乘之旨，隨機化物。以中華之無質，尋印度之真文。遠涉恒河，終期滿字。頻登雪嶺，更獲半珠。問道往還，十有七載。備通釋典，利物爲心。以貞觀十九年二月六日奉

勅於弘福寺，翻譯聖教要文，凡六百五十七部，弘大海之法流，洗塵勞而不竭；傳智燈之長焰，皎幽闇而恒明。自非久植勝緣，何以顯揚斯旨。所謂法〔性〕常住〔一〕，齊三光之明。

我皇福臻，同二儀之固，伏見御製衆經論序，照古騰今，理含金石之聲，文抱風雲之閏（潤），治輒以輕塵足嶽，墜露添流，略舉大綱，以爲斯記。

説明

此件原有墨筆句讀。

校記

〔一〕『性』，據文義補。

參考文獻

《敦煌寶藏》三册，一八二頁（圖）；《英藏敦煌文獻》一卷，一四六頁（圖）。

斯三四三背　　三　遺書文樣抄

釋文

吾今桑榆已逼，鍾（鐘）漏將窮，病疾纏身，慕（暮）年不差，日日承忘（望）痊損，月月漸復更加。想吾四體不安，吾則似當〔不〕免[一]，吾與兒子孫姪家眷等，宿緣之會，今爲骨肉之深，（以下原缺文）

校記

〔一〕「不」，據此號中另件『遺書』抄補。

參考文獻

《敦煌寶藏》三册，一八二頁（圖）；《英藏敦煌文獻》一卷，一四六頁（圖）。

斯三四三背　四　大唐皇帝述聖記抄

釋文

蓋聞二義（儀）有像，顯覆載以含生；四時無形，潛寒暑以化物。是以窺天鑒地，庸愚皆識其端；明陰洞陽，賢哲罕窮其數。然而天地苞乎陰陽而易識者，以其有像也；陰陽處乎天地而難窮者，以其無形也。故知像顯可徵，雖愚不惑；形潛莫覩，在智猶迷。況乎佛道崇虛，乘幽控寂，弘濟萬品，典御十方。舉威靈而無上，抑神力而無下。大之則彌於宇宙，細之則攝於豪（毫）釐。無滅無生，歷千劫而不古；若隱若顯，運百福而長今。妙道凝玄，遵之莫知其際；法流湛寂，挹之莫測其源。故知蠢蠢凡愚，區區庸鄙，投其旨趣，能無疑惑者哉。然則大教之興，基乎西土，騰漢庭而皎夢，照東域而流慈。昔者分形分跡之時，言未馳而成化；當常現常之世，民仰德而知遵。及乎晦影歸真，遷儀越世，金容掩色，不鏡三千之光；麗像開圖，空端四八之相。於是微言廣被，拯含類於三塗；遺訓遐宣，遵（導）群生於十地〔一〕。然而真教難仰，莫能一其旨歸，典（曲）學易遵〔二〕，邪正於焉紛糾。所以空有之論，或習俗而是非，大小之乘，乍沿時而隆替。有玄奘法師者，法門之領袖也。幼懷貞敏，早悟三空之心；長契神情，先苞四忍之行。松風水月，未足比其清華；

仙露明珠，詎能方其朗潤。故以智通無累，神測未形。超流塵而迴出，隻千古而無對。凝心内境，悲正法之陵遲；栖慮玄門，慨深文之訛謬。思欲分條析理，廣彼前聞；截僞續真，開茲後學。是以翹心淨土，往遊西域。乘危遠邁，杖策孤征。積雪晨飛，途間失地。驚砂夕起，空外迷天。萬里山川，撥烟霞而進影；百重寒暑，躡霜雨而前蹤。誠重勞輕，求深願達。周遊西宇，十有七年，窮歷道邦，詢求正教。雙林八水，味道餐風；鹿苑鷲峰，瞻奇仰異。承至言於先聖，受真教於上賢，探賾妙門，精窮奧業。一乘五律之道，馳驟於心田；八藏三篋之文，波濤於口海。爰自所歷之國，捻將三藏要文，凡六百五十七部，譯佈中夏，宣揚勝業，引慈雲於西極，注法雨於東垂（陲）。聖教缺而復全，蒼生罪而還福。濕火宅之乾焰，共拔迷途；朗愛水之昏波，同臻彼岸。是知惡因業墜，善以緣昇，昇墜之端，惟人所託。譬夫桂生高嶺，雲露方得法（泫）其花〔三〕，蓮出緑波，飛塵不能行（汙）其葉〔四〕。非蓮性自潔，所而桂質本貞，良由所附者高，則微物不能累，所憑者淨，則濁類不能沾。夫以卉木無知，猶資善而成善，况乎人偷（倫）有識〔五〕，不緣慶而求慶。方冀茲經流施，將日月而無窮；斯福遐敷，與乾坤而永太。大唐皇帝述　聖記。在春宮日製。

說明

此件原有墨筆句讀。

校記

〔一〕『遵』，當作『導』，據文義改。
〔二〕『典』，當作『曲』，據文義改。
〔三〕『法』，當作『泫』，據文義改。
〔四〕『行』，當作『汙』，據文義改。
〔五〕『倫』，當作『倫』，據文義改。

參考文獻

Giles, *Descriptive Catalogue of the Chinese Manuscripts from Tunhuang in the British Museum*, p.202；《敦煌寶藏》三册，一八三至一八四頁（圖）；《英藏敦煌文獻》一卷，一四七至一四八頁（圖）。

斯三四三背　五　大般若經第六會序抄

釋文

源夫控歸塗以彌綸，踐要極而端務。莫若警十度於一施，拔六敝（蔽）於三檀（壇），矧般若之大猷，固（故）惣頜（領）而高視〔一〕，誠庶心之扃牖，積行之樞軸，故能範圍真際，充塞慶區。泛之則無緣，綏之則無動。大悲抗其首，大捨維其末。恬五痛之苦修，倏三祇之遥序。顧無近遠，遇物成資；善靡鴻纖，觸塗必衍。馮（憑）無象而永日，輟有輪於長夜。窮幽盡妙，其般若之致乎。奥（粤）有天王〔二〕，是爲冣勝。捐樂宫而下拜，泛嘉名而上表。念兹在兹，爰究爰度。然以位懸道隔，非日（目）擊之能存〔三〕，所以軌衆諸辰，寄言提而取悟。即舊勝天王般若，今譯成八卷一十七品。其發明弘旨，敝（敞）拔幽關〔四〕，固已法寶駢映，義林交積。自性三種，鬱無性以阡眂（眠）〔五〕；果德萬區，殷不德而輝焕。凡鼓篋之士，猶希取質；况乘杯之客，如何勿思。

說明

此件有的文字寫於修補正面文書的紙上，可知其書寫年代在正面文書之後。

校記

〔一〕『頜』，當作『領』，據文義改。
〔二〕『奥』，當作『粤』，據文義改。
〔三〕『日』，當作『目』，據文義改。
〔四〕『敝』，當作『敞』，據文義改。

〔五〕「胝」，當作「眠」，據文義改。

參考文獻

《敦煌寶藏》三册，一八四頁（圖）；《英藏敦煌文獻》一卷，一四八頁（圖）。

斯三四三背　六　齋儀抄

□□□□□□□至道幽深，高謝大空之際；玄風廣扇，靜□□□□□□□□塵於欲海，故知三身應節，十力神凝，圓光□□□□□□□□道，厥今坐前施主，英靈獨秀，文武□□□□□□□□國守忠貞之道，雖未悟之幽教，淺覺光□□□□□□□之雅則，六行神秀，含苑約之貞風，宜□□□□□□□條之妙，更能探幽志理，行則金蓮。

蓋聞十號靈覺，道觀百王，三界獨尊，分身百億。所以現兜率，質王宮，是（示）金色之身，吐玉豪（毫）之實相。行即蓮華捧足，坐乃寶座承軀，出則帝釋引前，入則梵王從後。演涅盤（槃）地陸振動，說般若天雨四花。百福莊嚴，如滿月〔之〕〔映〕芳林〔一〕；

千花晃耀，如盛日之照寶山。師子一吼，外道崩摧；法鼓暫明，天魔稽首。巍巍蕩蕩，難可稱焉，凡存歸依，皆蒙利益。

恭聞覺體潛融，絶百非於實相；法身凝寂，圓萬德於真儀。於是金色間容，掩大千之日月；玉豪（毫）揚彩，輝百億之乾坤。然而獨拔繁羅，猶現雙林之滅；孤超象累，尚辭丈室之痾。况蠢蠢四生，集火風而爲命；忙（茫）忙（茫）六趣，積地水以成軀。浮約（幻）影於乾城〔二〕，保危形於朽宅。假八萬劫，詎免沉淪；時但一刹那，終歸磨滅者。

夫金鏡西照，律教東流。摩騰肇白馬之淨園，僧會應赤烏之嘉歲。八藏傳漢明之首，四分譯姚興之時。散筆彩於覺明，振雲風於北巍（魏）。英哲繼躅，律焰增明者誰，即有律座當矣。

夫大雄一覺，吼（擂）法鼓而驚天〔三〕；四智齊明，雷（吼）法螺而括地〔四〕。演一音而應隨類，無盲不開；展三教而誘四生，無幽不矚（燭）。决（快）哉大士〔五〕，惟我釋迦，凡有歸依，咸蒙利益。

亡兄弟文　號同前。

厥今坐前齋主所申意者，奉爲兄弟某七追念之加（嘉）會也。惟亡靈乃風（夙）樹勇捍〔六〕，早擅驍雄，七德在心，六奇居念。更能彎弓射月，雁泣空中；舉矢接飛，猿啼繞樹。

故得位顯戎班，榮參武列。將欲騰威四海，啓四弘以馳誠（騁）；嚴誠六兵，馮（憑）六通而稽首。何圖逝水洪波，漂蓬逐浪。福分金蘗，哀傷四馬之悲；妖（夭）折玉芳，哽噎三荆之痛。每恨盈盈同氣，一去九泉；穆穆孔德，忽焉萬古。意擬千年永别，首目頃虧，稀萬難逢，肱股俄斷，趨庭絶訓，瞻机案而纏哀；生路無蹤，望空闌（欄）而灑淚[七]。無門控告，惟福是憑。故於此晨，設齋追福。是日也，請三世諸佛，敷備清宫；邀二部静（淨）人，洪宣妙偈。厨饌香積，爐列名香。幡花匼匝而盈場；領（鈴）梵鴻（洪）鳴而滿室。總斯多善，莫限良緣，先用奉資亡靈去識，惟願彌陀接引[八]，將居淨土之宫；慈氏會中，先爲龍花初首。然後三寶覆護，衆善莊嚴，災障不侵，功德圓滿，摩訶般若。

武宫（官）亡男女文[九]

武言亡男[一〇]

厥今座前施主所申意者，奉爲亡男某七追福之加（嘉）會也。惟亡男乃天生俊骨，異超倫[一一]，神假英靈，孤標挺特。年方熾盛，妙智新成[一二]。文詮七步之才，武及啼猿之妙。將謂久居人代，報父母之顔，何圖玉樹先彫，金枝早折，奄從風燭，恨桂芳落值愁（秋）霜，棄背人寰，怨顔子短終之苦。每泣蟾光之影，猶掌矢（失）珠，灑血哀傷，難捐湘壁（璧）。無蹤再會，唯福是憑。故於此晨，設齋追念，是日也云云。

亡女文

厥今所申意者，奉爲亡女追七設供諸（之）福會也。惟亡女乃芳年艷質，綺歲妖妍。臉奪紅蓮，眉分柳葉。纖容窈窕，若巫領（嶺）之行雲；叔（淑）態逶迤，比洛川之迴雪。始欲桂枝盛茂，皎皎於晨昏；蟾影方輝，澄澄於水面。何圖珠星匿曜，寶婺淪輝。埋玉貌於黃泉，殯紅顏於灰壤。所以母思玉質，斷五内而哀悲；父憶花容，叫（絞）肝腸而寸絶。無門尋告，惟福是憑。故於某七良晨，設齋追念〔一三〕。於是清遞（第）宅，烈（列）真儀，爐焚海□□□，［　　　　］無疆勝因（下缺）

説明

此件與正面文書性質相同，是僧人撰寫齋文時所參考的範本，起首五段乃各類齋文之號頭，但此件係抄件。此件之起首處有六行文字已被修補正面文書的紙張蓋住了一部分。修補正面文書的紙張上亦有文字，其内容是『觀世音菩薩名號』，因係佛教典籍，未録。

校記

〔一〕『之映』，《敦煌願文集》據文義補。

〔二〕『約』，當作『幻』，《敦煌願文集》據文義校改。

〔三〕『吼』，疑當作『擂』，據文義改。

〔四〕「雷」，疑當作「吼」，據文義改。

〔五〕「决」，當作「快」，據文義改，《敦煌願文集》徑釋作「快」。

〔六〕「風」，當作「夙」，《敦煌願文集》據文義校改。

〔七〕「闌（欄）」，《敦煌願文集》釋作「床」。

〔八〕「接引」，《敦煌願文集》稱原文殘缺，釋作「樓□（前）」，實際原文並不殘。

〔九〕「宫」，疑當作「官」，據文義改。

〔一〇〕「武言」上原有「訶般若」三字，係重抄上件之尾部，未録。

〔一一〕據文義此句脱一字，《敦煌願文集》擬補一「秀」字。

〔一二〕「成」，《敦煌願文集》釋作「生」，誤。

〔一三〕原件在「設」字之後是倒書之「遺書」、「放良書」、「放妻書」等，「設」字以後之文字原接抄於上列文書之後，表明此件之抄寫年代在上列「遺書」等文書之後。

參考文獻

《敦煌寶藏》三册，一八五頁（圖）；《英藏敦煌文獻》一卷，一四八至一四九頁（圖）；《敦煌社邑文書輯校》八五四至八五六頁（録）；《敦煌願文集》一至三一頁（録）。

斯三四三背　七　應用文文樣抄（遺書、放良書、放妻書等）

釋文

〔遺〕〔書〕〔一〕

吾今桑榆已逼，鍾（鐘）漏將窮，病疾纏身，暮年不差，日日承忘（望）痊損，月月漸復更加。想吾四體不安，吾則似當不免。吾與汝兒子孫姪家眷等，宿緣之會，今爲骨肉之深。未得安排，遂有死奔之道，雖則辜負男女，逝（世）命天不肯容。所是城外莊田，城内屋舍，家活産業等畜牧什物，恐後或有不亭（停）争論偏併，或有無智滿（漫）説異端，遂令親眷相憎，骨肉相毁，便是吾不了事。今吾闇惺（醒）悟之時，所有家産田莊畜牧什物等，已上並以分配當自脚下，謹録如後：

右件分配，並以周訖，已後更不許論偏説剩。如若違吾語者，吾作死鬼，掣汝門鐙（橙），來共汝語，一毁地下，白骨萬劫，是其怨家；二不取吾之語，生生莫見佛面，謹立遺書，限吾囑矣。

放良書

奴

夫以三才之内，人者爲貴。貴者是前世業通。人有高卑六禮，賤者是前緣負債，摘（讁）來下賤。前緣所及，爲尊貴，果保（報）不同，充爲下輩。今者家長病患，某乙宿緣慶會，過生我家，效力年深，放汝出離。自今以後，如魚在水，躍鱗飛波；似鳥出籠，高飛自在。後有子孫，兼及諸親，更莫口諺〔二〕，一任從良。隨歡快樂〔三〕，寬行南北；逐意東西，自縱自由，高營世業。山河日月，並作證盟（明）〔四〕。桑田徧（變）海，此終不改。謹立放書文憑，用爲後驗。

婢〔五〕

蓋以人生於世，果報不同。貴賤高卑，業緣歸異。上以使下，是先世所配；放伊從良，爲後來之善。其婢某乙，多生同處，勵力今時，效納年幽，放他出離。如魚得水，任意沉浮；如鳥透籠，翱翔弄翼。娥眉秀柳，美娉窈窕之能（態）〔六〕；拔鬢抽絲，巧逞芙蓉之好。徐行南北，慢（漫）步東西；擇選高門，娉爲貴室。後有兒姪，不許忓論；一任從良，榮（營）於世業。山河爲誓，日月證盟（明）。依此從良，終不相遺（違）者。於時年月日謹立放書。

某專甲謹立放妻手書

蓋説夫妻之緣，恩深義重；論談共被之因，結誓幽遠。凡爲夫婦之因，前世三年結緣，始配今生夫婦。若結緣不合，比是怨家，故來相對。妻則一言十口，夫則眅木（目）生嫌；似猫鼠相憎，如狼犾（犬）一處〔七〕。既以二心不同，難歸一意。快會及諸親，各還本道。願妻娘子相離之後，重梳蟬鬢，美掃娥眉，巧逞窈窕之姿，選娉高官之主。解怨釋結，更莫相憎；一别兩寬，各生歡喜。於時年月日謹立手書。

生居黑綱，長下門庭，雖夙（？）卑賤之名，每存憐（？）上之念。（以下原缺文）

説明

以上幾件爲倒書，所以其在原件上的次序是，『放妻書』在前，『放良書』次之，『遺書』在最後。這幾件文書均非實用文書，而是供時人撰寫文書時參考的文様。

校記

〔一〕『遺書』，據文義補。

〔二〕『諺』，《敦煌社會經濟文獻真蹟釋録》釋作『該』，誤。

〔三〕『快』，《敦煌社會經濟文獻真蹟釋録》釋作『棣』，誤。

〔四〕『盟（明）』，《敦煌社會經濟文獻真蹟釋録》徑釋作『明』。

〔五〕『婢』字爲標題，在原件上被書於兩行之間，《敦煌社會經濟文獻真蹟釋録》將其置於下句『蓋』字和『以』字之間。

〔六〕『能』，當作『態』，《敦煌社會經濟文獻真蹟釋録》據文義校改。

〔七〕『犾』，疑當作『犬』，據文義改，《敦煌社會經濟文獻真蹟釋録》釋作『豺』。

參考文獻

《敦煌資料》一輯，四三〇、四四三、四四八至四四九頁（録）；《敦煌寶藏》三册，一八六頁（圖）；《敦煌學輯刊》一九八四年二期一四三頁；《漢學研究》四卷二期三八頁；*Tun-huang And Turfan Documents–Conderning Social And Economic History Contracts* Ⅲ A150（圖）、B119頁（録）；《隋唐五代經濟史料匯編校注》第一編上二五四至二五五頁（録）；《敦煌民俗學》二一七頁（録）；《敦煌社會經濟文獻真蹟釋録》二輯，一五九至一六一頁（圖）（録）；《英藏敦煌文獻》一卷，一四九至一五〇頁（圖）；《敦煌民俗資料導論》六八至六九頁（録）；《中國歷代契約會編考釋》四七八至四七九、四八二至四八三頁、五〇〇至五〇一頁（録）。

斯三四四背　經帙數及陰押牙題名

釋文

第二袟（帙）　陰押牙。

説明

此件《英藏敦煌文獻》漏收，現予補録。此前有蔣孝琬所書數碼和『缺名』二字，未録。

參考文獻

Giles, *Descriptive Catalogue of the Chinese Manuscripts from Tunhuang in the British Museum*, p.37（録）；《敦煌寶藏》三册，一八七頁（圖）；《敦煌佛教經録輯校》一〇四五頁（録）。

斯三四五背　建福社司轉帖抄

釋文

社司　轉帖

右緣〔年〕支見（建）福一日〔一〕，人久（各）録（爐）餅一雙〔二〕，幸請諸公等，帖至，限今月十五日卯時於大雲寺門前取齊。捉二人後到，罰酒一角；全不來者，罰酒悉（半）瓮〔三〕。其帖速弟（遞）相付分〔四〕，不得停滯；如滯帖者，準條科罰。帖滴（周）却赴本司〔五〕，甲（用）憑高（告）罰〔六〕。壬辰。

説明

此件前有蔣孝琬所書之數碼及『大佛恪（略）懺一卷』，因非時人所書，未録。

校記

〔一〕『年』，據文義及其他社司轉帖例補。

〔二〕「久」，當作「各」，據文義及其他社司轉帖例改。
〔三〕「悉」，當作「半」，據文義及其他社司轉帖例改。
〔四〕「付分」，據其他社司轉帖例當作「分付」。
〔五〕「滴」，當作「周」，據文義及其他社司轉帖例改。
〔六〕「甲」當作「用」，據文義及其他社司轉帖例改。

參考文獻

Mair, *Chinoperl Papers* Vo，10，44®；《敦煌寶藏》三册，一八九頁（圖）；《英藏敦煌文獻》一卷，一五〇頁（圖）；《敦煌社邑文書輯校》二七三至二七四頁（録）。

斯三四七　乾德三年正月沙州三界寺授張氏八關齋戒牒

釋文

南澹部州娑訶世界沙〔州〕三界寺授八關齋戒　　牒〔一〕

授戒女弟子小娘子張氏

牒得前件弟子，久慕良緣，夙懷善意。求出塵之捷徑，祈入聖之廣途，遂乃離火宅之苦空，向無涯之覺路。吾今覩斯真意，方施戒條。仍牒知者，故牒。

乾德三年正月廿八日授戒弟子小娘子　　牒〔二〕

奉請阿彌陀佛爲壇頭和尚

奉請釋迦牟尼佛爲校授阿闍梨

奉請彌勒菩薩爲揭（羯）磨阿闍梨

奉請十方諸佛爲證戒師

奉請大菩薩摩訶〔薩〕爲同學伴侶〔三〕

授戒師主釋門僧正臨壇賜紫沙門　　道真

説明

此件爲授戒之證明書，上鈐有朱色佛印五方，『道真』二字爲本人簽名。

校記

〔一〕『州』，據文義及其他授戒牒體例補。

〔二〕『牒』，《敦煌社會經濟文獻真蹟釋録》漏録。

〔三〕『薩』，據其他授戒牒體例補。

參考文獻

Giles, *Descriptive Catalogue of the Chinese Manuscripts from Tunhuang in the British Museum*, p. 210；《スタイン將來大英博物館藏敦煌文獻分類目録·道教之部》一〇頁；《敦煌寶藏》三册，一九三頁（圖）；《敦煌佛經卷子巡禮》二三至五一頁（録）；《敦煌遺書總目索引》一一五頁；《敦煌社會經濟文獻真蹟釋録》四輯，八〇頁（圖）（録）；《英藏敦煌文獻》一卷，一五一頁（圖）。

斯三六一　書儀鏡（見斯三二九＋斯三六一）

斯三六一背　雜寫等（見斯三二九背＋斯三六一背）

斯三六六　某寺諸色斛斗破曆

釋文

（前缺）

碩五斗，師僧貸將收不得用。麸壹碩，秋磑時與載麵車牛用。查（渣）拾貳餅，西窟上水

雇駝用。查（渣）五餅，僧官窟上造設時雇駝用。查（渣）伍餅，七月十五日燒焙用。

查（渣）叁餅，與牧羊人餧瘦羊用。豆壹碩，二月與園子訥讚用。又豆壹碩壹斗，第

二件與園子春價用。豆兩碩，春與牧羊人用。豆貳斗，揭墼日衆僧沽酒用。豆伍斗，

兩日般墼貼粟沽酒用。　豆叁斗，易墼日兩上沽酒用。　豆壹斗，貼粟贈石法律用。　豆貳斗，淘麥日沽酒用。　豆貳斗，貼粟沽酒看磑博士用。　豆貳斗，七月十五日買苽供養及破盆用。　豆兩碩伍斗，造盌時買銀用。　豆伍斗，盧温子入麥用。豆[一]（下缺）

説明

此件前後均缺，《敦煌社會經濟文獻真蹟釋録》已指出此件雖爲破用歷，但從其形式看，應爲寺院入破歷計會的破用部分。

校記

〔一〕此件上部留有較大空白，空白處書有兩個很大的『第』字，因不屬此件，未録。

參考文獻

Gils, *Descriptive Catalogue of the Chinese Manuscripts from Tunhuang in the British Museum*, p.261；《敦煌寶藏》三册，二五七頁（圖）；《敦煌社會經濟文獻真蹟釋録》三輯，五四六頁（圖）（録）；《英藏敦煌文獻》一卷，一五六頁（圖）。

斯三六六背　付法傳

釋文

第廿三代付法藏人聖者鶴勒那夜奢

昔尊者磨奴羅，臨滅度時告鶴勒那夜奢言：『佛以妙法付大迦葉，如是展　轉，乃至於我，我今欲滅，以於（之）委囑於汝，〔汝〕當宣化〔一〕，無令隱没。』鶴勒那夜奢答言：『受敬尊教。』於是已後，鶴勒尊者，福德深遠，才明淵博，化世迷惑，令就正路，現種種相，度脱衆生。所作已訖，然後捨身，衆人悲歎，起塔供養。

説明

此件中之部分内容見於《大正藏》第五十卷《付法藏因緣傳》卷六。

校記

〔一〕『汝』，據文義補。

參考文獻

Giles, *Descriptive Catalogue of the Chinese Manuscripts from Tunhuang in the British Museum*, p.261；《敦煌禪宗文獻の研究》八二、八三、九九、一〇五、一二九、一三三、六四一頁（R）；《初期禪宗史書の研究》一三、二三〇、三六一、三八八、三九〇、三九三至三九四、四〇〇、四一五、四七〇頁（R）；《敦煌寶藏》三册，二五八頁（圖）；《英藏敦煌文獻》一卷，一五七頁（圖）。

斯三六七　光啓元年（八八六）十二月廿五日書寫沙、伊等州地志

釋文

（前缺）

□《□物志》云：漢貳師將軍□駒以歸，愍而放之，來至以爲龍勒泉。

　□飲此水，嗚噴宛轉，迴旋而去，因此□堆似龍頭，亦以爲名。

　壽昌海，□水〔一〕。屈曲周迴一里餘，深淺不測，漢得天馬處也。

　大渠，縣南十里，源自渥窪水。長[支]渠〔二〕，[縣][南]十里〔三〕。石門澗，源亦縣南三里。無滷澗。源縣西南十里。

石城鎮，東去沙州一千五百八十里，去上都六千一百里。本漢樓蘭國，《漢書·西域傳》云：地沙國（滷）少田，出玉。傅介子既殺其王，漢立其弟，更名鄯善國。隋置鄯善鎮，隋亂，其城遂廢。貞觀中，康國大首領康艷典東來，居此城，胡人隨之，因成聚落，亦曰典合城。其城四面皆是沙磧〔四〕。上元二年改爲石城鎮，隸沙州。

屯城，西去石城鎮一百八十里。鄯善質子尉屠耆歸，單弱，請天子，國中有伊循城，城肥美，願遣一將屯田積穀，得衣（依）其威重。漢遣司馬及吏士屯田伊循以鎮之，即此城是也。胡以西有鄯善大城，遂爲小鄯善，今屯城也。

新城，東去石城鎮二百卌里。康艷典之居鄯善，先修此城，因名新城，漢爲弩之城。

蒲桃城，南去石城鎮四里。康艷典所築，種蒲桃於此城中，因號蒲桃城。

薩毗城，西北去石城鎮四百八十里。康艷典所築，其城近薩毗澤，山險阻，恒有吐蕃及土谷渾來往不絕。

鄯善城，周迴一千六百卌步，西去石城鎮廿步。漢鄯善城，見今摧壞。

幡（播）仙鎮，故且末國也。《漢書·西域傳》云：去上都六千八百廿里。隋置且末郡。上元三年改幡（播）仙鎮。

古屯城，在屯城西北。

沮（且）末河，源從南山大谷口出。其源去鎮城五百里，經且末城下過，因以爲名。

以前城鎮並陷吐蕃。

蒲昌海，在石城鎮東北三百廿里，其海周廣四百里。《漢書·西域傳》云：黃河西源一出葱嶺，一出于闐。在南山下，其河北流，與葱嶺河合，東注蒲昌海，一名鹽澤者也。去玉門、陽關三百餘里，伏流地下，南出積石山，爲中國河焉也。

伊州下。公廨七百卅千，户一千七百廿九，鄉七。

右古昆吾國，西戎之地。周穆王伐西戎，昆吾獻赤刀是也。後語訛轉爲伊吾郡。《漢書·西域傳》云：周衰，戎狄錯居涇渭之北。伊吾之地，又爲匈奴所得。漢武帝伐匈奴，收其地，其後復棄。至後漢永平十六年，北征匈奴，取伊吾廬地，置田禾都尉，西域復通。以後伊吾三失三得，順帝置伊吾司馬一人。魏晉無聞郡縣。隋大業六年，於城東買地置伊吾郡。隋亂，復没於胡。貞觀四年，首領石萬年率七城來降，我唐始置伊州。寶應中，陷吐蕃。大中四年，張議潮收復，因沙州卌户居之。羌龍雜處，約一千三百人。

貢賦　管縣三：伊吾、納職、柔遠。

伊吾縣，在郭下。公廨三百一十五，户一千六百一十三，鄉四。

右本後漢伊吾屯，其城云是竇固所築也，魏以爲縣。《漢書》云伊吾廬，夷狄舊號耳。寺二，（宣風、安化。）觀二，（祥麟、大羅。）烽七，（水源、毛瓦、狼泉、香棗、盤蘭泉、速度谷、伊地具。）戍三。（塹亭、赤崖、稍竿。）風俗，有文字。田夫商販之人，唯有平鐵爲鏊，冬夏常食餅，無釜甑之具，杯椀匙筯皆不蓄。渴則渠踞地而飲，古所謂洿樽桮飲，則其質樸之像。其俗又不重衣冠，唯以多財爲貴。

陸地鹽池，地周迴十里，北去縣六十里，磧中無水，陸地出鹽。月滿味甘，月虧則苦。積久採取，竟無減損。

小伊吾城，去縣廿里，本伊吾縣也。百姓因此城側近先有田水，就其地壘城，故曰小伊吾。

時羅漫山。與柔遠縣分管。

源泉水，縣北十里。第二水，縣東北十里。第三水，縣東北九里。凡三水皆臨崖涌出南流，入磧即絶。

火祆廟，中有素書，形象無數。有祆主翟槃陀者，高昌未破以前，槃陀因入朝至京〔五〕，即下祆神，以利刀刺腹，左右通過，出腹外，截棄其餘，以髮繫其本，手執刀兩頭，高下絞轉，説國家所舉百事，皆順天心，神靈助，無不徵驗，神没之後，僵僕而倒，氣息奄七日即平復如舊，有司奏聞，制授游擊將軍〔六〕。

納職縣，下。東去州一百廿里〔七〕，公廨二百一十五千，户六百三十二，鄉七。

右唐初有土人鄯伏陀，屬東突厥，以徵税繁重，率城人入磧，奔鄯善，至並吐渾居住。歷焉耆，又投高昌，不安而歸。胡人呼鄯善爲納職，既從鄯善而歸，逐（遂）以爲號耳。

寺一，祥粦，尼。戍一，百泉。烽八〔八〕，百尺、不到泉、永安、東柘厥〔九〕、花泉、延末。

城北泉，去縣廿里，在坎下涌出，成湍流，入蒲昌海也。

柔遠縣，西南去州二百四十里。公廨〔一〇〕，户三百八十九，鄉一。

右相傳隋大業十二年，伊吾胡共築營田。貞觀四年，胡歸國，因此爲縣，以鎮爲名。

觀一，天上。烽四，白望、白楊山、伊地具、獨堆。

柔遠鎮，鎮（縣）東七里〔一一〕，隋大業十二年置伊吾郡，因置此鎮。

時羅漫山，縣北四十里。按《西域傳》，即天山也。綿亘數千里，其上有漢將竇固破呼衍王刻石紀德之碑。姜行本磨去舊文，更刻新文，以讚唐德。其山高六十里，置壇場祈禱，其州下立廟，神名阿覽。

伊吾軍，東南去上都四千八百里。

右景龍四年五月日奉　敕置，至開元六年移就甘露鎮，兵士三千人，馬一千卌匹。四至，東南去伊州三百里，西南去西州八百里，西去庭州七百八十里，東北接賊界。

龍部落，本焉耆人。今甘肅伊州各有首領，其人輕鋭健鬥戰，皆稟　皇化。

沙州東南姚閔山，去州一百八十里；西南有紫亭山，去州一百九十里，其山石皆紫色，復名紫亭。

庭州瀚海軍〔一二〕。

西州天山軍，交河縣。

伊州伊吾軍，柔遠縣。

光啓元年十二月廿五日，張大慶因靈州安尉（慰）使嗣大夫等來至州，於嗣使邊寫得此文書記。

說明

此件前缺，尾部雖完整，但似未及抄完。起「《□物志》云」，迄題記「光啓元年十二月廿五日，張大慶因靈州安尉（慰）使嗣大夫等來至州，於嗣使邊寫得此文書記」。

校記

〔一〕《敦煌地理文書匯輯校注》據《壽昌縣地鏡》補此句所缺文字爲「縣南十里，即渥窪」。

〔二〕「支」，《敦煌地理文書匯輯校注》據伯五〇三四《沙州地志》補。

〔三〕「縣南」，《敦煌地理文書匯輯校注》據伯五〇三四《沙州地志》補。

〔四〕「其城」，《敦煌地理文書匯輯校注》漏録。

〔五〕「入」，《敦煌地理文書匯輯校注》漏録。

〔六〕「擊」，《敦煌地理文書匯輯校注》稱此字脱，但在原件「游」與「將」的右側實有一後補寫的「擊」字。

〔七〕「里」，《敦煌社會經濟文獻真蹟釋録》漏録。

〔八〕但列烽名僅有六。

〔九〕「東」，《敦煌社會經濟文獻真蹟釋録》釋作「束」，誤；「柘」，《敦煌地理文書匯輯校注》釋作「拓」，亦誤。

〔一〇〕公解數字原缺。

〔一一〕「鎮」當作「縣」，據文義改。

〔一二〕以下三軍的具體情況似原未抄完。

參考文獻

《小川博士還曆記念史學地理學論叢》(R)；*BSOS*. Ⅵ. p.825－826（R）；Giles，*BSOS*，9.4，1040（R）；《方志月刊》九卷二期(R)；《唐代文獻叢考》七二至八〇頁；《羽田博士史學論文集》上，五八五至六〇五頁(R)；《歷史教學》一九五四年二期三三頁（録）；《史語所集刊》二八，一二五頁(R)；Giles，*Descriptive Catalogue of the Chinese Manuscripts from Tunhuang in the British Museum*，p.234；《東方學報》（京都）四五册，三九八頁(R)；《唐代社會文化史研究》四四八、四五一頁（録）；《敦煌資料》一四至三一頁（録）；《敦煌寶藏》三册，二五八頁（圖）；《敦煌吐魯番文書初探》二九八頁（録）；《敦煌學論集》五三頁；《莫高窟年表》四三一頁（録）；《敦煌學輯刊》一九八六年二期六六頁（録）；《敦煌社會經濟文獻真蹟釋録》一輯三九至四二頁（圖）；《敦煌吐魯番文獻研究論集》三輯，四一〇、四一七、四六四至四六五頁（録）；《敦煌學》一五輯；《敦煌吐魯番文獻研究論集》四輯，一三頁（録）；《敦煌地理文書匯輯校注》六五至七三頁（録）；《敦煌民俗學》二七四至二七五頁；《敦煌學輯刊》一九八九年一期六七頁；《敦煌研究》一九九〇年三期三二頁；《英藏敦煌文獻》一卷，一五七至一五八頁（圖）；《敦煌吐魯番文書論稿》一六八至一六九頁；《敦煌碑銘贊輯釋》五五五頁；《敦煌石室地志殘卷考釋》一九六至二〇七頁（録）；《敦煌吐魯番文書與絲綢之路》二四八頁；《敦煌吐魯番文獻研究》五九、六八、七一、七六至七七、二七二至二八八頁（録）；《段文傑敦煌研究五十年紀念文集》四〇六至四〇七頁；《歸義軍史研究》二、一〇、四七、一六五、一七五、三五二頁；《敦煌歸義軍史專題研究》六至七頁。

斯三七〇　一　淨土讚

釋文

（前缺）

□□□□□□，□□□□四邊□，□□□□□□，□□□□□□□。
□　□□□□□□，□□花散巧能旁（？），□□□□□□□，□□□□□□□。
□□□□□聲調，六時雲集上金□，□□□□□□□，□□□□□□□。
□□□乘地□□，純金布遍滿衢香，衆生踏者心無退，步步蓮花至道場。
西方極樂八功[德]〔二〕，恒沙菩薩卦（掛）仙衣，一一池中蓮花滿，枝枝葉葉透光暉。
西方花蘂甚能多，萬萬般般憶善那，早起採來衣裓受，飛空供養□□□。
西方溫暖甚青（清）涼，裹有聖主座（坐）道場，説法廣救衆生苦，聞之□學退（？）□□。
西方説法號彌陀，他方菩薩聽持多，閻浮衆生勸難化，千言萬語愛蹉跎。

西方念佛盡能過，十念具足證阿難，到彼花臺隨意住，卻來五濁救諸磨，
西方菩薩號觀音，處處權化託（？）悲心，方便巧説弘三教，有緣逢遇免皆沉。
西方勢至亦如然，蠢動含識普皆憐，觀音世至同心化，祇是衆生不就前。
西方化佛無有窮，七重行樹滿枝中，但有稱名皆來至，命終迎入寶蓮宫。
西方衣食自來前，心念即至在傍邊，非但聖人得如此，凡夫到者亦無偏。
淨土行行近，三塗（途）步步遥，彌陀誓願重，處處化光招，有緣皆得遇，
聞法自然超，到彼恒無退，有罪日能消。
淨土常無變，一立古今然，八池諸寶樹，九類在花邊，努力高聲念，
罪滅證三賢，直心云初地，發願事須堅。
淨土花林滿，寶鳥住枝中，六時吟聲合，衆妙説無窮，諸方無此事，
極樂有花宫，凡夫若到此，壽命更無終。
淨土無人去，三塗（途）竟惣過，觀音常勸化，悦在離諸魔，衆生□□□
作善似登坡，若不真心念，畢定入波吒。
淨土人相愛，但（旦）暮善聲哀，早起將花散，齋至卻須來，入向花中坐，
飲食化生催，片時俱行道，百味自然來，食者皆除惱，思者得心開，餐了須行道，步步妙
花臺。

淨土微風動，吹香向十方，諸天聲聞衆，共議難惻（測）量，此香何國有？馨氣滿道場，
各勸須尋覓，得見免皆常，如此逍遥處，不去待何時，急急心思念，當定坐蓮池。
法船一去無來日，法堂集會更何時，惣須當來得成佛，
西方淨土那邊期。好去道場諸衆等，努力勤修淨戒因，
説者盡作耶孃想，聽者還同一子恩，倘若於先得成佛，
莫妄（忘）今生説法人。南無阿彌陀佛，南無阿彌陀佛。

説明

此件前缺，失題。起「四邊」，迄「南無阿彌陀佛」。其内容爲讚頌西方淨土。《英藏敦煌文獻》編者擬名爲「淨土讚」，但其内容與有原題的斯二九四五「淨土樂讚」完全不同。

校記

〔一〕「德」，據文義補。

參考文獻

《敦煌寶藏》三册，二六六頁（圖）；《敦煌學園零拾》三九〇至三九一頁（録）；《英藏敦煌文獻》一卷，一五九頁（圖）。

斯三七〇　二　同會往生極樂讚

釋文

同會往極樂讚

同會相將向極樂，同會相將向極樂。前會一人聞念佛，後會即便發心求，求得真言極妙語，心心當願往西方上準。前會來登說法處，後會各發菩提心，心中念佛恒無退，命終定得坐蓮宮準上。前會來學念佛讚，後會便唱妙音言，言中真說西方樂，努力決定莫生擬（疑）。念得彌陀十萬口，合眼即現妙花宮，宮中化佛無恒數，慈悲光攝往西方準上。前會說言直念佛，後會重釋坐禪門，寂滅無生是真法，心心明淨自然澄上準。前會道場諸徒衆，後會早已有心澄，努力收心除貪妄，來生畢獲紫金身上準。前會有人來捨施，後會感得降天財，

七寶珍成如山岳，縱然用盡續能生，努力及時來布施，

西方快樂種金倉。到彼花池爲宮殿，心思七寶逐心迴上準。

說明

此件首尾完整，有原題。

參考文獻

Descriptive Catalogue of the Chinese Manuscripts from Tunhuang in the British Museum, p. 192；《敦煌寶藏》三册，二六六頁（圖）；《敦煌學》一五輯，一二六頁；《英藏敦煌文獻》一卷，一五九頁（圖）。

斯三七〇　三　五臺山讚

釋文

五臺山讚

梁漢禪師出世間，彌陀佛〔一〕遠來巡禮五臺山，各念恒沙佛〔二〕白光引入金剛窟，
得見文殊及普賢〔三〕。菩薩身中有寶珠，光明顯照遍身軀。
減割少多將布施〔四〕，即問衆生須不須〔五〕？如來聖化五臺山〔六〕，
恒沙菩薩結因緣，坐禪起居一束草，不羨聚落萬重氈。
東臺香烟光（常）不絶〔七〕，西臺解脱亦如然，南臺脚下金剛水，
中臺鼎上玉華泉〔八〕，北臺毒龍常聽法，雷風閃電隱山泉〔九〕，
不敢與人爲患害〔一〇〕，盡是龍神集善緣。
故寺元無額，房房盡没僧，五更風掃地，夜半月然（燃）燈〔一一〕。
五臺山上一埵（朵）花〔一二〕，和尚摘來染袈裟，染得袈裟紫檀色，
願我衆生惣[出家]〔一三〕。山中行化是文殊，普賢菩薩亦同居，
每日花光雲中現，[恒沙]聖衆理真如〔一四〕。東臺維[摩方丈室]〔一五〕，
[西臺]説法證須臾〔一六〕，（後缺）

説明

此件首全尾缺，起「五臺山讚」，迄「説法證須臾」。敦煌文獻中保存了一批「五臺山讚」，其内容並不一樣，伯三六四五背有與此件内容相同的「五臺山讚」。杜斗城教授將敦煌文獻中的「五臺山讚」分爲

四類，認爲與此件同類的『五臺山讚』創作於唐大曆年間以後。（參看《關於敦煌本〈五臺山讚〉與〈五臺山曲子〉的創作年代問題》，《敦煌學輯刊》一九八七年一期五四頁）。

以上的釋文是以斯三七〇爲底本，用伯三六四五背參校（稱其爲甲本）。

校記

〔一〕「梁」，甲本作「凉」；「彌陀佛」，甲本無。

〔二〕「各念恒沙佛」，甲本無。

〔三〕「見」，甲本作「達」。

〔四〕「少」，甲本作「財」。

〔五〕「須」，甲本作「之」，時「須」通「之」。

〔六〕「聖」，甲本作「世（示）」，近是。

〔七〕「光」，當作「常」，據甲本改。

〔八〕「華」，甲本作「花」。

〔九〕「泉」，甲本作「川」。

〔一〇〕「與」，甲本作「以」，「以」通「與」。

〔一一〕此行甲本無。

〔一二〕「埵」，甲本作「朵」，二字可通。

〔一三〕「衆生」，甲本作「渾城」；「出家」，據甲本補。

〔一四〕「恒沙」，據甲本補。

〔一五〕『摩方丈室』，據甲本補。

〔一六〕『西臺』，據甲本補。

參考文獻

Descriptive Catalogue of the Chinese Manuscripts from Tunhuang in the British Museum, p.192；《菩提樹》三一四期二六至二七頁（録）；《敦煌寶藏》三册，二六七頁（圖）；《敦煌佛經卷子巡禮》一六至一七頁（録）；《敦煌學》一五輯，一二六頁；《敦煌學輯刊》一九八七年一期五〇至五一頁；《英藏敦煌文獻》一卷（圖）；《北凉譯經論》二一至三一頁；《敦煌吐魯番文獻研究》三八〇至三八八頁。

斯三七一　戊子年十月一日淨土寺試部帖

釋文

淨土寺試部
戊子年十月一日，奉　都僧統大
師　處分，諸寺遣徒衆讀誦經
戒律論，逐月兩度。仰僧首看
輕重科徵。於各自師主習業，月
朝月半，維那告報。集衆後到及
全不來，看臨時，大者罰酒半瓮，少者
決丈（杖）十五。的無容免者。
法律福銳百法論日誦五行。
（後缺）

說明

此件係隸屬都僧統司的試部文書，命諸司綱管監督徒衆讀誦經戒律論。

參考文獻

Descriptive Catalogue of the Chinese Manuscripts from Tunhuang in the British Museum, p.246；《スタイン敦煌文獻及び既紹介西域出土漢文文獻内容分類目録初稿》（非佛教文獻之部）古文書類第二分册，二二二頁；《敦煌寶藏》三册，二六八頁（圖）；《敦煌研究》一九八六年一期四二頁；《敦煌學》一五輯，一二六頁；《敦煌社會經濟文獻真蹟釋録》四輯，一三〇頁（録）（圖）；《英藏敦煌文獻》一卷，一六〇頁（圖）；《講座敦煌·敦煌漢文文獻》六四〇頁（R）；《段文傑敦煌研究五十年紀念文集》九五頁。

斯三七二+斯三七八　　丁亥年正月某寺諸色斛斗入破歷計會

釋文

（前缺）

（以下爲斯三七二）

右合從丙戌年正月一日已後〔一〕，至丁亥年正月一日已前，中

間一周年沿常住所用

惣六百六十三石三斗一升七合油麵麥粟麻滓麁面黄麻等〔二〕

三百二十六石八斗七升　麥

一百三十五石九斗三升　粟

四十八石六斗三升　黄麻

兩石六斗七合　油

一百七石九斗三升　白麵

三十八石五升　麩麵

一石三斗　　麄面
二石　　麻滓
（以下爲斯三七八）
四伯（佰）九石三斗七升二合麥粟黄麻油麵前掌回殘諸色〔三〕
二百二十九石二斗七升　　麥
一百三石五合　　粟
三十九石三升　　黄麻
一石九斗二升七合　　油
二十三石三斗　　白麵
九石五斗四升　　穀麵
二石三斗　　麄麵
二石二斗　　麻滓〔四〕
二百五十三石四斗五升麥粟黄麻油麵等自年新附入〔五〕
九十七石六斗　　麥
三十二石四斗三升　　粟
九石六斗　　黄麻

六斗八升　　　　油

八十四石六斗三升　　　白麵

二十八石五斗一升　　　穀麵

（後缺）

説明

此件係由斯三七二與斯三七八拼接而成，兩件拼接後仍前後均缺。這兩件文書可拼接，係唐耕耦先生所發現，唐耕耦、陸宏基先生曾對此件作過録校。斯二七二背有蔣孝琬所書數碼和「油麵名數目單」，未録。

校記

〔一〕「已」，《敦煌社會經濟文獻真蹟釋録》釋作「以」，誤。

〔二〕「中」，《敦煌社會經濟文獻真蹟釋録》據文義校補；「住」，《敦煌社會經濟文獻真蹟釋録》釋作「往」，誤。

〔三〕「麥粟黄麻油麵」，係朱筆所書，《敦煌社會經濟文獻真蹟釋録》漏録。

〔四〕「二斗」，係朱筆所書，《敦煌社會經濟文獻真蹟釋録》漏録。

〔五〕「麥粟黄麻油麵等」，係朱筆所書，《敦煌社會經濟文獻真蹟釋録》漏録。

參考文獻

Descriptive Catalogue of the Chinese Manuscripts from Tunhuang in the British Museum, p.261；《敦煌寶藏》三册，二六八、二七七頁（圖）；《敦煌社會經濟文獻真蹟釋録》三輯，三六七至三六八頁（録）（圖）；《英藏敦煌文獻》一卷，一六一、一六五頁（圖）。

斯三七三　僧詩

釋文

皇帝癸未年膺運滅梁再興□□□□

迎　太后七言詩

錦　下

禁烟節假（暇）賞幽閑，迎奉傾心樂貴顏，

鶯語雕梁聲猗狔，鸚吟淥（緑）樹韻開（間）關[一]。

爲安家國千場戰，思憶慈親兩鬢斑[二]，

孝道未能全報得，直須頂戴繞彌山。

題北京西山童子寺七言

母

昔時童子募（慕）清閑，古今猶傳在此山，

永

百泒峥嶸流海内，千溪峽岏透雲間。

猿啼嶺上深幽静，虎笑（嘯）巖邊去復還，

脆　國

愐想翠花陵谷變，空留禪室喜登攀。

岳　直在江南[三]

題南嶽山七言

容　妍世

融峰絶頂九霄邊[四]，獨立孤巒勢近天，

動　林

北眺洞庭千里浪，南觀石礫萬坡烟。

雲藏碧澗泉聲遠，僧迫金烏耳伴喧[五]，

唯有此山侵上界，姮娥吹瑟古松前。

在幽州北

題幽州盤山七言

充

衝過浮雲數十重，經霄（宵）始到最高峰，
日出近觀滄海水，齋時遙聽梵天鍾（鐘）。

印

千年松樹巢仙鶴，五個盆池隱毒龍，
下方乞食上方去，塵俗難尋道者蹤。

在南

題幽州石經山

閑乘五馬謁真宗，來入山門問遠公，
雲起亂峰朝古寺，鳥巢高處戀晴空。

萬　川

碧蘿引蔓枝枝到，石溜穿渠院院通〔六〕，
佛境不離人境內，人心不與佛心同。

在西天

大唐三藏題西天捨眼塔

帝釋傾心崇二塔，爲憐捨眼滿千生，
不因行苦過人表，豈得光流法界明。

在西天

題尼蓮河七言

欲

尼蓮河水正東流，曾浴金人體得柔，
自此更誰登彼岸，西看佛樹幾千秋。

在西天

題半偈捨身山

忽聞八字超詩境，不惜（惜）丹軀捨此山〔七〕，

擎　貴

偈句篇留方石上，樂音時奏半空間。

在太原，便是北京〔八〕

題童子寺五言

西登童子寺，東望晉陽城，

店

金川千點淥（緑），汾水一條清。

岳 在京南

題中嶽山七言

馮

孤峰絶頂萬餘嶒，策杖攀蘿漸漸登，

行到月邊天上寺〔九〕，白雲相伴兩三僧。

（後缺）

說明

此件前殘尾缺，計存詩十首。《敦煌遺書總目索引》等較早著録者一般將前五首定名爲《李存勗詩》，後五首定名爲《玄奘詩》，鄭炳林《敦煌文書斯三七三號李存勗唐玄奘詩證誤》（《敦煌學輯刊》一九九一年一期）考定這些詩並非李存勗、玄奘所爲，而是五代後唐時期的一個僧人所作。但鄭炳林的依據之一即『題童子寺五言』旁的注記『在太原，唐言北京』，文字釋讀有誤，原件上所書實爲『便是北京』。徐俊《敦煌詩集殘卷輯考》考定此詩集非某一人之作品，而是斯五二九《失名行記》題詠詩叢鈔，其中第一首詩之作者確爲李存勗。

一些文字右側標有極小同聲字，乃鈔寫者之注音。

校記

〔一〕『韻』，鄭炳林釋作『韶』，誤；『開』，《敦煌詩歌導論》校改作『間』。
〔二〕『斑』，鄭炳林釋作『班』，誤。
〔三〕『直在江南』，鄭炳林釋作『直其在江南』。
〔四〕『融』，鄭炳林釋作『鼬』，誤。
〔五〕『伴』，鄭炳林釋作『半』，誤。
〔六〕『溜』，鄭炳林釋作『留』。
〔七〕『借』，當作『惜』，鄭炳林據文義校改。

〔八〕「便是」，鄭炳林釋作「唐言」，誤。

〔九〕「月」，鄭炳林釋作「日」，誤。

參考文獻

《敦煌韻文集》二八至三〇頁（録）（R）；《燉煌曲》八頁（録）；Giles, *Descriptive Catalogue of the Chinese Manuscripts from Tunhuang in the British Museum*, p.239；《敦煌寶藏》三册，二六九至二七〇頁（圖）；《敦煌學》七輯，七三頁；《敦煌簡策訂存》二九頁；《敦煌遺書總目索引》一一六頁；《莫高窟年表》四八一頁（録）；《敦煌學》一五輯，一二六頁；《敦煌學林札記》八四至八五頁（録）；《文博》一九八七年四期七一頁（録）；《北京大學學報》一九八八年二期五六頁（録）；《英藏敦煌文獻》一卷，一六一至一六二頁（圖）；《敦煌詩歌導論》一四七至一四九頁（録）；《敦煌學輯刊》一九九一年一期二一至二六頁（録）；《敦煌碑銘讚輯釋》四二〇頁（録）；《敦煌詩歌導論》一三至一四頁（録）；《敦煌僧詩校輯》一一〇至一一三頁（録）；《敦煌吐魯番文獻研究》二九七至三〇七頁（録）；《敦煌俗字研究導論》二三頁；《歸義軍史研究》二四九頁；《敦煌曲續論》三三頁；《敦煌俗字研究》二七、圖二七（録）（圖）；《敦煌音義匯考》五〇一至五〇三頁；《敦煌文學論集》二四七至二五九頁（圖）；《敦煌詩集殘卷輯考》四八九至五〇四頁（録）。

斯三七四　至道二年（九九六）新鄉副使王漢子等牒

釋文

新鄉副使王漢子、監使鬱遲佛德、都衙馬衍子、朱向孫百姓等〔一〕。
右漢子、佛德、百姓等，自從把城，苦無絲髮之勞，今
司徒
娘子重福，念見邊城，恰似正二月布施百姓麥伍
車，一一打與貧乏百姓，救難之接貧命飢荒種
子。漢子、佛德、百姓老小女人參拜
司徒
娘子恩得（德）福因，應四遭番人專名無任感
恩，悚懼之至。今者漢子佛德於何都頭手上領得雍
歸麥替麥拾伍車。又　都衙先欠麥玖車拾
叁碩伍斗，並無生合不欠。謹具陳

謝，謹録狀上

牒，件狀如前，謹牒。

道至元二年正月　日新鄉副使王漢子、監使〔鬱〕遲佛德等牒[二]。

説明

此件首尾完整，無印記，尾部尚有數行空白。

校記

[一]「向孫」，《敦煌社會經濟文獻真蹟釋録》，釋作「阿礫」，誤。

[二]「道至」，應爲「至道」；「鬱」，據文義補。

參考文獻

《沙州文録補》二八B至二九A（録）（R）；*Descriptive Catalogue of the Chinese Manuscripts from Tunhuang in the British Museum*, p.251；《觀堂別集補遺》（R）；《敦煌寶藏》三册，二七一頁（圖）；《敦煌遺書總目索引》一一六頁；《莫高窟年表》六〇七頁（録）；《敦煌學》一五輯，一二七頁；《敦煌地理文書匯輯校注》二二二頁；《敦煌社會經濟文獻真蹟釋録》三輯，一〇六頁（録）（圖）；《英藏敦煌文獻》一卷，一六三頁（圖）；《歸義軍史研究》三三、一二八頁（圖）。

斯三七五　己巳年五月九日付圖經本數

釋文

己巳年五月九日付圖經本數〔一〕

《甚希有經》，一卷。《分别緣起初勝法門經》，上下兩卷。《七俱胝佛母心經》，一卷。《大方廣三界（戒）經》〔二〕，上（中）下三卷〔三〕。《請賓頭盧經》，一卷。《受持七佛名號所生功德經》，一卷。《拔齊（濟）苦難陀羅尼經》，一卷。《右繞佛塔功德經》，一卷。《舍利弗摩（訶）目揵連（遊）四衢經》〔四〕，一卷。《勝幢臂印陀羅尼經》，一卷。《阿難陀目佉尼呵離陀鄰（尼）經》〔五〕，一卷。《菩薩内戒經》，一卷。《出生無量門經》。《金光（剛）般若波羅蜜經》。《能斷金光（剛）般若經》〔六〕。《蓮花面經》，下卷。《稱讚大乘功德經》。《度一切諸佛境界智嚴經》。已上計經貳拾壹卷。

説明

此件爲歸義軍都僧統司下屬的機構經司付給寺院經本的記録，『圖』，方廣錩研究員認爲是沙州靈圖寺。關於此件之時代，翟理斯推斷其在十世紀，「己巳」爲公元九六九年（參看 *Descriptive Catalogue of the Chinese Manuscripts from Tunhuang in the British Museum*, p.272）；方廣錩則認爲在九世紀，並進而懷疑其爲唐僖宗中和五年（八八五，乙巳）所寫（參看《敦煌佛教經録輯校》六九五頁）。但「乙」字之書寫應爲一筆，而原件卻是兩筆，釋作「己巳」，似更穩妥。

校記

〔一〕「五」，《英藏敦煌文獻》釋作「三」，翟理斯、《敦煌佛教經録輯校》均釋作「五」，細審原件，似應作「五」；「己」，《敦煌佛教經録輯校》釋作「乙」。

〔二〕「界」，《敦煌佛教經録輯校》釋作「戒」。

〔三〕「中」，《敦煌佛教經録輯校》據文義補。

〔四〕「訶」、「遊」，據歷代經録補。

〔五〕「尼」，《敦煌佛教經録輯校》據歷代經録補。

〔六〕「經」，《敦煌佛教經録輯校》漏録。

參考文獻

Descriptive Catalogue of the Chinese Manuscripts from Tunhuang in the British Museum, p.272；《スタイン敦煌文獻及び既紹介西域出土漢文文獻内容分類目録初稿》（非佛教文獻之部）古文書類第二分册，三九頁；Mair, Chinoperl Papers Vo, 10, 44⑧；《敦煌寶藏》三册，二七一頁（圖）；《英藏敦煌文獻》一卷，一六三頁（圖）；《敦煌佛教經録輯校》六九四至六九七頁（録）。

斯三七五背　勘經部帙數目

釋文

《大寶積經》，内欠弟（第）十卷。
《大寶積經》，弟（第）四袟弟（第）一卷見在，更九卷全欠。
《摩訶般若經》，九卷。付界張和尚。

説明

此件爲勘經之記録，『界』爲敦煌三界寺之簡稱。中間有應爲蔣孝琬所書的數碼。

參考文獻

《敦煌寶藏》三册，二七二頁（圖）；《英藏敦煌文獻》一卷，一六四頁（圖）；《敦煌佛教經録輯校》六七五至六七六頁（録）。

斯三七六　某年正月廿四日尚書與鄧法律書

釋文

猶寒〔一〕，敬惟
鄧法律動止康吉，即此尚書與娘子蒙
免，不委近者
雅況若何？尤希善自
保調，是所望也。今則
尚書與小娘子清吉，不用憂慮。其自修練
身心，常執戒行，如此失例之徒，不是重
重苦忍。今付細紙兩帖，到日，汝舊文字作本，
與吾好與修寫新本。若不如法寫流將
來，必乃莫乘教法。又汝文字經論兼鉢落
並惣封印送。不具。　　尚書（鳥押）書送鄧法

律左右。　敬空。

正月廿四日。

律左右[二]。

説明

此件爲一整紙，在尾部『尚書』下有一鳥形押，艾麗白女士已指出其時代在曹氏歸義軍時期。

校記

〔一〕《敦煌社會經濟文獻真蹟釋録》在『猶寒』前釋有『孟春』二字，但經核查原件，『猶寒』所在行前雖有約兩行空白，但實無『孟春』二字。

〔二〕『律左右』，《敦煌社會經濟文獻真蹟釋録》漏録。

斯三七六背　封題

釋文

尚書書送鄧法〔一〕

説明

此件《英藏敦煌文獻》未收，現予補録。其文字爲正面書狀之封題。值得注意的是，正面最後一行『律左右』是接在此行之後。此書信若自左向右卷存，正面『律左右』的位置恰好與背面『尚書書送鄧法』相接續。故此件有助於瞭解古代書信的封存方式。此件後有蔣孝琬所書數碼（朱書）及『與人信問候』（墨書），未録。

校記

〔一〕『尚書書送鄧法』，《敦煌社會經濟文獻真蹟釋録》釋作『尚書書送鄧法律』，比原件多出一字。

參考文獻

Descriptive Catalogue of the Chinese Manuscripts from Tunhuang in the British Museum, p.251～252；Les signatures en forme d'oiseau dans les contributions mconuscrits chinoic de Touen-houang. Pl. ⅩⅥ（R）；《敦煌寶藏》三册，二七二頁（圖）；《敦煌遺書總目索引》一一六頁；《敦煌譯叢》一輯，一九七頁；《敦煌學》一五輯，一二七頁；《敦煌吐魯番文獻研究論集》三輯，四四四頁；《敦煌社會經濟文獻真蹟釋録》五輯，五〇頁（録）（圖）；《英藏敦煌文獻》一卷，一六四頁（圖）；《敦煌佛學·佛事篇》二五五至二五六頁（録）。

斯三七八　丁亥年正月某寺諸色斛斗入破歷計會（見斯三七二一）

斯三八一　一　唐京師大莊嚴寺僧智興判抄

釋文

□釋智興

□務，勵行堅明，悲心動徹，樂□維那，時有人初死，忽□日，比在地獄[一]，備經衆苦。賴以今月（日）初曉[二]，蒙禪定寺僧智興，鳴鍾（鐘）發聲，響振地獄，同受苦者，一時解脱，今生樂處。思報其恩，可持絹十疋奉之。妻驚覺，初不信之。尋又夢感咸前説[三]。明旦，乃奉絹供之。而興陳無德，並施大衆。或問何緣感此，答曰：余見《付法藏傳》，罽膩吒王劍輪停事及《增阿含》聲鍾（鐘）功德，敬遵此徹，苦力行之。每至登樓，寒風切骨，露手捉杵，肉列（裂）血凝，勵意無怠。初願諸賢，同〔入〕道場[四]，後願惡趣，俱時解脱。

庚辰年四月廿七日抄記。

説明

此件右上角殘缺，劉銘恕先生已指出斯一六二五背保存有此件之另一抄本，首尾完整，有原題。以上釋文之標題即取自原題，但此件雖名爲『判』，實爲釋智興鳴鐘之感應記。《太平廣記》一二〇卷所引《異苑》保存了與此大致相同的文字（參看劉銘恕《斯坦因劫經録》，《敦煌遺書總目索引》一一六頁）。

以上的釋文是以斯三八一爲底本，用斯一六二五背參校（稱其爲甲本）。

校記

〔一〕『地獄』，據甲本補。

〔二〕『月』，甲本同，當作『日』，據文義改。

〔三〕『夢感』，甲本作『感夢』；『咸』，據甲本應爲衍文，當删。

〔四〕『入』，據甲本補。

參考文獻

Giles, *BSOS*, 9.4, 1032 ®; *Descriptive Catalogue of the Chinese Manuscripts from Tunhuang in the British Museum*, p.211；《敦煌學海探珠》三三三至三三五頁（録）；《敦煌寶藏》三册，二八〇頁（圖）；《敦煌遺書總目索引》一一六頁；《敦煌學》一五輯；顔廷亮主編《敦煌文學》二八一頁（録）；《英藏敦煌文獻》一卷，一六五頁（圖）；《中國敦煌吐魯番學會研究通訊》一九九一年二期三九至四〇頁；《敦煌文學概論》三三八頁；《九州學刊》六卷四期三二至四二頁（録）。

釋文

後秦鳩摩羅什法師者，其父本罽賓國輔相之子鳩摩羅炎，厭世榮華，志求出俗。辭主東邁，至龜兹國。龜兹國王妹體有赤厭（黶），法生智子，諸國騁（聘）之，悉皆不許，一見炎至，遂抑（欲）妻之。炎乃問辭，事免而納。不逾歲月，不覺有胎。異夢呈休，母加聽辯，後生什已，其辯還亡。母因出家，便得初果。年至七歲，日誦萬言。母携尋師，還至輔國。遍學經論，屢折邪宗。大小諸師，莫不欽伏。罽賓國王，重加禮遇。凡是僧徒，莫敢居正。槩乎進且，志在傳通。辭母東來，却至舅國。遭吕光之難，礙留數年。一一行由，事廣不述。年卅五，方達秦中。什初欲來，嘉瑞光現。逍遥一薗，葱變爲韭。後什公至，即於此薗，立草堂寺，同譯經律。後因譯《維摩經·不思議品》，聞芥子納須彌，秦主懷疑，什將證信。以鏡納於瓶内，大小無傷。什謂帝曰：『羅什，凡僧，尚納鏡於瓶内。况維摩大士，芥子納須彌而不得者乎？』乃深信頂謝希（稀）奇。

説明

此件所記，有見於《高僧傳·鳩摩羅什傳》者，亦有不見於該傳者。

參考文獻

Giles, *BSOS*, 9.4, 1032®；《敦煌寶藏》三册，二八〇頁（圖）；《敦煌學》一五輯一二八頁；《英藏敦煌文獻》一卷，一六六頁（圖）。

斯三八一　　三　龍興寺毗沙門天王靈驗記

釋文

龍興寺毗沙門天王靈驗記本寺大德僧日進附口抄

大蕃歲次辛巳潤（閏）二月十五日，因寒食，在城官寮（僚）百姓，就龍興寺設樂。寺卿張閏子家人圓滿，至其日暮間，至寺看設樂。遂見天王頭上一鴿，把一小石打鴿不着，誤打神額上指甲許破。其夜至家，卧未睡，朦朧見一金蛇突圓滿眼上過〔一〕，便驚覺怕懼，遍體流汗。兩眼急痛，黑闇如漆。即知是神爲害。至明，令妹牽手至神前，至心懺謝。晨夜更不離，唯知念佛。便向僧智寂處受得天王咒，念佛誦咒。經六日六夜五更，聞有語聲：何不念佛行道？圓滿思惟：眼不見，如何行道。又聞耳中：但行道，自有光明。忽見一枝蓮花，赤黄色，並有一燈，去地三尺，亦不見有人擎。但逐燈花道行〔二〕，至後院七佛堂門，燈花遂滅，便立，乃聞鬧語聲，乃是當寺家人在外喫酒迴，至後厨門便入，片時即散。其燈花依前還見。又逐燈花行至神前，圓滿兩目豁然，依前明朗，一無障礙。圓滿發願：一生施身與天王作奴供養。自爾已來，道俗倍加祈賽，幡蓋不絶。故録靈驗如前記。

校記

〔一〕「突」，《敦煌遺書總目索引》、《唐五代敦煌寺户制度》均釋作「實」，疑誤。

〔二〕「道」，《敦煌遺書總目索引》、《唐五代敦煌寺户制度》均釋作「導」，誤。

參考文獻

Giles, *BSOS*, 9.4, 1032(R); *Descriptive Catalogue of the Chinese Manuscripts from Tunhuang in the British Museum*, p.211; 《敦煌學海探珠》三三九至三四〇頁（録）；《東方學報》（京都）四五册，三八四頁(R)；《中國佛教社會史研究》三九五頁（録）；《敦煌寶藏》三册，二一八一頁（圖）；《敦煌遺書總目索引》一一六頁；《唐五代敦煌寺户制度》二一〇至二一一頁（録）；《敦煌研究》一九八八年四期一頁；顏廷亮主編《敦煌文學》二八〇至二八一頁（録）；《敦煌民俗學》五三三至五三五頁（録）；《敦煌學》一五輯，一二八頁；《英藏敦煌文獻》一卷一六六至一六七頁（圖）；《中國敦煌吐魯番學會研究通訊》一九九一年二期三九至四〇頁；《敦煌碑銘讚輯釋》一七八至一七九頁（録）；《敦煌佛學·佛事篇》二八七至二八八頁（録）；《敦煌俗字研究導論》二二二至二二三頁；《敦煌俗字研究》二五至二六頁（圖）；《周紹良先生欣開九秩慶壽文集》二五三頁；《第三屆中國唐代學術研討會文集》四二七至四四二頁（録）。

斯三八一　四　鳴鍾（鐘）詩

釋文

鳴鍾（鐘）振響覺群迷，聲振十方無量度，

救拔衆生長夜苦，一切地獄得停酸（？）。上二句正下二句顛倒。

聞鍾（鐘）卧不起，護法善神嗔，

現世福德薄，來世受蛇身。

咸通十四年四月廿六日提（題）記耳也。

參考文獻

《敦煌學海探珠》一八八、三三四至三三五頁（録）；《敦煌寶藏》三册，二八一頁（圖）；《敦煌遺書總目索引》一一七頁（録）；《莫高窟年表》四一〇頁（録）；《敦煌民俗學》二四六頁（録）；《顔廷亮主编《敦煌文學》一〇九、一六九頁（録）；《敦煌學》一五輯，一二九頁；《英藏敦煌文獻》一卷，一六七頁（圖）。

斯三八一背　一　僧威信祭嬸文抄

釋文

維歲次庚
酉，姪僧威信等謹
敬祭於　故嬸嬸之
柔順天然，熟譬□賢，六□□□，
九族推先，念念恩養，久沐光顏。
從今向去，誰□誰憐？棄之骨肉，湛
湛長眠。親族絶跡，再覩何年？門
庭寂寂，姪孫無緣。今晨取别，三
瀝涓涓，靈神願降，就領單（箪）盤。
伏惟　尚饗！

説明

此件及以下各件均爲時人祭祀死者時使用的文書的抄件。

參考文獻

Giles, *BSOS*,9.4, 1032Ⓡ;《敦煌寶藏》三册，二八二頁（圖）;《英藏敦煌文獻》一卷，一六七頁（圖）。

斯三八一背　二　己卯年十二月廿四日僧惠繹祭表姊十二娘文抄

釋文

維歲次己卯十二月癸未朔廿

四日丙午，表弟僧惠繹妹什娘

子等謹以香茶之奠，敬祭於

表姊十二娘之靈。惟　　靈

天然宗流，枝葉相依，於家立節，族内稱之。奈何遘疾，醫藥虛施，不期禍逼。覩者心悲，六親哀慟，泣淚成池，靈神不昧，請來歆希。尚饗！

參考文獻

《東方學報》（京都）四五册，三五四頁(R)；《敦煌寶藏》三册，二八二頁（圖）；《英藏敦煌文獻》一卷，一六八頁（圖）。

斯三八一背　三　雜寫（咸通十四年僧）

釋文

咸通十四年僧

龍興寺天王〔靈〕驗記[一]

説明

上録文字爲時人隨手所寫，後一行文字係大字，寫於下件『丁亥年五月十五日僧常惠等祭姊文抄』的文字之上。

校記

〔一〕『靈』，據文義補。

斯三八一背　四　丁亥年五月十五日僧常惠等祭姊文抄

釋文

維歲次丁亥五月庚子朔十五日甲寅，弟僧常惠謙謙等謹以單酌之奠，敬祭於　　故姊姊之靈。伏惟靈情親共乳，骨肉恩深。念念鞠養，痛痛離論（倫）。將謂壽兮劫石，不朽如椿。不圖有疾，禍生爲窀，男踴女躃，傷切無申。祭之一别，再會他晨。願靈降識，請就單茵。伏惟　尚饗！

參考文獻

《東方學報》（京都）四五册，三九四頁(R)；《敦煌寶藏》三册，二八二頁（圖）；《敦煌遺書總目索引》一一七頁；《英藏敦煌文獻》一卷，一六八頁（圖）。

斯三八一背　　五　丁亥年五月十五日十二娘祭婆婆文抄（一）

釋文

維歲次丁亥五月庚子朔十五日

甲寅，孫女十二娘謹以清酌之奠，
敬祭於故婆婆之靈。伏惟
靈天然德厚，自性矜憐〔一〕，每蒙訓
育，與子無異。久染時疾，醫藥不
詮（痊）。何禍來迍〔二〕，我兮無依，肝腸
分裂。戾（淚）也涓〔涓〕〔三〕，願靈不昧。請就
歆隆。　伏惟尚饗！

校記

〔一〕「矜憐」，《敦煌遺書總目索引》釋作「憐憐」，誤。
〔二〕「迍」，《敦煌遺書總目索引》釋作「造」。
〔三〕「涓」，據下件「丁亥年五月十五日十二娘祭婆婆文抄」補。

參考文獻

《敦煌寶藏》三册，二八三頁（圖）；《敦煌吐魯番文獻研究論集》五輯，六三頁（録）；《英藏敦煌文獻》一卷，一六九頁（圖）；《敦煌文學概論》四八九頁；《敦煌僧詩校輯》七一至七二頁（録）。

斯三八一背　六　丁亥年五月十五日十二娘祭婆婆文抄（二）

釋文

維歲次丁亥五月庚子朔十五日
甲寅，孫女十二娘謹以清酌之奠，
敬祭於故婆婆之靈。伏惟
靈天然德厚，自性矜憐，每蒙訓
育，與子無異。久染時疾，醫藥不
詮（痊）。何禍來迍，我兮無依，肝腸分裂。
戾（淚）也涓涓，願靈不昧。請就歆隆。
（後缺）

參考文獻

《敦煌寶藏》三册，二八三頁（圖）；《敦煌吐魯番文獻研究論集》五輯，六三頁（録）；《英藏敦煌文獻》一卷，一六九頁（圖）；《敦煌文學概論》四八九頁；《敦煌僧詩校輯》七一至七二頁（録）。

釋文

大乘淨土讚一本〔一〕

法鏡臨空照〔二〕，心通五色現〔三〕，見心淨妙察〔四〕，法界亦通然〔五〕。

意珠恒自淨〔六〕，身光照十方，至心無處住〔七〕，解脱得清涼〔八〕。

觀想（相）如無想（相）〔九〕，高聲不染聲，料知無所有〔一〇〕，惠鏡浪（朗）然明。〔一一〕

側子由空淨〔一二〕，悟則無所緣〔一三〕，坐卧空消（霄）裏〔一四〕，超出裏（離）人天〔一五〕。

暫到池邊立〔一六〕，洗卻意中泥〔一七〕，清淨無塵垢〔一八〕，願以證菩提〔一九〕。

惠鏡無靈（令）闇〔二〇〕，智者常用明〔二一〕，塵勞雖（須）斷卻〔二二〕，寶藏自然明。

池煉金沙水〔二三〕，連（蓮）中法性流，花開化生子，説我本根由〔二四〕。

住想常觀察〔二五〕，三昧寶王真〔二六〕，巡（循）還（環）三藏教〔二七〕，弗（拂）卻意中泥〔二八〕。

有人專念佛，念佛入深禪，初夜端心坐〔二九〕，西方在目前。

念則知無念〔三〇〕，無念是珍（真）如〔三一〕，若料（了）此中意〔三二〕，是名法性殊（珠）〔三三〕。

淨土在心頭，愚人向外求〔三四〕，深（心）中有寶鏡〔三五〕，不識一生休〔三六〕。

諸佛在心頭，如（汝）此（自）不能求〔三七〕，甚（慎）物（勿）靈（令）希（虛）有（過）〔三八〕，急手早勤修〔三九〕。

寶鏡人皆有〔四〇〕，愚人不解磨〔四一〕，不能返手（自）照〔四二〕，塵垢更增多〔四三〕。

寶鏡人家（皆）有〔四四〕，智人則解摩（磨）〔四五〕，勤勤返自照，塵垢莫來過〔四六〕。

意殊（珠）恒名徹〔四七〕，自性本[圓]名（明）〔四八〕，悟理之（知）終趣〔四九〕，念佛即無生。

碎未爲金礦〔五〇〕，礦中不現金，智者容（鎔）消（銷）練（煉）〔五一〕，真金腹内見〔五二〕。

佛想空無想（相）〔五三〕，真如寂不言〔五四〕，口談文字教〔五五〕，此界妄相禪〔五六〕。

涅盤（槃）末藏法〔五七〕，秘密不交（教）傳〔五八〕，心通常自用〔五九〕，威當度有緣〔六〇〕。

三乘元不識〔六一〕，外道未曾聞〔六二〕，小恨多毁傍（謗）〔六三〕，誓願莫流傳〔六四〕。

道逢梁（良）賢〔六五〕，犯（把）手想（相）傳〔六六〕，道逢不涼（良）賢〔六七〕，子母莫交（教）傳〔六八〕。

說明

此件基本完整，右下角略殘。現知《大乘淨土讚》在敦煌文獻中至少保存了六個寫本，除此件外，尚有斯四四七、斯三〇九六、斯五五六九、斯六一〇九和伯三六四五等號中都有保存，且内容都較完整。

說明此讚在敦煌曾比較流行。以上各號内所保存的《大乘淨土讚》内容基本相同，個別字句有出入，用同音字相互代替的現象較爲普遍。《大正藏》卷八五有釋文，但錯漏較多。

以上的釋文是以斯三八二爲底本，用斯四四七（稱其爲甲本）、斯三〇九六（稱其爲乙本）、斯五五六九（稱其爲丙本）、斯六一〇九（稱其爲丁本）和伯三六四五（稱其爲戊本）等號參校，所有異文及同音字代替者一一注出，以供研究。

此卷背面有蔣孝琬所書之數碼和『大乘淨土讚』，未録。

校記

〔一〕『大乘淨土讚』，甲本作『淨土讚』。

〔二〕『臨』，乙、丁本同，甲、丙、戊本作『林』。

〔三〕『現』，甲、丙、丁、戊本同，乙本作『見』。

〔四〕『心』，乙、丙、丁、戊本同，甲本作『深』。

〔五〕『通』，甲、乙、丁、戊本同，丙本作『同』；『然』，據甲、乙、丙、丁、戊本補。

〔六〕『珠』，甲、丙、丁本同，戊本作『諸』，『諸』通『珠』，乙本作『取』，誤；『恒』，乙、丙、丁、戊本同，甲本作『但』。

〔七〕『處住』甲、丙、戊本同，乙、丁本作『住處』。

〔八〕『凉』，據丙、丁、戊本補，甲本作『京』，乙本作『梁』。

〔九〕『想』，乙、丙、丁本同，當作『相』，據甲、戊本改；『如』甲、乙、丙、丁本同，戊本作『而』，『而』通『如』。

〔一〇〕「料知」，乙本同，甲本作「了智」，丙、丁本作「了知」，戊本作「了諸」，「了」通「料」，「智」通「知」，「諸」亦通「知」。

〔一一〕「浪」，甲、乙、丁、戊本同，當作「朗」，據丙本改。

〔一二〕「側」，原件是先寫作「策」又改作「側」，但甲、乙、丙、丁、戊本均作「策」。

〔一三〕「悟」，乙、丙、丁本同，甲本作「吾」，戊本作「互」；「則」，甲、丁本同，乙本作「里」，丙本作「理」，戊本作「李」；「緣」，乙、丁本同，甲本作「員」，丙、戊本作「元」。

〔一四〕「坐」，諸本同，丁本作「座」；「消」，甲、乙、丙、戊本同，當作「霄」，據丁本改；「里」，諸本同，戊本作「理」。

〔一五〕「超」，甲、丙、丁、戊本同，乙本作「照」；「裹」，乙本同，當作「離」，據甲、丙、丁、戊本改。

〔一六〕「暫」，乙、丙、戊本同，甲本作「漸」，丁本作「蹔」；「立」，諸本同，丙本作「豆」。

〔一七〕「泥」，乙、丙、丁、戊本同，甲本作「寧」。

〔一八〕「垢」，甲、丙、丁、戊本同，乙本作「拘」，誤。

〔一九〕「以」，乙、丁本同，甲、戊本作「如」，丙本作「汝」，疑當作「汝」。

〔二〇〕「無」，諸本同，丁本作「勿」；「靈」，乙本同，當作「令」，據甲、丙、丁、戊本改。

〔二一〕「者」，諸本同，丁本作「中」，疑誤。

〔二二〕「勞」，諸本同，丙本作「牢」；「雖斷」，乙本同，甲本作「須段」，丙本作「消斷」，丁、戊本作「須斷」，當作「須斷」。

〔二三〕「池」，乙、丙、丁、戊本同，甲本作「除」；「煉」，底本先寫作「裹」，又改作「煉」，甲本亦作「煉」，乙、丙、戊本作「里」，丁本作「令」；「沙」，諸本同，丙本作「欲」；「水」，乙、丙、戊本同，甲、丁本作「數」。

〔二四〕「説」，甲、丙、丁、戊本同，乙本作「談」；「由」，諸本同，丁本作「猶」。

〔二五〕「住想」，乙本同，甲本作「住相」，丙本作「處處」，丁本作「注想」，戊本作「初相」，此從底本、乙本。

〔二六〕「昧」，甲、丙、丁、戊本同，乙本作「妹」。

〔二七〕「巡（循）還（環）」，甲、乙、丙本同，丁本作「同蘭」，戊本作「追辱」。

〔二八〕「弗」甲、乙、戊本同，丙、丁本作「佛」，當作「拂」，據文義改；「泥」，乙、丙、丁、戊本同，甲本作「寧」。

〔二九〕「端」，諸本同，戊本作「知」，疑誤。

〔三〇〕「則」，諸本同，丁本作「即」；「知」，乙、丙、丁本同，甲、戊本作「智」。

〔三一〕「珍」，乙本同，當作「真」，據甲、丙、丁、戊本改。

〔三二〕「若」，諸本同，丁本作「爲」；「料」，乙本同，當作「了」，據甲本改。

〔三三〕「殊」，當作「珠」，據甲、乙、丙、丁本改，戊本作「除」。

〔三四〕「愚」，丁本同，甲、丙本作「禺」，乙、戊本作「遇」，均誤。

〔三五〕「深」，乙本同，當作「心」，據甲、丙、丁、戊本改。

〔三六〕「識」，乙、丙、丁、戊本同，甲本作「息」。

〔三七〕「如此」，諸本同，丁本作「汝自」，近是。

〔三八〕「甚物靈希有」，乙本同，甲本作「甚物靈虚過」，丙本作「甚物令希過」，丁本作「慎勿靈（令）虚過」，戊本作「甚物令希過」，此從丁本。

〔三九〕「手」，乙、丙、戊本同，甲、丁本作「修」，誤。

〔四〇〕「皆」，乙、丙本同，甲、丁、戊本作「家」。

〔四一〕「愚」，丁本同，甲、乙、戊本作「遇」，丙本作「禺」，均誤；「磨」諸本同，戊本作「摩」。

〔四二〕「手」，當作「自」，據甲、乙、丙、丁、戊本改。
〔四三〕「垢」，諸本同，戊本作「勞」；「增多」，丙、丁、戊本同，甲本作「來過」，乙本作「曾多」。
〔四四〕「家」，甲、乙、丙、丁、戊本同，據文義當作「皆」。
〔四五〕「智」，甲、乙、戊本同，丙、丁本作「知」；「摩」，戊本同，當作「磨」，據甲、乙、丙、丁本改。
〔四六〕「垢」，諸本同，戊本作「勞」；「莫」，乙、丙本同，甲、丁、戊本作「不」。
〔四七〕「殊」，甲本作「趣」，乙本作「取」，丙、丁本作「珠」，戊本作「知」，此從丙、丁本；「明」，諸本同，丁本作「榮」。
〔四八〕「圓」，據甲、丁本補；「名」，丙本同，當作「明」，據甲、丁、戊本改；「自性本員（圓）名（明）」，乙本作「自惟本無名」，丙本作「自性本無名」。
〔四九〕「悟理」，乙、丙、丁本同，甲、戊本作「吾里」；「之」，甲、乙、戊本同，當作「知」，據丙、丁本改；「終」，甲本同，丁本作「中」，丙本作「真」，乙本作「莫」。
〔五〇〕「爲」，諸本同，戊本作「有」。
〔五一〕「容消練」，乙本同，甲本作「用消練」，丙、丁本作「鎔銷煉」，此從丙、丁本。
〔五二〕「見」，乙、丙、丁本同，甲、戊本作「現」。
〔五三〕「無想」，乙、丙本同，當作「無相」，據甲、丁、戊本改。
〔五四〕「寂」，乙、丙、丁、戊本同，甲本作「直」。
〔五五〕「文」，諸本同，丁本作「史」，疑誤。
〔五六〕「此」，乙、丙、戊本同，甲、丁本作「四」；「妄」，乙、丙、丁本同，甲本作「望」，戊本作「忘」；「相」，諸本同，丁本作「想」。
〔五七〕「藏」，甲、丁本同，乙本作「談」，戊本作「錘」，疑乙、戊本均誤。

〔五八〕「秘」，乙、丙、丁、戊本同，甲本作「彼」，疑誤；「交」，乙、丙、丁本同，甲、戊本作「教」，近是。

〔五九〕「心通常自用」，乙本作「心同常自用」，甲、丁本作「心中常不用」，丙本作「心通常目用」，戊本作「心通常日用」，當以底本爲是。

〔六〇〕「威當度有緣」，乙、丙、丁、戊本同，甲本作「滅度有度緣」。

〔六一〕「三乘元不識」，丙、丁、戊本同，甲本作「三乘表一乘」，乙本作「三乘無不識」。

〔六二〕「曾」，乙、丁本同，丙、戊本作「增」，甲本作「贈」，均誤。

〔六三〕「小」，甲、乙本同，丙、丁、戊本作「少」；「恨」，乙本同，甲、丙、丁、戊本作「根」；「毀傍（謗）」，甲、丙、丁、戊本同，乙本作「許寶」。

〔六四〕「莫」，甲、乙、丁本同，丙、戊本作「不」；「誓」，丙、丁、戊本同，甲、乙本均作「盛」。

〔六五〕「梁」，乙本同，當作「良」，據甲、丙、丁、戊本改。

〔六六〕「犯」，甲本作「挽」，當作「把」，據乙、丙、丁、戊本改；「想」，當作「相」，據甲、乙、丙、丁、戊本改。

〔六七〕「涼」，乙本作「梁」，當作「良」，據甲、丙、丁、戊本改。

〔六八〕「母」，甲、乙、丙、丁本均作「父」；「莫交（教）傳」，乙、丙本同，甲本作「不相傳」，丁本作「莫流傳」。最後一句戊本作「誓願莫流傳」。

參考文獻

《大正新修大藏經》，卷八五，一二六六頁（録）；*Descriptive Catalogue of the Chinese Manuscripts from Tunhuang in the British Museum*, p. 191；《初期禪宗史書の研究》三八二頁（R）；《敦煌寶藏》三册，二八四頁（圖）；《敦煌學園零拾》三九四至三九七頁（録）；《英藏敦煌文獻》一卷，一六九頁（圖）。

斯三八三　西天路竟一本

釋文

西天路竟一本

東京至靈州四千里地。

靈州西行二十日，至甘州，是汗王。又西行五日，至肅州。又西行一日，至玉門關。又西行一百里，至沙州界。又西行二日，至瓜州。又西行三日，至沙州。

又西行三十里，入鬼魅磧。行八日，出磧，至伊州。又西行一日，至高昌國。

又西行一千里，至丹氏國〔一〕。又西行一千里，至龜茲國。又西行三日，入割鹿國。又西南行十日，至于闐國。又西行十五日，至疏勒國。

又西南行二十餘日，至布路沙國，又西行二十餘日，至迦濕迷羅國。又西南行二十日，至左蘭那羅國。此國出雪山也，更無山也。此是北印土也。

又西行八日，至佉羅理。又東南長行三個月，至波羅奈國。又東行一日入林，行七日，出林，此林煞難過，至曠野國。又東行三日，至那迦羅里。又南行二日，至那蘭陀寺。寺東三十里有漢寺，漢僧在此也。又西南行七十里，至王舍城，聖跡不少也。

又西南行入林，行三百餘里，至金剛座。座西一百餘里，至昧底寺。

又南行壹年七個月，至南天竹國。西南海邊有寶陀洛山。其山東、西、南、北各四十由巡〔二〕，南面是大海，西、北、東面是淤泥若水。

説明

此件記往西天之路程，起東京開封，至南天竺國寶陀洛山。宋乾德四年（公元九六六），詔遣行勤等一百五十七人赴西天求法。開寶九年（公元九七六年），繼業歸國。此件所記與繼業所撰之行程皆合，故一般認爲此件的作者當爲與行勤、繼業等一百五十七人同行的沙門之一（參看黄盛璋《〈西天路竟〉箋證》，《敦煌學輯刊》一九八四年二期；王仲犖《敦煌石室地志殘卷考釋》三〇八頁）。

此卷背面有蔣孝琬所書數碼和『東京至西天路程』，未録。

校記

〔一〕『丹』，諸家釋文多釋作『月』，此從《敦煌地理文書匯輯校注》説。

〔二〕『由巡』，《敦煌石室地志殘卷考釋》云其爲印度記里程之名詞，又譯作『由旬』、『由延』。《敦煌社會經濟文獻真蹟釋録》改『由』爲『里』，並將『巡』字斷到下句，誤。

參考文獻

Descriptive Catalogue of the Chinese **Manuscripts** *from Tunhuang in the British* **Museum**, p. 234；《敦煌寶藏》三册，二八五頁（圖）；《歷史地理》創刊號 一九八一年一〇月；《新疆大學學報》一九八四年一期六四頁；《敦煌學輯刊》一九八四年二期一頁；《敦煌學》八輯一六頁；《敦煌學園零拾》一至三頁（録）；《敦煌社會經濟文獻真蹟釋録》一輯，七八頁（録）（圖）；《西北師院學報》一九八八年一期七六頁；《敦煌地理文書匯輯校注》二二五至二二九頁（録）；《英藏敦煌文獻》一卷，一七〇頁（圖）；《敦煌石室地志殘卷考釋》三〇八至三一六頁（録）；《敦煌吐魯番文書與絲綢之路》一四八頁。

斯三八七背　　雜寫

釋文

敕敕敕
有有
菩薩菩薩有有
芃騎云炎有七之
七木方靈雲可思量粟粟也
澤菩薩李高之印
復因由分
炎　金剛般若［波］羅蜜經　法等
七大炎彩雲嫂嫂度
彩雲經經經
善緣善緣　惠猷

善圓師兄
惠東
惠美惠惠寫
善緣圓師李李生須
生生來
苟兒政　長
此是甚好華，人來便須生
須菩提者是本生，生本

説明

此件爲時人隨手所寫，其文字有正寫、横寫和倒寫等，有些文字係用朱筆所書，其間有蔣孝琬所書數碼和『破無名目經一塊』，未録。

參考文獻

《敦煌寶藏》三册，二九二頁（圖）；《英藏敦煌文獻》一册，一七〇頁（圖）。

斯三八八　一字樣

釋文

（前缺）

鄐相承用，音調。齜叉刃反。瓜古華反。苽□□草。□□相承用，匹賣反。契正。挈相承用。奭失赤反。臾音枸，邪目視。場音□□，音長。場疆場，音易。妒正。妬《說文》妒從女户，後户變作石，遂成下字，久已行用也。汎、泛並浮。氾濫也。三字今並通用。汜水名，〔音〕似〔一〕。樓。嘉。喜樂。憙悅也。今通用作憙，好字意，許忌反。憙炙也。音僖，以上並從壴，壴音粒（柱）〔二〕。昊。皡、暤二同，音昊。谿正。溪相承用。阜。豫象屬也，一曰逸豫。預安。悆亦豫音，並通用。翳。麟。貍。豹。豺。瘞薶（埋）也。音於憩反。煗正。暖相承用。坐、坐二同。衡從魚作非。琱理玉。彫飾。凋落也。三並都遼反。淍水名，音周。雕、鵰鳥也。並都遼反。相承用，上雕作彫飾字。京《石經》如此作。景。吴正。吳。遽正。遽通用。據正。據通用。戾。淚。倐悠忽。儵青黑繒。並音叔。徽。徵。亦。舊。滿。屐音劇。漏。繁。率。戀。鸞。設。殿。殷。遐正。遐。霞正。霞。假正。假。暇正。暇遐已下並上正，下相承用。字各從叚，叚音賈。段姓也。從（徒）亂反。從古文耑字省。古ㄕ而字如此。執。報。厥、厥二同。曶、慫二同。暫正。蹔通用。慙。訴。欣。忻。處、處上正，下相承用。衷。衷正。裘通用。祇適也，音支。祐于救反。祜音户。稷。稱。再。秩祿。袠、帙二同。泰。參。傅相承。傳正。博從十。從、從二同。徙正。徒通用。復。後。夏。敞。蔽。幣帛。獎正。弊通用。斃。奔。莽。苟、茍從草，二同。笱取魚器，從竹，並古口反。茍自茍敕也。音棘。敬字從此。敬、敬二同。綵雜色繒。采采取，從爪在木上。一曰光。採、彩上共用作采取字，下作光采字。《說文》、《字林》並無。菜。勉勉力。免免脫。𧃍爾性。薨。夢。睿。叡並鋭。弔正。吊通用。觀。勸。驩。歡。唯。雖。雄、雄二同。弘。私。

晉。鄭。荆。楚。學。濬音峻。隕去逆反。善。嚴。瑦古實字。寶。佩正。珮相承用，作玉珮字。鳳。眞正。真相承用。隨正。随通用。迴。

迴。迺。牆、墻二同。亶。物充物。仞八尺〔三〕，音刃。棘蒲北反。或作𢡟字，淺俗無依。邃。嗇。窺。烏。寫。寵孔寵，力動。聽、聽二同。職正。

軄相承用。眀正。𨉫相承用。竆、窮二同。躳、躬二同。䠶、射二同。鼓。旒。旌。旆。析正。抓相承，思迪反。折之列反。效致也，放也，功也。効相承用，爲

功效字。敘、刷二同。璧。壁。譬。屬正。屬相承。句。鈎。局。覆。覈、覈二同，音核。靈、靈二同。霄雲霄。宵夜。璿玉名，音琁。塗路泥。

途亦路。美從大或火，從犬俗無依。羹。嗟。友。夭。祆災。妖妍，相承作祆祥字。沃。拔。跋。臭處溜反。齅正。嗅相承用。畀與也，必寐反。鼻從畀，作卑俗，下準此。

痹足疾，必寐反。卑尊卑。俾使，必紙反。升正。廾此勘《説文》、《字林》並無，又勘衛宏《定官書》如此作。昇《詩》云：如日之昇字。斗。料。科。斜以上並從斗。籀直溜反。節。箴。籥樂管。

鬮正。鑰通用，三樂〔四〕。箇。巫。楊木，姓。揚宣揚。暢。鍚鈴，音陽。錫賜也，思擊反。賜。鐵正。鐵通用。陸。睦。馮。憑。顯。顛。頹徒迴

反，從秃。從秀作俗。賴正。頼、頼並郎帶〔反〕〔五〕，從敕。上字通用，下相承用，無依。卻正。却相承用。郤正。郄通用，丘逆反。邸、邸二第宅。抵、抵抵至，二同丁禮反。邦國。邽音圭。越正。越相承

用。賾仕隔反。秉廟諱，從禾。肥。盾。遁。曹、曺二同。淫弋針反。徭役。圖。圜正。圓通用。鼎。龍、龍、龍三同。廟、庿二同。霾雨土。

貍。埋，三莫皆反，並藏。曆正。歷。曆正。歷相承用。壥。纏。原。覃。章。然燒然字亦用此。徹。徹二同。轍。撤。互正。牙相承用，音護。

蕚、華、華三同。英、暎、映《説文》、《字林》等上二字皆相承用。館。綏。彝。攝。粤。蚩。喚。量。冒。勖。羅。置。

署。買。罪如五字準篆文並從网，石經隸字並如上作。衆。聚。輒字從取，取，耳垂也，取音竹涉。走正。赱相通用。足。𤴓相承用。覓。哉。忒。辜。憐。彌正。

彌正。弥通用。含、舍二同。貪、貪二同。龕正。龕相承用。仚大仙反。企丘紙反。分。界。业正。丘通用。亟、亟、亟三同。昔。單。

焉、焉二同，安點。頑。丹。舟。甘。罕呼旱反。牢郎刀〔反〕〔六〕。蠡音禮，又來戈反。蠻。繭經顯反，從芇聲，芇音已殄反。蠹。囊。解正。觧通用。

蝱。蠅正。蝿相承用。害字合丰，丰音戒。《石經》隸書已從土。按下。案几屬。技巧也。其綺〔反〕〔七〕，從手。雍。邕。擅。檀。横。檄胡曆反。徼古弔〔反〕〔八〕，又古邀反。惡。

宛。惡。恐。誡、誡二同。試。競正。競通用。所正。所相承用。赫。勤。協、叶二同。脅。考、考二同。睹、覩二同。乏。

凡。己居擬反。狄。猒正。厭通用。獸、獸二同。沛音貝。肺敷廢反。姊正。姉相承用之也。柿木也，音士。收式周反。牧音目。炙之石反。之夜反。又灸音久。㥦〔九〕。篋。

匱。匡。匠。匹。樞。禁。祟息類反。焚。興、興二同。甽、畎工犬反，二同。嫂、㛐二相承用。薦子練反。從草。獲。雙悮。雙。

隻。護。售時溜反。舅。宴相承用。宴正。安、安二同。纓。鸎如此類並從賏，賏音嬰。補。輩。秊、年二同。藏。臧。災、灾二同。叔、

尗二同。毓。抗。坑。戛古八反。既。厚。孰正。孰相承用。梁。粱米。罄盡。磬石。傍。蒜正。蒜相承用。永、永二同。狐。孤。

柬分別，音蘭。簡牒也。多以此爲分別字。蕳草也。音姦。樽酒器。槃正。盤相通用。杯正。盃相承用。盆正。瓫相承用。蓋。晝。畫。盡。盇。艷。篪音馳。悍、

愕二同。様法。漾水流，並弋向反。標正。摽相承用，並必遥又頻小反。杖亦倚杖。又倚扙，從扌非。仗兵仗。挺。祏音託，開祏。摭〔一〇〕、柘二同。並之亦反。祏宗祏字。牝。牡。笵法。

範範，軷也，音拔。軷，祭道神，祭訖以車範之行。今笵法通用範。悖。誖二同，布〔没〕反〔一一〕。餅扶蔓〔反〕〔一二〕。飯扶晚反。今餅字通用此飯字。穴從八。竄。眄。殛誅也。居力反。甕烏貢反。豎、竪同。

弜。弼。農。顧迴視，又相承作此顧字。雇鳥也。音户。九扈，字相承爲賃雇字。致正。致從文聲，文音張履。此相承用。燕正。鷰鳥也。並一見反。此相承用。醼飲也。古燕飲字無傍酉安者，相承作此宴字。棲正。栖通用。

拪古文遷字。枉。誑正。誑準《説文》、《字林》，上三字並從主，主音皇，又相承共作王。其言傍作者上正，下相承。體。骨。肉。過。蘭。爛。别。竝〔一三〕、並上正，下相承。

行。擇。棱正。稜相承用。鄰正。隣相承用。貿正。貿〔一四〕貿易，並亡富反，此相承用。融。隔。迢。遰。縣。校即校尉字。音校。挍檢挍字。鹿、鹿二同。

禽。蘇。市、市二同。帰正。歸相承用。窓正。窗相承用。泥、埿二同。楮木名。褚姓也。亦丑吕反。一曰裝衣、張吕反。徇行示。侚疾也。即《史記》幼而侚齊字。殉送死。三字並辭舜反。毆一口反。

歐音甌。侃。蔽。益。裨裨益，從衣。無、無二同。陋正。陋相承用。柳。抑。孟。陌。伯。農。宿。獻。圖大盧反。啚音鄙，俗用作圖字非。

鄙。鹽從鹵，監聲。非此塩字者俗。吠從犬聲，扶廢反。突徒忽〔反〕〔一五〕。匈正。胷通用。

右依顔監《字樣》，甄録要用者，考定折衷，刊削紕繆。顔監《字樣》先有六百字，至於隨漏續出，不附録者，其數亦多。今又巨細參詳取時用合宜者，至如字雖是正，多正多廢不行，又體殊淺俗，於義無依者，並從删翦，不復編題。其字一依《説文》及《石經》、

《字林》等書，或雜兩體者，咸注云『正』，兼云『二同』，或出《字詁》今文，並《字林》隱表。其餘字書，堪採擇者，咸注『通用』。其有字書不載，久共傳行者，乃云『相承共用』。

說明

此件前缺，依尾部之說明，係根據顔師古的《字樣》進一步有所考訂補充，故應爲《字樣》一類字書，其中辨明兩字通用何者爲正的例子極多。周祖謨先生推斷此件書寫於唐高宗或武則天之世（參看周祖謨《敦煌唐本字書叙録》，載《敦煌語言文學研究》四五至四六頁）。

校記

〔一〕『音』，據文義補。
〔二〕『粒』，當作『柱』，據『壴』字之音改。
〔三〕『仞』字之上，紙之頂端，有一小『逐』字。
〔四〕『三樂』，意爲以上三字均音『樂』。
〔五〕『反』，據文義補。
〔六〕『反』，據文義補。
〔七〕『反』，據文義補。
〔八〕『反』，據文義補。

〔九〕「愜」字之上，紙之頂端，有一小「匠」字。
〔一〇〕「摭」字之上，紙之頂端，有一小「摭」字。
〔一一〕「布」後應脱一字，據字書應爲「没」。
〔一二〕「反」，據文義補。
〔一三〕「竝」字之上，紙之頂端，有一小「隣」字。
〔一四〕「貧」字之下，紙之底端，有一小「貿」字。
〔一五〕「反」，據文義補。

參考文獻

Descriptive Catalogue of the Chinese Manuscripts from Tunhuang in the British Museum, p.268；《言語生活》一九八〇年一〇期（R）；《敦煌寶藏》三册，二九三頁（圖）；《金城學院大學論集·國文學篇》二三號（R）；《〈唐代字様〉二種の研究と索引》（R）；《敦煌語言文學研究》四五至四七頁；《英藏敦煌文獻》一卷，一七一至一七三頁（圖）；《敦煌俗字導論》二八至三一頁；《敦煌音義匯考》七九〇至八〇四頁（圖）（録）；《古典文獻與文化論叢》九九至一〇三頁。

斯三八八　二　正名要録

釋文

正名要録霍王友兼〔一〕

正名要録霍王友兼徐州司馬郎知本撰

貿貴。北丘。齡矜。凭憑。桼桒。歽朽。陞升。蘐萓。妛蚩。輦輂。歬前。冀異。展展。䖏處。遣遣。龘龕。聽聽。叓更。屬属。晨晨。殷殷。敵亂。奪奪。殆枯。脚脚。朙明。暴暴。臬、贛貢。

右正行者雖是正體，稍驚俗，脚注隨時消息用。

歸皈。蘇甦。衰衰。勞労。罷甭。婦妋。後後。覓覔。ㄇ。聽聑。齊斉。違逺。逃迯。學斈。舉斈。農農。變䜌〔二〕。國国。蠶蚕。弱弱。俗俗。

右正行者正體，脚注訛俗。

顯顯。離離。雖雖。觸觕。爵爵。延延。華華。殷殷。希帝。虧虧。惡悪。管沓。綸綸。瑣璪。商商。肅肅。開開。閉閔。闗闗。鬬鬪。辤辭。豎竪。肎肯。黼黼。黻紱。鹽塩。回囬。分兮。趨趍。聟聟。媲娓。戹厄。匡㞷。將将。斷断。迎。瞋嗔。牀床。微微。解觧。假假。爽爽。亢亢。惰惰。體躰。留留。佞倿。弄卡。嚴嚴。疆彊。歲歳。黨黨。訊訙。笑咲。賴頳。貿貿。悉悉。鄰鄰〔三〕。席席。族族。霑沾。確確。經経。毅毅。御御。轄轄〔四〕。麼床。貌皃。雙雙。亂乱。辨辧。嫂娗。呈呈。府府。喬高。詹詹。窄迮。潛潜。盤盤。鰥鰥〔五〕。寬寛。頹頽。楞稜。能能。勢勢。疊疊。備俻。寇寇。獸獸。戲戲。虧。廄厩。嗜嗜。隸隸。闕闕。爽爽。獵猟。鑿鑿。牽牵。孟盂。析折。竊竊也。從従。繼継。興興。散散。

右正行者揩（楷），脚注稍訛。

章從音。皃從白。負從人，亦從刀。貯從宁。奮從田。舊從臼。切從七。定從正。袂從衤。因從大，亦從火。鳥從力，從夫。玩從元。犀從牛，從辛。辤從辤。望從王、從立。顯從日。淫從壬。

郵從垂。卸思夜。缺從缶。規從夫。導從寸。曷從日。看從手。爭從爪。款從土。馘從耳從首。助從且。美從羊。秦從禾。泰從水從心。坐從兩人。次從二。馮從水。雖從虫、唯。强從虫弘。頑從元。

堯從三土。營從宮。隆從生。恥從心。嗜從旨。橐從石。妬從石。燮從又、火。夷從弓。博從十。泉從水。預從予。務從矛。狄從火。獄從兩犬。飾從巾。誑從狂。訊從卂。置從直。冒從目。

置。肇從户。挂右不須卜。界左不須土。九右不須點。鼻不從卑。貫不從母。邹不重ヨ。曹須兩畫。宅不須下。凡不點下。羞從丑。黄着由草通過。薦從草。衿、貪並今。裕、補並衣。

諂、陷從人。滔、稻從爪。皐、睾從辛。宛、外皆夕。監、靈從巫。寵、宦從綿。弘、晉從尖口。決、滅從水。冷、凍從水。覆、覈從西。

冕、最從日。焦、然從散火，左不須火。園、瓜上不須草。稼、穡從禾。耕、耜從耒。幸、眷從二畫。養、達三畫。馬、魚四點。烏、鳥一畫。拜、呈不須點。觀、舊不須艹。儀、侵從人。受、度從又。恭、慕、忝從心。突、拔、祓從犬。狀、□、臭從犬。器從工。類、然從犬。皆、智、魯、習從白。整從正。□、禁、禦從示。置、置、罪、罕從冈。窺、竄、窮、穿從穴。徇、律、後、得、征、役從彳。别、剪、券、初從刀。符、節、篤、簡、策從竹。豺、豹、貍從豸。勢、劣、勁、勝、功從力。豨、豬從豕。

侯、奏、雉、族、矣從矢。

右各依脚注。

崧嵩。巛坤。杯盃。⿰氵不流。踰逾。胥胥。梨[黎]〔六〕。塗途。夔夒。災灾。翻飜。秊年。

憐怜。襟□。綱綑。參三。鐶環。階堦。豬腊。琁⿰王者。諠喧。舉輿。箋牋。忱諶。驘騾。

臺臺。儌邀。予余。盤槃。粰麩。棲栖。褒裒。藩蕃。齎賫。糧粮。僭僭。亝齊。羇羈。

虛虚。茘荔。忻欣。陶窯。秔粳。鍼針。漾唌。蓴蒓。燂爓。帬裙。煙烟。煢惸。鉏鋤。

垺郛。謿嘲〔七〕。蘘蘘。牆墻。疆壃。沙砂。騧駈。姦奸。譔詮。甎塼。隂陰。贏盈。虔虔。

豚肫。麞獐。鞾鞞。鞾靴。靮鞲。肌胑。鍪鉾。膓觴。篅簞。寘填。窺闚。櫰槐〔八〕。瓶甁。

饋餴。谿溪。熛炎。曉憢。駠騮。毉醫〔九〕。鞾靴。淄澑。邠豳。斌彬。鹽塩。僊仙。驅駈。

燔焚。堆塠。凥居。旜旃。螈蚖。懤惆。营芎〔一〇〕。蝥蚌。无無。爐鑪。琳玲。堙陻。隄

堤。鄖邱。勛勳。猨猿。狌猩。⿰食卑餻。禮礼。繞遶。紙帋。紆迂。揜掩。準准。羌姜。

象。覽覧。攬擥。憫愍。玖九。嫵娬。盌椀。翦剪。鈇斧。暖嚅。浣澣。靖静。啖噉。筍

筭。謚譜。板版。竝並。辠罪。阻岨。壘櫐。竽杼。舞儛。寀彩。洓濟。埜野。驥駔。爾

尔。觜嘴。晈曒。胜髀。腦膠。竚佇。癢痒。鮮尠。竢俟。寓宇〔一一〕。鞕鞘。朖朗。𩠐首。

擣搗。普溥。兀瓦。鮺鮓。糂糝。旅挔。呰訿。蠱蛄。讌宴。諭喻。徑逕。愧媿。概槩。

箸筯。佀信。䡀蹔。訃赴。櫂掉。蒨茜。刱創。館舘。㓡制。酢醋。甕瓮。忍認。慠傲。

皃貇。鈔抄。昚慎。睿叡。鞑鬱。剽勡。詢詬。泝溯。串慣。喟嘳。饋餽。樵醮。豔艶。

飼飤。异異。餉饟。稬糯。漱涑。曁洎。儁俊。嘆歎。御馭。晟盛。総綜。詠咏。噭叫。

逷退。遯遁。麪麵。霸覇。炁氣。褏袖。穗穟。愬訴。輓絻。賚睞。悳德。粵曰。韈韎。

屧欅。笔筆。默嘿。貉貊。臘臈。咈唼。鵖鴨。宍肉。得淂。偪逼。熱熱。淶柒。榻檐。

鐍玦。洛雒。屩蹻。箔薄。轢轣。矟槊。跡迹。貀豽。鎋轄。嶽岳。逖逷。壓押。斛硏。

筏栰。家寂。溢漉。暱昵〔一二〕。碻確。弢弻。褭袟。綍紼。籥鑰。趩蹕。籙簏。

右字形雖別，音義是同。古而典者居上，今而要者居下。

連及。聯聯累不絶。塗道，亦泥。途。銷鑠。消滅。祥福。詳審。增益。憎惡。兹此。滋息益。恂和。詢謀。柴薪。熬火。宵夜。霄雲〔一三〕。岐山。

歧路。凄寒。悽愴。呈示。程期。周至。賙贍。稠概。裯單被。紬綾。綢繆。糇、餱糧。祇敬。砥礪。揚稱。楊木。憂愁。優倡。扃户。坰野。

褠單衣。韝臂捍。閭里門。簷屋前。憺（幨）帷（幃）。襜襜褕，蔽膝。簾簿。蓖蘆。靈神。零落。幾微。機關。撝謙。麾指。簞笥。殫盡。員位。圓圍。啚心。

圖畫。徭役。摇動。髦髦，又俊。旄鉞。亭池。停住。惟思。維綱。詶言答。徂往。殂殞。中内。忠直。闐群行聲。填塞。璿、璇並玉名。儇慧佞。嬛輕麗。

緗綵。湘水。衁血。肓鬲。鐺鋃。璫穿耳。駷馬。鶬鳥。腔肉空。羫羊腊。棼亂。焚燒。蒸火。矜憐。兢戒。煩擾。繁多。敦勉。惇〔一四〕。踈閒。

疏記。儔侣。疇田。湄水。嵋山。笳管。茄草。茵蓐。裀衣。巡徧。循從。荓草。萍一音平。純美。淳漬。縻、糜粥。喬高。嶠嵩。抽拔。

瘳疾愈。褘后服。幃香纓。荷水草。苛怒。挐牽引。拏亂。居止。貯賑。舒申。紓緩。包裹。苞叢。歔、嘘並氣。沮姓。菹菜。尸陳，亦主。屍死。蘞〔一五〕、奩並簾。崖山。涯〔一六〕。童小。僮僕。淫過。婬逸。班布。頒分。含銜。函容。婪愛食。惏殘。綈厚繒。締結。藜藿。蔾蘆。蛟龍。鮫魚。

厘（廛）市。纏束。監察。鑒明。嬉戲。熙和。淄水。緇色。符信。扶侍。彝器。寅敬。猗辭。工巧。功動。琮玉。悰樂。籠焚翔。櫳房。醲露。

行步。衡横。沖虚。種小。翾翔。遨遊。廬舍。閭里。鐘樂。鍾酒器。敷布。孚信。鄜州。漂水。飄風。僄輕。堪任。龕受。葙夾屋。箱車轓。緗綵。

元善，亦始。原田，亦發端。源水。嚶鳥鳴。鶯鳥。鸜鵒。熏火。薰草。曛暮。刑罰。形容。邢姓。喬木。橋梁。僑寄。毫毛。濠城。甍屋棟。氓人。甿田人。

淩水名，亦欺轢。凌冰。陵、陵丘。渝變。踰越。愉樂。猖狂。昌盛。成就。誠信。城郭。脩清。修營。羞慙。懲革。澂清。澄湛。辰時。晨早。宸屋宇。

綸經。倫理。淪溺。藍草。籃筐。襤褸。樓觀。慺聚。貲財。訾量。孳生。覬覦。窬穿。闚闚。須、需並待。繻帛。沽洗。酤酒。姑且。容受。

庸役。譊鳴。呶號。怓亂。賖、貰緩。奢侈。怡悦。貽與。頤養。陴女牆。裨益。郫姓。偕俱。謠歌。摇動。徭役。睽乖。珪玉。袿衣。荃香草。

詮具。筌捕魚〔一七〕。銓衡。暉晃。輝光色。揮擊。徽美。雕刻。彫落。鵰鳥。貂獸。裁決。纔暫。才文。材木。希望。稀穊。睎視。晞乾。蘭草。欄櫪。

讕言。闌酒。塘池。搪揬。堂岠。粘、糊並粘。弧弓。狐獸。寰圻。闤闠。環釧。洪大。紅色。粠米臭。鴻大。無亡。蕪没。巫師。誣罔。偟、

遑暇。隍城。惶不安。愚闇。禺番。隅陬。嵎尼。虞度。謨謀。膜拜。模、摹取。嫫醜。由用。悠遠。猶尚。攸所。猷芳。寮官。僚僕之臣。遼遠。

寮空。寥寂。庬、尨大。娏女神名。駹馬名。牻雜色。哤蟲名。幸寵。倖儌。兆卦。肇始。縈垂。隴、隴坂。壟丘。擁塞。蘂花。冢大。塚墓。允信〔一八〕。

尹正。躧步。屣履。苧草。紵布。騁馳。謇言。蹇足。杳遠。窅深目。覽視。擥手取。皂色。阜隸。眚災。省廢。睹旦明。覩視。澡盥。藻水草。杲明。

皛白。蚌珠。洗濯足。洒滌。黲青色。黝忘。擾煩。遶迴。混沌。渾大。忖度。刌切。斧斫。鈇椹。扣、叩擊。不弗。否不善。潦水。獠夷。覞暫見。

閃闚頭。矧況。哂笑。蠢動。踳差雜〔一九〕。眷念。聘訪。娉女。瑗玉。媛美。濬深。浚水。効力。炫好衣。衒自媒。靚莊。淨潔。磬樂。罄盡。曀陰。曳引。

勑勞。綴連。輟止。二數。貳副。熾盛。幟幡。邃深。粹不雜。宥寬。侑勸。灸灼。疚病。引挽。胤嗣。鎮安。填里名。迅疾。駿速，又俊。僨僵。奮動。

造詣。操持。詖諂。陂傾。企望。跂登。闇幽。暗日光無。賦布。遇逢。寓寄。況譬。貺賜。尚猶。上高。換易。逭逃。獻奉賢。憲法。悶煩。懣憒。

挂懸。詿誤。氾淹。汎浮。隘陋。阨塞。惓愛。裷衣。練帛。鍊鑄。澱滓。淀水。洊仍、再。荐聚。讞順。唁吊。扇揺。煽熾。賤卑。餞送。斁敗。

蠹蟲。箇數。个厢。礙止。閡閉。繪畫。繢織。援助。院垣。壘器破。紊亂。睿智。鋭利。太大。泰通。錮禁。誦諷。頌賦。訟訴。震驚，亦卦。

振動。贍賦。湊水。輳輻。腠膚。陋鄙。漏洩。鏤刻。亮明。諒信。量度。濟渡。擠推。霽雨止。亢星。抗敵。癈病。控引。溷濁。慁憂。圂廁。

據依。倨傲。距蹲。冀望。覬覦。概稠。喚召。煥光。渙水。晦暗。悔改。誨訓。介大。屆至。戒心。誡言。遘覯。搆造。媾婚。秘密。閟閉。

毖慎。泌泉。茂豐美。懋勉。瞀亂。貿賣。刃兵。仞度。軔車。僅纔。覲見。墐塗。殣死。忲縱。汰洗。鈦鉗。軑車。慕思。墓丘。暮晚。募求。

路道。賂貨。露見。悮慮。誤失。忤逆。悟感。晤朗。寤寢。録記。籙圖。没沉。歿死。訣別。决依。諤直。愕驚。或不定。惑亂。悦歡。閲簡。

悖惡，一背。勃力。恤心憂愍。賉與財惠。革改。隔限。惻量〔二〇〕。測〔量〕〔二一〕。合和。闔閭。復優。複衣。述叙。術塗。畢竟。必定。揖讓。挹斟。溺没。惄飢。

霹靂。劈破。瘠病。塉土。軏車。杌檮。碩大。祐宗。釋廢。適往。闢、擗撫。夕暮。穸窀。尺度。斥指。博大。搏擊。讋懼。懾失氣。搤捉。

嗌咽。踣弊。仆頓〔二二〕。秩禄。帙書。遹循。聿遂。歠飲。啜嘗。屬記。矚視〔二三〕。渥沾。握持。確牢。愨誠。較明。搉揚。邈遠。篤厚〔二四〕。督察。

伏隱。服車。蹙促。踧踖。夙早。宿止。睦和淳。穆敬美。夾持。挾撿。績緝。勣功。習脩。襲重。伐征。罰責。酷酒味。嚳極。域封。閾門。契持。

旭旦。勖勉。沐洒。霂雨。析分。皙白。翕合起。歙縮鼻。吸氣。克能。剋楯。刻鏤。落墜。絡繞。駱驛。樸木。村大。璞玉。媟狎。褻中衣。洩漏。

列行。迾近。烈光。殖多。植種。寔是。黷垢。嬻媟。讟謗。孰誰。塾學。熟煮。孽妖。糵米。孼庶。緝續。咠和。葺補。十數。什保。拾掇。

歷經。轢踐。曆律。蹐跼。脉血。眽視。霡雨水。徹通。撤發。轍車。憶思。臆胷。億數。傾。仄陋。昃日昳。墨書。嘿、默並靜。刹和。詧審。

察監。育養。昱明日。煜燿。毓盛。逸佚。溢盈。佚樂。軼侵。敵對。迪道。滌洒。覿見。翼輔。翌明。廙敬。翊飛。葉。協和。勰同。俠義。

識訓。式法。拭摩。飾脩。諜間。牒文。疊重。蝶蟲。急促。級階。伋。給與。懌悦。繹陳。斁猒。掖持宫。液津。弈碁。驛傳。譯語。易改。亦復。

右本音雖同，字義各別例。

說明

此件在上件《字様》之後，首尾完整。書名下題「霍王友兼徐州司馬郎知本撰」。其内容主要是分别古今字形的正俗與辨别音同字異的文字。周祖謨先生指出此書作於貞觀十年至二十三年之間（參看周祖謨《敦煌唐本字書叙録》，載《敦煌語言文學研究》四五至四七頁）。

校記

〔一〕此行原文如此，其内容與下一行重複，且未抄全。
〔二〕「䛀」字之下，紙之底端，有一小「農」字。
〔三〕「鄰」字之上，紙之頂端，有一小「乃」字。
〔四〕「轖」字之上，紙之頂端，有一小「水」字。
〔五〕「鰥」字之上，紙之頂端，有一小「眔」字。
〔六〕「黎」，據文例補。
〔七〕「謿」字之上，紙之頂端，有一小「臼」字。
〔八〕「槐」字之下，紙之底端，有一小「冥」字。
〔九〕「盤」字之上，紙之頂端，有一小「濇」字。
〔一〇〕「營」字之上，紙之頂端，有一小「營」字。
〔一一〕「宇」字之上，紙之底端，有一小「髙」字。

〔一二〕「昵」字之下，紙之底端，有一小「匿」字。

〔一三〕「霄」字之上，紙之頂端，有一小「霄」字。

〔一四〕此字原無脚注。

〔一五〕「蘞」字之上，紙之頂端，有一小「簾」字。

〔一六〕此字原無脚注。

〔一七〕「筌」，字之下，紙之底端，有一小「筌」字。

〔一八〕「信」字之上，紙左頂端，有一小「芝」字。

〔一九〕「踳」字之上，紙左頂端，有一小「媛」字。

〔二〇〕「惻」字之下注「量」字，疑誤。

〔二一〕「量」，據文義補。

〔二二〕「頓」字之下，紙之底端，有一小「僕」字。

〔二三〕「矚」字之下，紙之底端，有一小「屬」字。

〔二四〕「厚」字之上，紙之頂端，原有一「蠒」。

參考文獻

Descriptive Catalogue of the Chinese Manuscripts from Tunhuang in the British Museum, p.268；《敦煌寶藏》三册，二九三頁（圖）；《敦煌語言文學研究》四五至四七頁；《英藏敦煌文獻》一卷，一七三至一七八頁（圖）；《敦煌音義匯考》八〇五至八三三頁（圖）（録）；《敦煌俗字研究導論》三二一至三四頁。

斯三八九　肅州防戍都狀

釋文

肅州防戍都　　狀上。

右當都兩軍軍將及百姓並平善，堤備一切仍舊。

自十月卅日崔大夫到城家，軍將索仁安等便將本州印與崔大夫。其大夫稱授防禦使，訖全不授。其副使索仁安今月六日往向東，隨從將廿人，稱於迴鶻王邊充使，將赤驃（騍）父馬一匹、白鷹一聯，上與回鶻王。二乃有妹一人，先嫁與凉州田特囉禄。其妹夫身死，取前件妹，兼取肅州舊人户十家五家。其肅州印，崔大夫稱不將與凉州防禦使，去不得。其索仁安臨發之時，且稱將去。發後，其印避崔大夫，衷私在氾建立邊留下。

又今月七日，甘州人楊略奴等五人充使到肅州。稱：其甘州吐蕃三百，細小相兼五百餘衆，及退渾王撥乞狸等十一月一日並往，歸入本國。其退渾王撥乞狸，妻則牽馱，夫則遮驅，眷屬細小等廿已來隨往，極甚苦切，餘者百姓、奴、客並不聽去。先送崔大夫迴鶻九人，内七人便隨後尋吐蕃蹤亦（跡）往向南。二人牽櫳嘉麟，報去甘州共迴鶻和斷事由。其迴鶻王稱：須得龍王弟及十五家只（質），便和爲定。其龍王弟不聽充只（質），若發遣我迴鶻内入只（質），奈可自死。緣弟不聽，龍王更發使一件。其弟推患風疾，不堪充只（質）。更有迆次弟一人及兒二人。内堪者發遣一人及十五家只（質），得不得，取可汗處分。其使今即未回。

其龍王衷私，發遣僧一人，於涼州嗢末首令（領）邊充使。將文書稱：我龍家共迴鶻和定已後，恐被迴鶻侵凌，甘州事須發遣嗢末三百家已來，同住甘州，似將牢古（固）。如若不來，我甘州便共迴鶻爲一家，討你嗢末，莫道不報。

其吐蕃入國去後，龍家三日衆衙商量，城内絶無糧用者。揀得龍家丁壯及細小壹伯（佰）玖人，退渾、達票、拱榆、昔達票、阿吴等細小共柒拾貳人，舊通頰肆拾人，羌大小叁拾柒人，共計貳百伍拾柒（捌）人。今月九日並入肅州，且令逐糧居（下缺）

說明

此件首全尾缺，係肅州防戍都給歸義軍節度使的報告。此件與斯二五八九《中和四年十一月一日肅州防戍都狀》均記甘州與迴鶻和斷事，從内容看兩件時間相互銜接，斯二五八九號在前，此件在後，榮新江進一步推斷此件的時間在中和四年十二月中旬（參考唐長孺《關於歸義軍節度的幾種資料跋》，《中華文史論叢》第一輯）、榮新江《歸義軍史研究》三〇五頁）。

參考文獻

Serindia, p.918®; L. Giles, *Descriptive Catalogue of the Chinese Manuscripts from Tunhuang in the British Museum*, p.254®; 《河西の歷史地理學研究》二三三、二四四至二四二、二六八頁; Mair, *Chinoperl Papers* Vol, 10, 44®; 《敦煌寶藏》三冊，三〇二頁（圖）；《敦煌學輯刊》總第四輯七四、七七頁（録）；《敦煌吐魯番文書研究》一七八頁（録）；《中國史研究》一九八六年一期一一二頁；《敦煌學輯刊》一九八六年二期三二頁；《北京大學學報》一九八六年五期九三頁；《敦煌學輯刊》一九八七年一期一一四頁（録）；《西北史地》一九八九年一期四、六頁；《敦煌學輯刊》一九八九年一期六五至六六頁（録）；顔廷亮主編《敦煌文學》三八至三九頁（録）；《山居存稿》四四七至四四九頁（録）；《敦煌社會經濟文獻真蹟釋録》四輯，四八七至四八九頁（録）（圖）；《敦煌學輯刊》一九九〇年一期六二頁；《敦煌學輯刊》一九九〇年二期九頁；《敦煌研究》一九九〇年三期三三頁（録）；《英藏敦煌文獻》一卷，一七九頁（圖）；《敦煌學輯刊》一九九一年一期三四頁（録）；《周一良先生八十生日紀念文集》二二一至二二二頁；《敦煌殘卷争訟文牒集釋》二一六至二一八頁（録）；《敦煌邈真讚校録並研究》六三至六四頁（録）；《敦煌學輯刊》一九九五年二期三二至三三頁（録）；《敦煌吐魯番文獻研究》七二頁；《歸義軍史研究》一〇、一八六、三〇四至三〇五頁（録）；《敦煌研究》一九九七年二期一七五頁（録）；《敦煌學輯刊》一九九七年一期一一二頁（録）；《歸義軍史專題研究》四六九至四七〇、四九七至四九九、五〇八至五〇九頁（録）；《敦煌天文曆法文獻輯校》一一〇至一一三、一六四至一六五頁。

斯三八九背　孝子傳

釋文

（前缺）

由不足，更被㤥（孩）兒減奪，老母眼見消瘦。遂於將兒半路賣與王將軍。其〔妻〕見兒被他〔買〕去〔一〕，隨後連聲喚住，肝腸寸斷，割嬭身亡。討（詩）曰〔二〕：

『明達載母遂（逐）農糧〔三〕，每被孩兒奪料將〔四〕，
阿耶賣卻孩兒去，賢妻割嬭遂身亡。』

郭巨者，河內人也，養母至孝。時遇飢荒。夫人與人傭作，每至喫食，咸飯將歸〔五〕，留餧老母。巨有一兒，常奪阿婆飯食，遂不得飽。巨告妻曰：『兒死再有，母重難得，你可煞兒存母，若不如是，母餓死。』遂令妻抱兒，巨自將鍬钁，穿地三尺，擬欲埋之。天愍其孝，乃賜黃金一釜，並有一文，詞曰：『金賜孝子，官不得侵，私不許取。』詩曰：

『郭巨專行孝養心，時年飢儉苦來侵。
每被孩兒奪母食，生埋天感似（賜）黃金〔六〕』

舜子者，冀邑人也。早喪慈母，獨養老父，父名瞽叟。父取後妻，妻譖其夫，頻欲煞舜。令舜濤井，與石壓之。孝感於天，徹東家井出〔七〕，舜遂奔〔八〕，耕歷山。後聞米貴，將朱（來）冀都而糶〔九〕。乃見後母，就舜買米。舜識是母，密與其錢置於嚢中。如此數度。到家具説上事。瞍擬（疑）是舜〔一〇〕，令妻引手，遂往都市〔一一〕，高聲喚云：『子之語聲，以（似）吾舜子〔一二〕。』舜知是父，遂撥人向父〔一三〕，抱頭而哭，與（以）舌舐其眼〔一四〕，眼得再明〔一五〕。市人見之，無不驚怪。詩曰：

『瞽瞍填井自目盲，舜子從來歷山耕。
將來冀都逢父母，與（以）舌舐眼還再明。』

又詩曰：

『孝順父母感爲（於）天〔一六〕，舜子濤金得銀錢，
父母抛石壓舜子，感得穿井東家連。』

文讓者，河三人也，至行孝道，今古罕聞。供承老母，未常（嘗）離側。母終之後。讓乃誓身不仕，毀形坯墳，墳土未成，日夜不止，哀泣墳側。慟〔動〕穹蒼〔一七〕，遂感飛鳥走獸，銜土捧塊，助讓培墳。逾數朝，其墳乃成。天子聞之，遂與金帛，禮躬爲相，讓退終辭不就。詩曰：

『至哀行孝感天聞，事母惶惶出衆群。

乃至阿娘亡没後，能令鳥獸助培墳」〔一八〕。

向生者，河内人也。慈母年老，兩目俱盲。時屬賊寇相陵，向生遂（以下原缺文）

説明

此件首缺，尾部原未抄完。其内容頗似類書之孝行部分，敦煌文獻中保存有與此件相類的文書尚有：斯五七七六、伯二六二一、伯三五三六、伯三六八〇等。另，一些敦煌類書中也保存有與此相似的内容（斯二六二一實際即爲類書）。此件所記之人、事有些見於上列文書，有些不見於上列文書，見於上列文書者，内容、文字亦有出入。

校記

〔一〕「妻」、「買」，《敦煌變文集》據文義校補。

〔二〕「討」，當作「詩」，《敦煌變文集》據文義校改。

〔三〕「遂」，疑當作「逐」，《敦煌變文集》據文義校改。

〔四〕「料」，《敦煌變文集》、《敦煌變文集新書》均釋作「剩」。

〔五〕「咸飯將歸」，疑當乙作「咸將飯歸」，《敦煌變文集》、《敦煌變文集新書》均釋作「盛飲將歸」，誤。

〔六〕「金」，《敦煌變文集》、《敦煌變文集新書》據文義及韵脚補。

〔七〕「徹」，《敦煌變文集》、《敦煌變文集新書》均釋作「澈」，誤。

〔八〕「遂」，《敦煌變文集》、《敦煌變文集新書》均漏。

〔九〕『朱』，疑當作『來』，據文義改，《敦煌變文集》、《敦煌變文集新書》均徑釋作『來』。

〔一〇〕『擬』，當作『疑』，據文義改。

〔一一〕『都市』，《敦煌變文集》、《敦煌變文集新書》均釋作『市都』，誤。

〔一二〕『以』，當作『似』，據文義改，《敦煌變文集》、《敦煌變文集新書》均徑釋作『似』。

〔一三〕『父』，《敦煌變文集》、《敦煌變文集新書》均釋作『父親』，不知何據。

〔一四〕『眼』，《敦煌變文集》、《敦煌變文集新書》均釋作『父眼』，按原件上『父』字已被涂抹，應不讀。

〔一五〕『眼』，《敦煌變文集》、《敦煌變文集新書》均釋作『其眼』，不知何據。

〔一六〕『爲』，當作『於』，《敦煌變文集》、《敦煌變文集新書》均徑釋作『於』。

〔一七〕『動』，《敦煌變文集》、《敦煌變文集新書》據文義補。

〔一八〕『培』，《敦煌變文集》、《敦煌變文集新書》釋作『倍』，誤。

參考文獻

Descriptive Catalogue of the Chinese Manuscripts from Tunhuang in the British Museum, p.254；《敦煌變文集》下，九〇一至九一〇頁（録）；Mair, *Chinoperl Papers* Vol, 10, 44®；《敦煌孝道文學研究》四二三、四八〇頁（録）；《敦煌寶藏》三册，三〇三頁（圖）；《敦煌變文集新書》一二五七至一二七五頁（録）；《敦煌學》一四輯一八九至二二〇頁；《敦煌學輯刊》一九八九年二期八六頁；《英藏敦煌文獻》一卷，一八〇頁（圖）；《敦煌學》一七輯二一至五〇頁（録）。

斯三九〇　氾嗣宗和尚邈真讚

釋文

師姓氾氏，香號嗣宗。濟北名家，敦煌鼎族。幼年別優，早歲天聰。窮儒宗揔（？）八索九丘，究學海盡三墳五典；揮毫指（紙）硯，詞峰（鋒）透出於錐囊；綴賦題篇，豈異龍門之激浪。加又辭親割愛，頓棄煩諠。桂壁（璧）清廉，松篁間氣。談千經之正教，勸化有情；演萬論之宏宗，度脱群品。運如弦之真，濟潤黎民；行平等之心，高低罔閒。空持一鉢，餘資棄捨於（如）塵泥；衹具三衣，割己賑貧而守道。五乘曉了，八藏該通。爲當之代準繩〔一〕，作明師龜鏡。君侯仰重，藩閫欽承。可謂河隴仁師，殊方教主。方保長隆聖教，永曜慈雲，於戲！紅日落於西山，素月虧於東海。風燈難駐，菲露不停。道俗而咽泣含酸，行路而傷嗟抆淚。繼恩叨承門史，幸忝周勤。承數歲之深恩，實多生之莫報〔二〕。輒陳短見，用讚高功。駐筆悲號，乃爲頌曰：

滄海知誰竭，耆山豈料崩。法門梁棟折，儒苑藝皆空。

辭卻清涼院，早遊日月宫。此生難再會，何世覩真容。

說明

此件首部完整，尾部紙殘，但内容似不缺。《英藏敦煌文獻》編者擬題爲《輓氾嗣宗和尚詩並序》，《敦煌邈真讚校録并研究》擬題爲《氾嗣宗邈真讚》。按此件雖有詩一首，但當時的『邈真讚』、『墓誌銘』等尾部都有類似詩的『頌』。而此件尾部之詩體文字作者自己即稱爲『頌』。據此，此件之定名暫從《敦煌邈真讚校録並研究》。

此件之作者爲氾和尚的弟子繼恩，而鄭炳林教授認爲此件中之氾嗣宗即氾僧統（參看鄭炳林《敦煌碑銘贊輯釋》一三、五一〇至五一一）。

此卷紙背有蔣孝琬所書之數碼和『恭維四六書』，未録。

校記

〔一〕『之代』，疑當爲『代之』，《敦煌邈真讚校録並研究》認爲『之』字爲衍文。

〔二〕『多生』，《敦煌碑銘讚輯釋》釋作『今生』，《敦煌邈真讚校録並研究》釋作『多年』，均誤。

參考文獻

Descriptive Catalogue of the Chinese **Manuscripts** *from Tunhuang in the British* **Museum**, p.212；《敦煌寶藏》三册，三〇四頁（圖）；《英藏敦煌文獻》一卷，一八〇頁（圖）；《敦煌碑銘讚輯釋》一三、五一〇至五一一（録）；《敦煌邈真讚校録並

研究》二五至二六、三二五、至三二六、三六六頁（録）；《敦煌俗字研究導論》二四至二五頁（圖）；《歸義軍史研究》二九七頁；《敦煌俗字研究》二七至二九頁（圖）。

斯三九一　八十種好

釋文

（前缺）

五十四者腨骨竪上下慲好

五十五者手足圓滿無有高下

五十六者手指柔耎内外受握

五十七者手所有文細現深隱

五十八者手所有文正直分明

五十九者手所有文文不中斷

六十者指甲薄潤如赤銅色

六十一者立不傾邪平正得所

六十二者住立安隱無能動者

六十三者身動威相如師子王

六十四者迴身顧視如大象王

六十五者行步平正無有傾曲

六十六者行步安詳如似象王

六十七者動足去步如白鵝王

六十八者行不履地輪相炳著

六十九者九孔門慲相皆具足

七十者腹小不現

七十一者齊（臍）孔深圓

七十二者聲響調和粗細俱美

七十三者妙聲遠徹隨聞無障

七十四者所有言音隨衆生意聞皆和悦　　七十五者語隨方音不增不減
七十六者説法應機無有差謬　　七十七者語能隨俗方音爲説
七十八者一音説法令諸異類一時俱解　　七十九者隨有因緣次第説法
八十者匈（胸）有萬字示功德相大王當知是名　　八十種好

説明

此件前缺，僅存尾部第五十四至八十好。紙背有蔣孝琬朱書之數碼和『八十種好』，未録。

參考文獻

Descriptive Catalogue of the Chinese Manuscripts from Tunhuang in the British Museum, p. 189；《敦煌寶藏》三册，三〇五頁（圖）；《英藏敦煌文獻》一卷，一八一頁（圖）。

斯三九五　一　孔子項託一卷

釋文

（前缺）

何人無婦〔一〕？何女無夫〔二〕？何日不足〔三〕？何日有餘〔四〕？何雄無雌〔五〕？何樹無枝〔六〕？何城無使〔七〕？何人無字〔八〕？』小兒答曰〔九〕：『土山無石〔一〇〕，井水無魚〔一一〕，空門無關〔一二〕，轝車無輪〔一三〕，泥牛無犢〔一四〕，木馬無駒〔一五〕，斫刀無環〔一六〕，螢火無煙〔一七〕，仙人無婦〔一八〕，玉女無夫〔一九〕，冬日不足〔二〇〕，夏日有餘〔二一〕，孤雄無雌〔二二〕。枯樹無枝〔二三〕。空城無使〔二四〕。小兒無字〔二五〕。』

夫子曰〔二六〕：『善哉〔二七〕！善哉！吾與汝共遊天下〔二八〕，可得與否〔二九〕？』小兒答曰〔三〇〕：『吾不遊也〔三一〕。吾有嚴父，當須侍之〔三二〕；吾有慈父（母）〔三三〕，當須養之〔三四〕；吾有長兄〔三五〕，當須順之；吾有小弟，當須教之。所以不得隨君去也。〔三六〕』夫子曰〔三七〕：『吾車中有雙六（陸）局〔三八〕，共汝博戲如何〔三九〕？』小兒答曰：『不博戲也〔四〇〕。夫（天）

子好博〔四一〕，風雨無期〔四二〕；諸侯好博〔四三〕，國事不治〔四四〕；吏人好博〔四五〕，文案荆（稽）遲〔四六〕；農人好博，耕種失時〔四七〕；學生好博，忘讀詩書〔四八〕；小兒好博，笞撻及之〔四九〕。此是無益之事，何〔用〕學之〔五〇〕！」

夫子曰：「吾與汝平卻天下〔五一〕，可得以（已）否〔五二〕？」小兒答曰：「天下不可平也〔五三〕。或有高山，或有江海，或有公卿，或有奴婢，是以不可平也。」夫子曰：「吾與汝栓（掘）卻高山〔五四〕，塞卻江海，除卻公卿，棄卻奴婢〔五五〕，天下蕩蕩，豈不平乎？」小兒答曰：「栓（掘）卻高山〔五六〕，獸無所依〔五七〕；塞卻江海〔五八〕，魚無所歸〔五九〕；除卻公卿，人作是非；棄卻奴婢〔六〇〕，君子使誰〔六一〕？」

夫子曰〔六二〕：「善哉！善哉！汝知屋上生松，户前生葦〔六三〕，牀上生蒲，犬吠其主，婦坐使姑〔六四〕，鷄化爲雉〔六五〕，狗化爲狐〔六六〕，是何也？」小兒答曰：「屋上生松是其椽，户前生葦是其箔〔六七〕，牀上生蒲是其席。犬吠其主〔六八〕，爲傍有客〔六九〕；婦坐使姑〔七〇〕，初來花下也〔七一〕；鷄化爲雉〔七二〕，近山澤也〔七三〕；狗化爲狐〔七四〕，近丘陵也。」

夫子語小兒曰：「汝知夫婦是親〔七五〕，父母是親〔七六〕？」小兒答曰〔七七〕：「父母是親。」〔七八〕夫子曰：「夫婦是親〔七九〕。生同牀枕，死同棺槨，恩愛極重，豈不親乎？」小兒答曰：「是何言歟〔八〇〕？是何言歟〔八一〕？人之有母〔八二〕，如樹有根〔八三〕；人之有婦〔八四〕，如車有輪〔八五〕。車破更造，必得其新〔八六〕；婦死更取（娶），必得賢〔家〕〔八七〕。一樹死〔八八〕，百枝枯〔八九〕；一母死〔九〇〕，衆子孤〔九一〕。將婦比母，豈不逆乎〔九二〕？』

小兒卻問夫子曰〔九三〕：『鵝鴨何以能浮〔九四〕？鴻鶴何以能鳴〔九五〕？松竹冬夏何以恒青〔九六〕？』夫子答曰〔九七〕：『鵝鴨浮者〔九八〕，緣脚足方；鴻鶴鳴者〔九九〕，緣烟（咽）項長〔一〇〇〕；松竹各（冬）下（夏）恒青者〔一〇一〕，緣心中强〔一〇二〕。』小兒曰〔一〇三〕：『不然〔一〇四〕！蝦蟆能鳴者，〔豈〕由烟（咽）項長〔一〇五〕？魚鱉能浮者〔一〇六〕，豈猶脚足方〔一〇七〕？胡竹冬夏恒青〔一〇八〕，豈由心中强〔一〇九〕？』

夫子有問小兒曰〔一一〇〕：『汝知天高幾許〔一一一〕？地厚幾丈〔一一二〕？天有幾梁？地有幾住（柱）〔一一三〕？風從何來〔一一四〕？雨從何起〔一一五〕？霜出何邊〔一一六〕？露出何處〔一一七〕？』小兒答曰：『天地相起（去）萬萬九千九百九十九里〔一一八〕，其地厚薄，與天等同〔一一九〕。風出蒼枯（梧）〔一二〇〕，雨出高市〔一二一〕，霜出於天〔一二二〕，露出百草。天亦無梁，地亦無柱，以（與）四方風氣而乃相扶故爲柱〔一二三〕，有何怪乎〔一二四〕？』

夫子曰〔一二五〕：『善哉〔一二六〕！方知後生實可畏也〔一二七〕。』

夫子共項託〔對〕〔答〕〔一二八〕，一一不如項託〔一二九〕。夫子有〔心〕〔煞〕項託〔一三〇〕，乃爲詩曰：

孫累（景）玄（懸）頭而此（刺）故（股）〔一三一〕，匡行（衡）鑿壁夜偷光〔一三二〕，
子路爲人清（情）好勇〔一三三〕，貪讀詩書是子章（張）〔一三四〕。

項託七歲能言語，報答孔丘甚能强。
項託入山遊〔學〕起（去）〔一三五〕，叉手堂前拜阿孃〔一三六〕。
『百尺樹下兒學問〔一三七〕，不須受寄有何方〔一三八〕。
耶孃遂（年）望（老）〔昏〕〔迷〕〔去〕〔一三九〕。』
〔寄〕（借）〔他〕〔夫〕〔子〕〔兩〕〔車〕〔草〕〔一四〇〕。
〔夫〕〔子〕〔一〕〔去〕〔經〕〔年〕〔歲〕〔一四一〕，
〔項〕〔託〕〔父〕〔母〕〔不〕〔承〕〔忘〕〔一四二〕。
敢（取）他百束將燒卻〔一四三〕，餘者他日飼牛羊〔一四四〕。
夫子登時卻索草〔一四五〕，耶孃面色轉無光。
當時卻索酬培（倍）價〔一四六〕，每束黃金三兩强〔一四七〕。
金錢銀〔錢〕惣不用〔一四八〕，『婆婆項託在何方〔一四九〕？』
『我兒一去經年歲〔一五〇〕，百尺樹下學問（文）章』〔一五一〕。
夫子登時聞此語〔一五二〕，心中歡喜倍勝常〔一五三〕。
夫子乘馬入山去〔一五四〕，登山陌（驀）領（嶺）甚芬芳〔一五五〕，
樹樹每量無百尺〔一五六〕，葛椀（蔓）膠（絞）脚甚能强〔一五七〕。

夫子使人把鍬钁〔一五八〕，栓（掘）著地下有石堂〔一五九〕。
一重門裏石師子〔一六〇〕，兩重門裏石金剛〔一六一〕，
入到中門側耳聽〔一六二〕，兩伴讀書似雁行〔一六三〕。
夫子拔刀俺（撩）亂斫〔一六四〕，其人兩兩不相傷〔一六五〕；
變作石人惣不語〔一六六〕，鐵刀斬著血住（汪）住（汪）〔一六七〕。
項託殘氣由（猶）未盡〔一六八〕，迴頭遥望告阿孃〔一六九〕：
『將兒赤血瓦（缸）盛着〔一七〇〕，擎向家中七日强〔一七一〕。』
阿孃不忍見兒血〔一七二〕，擎將寫（瀉）卻糞堆傍〔一七三〕。
一日二日竹根生，三日四日竹蒼蒼〔一七四〕，
竹葦森森長百尺〔一七五〕，節節兵馬似神王〔一七六〕。
刀劍器解（械）緣（沿）身帶〔一七七〕，要（腰）間寶劍利如霜〔一七八〕，
二人當時各覓勝〔一七九〕，誰知項託在先亡〔一八〇〕。
夫子當時甚怕怖〔一八一〕，州懸（縣）分明至（置）廟堂〔一八二〕。
孔子項託一卷。甚怕怖。孔子項託一卷〔一八三〕。
天福八年癸卯歲十一月十日淨土寺學郎張延保記。

説明

此件首缺，中殘，尾部完整。此故事在敦煌俗文中傳本最多，僅目前能見到的即達一三種。其中斯五五二九號與Дх一三五六+Дх二四五一原爲同一小冊子，現分藏於倫敦和聖彼得堡。這個小冊子的全部内容已收入《英藏敦煌文獻》（第七卷第二二二至二二三頁）和《俄藏敦煌文獻》（第八冊第一一二至一一三頁），但次序已亂。其正確次序應爲：斯五五二九/1+斯五五二九/2第1片+（Дх一三五六+Дх二四五一）4－1第2片+（Дх一三五六+Дх二四五一）4－2第1片+斯五五二九/2第2片+斯五五二九/3第1片+（Дх一三五六+Дх二四五一）4－3第2片+（Дх一三五六+Дх二四五一）4－4第1片+（Дх一三五六+Дх二四五一）4－4第2片+（此處缺一片）+斯五五二九/3第2片+斯五五二九/4第1片+（Дх一三五六+Дх二四五一）4－2第2片+（Дх一三五六+Дх二四五一）4－1第1片+斯五五二九/4第2片。如按以上次序排列，斯五五二九+Дх一三五六+Дх二四五一就復原成了一個祇少中間一片（數行文字）的《孔子項託相問書》小冊子。

敦煌文獻中保存的諸本《孔子項託相問書》，基本内容相同，但文字每有出入。此外，在吐魯番文書和傳世文獻中，亦有與此文字相類之故事流傳（參看《敦煌變文集》上冊二三六頁、《敦煌變文選注》三六四頁）。

以上的釋文是以斯三九五爲底本，而以伯三八三三（稱其爲甲本）、伯三二五五（稱其爲乙本）、伯三七五四（稱其爲丙本）、伯三八八二（稱其爲丁本）、斯五五二九+Дх一三五六+Дх二四五一（稱其爲戊本）、斯五六七四（稱其爲己本）、斯五五三〇（稱其爲庚本）、斯一三九二（稱其爲辛本）、伯三八八三（稱其爲壬本）、斯二九四一（稱其爲癸本）、斯五五三〇背（稱其爲甲二本）、Дx 一三五二（稱其爲乙二本）等諸本參校，所有同音字相互代替者，均一一出校，以供研究。

校記

〔一〕「婦」，乙、丁、戊、己、庚、辛、壬、甲二本同，甲、癸本作「父」。

〔二〕「何女無夫」，據乙、丁、戊、己、庚、辛、壬、甲二本補；「何」，甲本作「玉」，誤；「無」，癸本作「父」，誤。

〔三〕「何日不足」，據乙、戊、己、庚、甲二本補；「足」，甲、壬本作「是」，辛本作「事」，均誤。

〔四〕「何日有餘」，據甲、戊、己、庚、辛、壬、甲二本補。

〔五〕「何雄無雌」，據戊、己、庚、辛、甲二本補；「雌」，甲、乙、丁、壬、癸本作「觜」，誤。

〔六〕「何」，丁、戊、己、庚、辛、壬、癸、甲二本同，甲本作「枯」，誤。

〔七〕「城無使」，據甲、乙、丁、戊、己、辛、壬本補；「何」，乙、丁、戊、己、庚、壬本同，甲本作「空」，誤；「使」，庚本作「所」，誤。

〔八〕「何人無字」，據甲、乙、丁、戊、己、庚本補。

〔九〕「小兒答曰」，據甲、乙、丁、戊、己、庚、辛、壬、癸、甲二本補。

〔一〇〕「土山無石」，據甲、丁、戊、己、庚、辛、壬、癸、甲二本補。

〔一一〕「井水」，據丁、戊、己、庚、辛、壬、癸、甲二本補；「井」，甲本作「正」，誤。

〔一二〕「關」，諸本同，甲二本作「開」，誤。

〔一三〕「聾」，丁、己、庚、壬、甲二本同，甲本作「已」，辛本作「舉」，誤。

〔一四〕「犢」，丁、戊、己、庚、辛、壬、癸、甲二本同，甲本作「讀」。
〔一五〕「木馬無駒」，據甲、戊、己、庚、辛、癸、甲二本補。
〔一六〕「斫刀無」，據甲、戊、己、庚、辛、甲二本補。
〔一七〕「螢」，乙、戊、壬本同，己、庚、甲二本作「榮」，辛本作「營」。
〔一八〕「婦」，乙、戊、己、庚、辛、壬、甲二本同，甲、丁、癸本作「父」。
〔一九〕「玉」，乙、丁、戊、己、庚、辛、壬、癸、甲二本同，甲本作「何」，誤。
〔二〇〕「足」，乙、丁、戊、己、庚、辛、壬、癸、甲二本同，甲本作「是」，誤。
〔二一〕「夏日有餘」，據乙、丁、庚、己、辛、壬、甲二本補；「夏」，甲本作「下」。
〔二二〕「雄」，據甲、丁、戊、己、庚、辛、壬、甲二本補；「雌」，戊、己、辛本同，甲、丙、丁、壬、癸本作「觜」，誤。
〔二三〕「枝」，乙、丙、丁、戊、己、庚、辛、壬、癸、甲二本同，甲本作「之」。
〔二四〕「城」，乙、丁、丙、戊、己、庚、辛、壬、癸、甲二本同，甲本作「成」；「使」，乙、丁、丙、戊、己、辛、壬、癸本同，庚、甲二本作「所」。
〔二五〕甲、辛本無「小兒無字」至「可得與否」一段。
〔二六〕「子曰」，據己、壬本補，丁本作「子答曰」；「夫子曰」，戊本無。
〔二七〕「善哉」，據丁、戊、己、庚、壬、甲二本補。
〔二八〕「與」，庚、甲二本同，己本無此字，丁、戊本作「以」。
〔二九〕「已」，己、戊、庚、癸、甲二本作「以」，壬本作「與」；「否」，己庚癸甲二本同，戊本作「不」。
〔三〇〕「小兒答曰」，據甲、乙、丙、丁、戊、己、庚、辛、壬、甲二本補。

〔三一〕「吾不遊」，據甲、乙、丙、丁、戊、己、庚、辛、壬、甲二本補。

〔三二〕「吾」，甲、乙、丙、丁、戊、己、庚、辛、壬、甲二本同，乙本作「吴」；「侍」，乙、丙、丁、戊、己、庚、辛、甲二本同，壬本作「恃」，甲本作「待」，誤。

〔三三〕「慈」，乙、丙、丁、戊、己、庚、辛、壬、甲二本同，甲本作「子」；「父」，當作「母」，據甲、乙、丙、丁、戊、己、庚、辛、壬、甲二本改。

〔三四〕「當須養之」，據甲、乙、丙、丁、戊、庚、辛、壬本補，己本作「當養之」；「養」，甲二本作「卷」，誤。

〔三五〕「吾」，據甲、乙、丙、丁、戊、己、庚、辛、壬、甲二本補。

〔三六〕「所」，甲、乙、丁、戊、庚、辛、壬、甲二本同，丙本作「是」，己本無此字；「不得隨」，據乙、丙、丁、己、庚、辛、壬、甲二本補；「隨」，甲、戊本作「須」。

〔三七〕「曰」，甲、乙、戊、己、庚、辛、壬、甲二本同，丙、丁本作「答曰」。

〔三八〕「六」，乙、丙、丁、己本同，當作「陸」，據甲、戊、庚、辛、壬、甲二本改。

〔三九〕「戲」，乙、丙、己、庚、辛、甲二本同，戊、壬本作「喜」，甲本作「虚」，誤。

〔四〇〕「戲」，乙、丙、戊、己、庚、辛、壬、甲二本同，甲本作「虚」，誤。

〔四一〕「夫」，甲、乙、戊、己、庚、甲二本同，當作「天」，據壬本改。

〔四二〕「雨」，乙、丙、戊、己、庚、辛、壬、甲二本同，甲本作「謂」；「期」，戊、己、庚、辛、壬本同，丙本作「其」，誤。

〔四三〕「諸」，乙、戊、己、庚、壬、甲二本同，甲、辛本作「之」。

〔四四〕「不治」，乙、丙、戊、己、庚、辛、壬、甲二本同，甲本作「失之」。

〔四五〕「吏」，戊、己、庚、辛、壬、甲二本同，甲本作「里」，丙本作「使」。

〔四六〕「荆」，當作「稽」，據甲、乙、戊、己、庚、壬、甲二本改，丙、辛本作「經」，誤。

〔四七〕「耕」，乙、丙、戊、己、庚、辛、壬、甲二本同，甲本作「更」。

〔四八〕「忘」，甲、乙、戊、己、庚、壬、甲二、乙二本同，丙、辛本作「罔」；「詩書」，甲、戊、己、壬、甲二、乙二本同，乙辛本作「書詩」；「書」，己、壬、甲、乙二本同，甲本作「時」。

〔四九〕「筶」，乙、戊本同，丙本作「癡」，甲、辛本作「苦」；「撻」，乙、戊、己、辛、壬本同，甲本作「達」。

〔五〇〕「用」，據甲、乙、丙、戊、己、辛、壬、乙二本補。

〔五一〕「與」，甲、壬、乙二本同，乙、丙、戊、辛本作「以」，己本無此字；「汝」，乙、丙、戊、己、辛、壬本同，甲本作「如」，誤；「下」，乙、丙、戊、己、辛、壬本同，甲本作「地」，誤。

〔五二〕「以」，甲、乙、丙、戊、辛本同，當作「已」，據己、壬本改。

〔五三〕「不」，甲、乙、丙、戊、辛、壬、乙二本同，己本無此字。

〔五四〕「與」，甲本同，乙、丙、戊、己、辛、壬、乙二本作「以」；「汝」，乙、丙、戊、壬、乙二本同，甲、辛本作「兒」；「栓（掘）」，乙、戊本同，甲、辛、乙二本作「捨」，丙、壬本作「平」。

〔五五〕「棄」，甲、丙、辛、壬、乙二本同，己、戊本作「去」；「棄却」，甲、丙、辛、壬、乙二本同，乙本作「或有」，誤。

〔五六〕「栓（掘）」，乙、戊、己本同，甲、辛本作「捨」，丙、壬本作「平」。

〔五七〕「獸無所依」，甲、乙、戊、壬本同，丙本作「伯（佰）獸）無衣（依）」，己本作「獸無使衣（依）」，辛本作「獸無事衣（依）」，己、辛本之「使」「事」均當作「所」。

〔五八〕「塞卻」，甲、乙、戊、己、辛、壬本同，丙本作「田」。

〔五九〕「所」，甲、乙、丙、戊、己、辛、壬、乙二本同，己本作「使」，誤；「歸」，乙、丙、戊、己、辛、壬、乙二本同，甲本作「婦」，誤。

〔六〇〕「棄」，乙、己、辛、壬本同，甲、戊本作「去」。

〔六一〕「君子使誰」，乙、丙、戊、己、壬本同，甲、乙二本作「君子有何所隨」；「使誰」，辛本作「事隨」。

〔六二〕「夫子曰」，乙、丙、戊、己、壬本同，甲、辛、乙二本無。

〔六三〕「葦」，乙、丙、戊、己、辛、壬本同，甲本作「謂」。

〔六四〕「使」，丙、戊、己、辛、壬本同，甲本作「所」；乙本無「鷄化爲雉」至下文「婦坐使姑」一段。

〔六五〕「雉」，丙、戊、壬本同，辛本作「主」，甲本作「主碓」，誤；己本此句脱「雉」字，下句脱「狗化爲」。

〔六六〕「狐」，丙、戊本同，辛本作「乎」，甲、己、壬本作「孤」，誤。

〔六七〕「箔」，甲、丙、壬本同，辛本作「簿」。

〔六八〕「犬」，甲、丙、壬本同，辛本脱此字。

〔六九〕「爲傍有客」，丙、戊、己、辛、壬本同，甲本無。

〔七〇〕「使姑」，丙、戊、壬本同，甲本作「所孤」，「所孤」通「使姑」，己、辛本作「事姑」，「事」通「使」。

〔七一〕「花」，甲、丙、辛、壬本同，己本作「化」；「下」，甲、丙、己、壬本同，辛本作「夏」。

〔七二〕「雉」，丙、戊、己、辛、壬本同，甲本作「主」。

〔七三〕「山」，丙、己、壬、乙二本同，甲、辛本作「小」，誤；「澤」，丙、辛、壬、乙二本同，甲本作「擇」，己本作「宅」；戊本脱「近山澤也」。

〔七四〕「狗」，甲、戊、辛、壬、丙本同，己本作「苟」；「狐」，辛、壬、乙二本同，丙本作「主狐」，甲、己本作「孤」，誤。

〔七五〕「知」，諸本同，辛本作「之」；「是」，諸本同，辛本作「事」。

〔七六〕「是」，諸本同，辛本作「事」。
〔七七〕「答」，甲、丙、戊、己、辛本同，壬本無。
〔七八〕「父母」，丙、戊、己、辛、壬本同，甲本作「夫婦」，誤；「是」，甲、乙、丙、戊、己、壬本同，辛本作「事」；「親」，甲、戊、己本同，壬本無。
〔七九〕「婦」，乙、丙、戊、己、辛、壬、乙二本同，甲本作「父」，誤；「是」，甲、乙、丙、戊、己、壬、乙二本同，辛本作「事」。
〔八〇〕「是何言歟」，丙、戊、己本同，乙本作「是何言魚（歟）」，壬本作「是何言與」，甲、辛本無。
〔八一〕「是何言歟」，己本同，壬本作「是何言與」，甲、戊、辛本無。
〔八二〕「之」，甲、戊、己、辛、壬本同，丙、乙二本作「知」；「母」，戊、己、壬本同，甲、丙、乙二本作「父」，辛本作「婦」，誤。
〔八三〕「如」，戊、己、壬本同，甲本作「皃」，丙、辛、乙二本作「而」。
〔八四〕「之」，甲、乙、戊、己、壬本同，丙、辛本作「知」；「婦」，乙、戊、己、壬本同，甲、丙、辛本作「母」，誤。
〔八五〕「如」，諸本同，辛本作「而」。
〔八六〕「必」，諸本同，辛本作「不」，疑誤。
〔八七〕「家」，據甲、丙、戊、己、辛、壬本補。
〔八八〕「死」，乙、丙、戊、己、辛、壬本同，甲本作「四」。
〔八九〕「百」，甲、丙、戊、己、壬本同，辛本作「伯（佰）」；「枝枯」，丙、戊、己、辛、壬本同，甲本作「支孤」。
〔九〇〕「死」，乙、丙、戊、己、辛、壬、乙二本同，甲本作「四」。
〔九一〕「衆」，甲、戊本同，丙、己、辛、壬、乙二本作「種」；「孤」，甲、丙、戊、辛、壬、乙二本同，己本作「姑」。

〔九二〕「豈」，諸本同，戊本作「可」。

〔九三〕「小兒卻問夫子曰」，丙、戊、己、辛、壬本同，甲本作「夫子又問小兒曰」。

〔九四〕「浮」，丙、戊、己、壬、乙二本同，甲、辛本作「鳴」，誤。

〔九五〕「能鳴」，丙、戊、己、辛、壬本同，甲本作「鳴乎」。

〔九六〕「松」，甲、丙、戊、己、壬本同，辛本作「乎」；「竹」，甲、丙、戊、辛本同，壬本作「柏」，己本作「百」；「何以」，丙、戊、壬本同，甲、己、辛本無；「冬夏」，丙、己、辛、壬本同，甲本作「東下」，戊本作「冬下」；「恒」，甲、戊、己、辛本同，壬本作「常」；「青」，諸本同，戊本作「清」。

〔九七〕「夫子」，丙、戊、己、壬本同，甲、辛、乙二本作「小兒」；「曰」，甲、丙本同，戊、己、壬本作「對曰」。

〔九八〕「浮」，丙、戊、己、壬本同，甲、辛本作「鳴」，誤；甲、丙、戊、己、辛、壬本作「能浮」或「能鳴」。

〔九九〕「鳴」，甲、丙、戊、己、辛、壬本作「能鳴」。

〔一〇〇〕「緣烟（咽）項長」，丙、戊、己、辛、壬本同，甲本無；「烟」，辛本同，當作「咽」，據丙、戊、己、壬本改。

〔一〇一〕「竹」，甲、丙、戊、辛本同，己本作「百」，壬本作「柏」；「各」，甲本作「東」，當作「冬」，據丙、戊、己、辛、壬本改；「下」，甲本同，當作「夏」，據丙、戊、己、辛、壬本改；「恒」，甲、丙、戊、己、辛本同，壬本作「常」。

〔一〇二〕「緣」，戊、己、辛、壬本同，甲本作「由」，丙本作「緣由」；「心」，丙、戊、己、辛、壬本同，甲本作「深」；「中」，丙、戊、己、辛、壬本同，甲本作「忠」。

〔一〇三〕「曰」，辛本同，戊、己、壬本作「答曰」；甲、丙本無自「小兒曰」至「豈由心中强」一段。

〔一〇四〕「不然」，己、辛本同，戊、壬本作「不然也」。

〔一〇五〕「豈」據文義及戊、壬本補，己本作「去」，辛本無；「由」，戊、壬本作「猶」，己本作「遊」；「煙」，辛本同，當作「咽」，據戊、己、壬本改。

〔一〇六〕「魚」，戊、己、辛本同，壬本作「龜」。

〔一〇七〕「豈由」，辛本同，戊、壬本作「豈猶」，己本作「去遊」。

〔一〇八〕「恒」，辛本同，壬本作「常」；己本無「松柏」至「心中强」一段。

〔一〇九〕「由」，辛本同，壬本作「猶」。

〔一一〇〕「有」，辛本同，甲本作「又」，丙、戊、壬本無此字。

〔一一一〕「許」，甲、戊、辛、壬本同，丙本作「里」。

〔一一二〕「厚」，甲、丙、戊、己、壬本同，辛本作「原」，誤。

〔一一三〕「幾」，甲、戊、己、辛、壬本同，丙本脱；「住」，甲本作「主」，當作「柱」，據丙、戊、己、辛、壬本改。

〔一一四〕「何」，甲、戊、己、辛、壬本同，丙本作「何處」。

〔一一五〕「何」，甲、戊、辛本同，丙本作「何處」；「起」，甲、戊本作「去」，丙本作「下」；「雨從何起」，己本作「雨出高山」，誤。

〔一一六〕「霜出何邊」，甲、戊、己、辛、壬本同，丙本作「霜從何處出」。

〔一一七〕「露出何處」，甲、戊、己、辛、壬本同，丙本作「露從何處起」。

〔一一八〕「地」，甲、戊、己、壬本同，丙本脱；「起」，丙本同，壬本作「卻」，當作「去」，據甲、戊、己、辛本改；「九百」，丙、戊、己、壬本同，甲、辛本無。

〔一一九〕「厚」，甲、丙、戊、壬本同，辛本作「原」，誤；「等」，丙、戊、壬本同，甲、己、辛本作「共」。

〔一二〇〕「蒼枯（梧）」，丙、壬本作「蒼吾（梧）」，己本作「搶（蒼）梧」，戊本作「蒼胡」，甲本作「輕（荆）山」，辛本作「於山」。

〔一二一〕「高市」，戊本同，丙本作「高雲」，己本作「高山」，壬本作「高處」，甲、辛本作「江海」。
〔一二二〕「於天」，丙、戊、己、辛、壬本同，甲本作「何邊」。
〔一二三〕「以」，丙、壬本同，甲、戊、己、辛本作「與」，當作「與」；「四」，戊、己、辛、壬本同，甲本作「死」；「風」，甲、戊、己、辛、壬本作「雲」；「氣」，己本同，甲本作「去」，丙、辛本作「起」，壬本無此字；「扶」，甲、丙、戊、辛、壬本同，己本作「浮」；「爲」，甲、丙、戊、己本作「以爲」，壬、辛本作「與爲」；「柱」，丙、己、戊、辛、壬本同，甲本作「主」。
〔一二四〕「有」，丙、戊、己、壬本同，甲、辛本作「在」，誤。
〔一二五〕「曰」，丙、己本同，戊、壬本作「歎曰」，甲、辛本無。
〔一二六〕「善哉」，丙、戊、己、壬本此處叠用「善哉」，甲、辛本無。
〔一二七〕「知」，丙、戊、壬本同，甲、己、辛本作「之」；「後生」，丙、戊、辛、壬本同，己本脱「生」字，甲本作「小兒」；「畏」，甲、丙、戊、壬本同，辛本作「委」，己本作「得」，誤；「也」，丙、己、戊、辛、壬本同，甲本作「夜」。
〔一二八〕「共」，丙、戊、己、辛、壬本同，甲本作「以」；「對答」，據甲、丙、戊、己、辛、壬本補。
〔一二九〕「一一」，戊、己、辛本同，甲、壬本作「下下」，丙本無；甲本此句下尚有「此弟子」，辛本作「此弟」。
〔一三〇〕「心煞」，據甲、丙、戊、己、辛、壬本補。
〔一三一〕「累」，當作「景」，據甲、丙、戊、己、辛、壬本改；「玄」，戊、辛本同，當作「懸」，據甲、丙、戊、己、壬本改；「而」，丙、戊、壬本同，甲、辛本作「如」，己本無；「此」，甲、己、辛本同，當作「刺」，據丙、戊、壬本改；「故」，辛本同，當作「股」，據甲、丙、戊、己、壬本改。
〔一三二〕「行」，甲、丙、己、辛本同，當作「衡」，據戊、壬本改。

〔一三三〕「情」，丙、戊、己、壬本同，甲本作「程」，辛本作「諸」；「勇」，丙、戊、辛本同，甲、己、壬本作「用」。

〔一三四〕「子章」，戊、己、辛、壬本同，當作「子張」，據丙本改，甲本作「此章」。

〔一三五〕「學」，據甲、丙、戊、辛、壬本補；「起」，當作「去」，據甲、戊、辛、壬本改，丙、己本作「問」。

〔一三六〕「叉」，戊、己、壬本同，辛本作「抄」，甲本作「有」；「阿」，甲、戊、辛本作「耶」，己、壬本作「孃」；丙本無此句及下句。

〔一三七〕「兒」，辛本同，甲、戊、己、壬本作「如」。

〔一三八〕「寄」，甲、丙、己、辛本同，戊、壬本作「記」。

〔一三九〕「遂」，當作「年」，「望」，當作「老」，均據丙、戊、己、辛、壬本改；「昏迷去」，據戊、己、壬本補，丙、辛本作「皆迷去」；甲本此句作「耶孃老去皆明（迷）暗」。

〔一四〇〕「寄（借）他夫子兩車草」，據甲、丙、戊、己、辛、壬本補，唯壬本「他」作「且」。

〔一四一〕「夫子一去經年歲」，據甲、丙、戊、己、辛、壬本補，唯甲本「一」作「壹」。

〔一四二〕「項託父母不承忘」，據丙、戊、壬本補，甲、己本此句作「項託父母不時亡」，辛本作「項託婦母不時望」。

〔一四三〕「敢」，當作「取」，據甲、丙、戊、己、辛、壬本改；「將」，丙、戊、己、辛、壬本同，甲本作「皆」。

〔一四四〕「飼」，丙本同，甲本作「寺」，己本作「似」，戊、辛本作「餧」，壬本作「飲」。

〔一四五〕「夫子登時卻索草」，戊、己、壬本同，甲本作「夫子登來取色草」，丙本作「夫子卻索登初草」，辛本作「夫子登時卻索色草」。

〔一四六〕「卻」，丙本同，甲、戊、己、辛、壬本作「便」；「索」，丙本作「色」，甲、戊、己、辛、壬本作「欲」；「培」，當作「倍」，據甲、丙、戊、己、辛、壬本改。

〔一四七〕「每束黃金三兩强」，據甲、戊、己、辛、壬本補，唯戊本「束」作「日」，壬本「兩」作「鋌」。

〔一四八〕「錢」，據甲、戊、己、辛、壬本補。
〔一四九〕「方」，據甲、戊、己、辛、壬本補
〔一五〇〕「我兒一去經年歲」，據甲、戊、己、辛、壬本補；唯甲本「兒」作「如」。
〔一五一〕「問」，甲、己本同，當作「文」，據戊、辛、壬本改。
〔一五二〕「登」，戊、辛本同，甲本作「當」；「時聞此語」，據甲、戊、己、辛本補，但甲本「聞」作「文（聞）」，戊、己本「文（聞）」作「問」，壬本無此句。
〔一五三〕「心中歡喜倍」，據甲、戊、己、辛本補，壬本無此句。
〔一五四〕「乘」，戊、己、辛、壬本同，甲本作「其（騎）」。
〔一五五〕「登山」，戊、己、壬本同，辛本作「登時」；「陌領」，當作「驀嶺」，據戊、己、辛、壬本及文義改；「甚分芳」，據辛本補，戊、己、壬本作「甚分方」；此句甲本作「蘆聚百里甚芬方」。
〔一五六〕「樹樹每量無」，據甲、戊、己、辛、壬本補，唯甲本「量」作「梁」。
〔一五七〕「葛」，甲、戊、辛、壬本同，己本作「割」；「椀」，甲本同，當作「蔓」，據戊、辛、壬本改，己本作「萬」；「膠」，甲、己本同，戊、辛本作「絞」，壬本作「交」，此從戊、辛本；「甚」，甲、戊、己、辛本同，壬本作「是」；「强」，甲、己本同，戊、辛、壬本作「長」。
〔一五八〕「使人把鍬钁」，據甲、戊、己、辛、壬本補。
〔一五九〕「栓（掘）」，據甲、戊、己、辛、壬本補。
〔一六〇〕「重」甲、己、辛、壬本同，戊本作「從」；「裏」，甲、己、辛、壬本同，戊本作「外」；「石師子」，據甲、戊、己、辛、壬本補，唯甲本「師」，作「疏」。
〔一六一〕「兩重門」，據甲、戊、己、辛、壬本補，唯戊本「重」作「從」；「裏」，戊、己本同，甲本作「來」，辛、壬本

作「外」；「石」，甲、戊、己、壬本同，辛本作「食」。

〔一六二〕「側」，甲、戊、己、辛本同，壬本作「惻」；「耳」，戊、己、辛、壬本同，甲本作「二」。

〔一六三〕「讀書似雁行」，據戊、己、辛、壬本補，唯戊本「書」作「詩」。

〔一六四〕「夫子」，據戊、己、辛、壬本補；「俺」，當作「撩」，據己、辛、壬本改，戊本作「繚」。

〔一六五〕「相」，戊、己、壬本同，辛本脱。

〔一六六〕「變」，戊、辛本同，己本作「遍」，壬本作「化」；「作石人」，據戊、己、壬、辛本補。

〔一六七〕「鐵刀斬著」，己本作「鐵刀斫著」，戊本作「減刀斬截」，壬本作「減刀割截」，辛本作「減刀斬著」；「住住」，當作「汪汪」，據戊、壬本改，己辛本作「滂滂」。

〔一六八〕「氣」，戊、辛本同，己、壬本作「去」；「由」，己本同，當作「猶」，據戊、辛、壬本改。

〔一六九〕「迴頭遥」，據戊、己、辛、壬本補；「告」，戊、己、辛本同，壬本作「啓」；「阿孃」，辛、壬本同，戊、己本作「孃孃」。

〔一七〇〕「瓦」，當作「缸」，據壬本改，戊、己、辛本作「瓮」。

〔一七一〕「向」，戊、壬本同，己、辛本作「將」。

〔一七二〕「阿孃」，戊、己、壬本同，辛本作「耶孃」。

〔一七三〕「將」，戊、己、辛本同，壬本作「持」。

〔一七四〕「蒼蒼」，戊、辛、壬本同，己本作「搶搶」。

〔一七五〕「葦」，己、壬本同，戊、辛本作「竿」。

〔一七六〕「兵」，戊、辛、壬本同，己本作「丘」，誤；「神」，戊、辛、壬本同，己本作「臣」。

〔一七七〕「刀劍」，戊、己、辛本同，壬本作「弓刀」；「解」，當作「械」，據戊、己、辛、壬本改；「緣」，當作「沿」，據戊、己、辛、壬本改。

〔一七八〕「要」，當作「腰」，據戊、己、辛、壬本改；「利」，戊本同，己本作「治」，辛、壬本作「白」。

〔一七九〕「各」，戊、己、辛本同，壬本作「卻」；「勝」，戊、壬本同，己辛本作「强」。

〔一八〇〕「誰」，己、辛、壬本同，戊本作「須」；「知」，戊、辛、壬本同，己本作「之」；「前」，戊、辛、壬本同，己本脱；「亡」，辛、壬本同，戊本作「忘」，己本作「方」。

〔一八一〕「當」，壬本同，戊、己、辛本作「登」；「怕怖」，戊、己、辛、壬本作「惶怕」。

〔一八二〕「懸」，己、辛、壬本同，當作「縣」，據戊本改；「至」，當作「置」，據戊、己、辛、壬本改。

〔一八三〕此行筆體與前不同，應是後人隨手所寫。

參考文獻

Giles, BSOS, 9.4, 1032 ®; *Descriptive Catalogue of the Chinese Manuscripts from Tunhuang in the British Museum*, p.242; 《敦煌變文集》上二三一至二三五頁（録）; Mair, *Chinoperl Papers* Vol, 10, 44 ®; 《青海民族學院學報》一九八一年二期一五頁（録）; 《敦煌寶藏》三册，三一九頁（圖）; 《敦煌遺書總目索引》一一七頁; 《敦煌變文集新書》一一一九頁（録）; 《敦煌研究》一九八五年二期九九頁; 《莫高窟年表》五二六頁（録）; 《敦煌學輯刊》一九八六年一期三二頁; 《敦煌學輯刊》一九八七年一期三九頁; 《敦煌講唱文學作品選》八四至九三頁（録）; 《敦煌語言文學論文集》二四七頁（録）; 《敦煌變文選注》三六三至三七三（録）; 《敦煌兒童文學》一六五至一七七、二〇一至二〇四頁（録）; 《法商學報》二四期四三三至四六〇頁（録）; 《英藏敦煌文獻》一卷，一八一至一八二頁（圖）; 《敦煌學》一五輯一三〇頁; 《敦煌話本、詞文、俗賦導論》一九六至二〇三頁（録）; 《敦煌文獻與文學》三九五至四三六頁（録）; 《敦煌變文校注》三五七至三六七頁（録）。

斯三九五　二　社司轉帖抄

釋文

社司轉

社司轉帖　右右緣常年座社局席〔一〕，次至次至於氾員宗家〔二〕。人各麥一斗，粟一斗，麵

（下缺）

説明

此件後缺，失紀年。但前有『天福八年癸卯歲十一月十日淨土寺學郎張延保記』。這行題記的筆體與本帖相似，故本帖可能書於天福八年（九四三）十一月十日或此後不久。

校記

〔一〕此句中第二個『右』字爲衍文，應删。

〔二〕此句中第二個『次至』，爲衍文，應删。

參考文獻

Mair, *Chinoperl Papers* Vol, 10, 44 ®；《敦煌寶藏》三册，三一九頁（圖）；《英藏敦煌文獻》一卷，一八二頁（圖）；《敦煌社邑文書輯校》一五九至一六〇頁（録）。

斯三九五背　雜寫

釋文

社司轉帖　右緣

張延保、曹

座社　戊申年三月十七日立契，池洪鄉〔一〕

戊申年三月十七日立契，池洪鄉

法寶闍梨

　　問書一卷，二日□□□

張孔子項託相問　　孔日孔子項託□□□

天行

曹□□　曹延德□□

曹延德　甲辰年□麥兩石，

敦書曰禮爲道

龍興寺牒
請保師兄書聊耳
故人今日夫燒相
故人今日以燒
敕歸義軍
宋憨兒　張應
開元寺律師法保孔子項託爲紀是者
開運三年丙子歲十一月□□日淨土寺學仕郎
輿車無輪，泥牛
曹延亻　官□頭都張□
秋風飛卻皁自榮（？）□□白雲萬里張（？）
敦書日禮爲道首
敦書曰禮爲道首
敦書日禮爲道首
風雲動遵此。孔子項託相問書。學郎小興、王願昌
山之下久奇□　□數如後

孔子項託相問書　昔者孔子東遊，行至荆
癸癸卯年三月十二日張延保文書不亂一聚
□□□□　右□□□□□
□□□之夜，今□並□□□□
不得停滯二人
父□□□王帝
□胡□□如敬
□□□歲□
生身境
捨庭繼張
開酉
又西花上
□揭揰宋
人名一本：周盈通、張□□、□□進、王昌德
王繼昌
社司轉

説明

以上釋文多爲正面文書抄寫者張延保隨手所寫，内容並不連貫，但有的内容與正面文書有關，有的字體極小，且墨跡已脱落，不易辨識。

校記

〔一〕「池洪」，應爲「洪池」，敦煌縣有「洪池鄉」，無「池洪鄉」。

參考文獻

《敦煌寶藏》三册，三二〇至三二一頁（圖）；《英藏敦煌文獻》一卷，一八二至一八三頁（圖）。

斯三九六背　　《大般若經》點勘録

釋文

《般若》：欠十九袟（帙），欠廿二袟（帙），欠廿五袟（帙），欠廿六袟（帙），欠十九袟（帙），欠一卷；廿五袟（帙），欠六卷；廿六袟（帙）；廿七袟（帙），欠五卷；欠卅八袟（帙）；欠卅二袟（帙）；欠卅六袟（帙）；欠五十一袟（帙）；欠五十二袟（帙）。

説明

此件《英藏敦煌文獻》擬題《勘經部帙數目》，此件所點勘的經典爲《大般若經》，此從方廣錩研究員的定名。

參考文獻

《スタイン敦煌文獻及び既紹介西域出土漢文文獻内容分類目録初稿》（非佛教文獻之部）古文書類第二分册，四一頁；《英藏敦煌文獻》一卷，一八三頁（圖）；《敦煌佛教經録輯校》六三三至六三四頁（録）。

斯三九七　五臺山行記

釋文

（前缺）

於大安寺下。其寺，寺前有五鳳樓，九間大殿，九間講堂，一萬斤鍾（鐘）。大悲院有鑄金銅大悲菩薩四十二臂，高一丈二尺。修造功德主：大德内殿供奉慧勝大師賜紫澄灦〔一〕，彌勒院主内殿供奉淨戒大師賜紫澄漪。次有經藏院，有大藏五千六百卷，經並足〔二〕。文殊院有長講《維摩經》座主繼倫，門樓院有講《唯識論》、《維摩經》、造《藥師經抄》座主道樞。

寺後有三學院，内長有諸方聽衆，經、律、論進業者共八十人。院主講《唯識論》、《因明論》、《維摩經》〔三〕。六時禮懺，長着布衣，不見夫人娘子。有寺主大德賜紫講《維摩經》及文章。懷真。藥師院有長講《法花經》，六時禮懺，著布衣。崇德。

五月廿一日，從北京出至白楊樹店馮家宿，計五十里。五月廿二日，到大于店尹家柏宿，計七十里。五月廿三日，到忻州南趙家店，六十里。

廿四日，從忻州行至定相（襄）縣，四十里，張家宿。

廿五日，從定相（襄）起至臺山南門，建安尼院宿，計四十里。文殊堂後大榆樹兩個。

廿六日，從建安尼院起至大賢嶺飯，四十里。兼過山，名思良嶺。

又到佛光寺，四十里宿。廿七日，夜見聖燈，一十八遍現。兼有大佛殿七間，中間三尊兩面文殊普賢菩薩。彌勒閣三層七間，七十二賢、萬菩薩、十六羅漢、解脱和尚真身塔、鎖子骨和尚塔〔四〕，云是文殊、普賢化現。常住院，大樓五間，上層是經藏，於下安衆，日供僧五百餘人。房廊殿宇更有數院，功德佛事極多，難可具載。

廿九日，從佛光寺起又至聖壽寺，尼衆所居，受齋食，相去十里。齋竟，又行十里至福聖寺，寺有（下缺）

説明

此件前後均缺，始記太原大安寺情況，次記五月廿一日至廿九日自太原出發至五臺山及遊歷五臺山的情況。《敦煌地理文書匯輯校注》認爲此件寫於後唐長興二年以後（參看《敦煌地理文書匯輯校注》第三一三頁）。

校記

〔一〕『灑』，《敦煌地理文書匯輯校注》釋作『漪』，則與下一功德主爲同一人，於理而論，這裏所列應是兩位不同名的功德主。

〔二〕『經』，《敦煌地理文書匯輯校注》漏。

〔三〕『經』，《敦煌地理文書匯輯校注》釋作『論』，誤。

〔四〕『子骨』，《敦煌地理文書匯輯校注》釋作『骨子』，誤。

參考文獻

《敦煌曲》一九三頁(R)；L. Giles, *Descriptive Catalogue of the Chinese Manuscripts from Tunhuang in the British Museum*, p.234；《敦煌寶藏》三册，三二二頁（圖）；《敦煌學》七輯七五頁；《敦煌研究》一九八六年一期四二頁；《敦煌學園零拾》二二九至二三一頁（録）；《敦煌學林札記》八九至九一頁（録）；《敦煌歌詞總編》中，八五三頁（録）；《敦煌地理文書匯輯校注》三一二至三一四頁（録）；《英藏敦煌文獻》一卷，一八四頁（圖）；《中國歷史地理研究》二二〇頁(R)；《敦煌史地新論》一八〇頁。

斯三九八背　　釋迦牟尼讚

釋文

釋迦牟尼大穢積　無邊忿怒恒沙力
足踏寶石鎮閻浮　怒目雙牙如劍戟
手執降魔大金杵　擊破須彌化泥土
舉手能遮日月輝　口中呼吸成雲霧
再請梵香因不昧　吾爾結此陀羅會
咄吒頻那夜迦魅（？）、汝今敢不心催（摧）碎
聖者願降訣穢積　悉皆化作蓮花會

參考文獻

《敦煌寶藏》三册，三二四頁（圖）；《英藏敦煌文獻》一卷，一八五頁（圖）。

斯四〇六　茶酒論一卷並序

釋文

茶酒論一首　並序

鄉貢進仕（士）王敷撰

竊見神農曾嘗百草〔一〕，五穀從此得分〔二〕；軒轅製其衣服，流傳教示後人。倉頡致（製）其文字，孔丘闡化儒因。不可從頭細說，撮其機要之間（陳）〔三〕。暫問茶之與酒〔四〕，兩家誰有功勳〔五〕？阿誰即合卑小，阿誰即合稱尊？今日各須立理，强者光飾一門〔六〕。

第一茶曰〔七〕。茶乃出來言曰：『諸人莫鬧，聽説些些。百草之首，萬木之花〔八〕，貴之取蕊〔九〕，重之作（摘）牙（芽）〔一〇〕，呼之名草，號之作茶。貢五侯宅，進帝王家〔一一〕，時新獻入〔一二〕，一世榮華〔一三〕。自然尊貴，何用論誇！』

第二酒曰〔一四〕。酒乃出來：『可笑詞説！自故（古）至今〔一五〕，茶賤酒貴。單勞（醪）投何（河）〔一六〕，三軍告醉。君王飲之〔一七〕，叫呼萬歲；群臣飲之，賜卿無畏。和死定生，神明歆氣〔一八〕。酒飯向人〔一九〕，終無惡意。有酒有令〔二〇〕，人（仁）義禮智〔二一〕。自合稱尊，何勞比類！」

第三茶曰〔二二〕：「阿你不聞道〔二三〕：浮梁歙州，萬國來求，濁（蜀）山流（蒙）頂〔二四〕，其山驀嶺，舒成（城）太胡（湖）〔二五〕，買婢買奴〔二六〕，越群（郡）餘來（杭）〔二七〕，金帛爲囊〔二八〕。〔素〕紫天子〔二九〕，人間亦小（少）〔三〇〕；傷（商）客凡違〔三一〕，船車塞鬧〔三二〕，據此蹤由，阿誰合小〔三三〕？」

第四酒曰〔三四〕：「曾聞道〔三五〕：酎酒乾和〔三六〕，□□□□，□□□□，□□□□。玉酒瓊漿，仙人盃觴〔三七〕，□□□□，□□□□，□□□□，□□□□。一醉三年，〔三八〕（後缺）

說明

此件首全尾缺，僅存全文的三分之一左右。現知敦煌文獻伯三九一〇、伯二七一八、伯二八七五、斯五七七四和伯二九七二等號亦保存有此文，其中伯三九一〇和伯二七一八號均完整保存了此文，伯二八七五和斯五七七四亦僅保存了此文之首部（但下部均殘），伯二九七二號則僅存此文尾部，對此件沒有校勘價值。以上的釋文是以斯四〇六號爲底本，用伯三九一〇（稱其爲甲本）、伯二七一八（稱其爲乙本）、伯二八七五（稱其爲丙本）和斯五七七四（稱其爲丁本）參校。所有異文均出校，以供研究。

校記

〔一〕「嘗」，乙、丙、丁本同，甲本作「常」。

〔二〕「此」，乙、丁本同，甲本無。

〔三〕「機」，丁本同，甲本作「簡」，乙本作「樞」；「間」，當作「陳」，據甲、乙、丙、丁本改。

〔四〕「與」，乙、丙本同，甲本作「已」。

〔五〕「家」，甲、乙本作「個」；「有」，甲本同，乙本作「受（授）有」。

〔六〕「光」，甲、乙本作「先」，均誤；「一」，乙、丙本同，甲本作「壹」。

〔七〕甲、乙本無此句。

〔八〕「之」，乙、丙、丁本同，甲本作「諸」。

〔九〕「貴」，甲本同，乙本作「貴土」。

〔一〇〕「作」，當作「摘」，據甲、乙、丙、丁本改。

〔一一〕「進」，甲本作「奉」。

〔一二〕「時新」，丙本同，甲、乙、丁本作「時時」。

〔一三〕「一」，乙本同，甲本作「壹」。

〔一四〕甲、乙、丁本無此句。

〔一五〕「故」，甲本同，當作「古」，據乙、丙、丁本改；「至」，甲、丙、丁本同，乙本作「之」。

〔一六〕「勢」，當作「醪」，據甲、乙、丙、丁本改，「何」，甲本同，當作「河」，據乙、丙、丁本改。

〔一七〕「之」，乙、丙、丁本同，甲本作「諸」。

〔一八〕「神明」，乙、丁本同，甲本作「臣飲」。
〔一九〕「向」，乙、丁本同，甲本作「迴」。
〔二〇〕「令」，乙、丙、丁本同，甲本作「禮」。
〔二一〕「人」，當作「仁」，據文義改；「智」，乙、丁本同，甲本作「知」。
〔二二〕「第三茶曰」，甲本作「茶爲（謂）曰」，乙本作「茶爲（謂）酒曰」。
〔二三〕「聞」，乙、丁本同，甲本作「問」。
〔二四〕「濁」，當作「蜀」，據甲、乙、丁本改；「山」，甲、乙、丁本作「川」；「流」，甲、乙本同，丙本作「濛（蒙）」，當作「蒙」。
〔二五〕「太」，乙、丁本同，甲本作「大」。
〔二六〕「婢」，乙、丙本同，甲本作「卑」；「買奴」，乙、丙本同，甲本作「買奴」；此句丁本作「賣奴賣婢」，近是。
〔二七〕「群」，當作「郡」，據甲、乙、丙、丁本改；「來」，當作「杭」，據甲、丙本改，乙本作「坑」，誤。
〔二八〕「帛爲囊」，乙本同，甲本作「百千貫」。
〔二九〕「素」，據乙本補；「紫」，乙本同，甲本作「索潤」。
〔三〇〕「人間亦小（少）」，乙、丙本同，甲本作「弈人間亦步」，誤。
〔三一〕「凡違」，甲本作「來」，乙、丙本作「來求」，乙、丙本近是。
〔三二〕「鬧」，甲、乙本作「紹」。
〔三三〕「誰合小」，據甲、乙本補，唯乙本「小」作「少」。
〔三四〕「第四酒曰」，乙、丙本作「酒謂茶曰」，唯乙本「謂」作「爲」，甲本作「茶爲（謂）酒曰」，誤。
〔三五〕「曾聞道」，甲、乙本作「阿你不聞道」，乙本作「阿你不問道」。

〔三六〕「酎」，甲本作「濟」，乙本作「劑」。

〔三七〕「盃觴」，據甲、乙本補。

〔三八〕「一」，乙本同，甲本作「壹」；「醉」，乙本同，甲本無。

參考文獻

《敦煌變文集》上，二六七至二六九頁（録）；*Descriptive Catalogue of the Chinese Manuscripts from Tunhuang in the British Museum*, p.241；Mair, *Chinoperl Papers* Vol, 10, 44®；《敦煌寶藏》三册，三六七頁（圖）；《敦煌變文集新書》一一六九至一一七七頁（録）；《西藏研究》一九八五年四期五七頁（録）；《敦煌學輯刊》一九八六年一期六四頁；《揚州師院學報》一九八七年三期六〇頁；《敦煌講唱文學作品選注》九四至一〇四頁（録）；《敦煌變文選注》四三二至四四六頁（録）；《敦煌兒童文學》一五九至一六二、一九七至一九九頁（録）；《英藏敦煌文獻》一卷，一八五頁（圖）；《敦煌話本、詞文、俗賦導論》二〇三至二〇七頁；《敦煌變文校注》四二三至四三三頁（録）。

斯四〇六背　雜寫（社司轉帖）

釋文

社司轉帖　右

説明

此件後有蔣孝琬所書寫之數碼和『茶酒論一首』，未録。

參考文獻

《英藏敦煌文獻》一卷，一八六頁（圖）；《敦煌社邑文書輯校》三六一頁（録）。

斯四〇九　金光明經卷第一題記

釋文

經生輔文開抄，用紙廿二張。
法　師　智　序　三　校。
法華齋主大僧平事沙門法焕定。

説明

此件《英藏敦煌文獻》未收，現予補收。

參考文獻

Descriptive Catalogue of the Chinese Manuscripts from Tunhuang in the British Museum, p. 62（録）；《敦煌寶藏》三册三八三頁（圖）。

斯四〇九背　寺名

釋文

五十八　　界

説明

此件寫於佛經背面，《敦煌寶藏》及《英藏敦煌文獻》均漏收，現予補録。「界」爲敦煌三界寺之簡稱，表明此經屬於敦煌三界寺。「界」字上之數字「五十八」與正面佛經卷數不符，其含義待考。此卷背面尚有蔣孝琬所書之數碼和「大般若波羅蜜多經第」等，未録。

斯四一〇　大般若波羅蜜多經卷第五百七十六題記

釋文

常哲。

説明

此件《英藏敦煌文獻》未收，現予補收。

參考文獻

Descriptive Catalogue of the Chinese Manuscripts from Tunhuang in the British Museum, p. 13（録）；《敦煌寶藏》三册三九四頁（圖）。

斯四一三　經卷首尾佛像畫

説明

此號《英藏敦煌文獻》收録其首尾佛像畫，因無世俗文字，現予删除。

斯四一五背　道人訴狀稿（？）

釋文

並弓箭女人丈夫三年衣莊（裝）。
（中空二行）
於此法中便德（得）決了，人
草賊往來不停不歇。天王大德僧聽，今於莫言不寶（保），清憐無憑，言狀謹上大王夫人。
貧兒百姓念見債負深廣，割捨大王。夫王不言外道僧物佛物不道，訴念佛慈悲拔衆苦，一
言不報機（原文到此爲止）

説明

此件寫於《妙法蓮華經》之前，因原未書寫完，性質不甚清楚，似是與寺院有關的狀稿。上有蔣孝琬書寫之數碼和「《金光明經》第三」，未録。正面抄寫佛經所留天地處尚有「一本上生禮，夫大大」等字。

參考文獻

《敦煌寶藏》三册，四二七頁（圖）；《英藏敦煌文獻》一卷，一八七頁（圖）。

斯四二〇　某寺諸色斛斗入破歷計會

釋文

（前缺）

二百三十八石四斗二升。

白麵六十四石九斗五升，

粗麵三十石六斗三升，

由（油）七斗一升，麥六十

二石四斗五升，粟六十

八石二斗八升，麻一斗，

又麻滓拾叁個。

四十四石一斗。

壹拾陸碩壹斗伍升白麵

兩碩　　粗麵，　　貳斗油，　壹

拾七碩肆斗麥，　玖碩叁

斗伍勝粟。

一百六十四石三斗二升。

麥四十六石五升，粟

六十八石九斗三升，

白〔麵〕四十八石八斗〔一〕，粗麵

二十八石六斗三升，

麻一斗，由（油）伍斗一升，

麻滓拾三個。

（後缺）

説明

此件前後均缺，從其内容及格式看應爲某寺諸色斛斗入破歷計會。

校記

〔一〕「麵」，據文義補。

參考文獻

Descriptive Catalogue of the Chinese Manuscripts from Tunhuang in the British Museum, p.261；《敦煌寶藏》三册，四四七頁（圖）；《敦煌社會經濟文獻真蹟釋録》三輯，五五九至五六〇頁（圖）（録）；《英藏敦煌文獻》一卷，一八八頁（圖）。

釋文

太極真人問功德行業經

太極太虛真人問高上老子曰：昔奉聖教，令勸諸男女，勤修功德行業，不審何名功德行業？高上老子曰：以力勤行，謂之功；功及於物，謂之德；身行諸善，謂之行；以此爲事，謂之業。四者，萬行之統，衆德之紀，十方得道諸天尊等，莫不勤行，致乎極果。真人曰：功德行業，爲復一種，亦〔有〕優劣〔一〕？老子曰：亦有優劣。真人曰：何等爲優，何等爲劣？老子曰：志學大乘，先人後己，此則爲優；心來小法〔二〕，唯存於己，此則爲劣。真人曰：爲物之中，亦有昇降不邪？老子曰：亦有昇降。太極真〔人〕曰〔三〕：何者爲昇，何者爲降？老子曰：如救人死厄，拯濟貧窮，施藥活人，代人勞苦，養育老病，憂人所憂，此爲上上。若有赦囚徒，放贖生命，布施貧窮、老病、囚徒衣食，飼養鳥獸蟲魚，免諸僕賤，出家入道，此爲上中。若修理道路，造立舟梁，植種菓林，建屋鑿井，施漿及火，救拔危難，供養山棲道士、賢者，給侍道士，持經持誡，施齋施衣，此爲上下。若於諸城郭都邑，宫苑山林，立觀造壇，度人置像，作當來見在歸依處所，勸諸男女，發起道心，係想虔誠，進善止惡，此爲中上。若造諸天尊真應化像，仙真聖品，及諸天帝、金剛神王、仙童玉女、香官使者、龍虎君等，金銀銅鐵，珠玉繡畫，雕檀刻石，泥素夾佇，隨分所堪，在處安置，令衆歸依，此爲中中。若抄寫潢治三洞經教，常住流通，人間山岳，安置藏舉，講讀開化，永劫住持，此爲中下。若造諸堂殿樓閣，房廊屋宇，帳座旛花，光郭幢蓋，香爐几案，鍾磬法具，供養天尊，及以經法，次第莊嚴，員（圓）滿明淨，此爲下上。若施諸香油，莊田園苑，僮僕碾磑，車馬器服，法衣法具，香爐澡灌（鑵）〔四〕，如意几拂，繩牀坐褥，屙履雜器，入常住中，供養天尊，及諸道士，此爲下中。若施諸種子、票（粟）麥麻豆〔五〕，稻叔（菽）菓菜，及紋繒綿綺，金銀珠玉，供三寶所須，是其下下。以此九等，大略可知，皆在厥心，丹誠懇到。

真人曰：如上上等救人活命，爲復種〔六〕，亦有等差？老子曰：上等之人，夙植善業，果報自足，不求於人。中等之人，功行自濟，亦不資物，各能立身。唯下等之人，先世責重，雖報人形，衆苦備集，痛惱縈纏，不自解免，須人拯濟。其功平等，永無階差。唯在發心時輕重耳〔七〕。真人曰：如上中等〔八〕，鳥獸蟲魚，有差等不？老子曰：昔常安救數螘沈溺，仁感於天；張霸活飢虎數頭，地官舉善。以此言之，大小雖殊，其命均也。汝但仁心感惻，誠應物緣，則善響聞天，功書福簡，豈隔蟲魚之巨細，鳥獸之大小乎？夫所以令人立功積德者，欲觀其意，練其心也。苟心丹意玄，智惠（慧）明了，洞悟道理，物我兩忘，形神一致，内外清淨，遠近均同，靜亂不興，境智齊泯，妄想都遣，煩惱揔除，自會真源，豈須諸行？若心境暗或（惑），道性不明，彼我在懷，是非未息，煩惱妄想，行住紛馳，雖立德積功，而真道猶隔。大士忘功，中士積德，小人勤行。各在機緣，未可偏也，汝宜識之。於是太極太虚真人稽首稱善，歡喜而去。

太極真人問功德行業經

説明

此件首尾完整，首尾題俱爲『太極真人問功德行業經』。道藏缺收。有陳祚龍氏録校本可參。

校記

〔一〕『有』，原缺，據上下文義補。
〔二〕『來』，《敦煌學散策新集》校改作『求』。
〔三〕『人』，據文義補。
〔四〕『灌』，《敦煌學散策新集》校改作『罐』，是。
〔五〕『票』，當作『粟』，據文義改。

〔六〕「種」，《敦煌學散策新集》校作「一種」。
〔七〕「輕」前，《敦煌學散策新集》校補「有」。
〔八〕「等」後，《敦煌學散策新集》校補「救活」。

參考文獻

Descriptive Catalogue of the Chinese ***Manuscripts from Tunhuang in the British Museum***, p.220；《敦煌道經目録》二九頁；《スタイン將來大英博物館藏敦煌文獻分類目録・道教之部》六三頁；《敦煌道經目録編》，一一二頁；《敦煌道經圖録編》二〇八至二一〇頁（圖）；《敦煌寶藏》三册，四七七至四七九頁（圖）；《第一屆國際唐代學術會議論文集》三一一至三一四頁；《敦煌學散策新集》四四六至四九八頁；《英藏敦煌文獻》一卷，一八八至一九〇頁（圖）；《敦煌學》一八輯一六至二〇頁。

斯四二二五背　太極真人問功德行業經卷題

釋文

太極真人問功德行業經

説明

此件書於斯四二二五背起首處，是正面文書之卷題。

參考文獻

《英藏敦煌文獻》一卷，一八八頁（圖）。

斯四二一七　禪門十二時

釋文

禪門十二時

夜半子〔一〕，衆生重重縈（營）俗事〔二〕，不能禪定自觀心，何日得悟真如理。豪强富貴暫時間，究竟終歸不免死，非論我輩是凡夫，自此君王亦如此。

鷄鳴丑，不分年既侵蒲柳〔三〕，忽然明鏡點用看〔四〕，稍覺紅顔不如舊〔五〕，頭鬢蒼茫面復皺，眼闇匡（尫）量（羸）漸加愁〔六〕，不覺無常日夜摧，既看强量那不久〔七〕。

平旦寅，智惠（慧）莫與色爲親，斷除三障及三業，遠離六賊及六塵〔八〕，金玉滿室非是寶，忍辱最是無價珍〔九〕，男子女人行此事〔一〇〕，不染生死免沉論（淪）。

日出卯，濁惡世界多煩惱，欲得當來證果因，棄捨榮華及（急）修道〔一一〕，隨時麻褐且充體〔一二〕，錦鋪羅衣莫將好，如來上（尚）自入涅槃〔一三〕，凡夫宿夜（業）誰能保〔一四〕。

食時辰，六賊論（輪）迴不識珍，自恨長生閻浮提〔一五〕，恒爲怨魔會須勤（勤）〔一六〕，衆生在俗雖（須）眼裹（利）〔一七〕，莫著沉淪守迷津〔一八〕，跋提河邊洗罪垢〔一九〕，菩提樹下證成真。

嵎（隅）中巳，所恨流浪俱生死〔二〇〕，法船雖達涅槃城〔二一〕，二鼠四蛇從後至〔二二〕。人身猶如水上泡，無常煞鬼忽然至，三日病卧死臨頭，善惡之業終難避〔二三〕。

正南午，人命由（猶）如草頭露〔二四〕，火急努力勤修福，第一莫貪自迷悟〔二五〕，閻羅伺（司）命難求囑〔二六〕，積寶凌天無用處，若其放慢似尋常，歷劫哀哉自辛苦〔二七〕。

日昳未，衆生禀性惟求利〔二八〕，熟（孰）知猛火逼然來〔二九〕，不解將身遠相避〔三〇〕，無心讀誦大乘經〔三一〕，執著慳貪懷惡境〔三二〕，一朝無常死王摧〔三三〕，騰身直入鑊湯裏〔三四〕。

哺時申，慈悲喜捨最爲真（珍）〔三五〕，被他打罵恒忍辱，當來獲得菩提因，皮骨肉髓終莫惜〔三六〕，法水時時得潤身〔三七〕，一切煩惱漸輕微，解脱逍遥出六塵〔三八〕。

日入酉，觀看榮華實不久〔三九〕，劫石上（尚）自化爲塵〔四〇〕，富貴那能得長壽〔四一〕，愚人不悟守迷津〔四二〕，專愛然（煞）生並好酒〔四三〕，無常不肯與人期〔四四〕，地獄刀山長劫受〔四五〕。

黄昏戌（戌）〔四六〕，冥路幽深暗如漆〔四七〕，牛頭獄卒抱鐵杈〔四八〕，罪人一入無時出，智（至）者聞聲心膽驚〔四九〕，行人思量莫論（輪）失〔五〇〕，欲得當來避險路〔五一〕，勤修般若波羅密〔五二〕。

人定亥，罪福惚是天曹配，善因惡業自相隨〔五三〕，臨渴栓（掘）井終難悔〔五四〕，榮華恰似風中燭〔五五〕，眼裏貪色大痴昧〔五六〕，一朝合（命）落卧黄沙〔五七〕，百年富貴知何在〔五八〕。

說明

此件背面接正面書寫，首尾完整。中國國家圖書館鳥字一〇號亦有相同内容之文字，但同音别字較多，且首部殘缺。以上的釋文是以斯四二七爲底本，用鳥字一〇號參校（稱其爲甲本），所有異文均出校，以供研究者參考。

此件背面尚有蔣孝琬所書之數碼和『禪門十二時』，未録。

校記

〔一〕『夜半子』，《敦煌歌辭總编》認爲此三字及各段起首三字均應爲重文，其説甚是，甲本之起首三字即均標有重文符號。但此件各段之起首三字均未標重文符號，故不從《敦煌歌辭總编》。

〔二〕『榮』，《敦煌歌辭總编》釋作『縈』，誤，『榮』通『營』。

〔三〕『既』，《敦煌歌辭總编》釋作『貶』，誤。

〔四〕『點用』，《敦煌歌辭總编》釋作『照前』。

〔五〕『稍』，《敦煌歌辭總编》釋作『頓』。

〔六〕『匡』當作『尩』，『量』，當作『羸』，《敦煌歌辭總编》據文義校改。《敦煌歌辭總编》將此句置於『頭鬢蒼茫面復皺』之前。

〔七〕『不』，《敦煌歌辭總编》校改作『可』。

〔八〕「遠離」，甲本作「原裏」。

〔九〕「珍」，甲本作「真」。

〔一〇〕「此」，甲本作「次」。

〔一一〕「棄」，甲本作「去」；「華」，甲本作「鏵」；「急修道」，甲本作「修佛道」。

〔一二〕「褐」，甲本作「布」；「體」，甲本作「替」。

〔一三〕「上」，當作「尚」，據甲本改；「自」，甲本作「字」。

〔一四〕「誰能」，甲本作「殊難」。

〔一五〕「自」，甲本作「字」；「長生」，甲本作「生長」；「提」，甲本作「帝」。

〔一六〕「怨」，甲本作「冤」；「魔」，甲本作「磨」；「勒」，疑當作「勤」，據甲本改。

〔一七〕「雖」，當作「須」；「裏」，當作「利」，均據甲本改。

〔一八〕「津」，甲本作「珍」。

〔一九〕「跋」，甲本作「鉢」；「邊」，甲本作「頭」；「洗」，甲本作「細」；「垢」，甲本作「勾」。

〔二〇〕「流浪」，甲本作「留朗」；「俱」，甲本作「歸」，《敦煌歌辭總編》釋作「共」，未知所據。

〔二一〕「雖」，甲本作「未」；「城」，甲本作「時」。

〔二二〕「至」，甲本無。

〔二三〕「終」，甲本作「中」。

〔二四〕「露」，甲本作「路」。

〔二五〕「自」，甲本作「字」。

〔二六〕「伺（司）」，甲本作「思」，《敦煌歌辭總編》徑釋作「司」。

〔二七〕「歷」，甲本作「力」；「自辛」，甲本作「自受」。
〔二八〕「稟」，甲本作「品」；「惟」，甲本作「須」；「利」，甲本作「裏」。
〔二九〕「然」，甲本作「身」。
〔三〇〕「解」，甲本作「價」。
〔三一〕「讀誦」，甲本同，《敦煌歌辭總編》釋作「誦讀」，不知何據。
〔三二〕「惡境」，甲本作「裏境」，《敦煌歌辭總編》釋作「思意」，疑誤。
〔三三〕「無常」，甲本作「病卧」；「死」，甲本作「所」。
〔三四〕「直」，甲本作「一」；「鑊湯裏」，甲本作「到焦地」；《敦煌歌辭總編》作「到焦熱地」。
〔三五〕「真」，當作「珍」，據甲本改。
〔三六〕「骨肉髓終莫」，甲本作「肉血髓中不」。
〔三七〕「得」，甲本作「德」。
〔三八〕「脱」，甲本作「奪」。
〔三九〕「觀」，甲本作「貫」；「華」，甲本作「鏵」。
〔四〇〕「上」，當作「尚」，據甲本改；「自」，甲本作「字」。
〔四一〕「壽」，甲本作「受」，《敦煌歌辭總編》釋作「有」。
〔四二〕「愚」，甲本作「遇」；「悟」，甲本作「會」，誤；「津」，甲本作「真」。
〔四三〕「然」，當作「煞」，據甲本改。
〔四四〕「與」，甲本作「以」。
〔四五〕「刀」，甲本作「刃」；「長」，甲本作「常」。

〔四六〕「戊」，當作「戍」，據甲本及文義改。

〔四七〕「冥」，甲本作「明」；「幽」，甲本作「優」。

〔四八〕「杈」，甲本作「叉」。

〔四九〕「智」，當作「至」，據甲本改。

〔五〇〕「行人」，甲本作「幸者」；「論」，當作「輪」，據甲本改。

〔五一〕「欲得當來」，甲本作「當來欲得」；「避」，甲本作「被」。

〔五二〕「般」，甲本作「鉢」。

〔五三〕「自」，甲本作「惣」。

〔五四〕「終」，甲本作「中」。

〔五五〕「華恰似」，甲本作「鏵惣是」；「燭」，甲本作「炅」。

〔五六〕「色」，甲本作「索」；「昧」，甲本作「晦」。

〔五七〕「合」，甲本作「令」，《敦煌歌辭總編》釋作「冷」，當作「命」，據文義改。

〔五八〕「知」，甲本作「之」。

參考文獻

《敦煌曲》三〇四頁（録）（R）；《敦煌韻文集》第五五至五七頁（録）；*Descriptive Catalogue of the Chinese Manuscripts from Tunhuang in the British Museum*, p.186；《敦煌寶藏》三册，四八〇頁（圖）；《木鐸》一〇期二二九至二六〇頁（録）；《敦煌歌詞總編》下，一三四七至一三六一（録）；顏廷亮主編《敦煌文學》二二四至二二五頁；《英藏敦煌文獻》一卷，一九一頁（圖）；《敦煌文獻與文學》一〇三至一四九頁（録）；《敦煌佛學·佛事篇》二二八至二二九頁（録）。

斯四四〇　說偈文

釋文

入布薩堂說偈文

持戒清淨如滿月，身口皎（皎）潔無暇（瑕）穢，清淨和合無違諍，爾乃可得同布薩。

受水說偈文〔一〕

八功德水淨諸塵，灌掌去垢心無染，奉持禁戒無缺犯，一切衆生亦如是〔二〕。

受香湯說偈文

香湯薰沐澡諸垢〔三〕，法身具足五分衝（充），般若圓照解脱滿，羣生同會法界融〔四〕。

行香說偈文〔五〕

戒香、定香、惠香、解脱香、解脱知見香〔六〕，光明雲臺遍世界，供養十方無量佛，見聞普薰證寂滅，一切衆生亦如是〔七〕。

受籌說偈文〔八〕

金剛無畏解脱籌，難逢難遇如今過〔九〕，我今歡喜頂戴受，一切衆生亦如是。

還籌説偈文〔一〇〕

具足清淨受此籌，具足清淨還此籌，堅持禁戒無缺犯，一切衆生亦如是〔一一〕。

清淨妙偈文

清淨如滿月，清淨應布薩，身口業清淨，爾乃可得同布薩〔一二〕。

布薩〔竟〕説偈文〔一三〕

諸佛出世第一快，聞法奉行歡喜快，大衆和合寂滅快，衆生離苦安樂快。

説明

上録文字書於《四分尼戒本》之後，《英藏敦煌文獻》漏收，現予補録。

現知以上各篇説偈文還見於斯二五八〇、斯四二一八、斯五九一八等號中，各本之標題和每篇偈文的排列次序不同，陳祚龍對其做過校録。

以上的釋文是以斯四四〇爲底本，用斯二五八〇（稱其爲甲本）、斯四二一八（稱其爲乙本）、斯五九一八（稱其爲丙本）參校。

校記

〔一〕 此題丙本同，甲本作『受水偈文』，乙本作『受觸水』。

〔二〕 『亦』，乙本同，甲本作『悉』。

〔三〕「湯」，乙本同，甲、丙本作「水」。
〔四〕「會」，甲本同，乙本作「共」。
〔五〕「行香説偈文」，甲、丙本均作「唱行香説偈文」，乙本無此篇。
〔六〕「解脱知見香」，此句不符合七字一句之規範，甲、丙本均無，疑當删。
〔七〕此句甲本亦無。
〔八〕「受籌説偈文」，甲、丙本同，乙本作「受籌云」。
〔九〕「逢」，乙本同，丙本作「得」。
〔一〇〕「還籌説偈文」，丙本同，甲本作「還籌偈文」，乙本作「還籌云」。
〔一一〕「亦」，乙本同，甲本作「悉」。
〔一二〕「可得」，甲、丙本均無，乙本無此篇。
〔一三〕「竟」，據甲、丙本補，乙本無此篇。

參考文獻

《敦煌學海探珠》一四七至一四八頁（録）；《敦煌寶藏》三册，五六六頁（圖）。

斯四四四　大般若波羅蜜多經卷第二百二題記

釋文

超參第一校，法濟校。

光（？）閏寫。

説明

此件《英藏敦煌文獻》未收，現予補録。

參考文獻

Descriptive Catalogue of the Chinese **Manuscripts** *from Tunhuang in the British* **Museum**, p.5（録）；《敦煌寶藏》三册六〇二頁（圖）。

斯四四六　唐玄宗加應道尊號大赦文

釋文

（前缺）

微，綜緝真經，俾傳後學〔一〕，並令有司審定，子孫將有封植，以副直（真）也〔二〕。天師册爲太師，貞白册贈太保。其天下有洞宫山，各置天壇祠宇，每處度道士五人；並取近山三十户，蠲免租税差科，永供灑掃。諸郡有自古得道昇仙之處，雖先令醮祭，猶慮未周。宜度道士〔三〕人〔三〕；其靈跡殊尤、功應遠大者，度三人，（永）修香火〔四〕。其先無屋宇者，所管隨事營造；若舊有破壞者，亦量加修葺。其道士並除名屬本郡，大觀所度人，各令當郡長官精加簡試，取灼然有行者充，仍委採訪使重覆，度訖，一時録奏〔五〕。其茅山、紫陽〔觀〕〔六〕，取側近百姓二百户，本（太）平〔七〕、崇元二觀，各一百户，並蠲免租税差科，長充修葺灑掃。應天下靈山仙跡，並宜禁斷樵採弋獵。如聞山林學道之士，每〔被〕搜括〔八〕，且法之防取（邪）〔九〕，本有所〔以〕〔一〇〕，至於宿宵妖訛，亡命聚衆，誘陷愚人，故令禁斷。郡縣遂一概〔迫〕逐〔一一〕，使志道之者，不得安居。自今已後，審知清潔，更不得恐動，以廢修行。其五岳四瀆，名山大川，各令本郡長官致祭。朕刻意直（真）經〔一二〕，虔誠至道，冀憑玄祐，永錫黔黎。每朝禮三清，則宵衣忘霞（寢）〔一三〕；式（或）齋戒（戒）一室〔一四〕，則蔬食屬厭，不以勤躬爲倦，務以徇物爲心。況於宰煞，尤加惻隱。自今已後，天下每月〔十〕齋日〔一五〕，不得輒有宰煞。又聞閭閻之間，例有私社，皆預畜生命〔一六〕，以資宴集，仁者之心，有所不忍，亦宜禁斷。仍委郡縣長官切加捉搦〔一七〕。且因親設教，式本於人備（倫）〔一八〕；自葉流根，必逮於榮養。內外文武職事官有五品已上，其父祖見在而無官者，宜各授一官〔一九〕，仍聽致仕，其祖母見在，援例處分〔二〇〕。京官五品已上正員官，如父母已沒〔二一〕，未有官者，亦宜追贈。所司勘會，即〔與〕處分〔二二〕。朕（睦）親之義〔二三〕，恩（因）心不忘〔二四〕。前開府儀同三司竇洩，頃〔以〕容納微人〔二五〕，頗虧典憲，永懷舅氏，追感渭陽，宜申國恩，再復榮袟，可開府儀同三司，仍放優閑，不須朝會。王澤無私，豈殊於中外；天瑞有慶，頻屬於京輦〔二六〕。寬大之典，大則已濤覃〔二七〕；惠施之恩，特申曲被。其京城父老，宜入（人）各賜物十段〔二八〕，七十已上，仍版授本縣令，其妻版授縣君。六十已上，版授本縣丞。其城居鄉户，今載所有差科並已後應差丁防等，宜令放免。其道僧等共賜物一萬疋，東京父老賜物五千段，仍並據人數分給〔二九〕。天下侍老百歲已上，版授下郡太守〔三〇〕，婦人版授郡君；九十已上版授上郡司馬，婦人版授縣君；八十已上版授縣令，婦人版授鄉君；仍並即量賜酒麵〔三一〕。內外見在（任）文武官九品已上〔三二〕，宜各賜勳兩轉。其京文武官見在（任）京及致仕〔三三〕，並陪位官、諸方通表使及月番官等〔三四〕，一品賜物一百疋，二品三品八十疋〔三五〕，四品五品五十疋，六品七品三十段，八品九品二十段。兩京留守各八十疋。其節度〔三六〕、採訪使並清（諸）官充使未迴者，並同在京官賜物〔三七〕。書册左僕射兼〔三八〕

（後缺）

說明

此件首尾均缺，起『微，綜緝真經』，迄『書册左僕射兼』。《唐大詔令集》和《全唐文》中均保存了此文。以上的釋文是以斯四四六爲底本，而用《唐大詔令集》參校，稱其爲甲本。

校記

〔一〕『俾傳』，甲本作『傳俾』，當以底本爲是。
〔二〕『副』，甲本作『嗣』；『直』，當作『真』，據甲本改。
〔三〕『三』，底本脱，據甲本補。
〔四〕『永』，底本脱，據甲本補。
〔五〕自『其先無屋宇者』至『度訖，一時録奏』，甲本無。
〔六〕『觀』，底本脱，據甲本補。

〔七〕「本」，當作「太」，據甲本改。
〔八〕「被」，據甲本補；「括」，甲本作「尋」。
〔九〕「取」，當作「邪」，據甲本改。
〔一〇〕「以」，底本脱，據甲本補。
〔一一〕「迫」，底本脱，據甲本補。
〔一二〕「直」，當作「真」，據甲本改。
〔一三〕「霞」，當作「寢」，據甲本改。
〔一四〕「式」，當作「或」；「戎」，當作「戒」，均據甲本改。
〔一五〕「十」，底本脱，據甲本補。
〔一六〕「預畜」，甲本作「殺」。
〔一七〕此句甲本無。
〔一八〕「備」，當作「倫」，據甲本改。
〔一九〕甲本此句脱「宜」字。
〔二〇〕「援」，甲本作「亦循」。
〔二一〕「没」，甲本作「歿」。
〔二二〕「與」，底本脱，據甲本補。
〔二三〕「朕」，當作「睦」，據甲本改。
〔二四〕「恩」，當作「因」，據甲本改。
〔二五〕「以」，底本脱，據甲本補。

〔二六〕「箠」，甲本作「籤」。
〔二七〕「大」，甲本無。
〔二八〕「入」，甲本無，疑爲衍文。
〔二九〕甲本無自「其城居鄉户」至「仍並據人數分給」一段。
〔三〇〕「下」，甲本作「上」。
〔三一〕「即」，甲本無。
〔三二〕「在」，當作「任」，據甲本改。
〔三三〕「在」，當作「任」，據甲本改。
〔三四〕「表」，甲本作「展」，疑誤。
〔三五〕「八十」，甲本作「並八十」。
〔三六〕「節度」，甲本作「節度使」。
〔三七〕「清」，當作「諸」，據甲本改；「充使」，甲本作「稱充使」；「未迴者」，甲本作「未迴」；「官」，甲本作「例」。
〔三八〕「書册左僕射兼」，甲本無。

參考文獻

《敦煌寶藏》三册，六〇四頁（圖）；《敦煌遺書總目索引》一一八頁；《敦煌遺書論文集》六七頁；《敦煌社會經濟文獻真蹟釋録》四輯，二六〇至二六一頁（圖）（録）；《英藏敦煌文獻》一卷，一九二頁（圖）；《講座敦煌·五·敦煌漢文文獻》五五二至五五三頁（R）。

斯四四七　大乘淨土讚

釋文

淨土讚

法鏡林（臨）空照，心通五色現，見深（心）淨妙察，法界亦通然。
意珠但自淨，身光照十方，至心無處住，解脱得清凉。
觀相如無相，高聲不染聲，了（料）智（知）無所有，惠鏡浪（朗）然明。
策子油空淨，吾（悟）則無所員，坐卧空消（霄）裏，超出離人天。
漸到池邊立，洗卻意中寧（泥），清淨無塵垢，願如（汝）證菩提。
惠鏡無令暗，智者常用明，塵勞須段（斷）卻，寶藏自然明。
除（池）煉金沙數（水），連（蓮）中法性流，花開化生子，説我本根由。
住想常觀察，三昧寶王真，巡（循）還（環）三藏教，弗（拂）却意中寧（泥）。
有人傳（專）念佛，念佛入深禪，初也（夜）端心坐，西方在目前。
念則智（知）無念，無念是真如，若了此中意，是名法性珠。

淨土在心頭，禺（愚）人向外求，心中有寶鏡，不息（識）一生休。
諸佛在心頭，如（汝）此（自）不能求，甚（慎）物（勿）令虚過，急修（手）早勤修。
寶鏡人家（皆）有，遇（愚）人不解磨，不能返自照，塵垢亦來過。
寶鏡人家（皆）有，智人則解磨，勤勤返自照，塵垢不來過。
意趣恒名徹，自性本員（圓）明，吾（悟）里（理）之（知）中（終）趣，念佛即無生。
碎末爲金礦，礦中不現金，知（智）者用（鎔）消（銷）練（煉），真金腹内現。
佛想空無相，真如直（寂）不言，口談文字教，四界望相禪。
涅槃末藏法，彼（秘）蜜（密）不教傳，心中（通）常不（自）用，滅度有度緣。
三乘表一乘，外道未贈（曾）聞，小根多毀傍（謗），盛（誓）願莫流傳。
道逢良賢，抱（把）手相傳，道逢不良賢，了（子）父不相傳。

説明

此件首尾完整。現知敦煌文獻中保存的與此件内容相同的寫本至少有六件（見斯三八二《大乘淨土讚一本》説明），各本均有異文及用同音字相代替的現象。以上的釋文是以斯四四七爲底本，仍用現知各本參校。因斯三八二《大乘淨土讚一本》已將各本所有同音字相互代替者及異文一一注出，故此件不再另出校記，所有校改之理由均請參看斯三八二《大乘淨土讚一本》校記。

參考文獻

Descriptive Catalogue of the Chinese Manuscripts from Tunhuang in the British Museum, p.191；《初期禪宗史書の研究》（R）；《敦煌寶藏》三册，六〇五頁（圖）；《敦煌學園零拾》三九四至三九七頁（録）；《英藏敦煌文獻》一卷，一九二頁（圖）。

斯四四七背　太子太師告紫亭副使等帖

釋文

太子大（太）師　帖　告紫亭副使孟喝悉鷄、監使楊竹丹、都衙慕容丹鉢（？）等，向東有
燒錯賊壹百，即去打。宜立了兼官人及百姓夜頭□便至城□不得四萬□□□□不
□□□□□□□□□□□□□□□□□□□□□□□□□□□□□□□□□□□
不宜□□□□□□□□□□□□□□□□□□□□帖。

説明

此件墨跡多已脱落，即使查看原件，亦有許多字已無法辨識。

參考文獻

Descriptive Catalogue of the Chinese Manuscripts from Tunhuang in the British Museum, p.191；《敦煌寶藏》三册六〇六頁（圖）；《英藏敦煌文獻》一卷，一九三頁（圖）。

斯四四九　大般若波羅蜜多經卷第三百一勘經題記與題名

釋文

兑。

兑。

兑。

安文德。

説明

以上釋文的三個『兑』字寫在佛經文字上部所留之空白處，當爲勘經題記。題名則書於經尾。此卷背面尚有蔣孝琬所書之數碼和『大般若波羅蜜多經』、『安文德』等文字，未録。

參考文獻

Descriptive Catalogue of the Chinese Manuscripts from Tunhuang in the British Museum, p.8（録）;《敦煌寶藏》三册六一八頁（圖）。

斯四五三　天王文

釋文

夫欲歸依三寶，祈賽四王者，若（莫）不一心虔恭，五體投地，同心啓請，自表虔誠，各各敬心，依口宣請。敬禮十方三世一切諸佛，敬禮十二部尊經甚深法藏，敬禮諸大菩薩摩訶薩衆，敬禮聲聞緣覺一切賢聖，如過去諸佛，所有行願。我某甲等，依此修行。如過去諸佛，諸大菩薩，所有懺悔，不敢覆藏，乃至十惡五逆，微細等諸煩惱，亦皆懺悔。如過去諸佛，出興於世，轉法輪時。龍天八部，護世四王，來詣佛前，受佛付囑，發大誓願。我等諸王，於三寶間，常生守護，護政（正）法心，若有耶（邪）魔，及諸惡鬼，依三寶所，起興害心，我等諸王，以誓願力，不令侵擾；若有他方賊，來於此界，於三寶所，及諸有情，起興害心，我等諸王，速來擁護，令諸灾怪，殄滅無餘。有於國境，有佛塔廟，及佛教法，一切臣民，能信受者，我等龍神，盡其威力，常興護念，令法不滅，魔不得便，信敬諸徒，獲大安樂。謹按法王，一代時教，便有如是，殊勝利益。大漢聖主，及我太保，沿及宰相，乃至百官，城隍官史（吏）等[一]，興廣大願，造立形像，建飾伽藍，誦持經法，乃至供養三寶，於四天下，下至一花，上至百味，如斯衆善，伏請天神地界，轉益威光，羅刹夜叉，咸生善念，向護國境，利化蒼生，所惡勿侵，善芽增集。大漢聖主，及我太保，壽逾南岳，福及西溟，心同諸佛諸心，體同金剛之體，公卿將相，百位諸僚，願靈覺迴光，常垂照燭，大慈方便，永蔭法雲　榮高丘岳之尊，位鎮閻海之貴，道洛（路）豐樂，遐邇大安。然後耶（邪）教耶（邪）師，或無或咀，四大（？）自損傷，勿來侵害。我諸軍師，尤加堅猛；彼諸戰士，潛懼疆場；所兵賊不侵，萬姓安樂，住佛性海，摧邪建幢，息苦盡願，普供（共）成佛。摩訶般若，利落（樂）無邊；大衆虔誠，一切普誦。

説明

此件首尾完整，無題，《敦煌願文集》考出其爲《天王文》。此文中有『大漢聖主，及我太保』，知此件應作於五代後漢時期。

校注

〔一〕『史』，當作『吏』，據文義改。

參考文獻

Descriptive Catalogue of the Chinese Manuscripts from Tunhuang in the British Museum, p.205；《敦煌寶藏》三册，六五四頁（圖）；《英藏敦煌文獻》一卷，一九四頁（圖）；《敦煌願文集》六〇九至六一八頁（録）。

斯四五三背　雜寫（禮懺文等）

釋文

夫欲歸三寳祈賽（此行原爲倒寫）
　夫欲歸依三寳，祈賽四〔王〕者〔一〕，若（莫）不一心虔恭，五體頭（投）地，
諸大諸佛世　尊尊
夫夫欲歸依三寳　夫大雲寺
年學郎　外

校注

〔一〕『王』，據正面之『禮懺文』補。

參考文獻

《敦煌寳藏》三册六五五頁（圖）；《英藏敦煌文獻》一卷，一九五頁（圖）。

斯四五六　妙法蓮華經卷第三題記

釋文

咸亨五年八月二日左春坊楷書蕭敬寫，
用紙十九張，
裝潢手解集，
初校福林寺僧智彥，
再校西明寺僧行軌，
三校西明寺僧懷瓚（一），
詳閱太原寺大德神符，
詳閱太原寺大德嘉尚，
詳閱太原寺主慧立，
詳閱太原寺上座道成，
判官司農寺上林署令李善德，

使大中大夫守工部侍郎永興縣開國公虞昶監。

說明

此件《敦煌寶藏》圖版尾部殘缺半行，實則不殘。《英藏敦煌文獻》未收，現予補録。

校記

〔一〕『瓚』，《敦煌遺書總目索引》釋作『賢』，誤。

參考文獻

Giles, *BSOS*, 8.1, 16 ®; *Descriptive Catalogue of the Chinese Manuscripts from Tunhuang in the British Museum*, p.72；《敦煌學要籥》九〇至九一頁（録）；《敦煌寶藏》三册，六六八頁（圖）；《敦煌遺書總目索引》一一八頁（録）；《敦煌大藏經》三三卷，七四〇至七四九頁（圖）；《中國古代寫本識語集録》二一九至二二〇頁（録）。

斯四五七　大智度論卷第四十四題記

釋文

開皇十三年歲次癸丑四月八日弟子李思賢敬寫供養。

説明

此件《英藏敦煌文獻》未收，現予補録。

參考文獻

《敦煌寶藏》三册，六八二頁（圖）；《敦煌遺書總目索引》一一八頁（録）；《中國古代寫本識語集録》一四四頁（録）。

斯四五八　佛説無量壽宗要經題記

釋文

張瀛。

説明

此件《英藏敦煌文獻》未收，現予補録。

參考文獻

Descriptive Catalogue of the Chinese Manuscripts from Tunhuang in the British Museum, p. 149；《敦煌寶藏》三册，六八四頁（圖）。

斯四六一　勘經題記及雜寫

釋文

兑

此是是大大大近圍

兑

兑

說明

此件之『兑』字甚大，寫於佛經之上，表明此紙已成爲廢紙。其他文字爲時人隨手所寫，寫於佛經行間，《英藏敦煌文獻》漏收，現予補録。

參考文獻

Descriptive Catalogue of the Chinese Manuscripts from Tunhuang in the British Museum, p.14；《敦煌寶藏》四册，三頁（圖）。

斯四六一背　雜寫（字書、千字文等）

釋文

毛毳馥仇吝糟慷荆

六某　東都篇第五

幕（音莫，帷也。）

貂

捌釖

壼

舂

图圄

爽

鼈

匱

走赳　　　　千字文敕員外散騎

舜

第三帙　　　　千字文敕員外散騎

世尊觀世音菩薩世音

世尊歡　　世尊尊

大大大

說明

此件係時人隨手所寫，其中有的内容係字書，並抄有「千字文」之起首部分。《英藏敦煌文獻》漏收，現予補録。

參考文獻

Descriptive Catalogue of the Chinese Manuscripts from Tunhuang in the British Museum, p.14；《敦煌寶藏》四册，四頁（圖）。

斯四六二　一　懺悔滅罪《金光明經》傳

釋文

（前缺）

步步倒地。前人掣繩挽之，後人以捧打之。居道曰：『自計所犯〔一〕，誠難免脱，若爲乞示餘（余）一計校，且得免逢怨家之面〔二〕。閻王峻法，當如之何？』使人語居道云〔三〕：『汝但能爲所煞衆生，發心願造《金光明經》四卷，〔當〕得免脱〔四〕。』居道承教，連聲再唱，願造《金光明經》四卷，盡身供養，怨家解釋〔五〕。

少時望見城門，使人引入〔六〕，東向入〔七〕，曲向北見閻王。廳前無億數人，問辯答疑，著枷被鎖，遭杻履械〔八〕，鞭撻狼籍，哀聲痛響，不可聽聞〔九〕。使人即過狀閻王，唱名出見。王曰：『此人極大罪過，何爲捉〔來〕遲〔晚〕〔一〇〕。令此猪等再訴，急喚訴者將來。』使人走出，諸處叫喚，求覓所訴命者不得。走來報王，諸處追覓，猪等不見。王即更散遣人，分頭求覓〔一一〕，巡問曹府，咸悉稱無。王即帖五道大神，撿化形（刑）案。少時有一主者把狀走來。其狀云：『依撿某日，得司善〔牒〕報〔一二〕，世人張居道，爲煞生故，願造

《金光明經》四卷，依科，其所遭煞，並合乘此功德，隨業化形，牒至，准法處分者。其張居道怨家訴者，以某日准司善牒，並判化從人道，生於世界訖』。王既見狀〔一三〕，極懷歡喜曰：『居道雖煞衆生，能設方便〔一四〕，爲其發願，修造功德，令此債主，便生人路，既無報對，偏辭不可懸信。判放居道，再歸生路，當宜善念，多造功德。斷味止煞，勿復慳貪惜財，不作橋梁，專爲惡業』。

於是出城，如從夢歸。居道説此由緣，發心造經，一百餘人，斷肉止煞，不可計數。此經天下少本，詢訪不獲。躬歷諸方，遂於衛州禪寂寺撿得抄寫，隨身供養。

居道及至當官之日，合家大小，悉斷肉味。其温州安固縣丞妻，病經一年，絶音不語，獨自狂言，口中唱痛，叩頭死罪，狀有所訴。居道聞之，爲其夫説：『如此之狀，多是怨家債命，文案未決，命由（故）不絶〔一五〕。自當思忖，省悟已來由（緣）〔一六〕，所問（關）煞害生命〔一七〕，急爲造《金光明經》，分明懺唱。此經側近無本，唯居道家有此經。』縣丞依遵其教，請本雇人，抄寫未畢，妻便醒悟。説云：『狀如夢惛惛，當有猪鷄鵝鴨，一日三過，競來咬嚙，痛不可當。從來應到其時〔一八〕，遂乃不見，唯有或猪或羊，或牛或鷄之類，皆是人身，來與我別云：雖是怨家，遭你屠害，以你爲我敬造功德，所以令我得化形成人，我今與怨解散〔一九〕，不相逮債〔二〇〕。語訖即去，因爾不復如此〔二一〕』。病即輕差，平復如本。

當此之時，温州一郡〔二二〕，所養鷄猪鵝鴨肉用之徒，咸悉放生。家家斷肉，人人善念，不立屠行，爰及比州鄰縣，聞此並起淨念，不止一家。

當今所煞，無所徵効者，斯是衆生，業滿合死〔二三〕，故無報應。衹是盡其人身，還作畜生，被他屠煞〔二四〕。若衆生日限未足，遭人煞者，立被訟注。世人卒死及羸病，連年纍月，眠中唱痛，狂言或（惑）語，並是衆〔生〕報注〔二五〕。文案一定，方始命斷。一切衆罪，懺悔皆滅，唯有煞生，懺悔不除。爲有怨家，專心訟對，自非爲其修造經像〔二六〕。或被人所遣，或事計難禁，煞事不已者，〔當〕生慚愧〔二七〕，爲其傷嘆，將刀所煞，如割己肉；或衒賣與人，取其財價，以爲豐足，皆須一本一造〔二八〕，分明懺唱，令此功德，資及怨家，早生人道，之（考）訟自休〔二九〕，不復執逮。善男女等，明當誡之。

説明

此件前缺，《英藏敦煌文獻》定名爲《金光明經果報記》。伯二〇九九《金光明經》前亦有與此件相同之内容，首尾完整，首題「懺悔滅罪《金光明經》傳」，尾題「《金光明經》傳」，此從其首題。一九二八年，陳寅恪先生發表《〈懺悔滅罪金光明經冥報傳〉跋》曾對此件做過闡發。據柴劍虹先生研究，張居道故事流傳極廣，在敦煌、吐魯番文獻出現過二一八次（包括迴鶻、梵、吐蕃文寫本）（參看《敦煌吐魯番學論稿》，江蘇教育出版社二〇〇〇年一一〇至一一三頁）。

以上的釋文是以斯四六二二爲底本，用伯二〇九九號參校，稱其爲甲本。

校記

〔一〕「所犯」，甲本作「往誤」。
〔二〕「得」，甲本無。
〔三〕「云」，甲本無。
〔四〕「當」，據甲本補。
〔五〕「怨家解釋」，甲本作「願怨家解釋」。
〔六〕「入」，甲本無。
〔七〕「東向」，甲本作「向東」。
〔八〕「杒」，甲本作「杻」。
〔九〕「聞」，甲本無。
〔一〇〕「來」、「晚」，據甲本補。
〔一一〕「求覓」，甲本無。
〔一二〕「牒」，據甲本補。
〔一三〕「見」，甲本脱。
〔一四〕「方便」，甲本作「方便計」。
〔一五〕「由」，當作「故」，據甲本改。
〔一六〕「緣」，據甲本補。
〔一七〕「問」，當作「關」，據甲本改。

〔一八〕「到其」，甲本作「其到」。
〔一九〕「我今與怨」，甲本作「今與怨家」。
〔二〇〕「債」，甲本作「情」，誤。
〔二一〕「因」，甲本作「固」，疑誤。
〔二二〕「郡」，甲本作「群」，誤。
〔二三〕「業滿合死」，甲本作「業滿合死故」。
〔二四〕「煞」，甲本作「煞害」。
〔二五〕「生」，據甲本補。
〔二六〕「經像」，甲本作「功德經像」。
〔二七〕「當」，據甲本補。
〔二八〕「皆須一本一造」，甲本作「一造一本」。
〔二九〕「之」，疑當作「考」，據甲本改。

參考文獻

《敦煌寶藏》四册，五頁（圖）；《敦煌遺書總目索引》一一八頁；《英藏敦煌文獻》一卷，一九六頁（圖）；《敦煌大藏經》四八卷，三二一至三二七頁（圖）；《敦煌吐魯番學論稿》一一〇至一一三頁。

斯四六二　二　大唐中興三藏聖教序

釋文

大唐中興三藏聖教序　御製

蓋聞蒼蒼者，天列星辰而著象；茫茫者，地奠川岳以成形。仰觀天文，既如彼也；俯循地理，又若斯焉。夫以妙旨幽微，名言之路攸絶；真如湛寂，性相之義都捐。然則發啓心聾，資法雷之激響；將導迷衆，俟覺首以司方。故知假名不壞於常名，樂説乃詮於無説。至若象外之象，獨稱三界之尊；天中之天，爰著六通之聖；法王利見，孕育於七十二君；梵帝乘時，牢籠於萬八千歲；周星闕彩，言符降誕之徵；漢日流祥，載葉通神之夢。故能威揚沙劫，化被塵區。玉豪舒耀而除昏，金口弘宣而遣滯。破煩惱之賊，詎藉干戈；壞生死之軍，唯憑慧力。闢圓明之界，廣納於無邊。開常樂之門，普該於有識。縱使浮天欲浪，境風息而俄澄；漲日情塵，法雨霑而便廓。歸依者，銷殃而致福；迴向者，去危而獲安。可謂巍巍乎？其有成功蕩蕩乎？而無能名者矣。

但四生蠢蠢，未悟無常；六趣悠悠，俱纏有結。詎知空花不實，水月非堅。馳逐於五陰之中，播遷於三界之域，納諸品彙，終俟法門。自白馬西來，玄言東被；世尊則隨類敷演，衆生乃逐性開迷；馬鳴擅美於瓊編，龍樹騰芳於寶偈。於是遥通震旦，遠佈閻浮。半滿之教，區分大小之乘。並鷲澄、安俊德，接武於騰場；琳、遠高人，駢蹤於法宇。隨使微言著範，歷千古而暢英聲；至蹟流規，周十方而騰茂實。

頃屬後周，膺運大扇魔軍。遂使天下招提，咸從毀廢；寰中法侣，並混編甿。嗟乎！閑寂禪居，空留宴坐之處；荒涼慧苑，無復經行之蹤。爰洎開皇，重將修建；旋逢大業，又遇分崩；鬼哭神吟，山鳴海沸。既遭涂炭，寧有伽藍？正法消淪，邪見增長。於是人迷覺路，邅迴於苦集之區；俗蔽真宗，羈絆於蓋纏之内。

我大唐之有天下也，上淩巢燧，府（俯）視羲軒，三聖重光，萬邦一統，威加有截，澤被無垠。掩坤絡以還淳，亘乾維而獻款。再懸佛日，重補梵天。龍宣將八柱齊安，鷲嶺共五峰爭峻。

大弘　　釋教，諒屬

皇朝者焉。

大福先寺翻經三藏法師義淨者，范陽人也。俗姓張氏。五代相韓之後，三臺仕晉之前。朱紫分輝，貂蟬合彩。高祖爲東齊郡守，仁風逐扇，甘雨隨車。化闡六條，政行十部。爰祖及父，俱厭俗榮。放曠一丘，消遥三徑。含合體素，養性恬神。擿芝秀於東山，挹清流於南澗。可謂幽尋丹嶠，棲偃白雲，皋鶴於是呑聲，場駒以之縶影。法師幼撻（達）明悟，夙彰聰敏。纔逾辯（辨）李之歲，心樂出家。甫過游洛之年，志尋西國。業該經史，學洞古今。惣三藏之玄樞，明一乘之奧義。既而閑居習靜，息慮安禪，託彼山林。遠茲塵累。三十有七，方遂雅懷。以咸亨二年，行至廣府，發蹤結契，數乃十人。鼓棹昇航，唯存一己。巡南溟以遐逝，指西域以長驅；歷嚴岫之千重，淩波濤之萬里。漸届天竺，次至王城。佛說《法華》，靈峰尚在；

如來成道，　聖躅仍留。吠舍城中，獻蓋之蹤不泯；給孤園内，布金之地猶存。三道寶階，居然目覩；八大靈塔，邈矣親觀。所經三十餘國，凡歷二十餘載。菩提樹下，屢攀折以淹留；阿耨池邊，幾濯纓而澡鑒。法師慈悲，作室忍辱爲衣，長齋則一食自資，長坐則六時無倦。又古來翻譯之者，莫不先出梵文，後資漢譯。蹠詞方憑於學者，銓義則稟於僧徒。今茲法師，不如是矣。既閑五天竺語，又詳二諦幽宗，譯義綴文，咸由於己出；指詞定理，匪假於傍求。超漢代之摩騰，跨秦年之羅什。所將梵本經，近四百部，合五十萬頌，金剛座真容一鋪，舍利三百粒。以證聖元年夏五月方届都焉。

　則天大聖皇帝出震膺期，乘乾握紀，紹隆爲務，弘濟爲心，爰命百寮，兼敕四衆，虹幡攙日，鳳吹遏雲，香散六銖，花飄五色，鏘鏘濟濟，煒煒煌煌，迎於上東之門，置於授記之寺。共于闐三藏及大福先寺主沙門復禮，西崇福寺主法藏等，翻《花嚴經》。後至大福先寺，與天竺三藏寶思未多及授記寺主慧表、沙門勝莊、慈訓等譯根本部律。其大德等莫不四禪凝慮，六度冥懷，懸法鏡於心臺，朗戒珠於性海。詞林挺秀，將覺樹而連芳；慧炬楊（揚）輝，澄桂輪而含影。渾金璞玉，諒屬其人。誠梵宇之棟梁，寔法門之龍象。已翻諸雜經律二百餘卷，繕寫云畢，尋並進内。其餘戒律諸論，方俟後銓。五篇之教，具明八法之因；備曉鵝珠，尚護蟲命無傷。浮囊必取於不虧，油鉢終期於靡覆，崇聖教之綱紀，啓含生之耳目。伏願上資

先聖，長隆

七廟之基；下建微躬，恒佐九天之命。遷懷生於壽域，致薄俗於淳原（下缺）

說明

此件首全尾缺。

參考文獻

*Descriptive Catalogue of the Chinese **Manuscripts** from Tunhuang in the British **Museum***, p. 185；《敦煌寶藏》四册，六頁（圖）；《英藏敦煌文獻》一卷，一九七至一九八頁（圖）。

斯四六四背　勘經題記、雜字及雜寫

釋文

纍

每行三十五字。驃蹕瓠筒瓠讛甏宥鼻桎梏

生　香華供養佛。

我等便迴身背卿不諸。

説明

上録「每行三十五字」，似爲正面「大乘百法明門論門宗義記」之勘校文字。其他爲雜字或雜寫。

參考文獻

《敦煌寶藏》四册，一七頁（圖）；《英藏敦煌文獻》一卷，一九九頁（圖）。

斯四六六　廣順叁年（九五三）十月廿二日莫高鄉百姓龍祐定兄弟出典地契

釋文

廣順叁年歲次癸丑十月廿二日立契，莫高鄉百姓龍章祐弟祐定，伏緣家内窘闕，無物用度，今將父祖口分地兩畦子，共貳畝中半，只（質）典已（與）蓮（連）畔人押衙羅思朝。斷作地價，其日見過麥壹拾伍碩。字（自）今已後，物無利頭，地無雇價，其地佃種，限肆年内不喜（許）地主收俗（贖）。若於年限滿日，便仰地主辨（辦）還本麥者，便仰地主收地。兩共對面平章爲定，更不喜（許）休悔。如若先悔者，罰青麥拾馱，充入不悔人。恐後無信，故勒次（此）契，用爲後憑。

地主弟龍祐定（押）

地主兄龍章祐（押）

只（質）典地人押衙羅思朝

知見父押衙羅安進（押）

知見人法律福海　知

説明

此件單爲一紙，係實用文書，因書契者水平不高，每用同音字代替正字。

參考文獻

Giles, *BSOS*, 11.1, 153Ⓡ; Hori, *Acta Asiatica*, p.59Ⓡ; 《敦煌資料》一輯，三二四至三二五頁（録）；*Descriptive Catalogue of the Chinese Manuscripts from Tunhuang in the British Museum*, p.257；《敦煌寶藏》四册，一九頁（圖）；《西北史地》一九八三年四期八四頁；《敦煌學譯文集》八六三頁；《敦煌吐魯番出土經濟文書研究》二七一頁（録）；《漢學研究》四卷二期三二一頁（録）；*Tun-huang And Turfan Documents-Conderning Social And Economic History Contracts* Ⅲ A117（圖）、B101頁（録）；《文史知識》一九八八年八期一〇〇頁；《敦煌社會經濟文獻真蹟釋録》二輯，三〇頁（録）（圖）；《英藏敦煌文獻》一卷，一九九頁（圖）；《敦煌學輯刊》一九九一年一期九七頁（録）；《中國歷代契約會編考釋》二七二至二七三頁（録）。

斯四六七　五臺山曲子六首

釋文

五臺山曲子六首〔一〕

大聖堂，非凡地，左右龍盤〔二〕，爲有臺相倚。嶺岫嵯峨朝聖地〔三〕，花木芬芳，菩薩多靈異。面慈悲，心歡喜，西國真僧〔四〕，遠遠來瞻禮〔五〕。瑞綵時時簾下起〔六〕，福祚當今〔七〕，萬古千秋歲。

上中臺〔八〕，盤道遠，萬仞迢迢〔九〕，髣髴過天半〔一〇〕。寶石山巖光燦爛〔一一〕，瑞草名華（花）〔一二〕，似錦堪遊翫。玉花池，金沙畔〔一三〕，冰窟千年，到者身心戰〔一四〕。合掌望空重發願〔一五〕，五色祥雲，一日三迴現。

上東臺〔一六〕，過北斗，望見浮（扶）桑〔一七〕，海伴（畔）龍神鬬〔一八〕。雨雪（雹）相和更（驚）霖（林）藪〔一九〕，霧捲雲收〔二〇〕，化現千般有。吉祥鳴，師子吼，聞者狐宜（疑）〔二一〕，便（怕）往那（羅）邊（筵）走〔二二〕。纔念文殊三五口〔二三〕，大聖慈悲，方便來相救〔二四〕。

上北臺〔二五〕，登嶮道，石逕慢（峻）層（嶒）〔二六〕，換（緩）步行多少〔二七〕。遍地名花微耎

（軟）草〔二八〕，定水潛流，一里三迴到〔二九〕。駱駞焉（崖）〔三〇〕，風眇（裊）眇（裊）〔三一〕，來往巡遊〔三二〕，須是身心好。羅漢巖前觀柰（渿）好（河）〔三三〕，不敢久停〔三四〕，爲有神龍操〔三五〕。

上西臺〔三六〕，真聖境，阿耨池邊，好似金橋影〔三七〕。兩道圓光明似鏡，一朵香山，岆（崪）嶢（岏）堪吟詠〔三八〕。師子蹤，深印定，功德泉中〔三九〕，甘露常清淨。菩薩行時龍衆請，居士談揚〔四〇〕，爲有天人聽〔四一〕。

上南臺〔四二〕，林嶺別，媚（淨）境孤高〔四三〕，巖下觀星月。遠跳（眺）霞（遐）方情思悦〔四四〕，不（或）聽神鍾（鐘）〔四五〕，感貴（愧）捻香爇〔四六〕。蜀錦花〔四七〕，銀絲結，供養諸天，菡萏無人折〔四八〕。慚愧塵勞罪（今）消滅〔四九〕，福壽延年（長）〔五〇〕，爲見真菩薩〔五一〕。

說明

此件首尾完整，僅一紙，原有句讀。現知敦煌文獻中保存的五臺山曲子除此件外，尚有伯三六六〇（首尾完整）、斯二〇八〇（僅存中間部分）、斯二九八五（存起首三首）、斯四〇一二（僅存尾部），各本都存在用同音字相互代替的現象。以上的釋文是以斯四六七爲底本，用伯三六六〇（稱其爲甲本）、斯四〇一二（稱其爲乙本）、斯二〇八〇（稱其爲丙本）和斯二九八五（稱其爲丁本）參校，所有異文均出校，以供參考。

校記

〔一〕甲本題作「大唐五臺曲子五首，寄在蘇莫遮」。

〔二〕「龍盤」，丁本同，甲本作「盤龍」。

〔三〕「聖地」，甲本作「霧起」，丁本作「戊巳」，當爲「霧起」之同音字。

〔四〕「西國」，甲本同，丁本作「印玉」；「真」，丁本同，甲本作「神」。

〔五〕「遠遠」，甲本同，丁本作「往往」；「瞻」，甲本同，丁本作「巡」。

〔六〕「綵」，甲、丁本均作「彩」；「簾」，丁本同，甲本作「巖」。

〔七〕「當今」，甲、丙、丁本均作「唐川」。

〔八〕底本各首次序與諸本不同，各本「上中臺」均在「上東臺」、「上北臺」之後。「上中臺」，甲、丙本作「第三上中臺」。

〔九〕「迢迢」，甲、丙本均作「逍迢」。

〔一〇〕「過」，丙本同，甲本作「迴」。

〔一一〕「山」，甲、丙本均作「巉」。

〔一二〕「瑞」，甲、丙本均作「異」。

〔一三〕「畔」，甲本作「泮」，丙本作「伴」。

〔一四〕「戰」，丙本同，甲本作「顫」。

〔一五〕「合掌望空」，甲、丙本均作「禮拜虔誠」。

〔一六〕「上東臺」，丁本同，甲、丙本均作「第一上東臺」。

〔一七〕「望見浮（扶）桑」，丁本同，甲、丙本作「霧卷雲收」，誤。

〔一八〕「伴」，當作「畔」，據丁本改；「海伴（畔）龍神鬭」，丁本同，甲、丙本作「化現千般有」，誤。

〔一九〕「雪」，當作「雹」，據甲、丙、丁本改；「更」，當作「驚」，據甲、丙、丁本改；「霖」，當作「林」，據丙、丁本改；「霖（林）藪」，丙、丁本同，甲本作「歎」。

〔二〇〕「霧捲雲收」，甲、丙、丁本同，底本「霧」字旁原有一「望」字。

〔二一〕「狐」，甲、丁本同，丙本作「猢」。

〔二二〕「便」，當作「怕」，據甲、丙、丁本改；「往」，丁本同，甲、丙本作「網」，當作「往」；「那邊」，當作「羅筵」，據丁本改，甲、丙本作「羅烟」。

〔二三〕「五」，丁本同，甲、丙本作「兩」。

〔二四〕「來相」，甲、丙、丁本均作「潛身」。

〔二五〕「上北臺」，丁本同，甲、丙本均作「第二上北臺」。

〔二六〕「逕」，甲、丙本同，丁本作「涇」，「涇」通「逕」；「慢」，當作「岐」，據甲、丙、丁本改；「層」甲、丙、丁、本同，《敦煌歌辭總編》據文義校改爲「嶒」。

〔二七〕「換」，當作「緩」，據丁本改。

〔二八〕「名花」，甲、丙、丁本均作「莓苔」，近是；「微」，丁本作「唯」，「唯」通「微」，甲、丙本作「異」。

〔二九〕「里」，丁本同，甲、丙本作「日」；「到」，甲、丙本同，丁本作「倒」。

〔三〇〕「爲」，丁本作「圬」，甲、丙本作「嶌」，《敦煌歌辭總編》校改作「崖」，此從之。

〔三一〕「眇眇」，當作「裊裊」，據甲、丙、丁本改。

〔三二〕「遊」，甲、丙本同，丁本作「猶」。
〔三三〕「巖」，甲、丁本同，丙本作「臺」；「前」，甲、丙、丁本均作「頭」；「柰好」，丁本同。當作「渿河」，據甲、丙本改。
〔三四〕「敢」，丁本同，甲、丙本作「得」。
〔三五〕「爲」，丁本同，甲、丙本作「唯」；丁本此句後有「第五首」三字。
〔三六〕「上西臺」，甲、丙本均作「第四上西臺」。
〔三七〕「似」，甲、丙本均作「是」。
〔三八〕「岆嶤」，當作「崪屼」，據甲、丙本改。
〔三九〕「功德泉中」，甲、丙均作「八德池邊」。
〔四〇〕「談」，甲本同，乙本作「譚」；「揚」，甲、乙本均作「楊」。
〔四一〕「爲」，甲、乙本均作「唯」。
〔四二〕「上南臺」，甲、乙本均作「第五上南臺」。
〔四三〕「媚」，當作「淨」，據甲本改；「境」，甲本同，乙本作「景」。
〔四四〕「跳」，當作「眺」，據甲、乙本改；「霞」，乙本同，當作「遐」，據甲本改；「情思」，乙本同，甲本作「思情」。
〔四五〕「不」，當作「或」，據甲、乙本改。
〔四六〕「貴」，當作「愧」，據甲、乙本改。
〔四七〕「蜀」，甲本同，乙本作「熟」。
〔四八〕「菡萏」，甲本同，乙本作「涵談」；「無人折」，甲、乙本均作「人間徹」。
〔四九〕「慚愧」，甲、乙本均作「往日」；「罪」，當作「今」，據甲、乙本改。

〔五〇〕「年」，疑當作「長」，據甲、乙本改。

〔五一〕「見」，甲本無。乙本作「禮」。

參考文獻

《敦煌曲子詞集》下卷，九〇至九四頁（録）；《敦煌曲校録》一八一至一八二頁（録）；《敦煌曲》八七至九一頁（録）（R）；*Descriptive Catalogue of the Chinese Manuscripts from Tunhuang in the British Museum*, p.194；《敦煌寶藏》四册，一九頁（圖）；《敦煌佛經卷子巡禮》八至九頁（録）；《敦煌歌辭總編》下，一七〇三至一七四九頁（録）；《敦煌學輯刊》一九八七年一期，五二頁（録）；《英藏敦煌文獻》一卷，二〇〇頁（圖）；《北涼譯經論》二一一至三一一頁（録）；《歸義軍史研究》二五〇頁。

斯四六八　頓悟無生般若訟（頌）一卷

釋文

（前缺）

不有即是真空，空而不應用，無方用而無功，無玄知妙有則摩訶般若。真空即清淨涅盤（槃）。般若通秘微之光，實相達真如之境。般若無照，能照涅盤（槃）；涅盤（槃）無生，能生般若。涅盤（槃）般若，我異體同，隨義立名，法無定相。涅盤（槃）能見般若，具佛法僧；般若圓照涅盤（槃），故號如來知見。知即知常空寂，見即直見無生。知見分明，不一不異。動寂俱妙，理事皆如理淨，處事能通，達事理通。無礙六根，無定慧之功〔一〕。相念不生，真如性淨，覺滅心空，一念相應。預（欲）超凡聖，無不能無，有不能有，行住坐卧，心不動摇。一切時中，空無所得，三世之佛，教指如如，菩薩大悲，轉相傳授。至於達摩，届此爲初，迎伐（代）相傳〔二〕，於今不絶。所秘教意在得人，如王繫珠，終不妄與。福得（德）智惠（慧），二種莊嚴，解行相應，方能建立。衣爲法信，法是衣宗。依法相傳，更無別付。非衣不弘於法，非法不受於衣。衣是法信之衣，法是無生之法。無生即無虛妄，法乃空寂之心，知空寂而了法身，而真解脱。
頓悟無生般若訟（頌）一卷。

説明

此件首缺，爲神會和尚所作。斯五六一九號亦有《頓悟無生般若頌》，但内容與此件不同。

校記

〔一〕「定」字旁原有一小「弟」字。
〔二〕「伐」，當作「代」，據文義改。

參考文獻

《神會和尚遺集》一九三至一九五頁（録）；《荷澤大師神會遺集》一九三至二〇八頁（録）；*Descriptive Catalogue of the Chinese Manuscripts from Tunhuang in the British Museum*, p. 187；《初期禪宗史書の研究》（R）；《敦煌寶藏》四册，二〇頁（圖）；《敦煌遺書總目索引》一一八頁；《敦煌吐魯番文獻研究論集》二輯二一一頁；《大乘佛典》一一卷，二九六至二九九、四四三至四四四、四九五頁（録）；《英藏敦煌文獻》一卷，二〇一頁（圖）；《敦煌學》一五輯一三八頁；《神會禪話録》四九至五一頁（録）。

斯四七一背　　習字

釋文

家
網母蒙家家
家隆隸孔石石

説明

此件寫於佛經背面，《英藏敦煌文獻》漏收，現予補録。除上録内容外，此卷背尚有佛經卷題等内容。

參考文獻

《敦煌寶藏》四册，二一三頁（圖）。

斯四七三　　勸善文

釋文

勸善文　　□□一本

三十三天佛最尊，萬物中貴不過人。

一切眼□何足度，努力相勸入善門。

只恐衆生造諸惡[一]，經教律論勸修身。

食肉之人斷命保（報），諸佛慈悲勸諫君。

莫道煞生人不見，善惡童子每諸（知）聞。

好事惡事皆抄録，臨時未肯放一分。

造罪人多修福少，所以衆生常受貧。

天堂快樂無人見，地獄苦處竟（競）來奔。

不是閻羅王喚君入，莫道諸佛没慈悲。

惣謂衆生難勸諫，百類千生自諂身。

弟（第）一當官莫誑法，遲（恃）其形勢乃欺貧。

蠢動貪令（念）皆借命[二]，負（附）骨離（利）牙不放君。

人弱不加遭殃横[三]，法外綾（淩）池（遲）不敢嗔。

狂（枉）取一錢⿰飠丞（徵）萬倍，命中地獄受間（艱）新（辛）。

富貴前生希施得，貧是見世宿業因。

世人無慈好酒肉，百味調和勸六親。

但看猪羊被煞命，苦痛之聲上帝聞。

眼光早以（已）隨刃洛（落），四脚□□□□□。

□□□命□□□（下缺）

說明

此件首全尾缺，前部下沿略殘。

校記

[一]「惡」，據文義補。

[二]「令」，當作「念」，據文義改。

[三]「弱」字旁有一小「若」字。

參考文獻

Descriptive Catalogue of the Chinese Manuscripts from Tunhuang in the British Museum, p. 183；《敦煌寶藏》四册，二一四頁（圖）；《英藏敦煌文獻》一卷，二〇一頁（圖）。

斯四七四　社邑慶像文抄

釋文

夫玉毫騰相，超十地以孤猶；金色流暉，誇（跨）萬靈如（而）獨出；權機妙用，拔朽宅之迷途；感應遐通，道（導）惛衢成之或（惑）侶〔一〕。歸依者，苦原必盡；迴向者，樂果其深。大哉法王，名言所不測矣。厥今横開月殿，廣竪真場，有誰施作，時則有三官社衆等，於當坊蘭（蘭）若内塑釋迦牟尼佛並二菩薩，阿難、迦葉，二金剛神等一坐（座）。先奉爲龍天八部，擁社稷而堅牢；次爲我使主尚書，長登寶位，福慶貞祥；三爲合邑保（報）願平安之福會也。合邑人等，盡是高門勝族，玉塞英猶（猷），信義滿於鄉閭，意氣超於群黨。其佛乃相好嚴身，暉流百億。造之者業或（惑）雲消，頂禮者塵羅務（霧）捲。所以窮丹青之妙質，極畫飾神功，刁（雕）塗始就，四八之相宛然；甘（紺）髮殊暉，彌光曜於堂宇，莊嚴具之妙體。又持是福，次用莊嚴合邑人等，爲（唯）願蕩千灾，增萬福。（以下原缺文）

説明

此件爲社邑慶像文抄，原未抄完。

校記

〔一〕「成」字衍，當删。

參考文獻

《中國佛教社會史研究》五三五頁；《敦煌寶藏》四册，二五頁（圖）；《英藏敦煌文獻》一卷，二〇二頁（圖）；《敦煌社邑文書輯校》六七〇至六七二頁（録）。

斯四七四背　戊寅年三月十三日分付行像司便粟算會

釋文

戊寅年三月十三日，都僧統、法律徒衆就中院算
會趙老宿、孟老宿二人行像司丁丑斛斗本利，
准先例，一一聲數如後：
見合得麥四碩柒斗，粟貳拾碩陸斗貳勝半，
豆肆碩陸斗柒勝，又麥捌碩壹斗貳勝半，又粟壹
拾玖碩捌斗伍勝，豆肆碩貳斗柒勝半。兩司都
計得麥壹拾叁碩捌斗貳勝半，粟肆拾碩肆
斗柒勝半，豆捌碩玖斗肆勝半。其上件斛斗，
分付二老宿，紹建、願會、紹淨等五人執帳，逐年於先
例加柒生利，年支算會，不得欠折，若有欠折，一仰
伍人還納者。

法律紹進

法律洪忍

管内都僧統法嚴

説明

此件爲歸義軍都僧統司下屬之行像司之算會憑，最後三人姓名爲本人簽押。

參考文獻

《敦煌資料》一輯三六二至三六三頁（録）；*Descriptive Catalogue of the Chinese Manuscripts from Tunhuang in the British Museum*, p. 192；《中國佛教社會史研究》三四九至三五〇頁（録）；《敦煌學輯刊》一九八四年一期五至六頁（録）；《敦煌寶藏》四册，二五頁（圖）；《敦煌吐魯番出土經濟文書研究》四八五頁；《敦煌學輯刊》一九八六年一期一四四頁（録）；《隋唐五代經濟史料匯編校注》一編下九二一頁（録）；《敦煌學輯刊》一九八八年一、二期七九頁；《中南民族學院學報》一九八九年一期八六頁；《敦煌社會經濟文獻真蹟釋録》三輯三四四頁（録）（圖）；《英藏敦煌文獻》一卷，二〇二頁（圖）；《敦煌碑銘讚輯釋》三八二頁（録）；《歸義軍史研究》一五、二八四頁。

斯四七六　一　沙州僧團勘經部帙數目

釋文

龍興《大寶積》，十一袟（帙）。十舟。《普曜經》，八卷。藏。《大寶積》，第四。十舟。《優婆五戒》，六卷。舟。《大乘經》，十卷。付戒藏（？）。《不轉法輪》，十二卷。歸真。《道神足》，八卷。《菩薩善戒》，九卷。

大云《無字寶慽（篋）》[一]，十六卷。入了。真轉[二]。《方廣寶篋》，十二卷。道真。真轉[三]。《大寶經（積）》[四]，十卷。《悲華》，十卷。真轉。《大集》，八卷。轉（真）真（轉）[五]。《念佛三昧經》等，六卷。真轉。《諸佛心陁羅〔尼〕》[六]，十五卷。《大雲經》，七卷。《大方等念佛三昧》，十卷。《優婆五戒經》，五卷。《大方〔廣〕十輪經》[七]，八卷。十三袟（帙）在道真。《菩薩藏》，八卷。《大方等善住》等經，十卷。《大薩遮尼乾子》，七卷。《大乘方便經》，十卷。《菩薩善戒經》，九卷。真轉。《中阿含》，第五、第六袟（帙）。

開元《大菩薩藏》，二袟（帙），入一袟（帙）。文照。《觀佛三昧經》，十卷。超寂。官入[八]。《如來善巧方便經》，十四卷。寂。《大寶積》，第一；《大〔寶〕積》[九]，第三。十袟（帙）[一〇]。《如來方便善〔巧〕〔咒〕經》等[一一]，十五卷。文照轉[一二]。《光讚》，十五卷。轉。《藥師瑠璃本願功德經》，八卷。文照轉。《比丘避女惡名經》，卅一卷。文照轉。《菩薩見實三昧》，十四卷。《大哀經》，八卷。文。

報恩《大堅樹緊那羅》[一三]，十卷。《差摩婆帝記（授）授（記）》[一四]，廿二。《度諸佛境界》，十卷。《寶雲》，七卷。《觀佛三昧》，十卷。《阿差末》，十卷。《虛空藏所問》，八卷。《入楞伽》，十卷。《乳光》，十八卷。《佛本行》，七卷。《比丘問佛多(名)經》[一五]，廿九卷。道秀將轉。《如來善巧方〔便〕經》等[一六]，十四卷。《大愛道比丘尼》，七卷。《放光》，卅卷。《彌沙塞》，卅卷。《鴦掘摩羅》，二卷。《開解梵志》，十一卷。《正法花經》，十卷。《持人菩薩問經》，十卷。《決定毗尼》，四卷。《大方廣如來性起微蜜》，十卷。《菩薩本業》，八卷。瑨。《遵神足變化經》，八卷。《善見律》，十八卷，兩袟（帙）[一七]。《鼻捺（奈）耶律》，十卷。《佛名經》，十二卷。《寶如來三昧》，七卷。《佛遺日摩尼寶》，六卷。《普曜經》等，八卷。

蓮臺《入楞伽》，十卷。志樂。《菩薩藏》，七卷。示。《寶雲經》，七卷。示。

真詮《大集經》，五十八卷。《道行經》。

靈圖《維摩詰經》，十卷。《法集》，十卷。《大集賢護經》，十卷。《禪秘要》，十卷。《大悲經》，八卷。

金光明《菩薩見實三昧》，十三卷。惠微。《信力入印法門經》，十卷。《無盡〔意〕菩薩經》〔一八〕，十卷。《增一阿含》，五帙，九。檀。

永安《正法花》，十卷。光澄。《大寶積經》，第二、十。曇秀。《大雲經》，七卷。光澄。《菩薩本業》，八卷。惠叢。

乾元《花嚴經》，第一，第七袟（帙）。內將七十卷〔一九〕。文際。《法句譬喻經》，十卷。法圓。

（後缺）

說明

斯四七六號包括兩片，此件爲正面第一片，首全尾缺。《英藏敦煌文獻》將這兩片定爲一個標題，實際這兩片的内容雖屬同類，但並非一件。此片正面爲一件文書，背面所抄内容與正面不同，爲另一件文書。而另一片則爲正背連續抄寫的同一件文書。

此件大字爲寺名（唯真詮是例外），多省略了『寺』字，小字爲經名、卷數及在何人手中或由何人『轉』，一些經名右上角有點勘符號。《英藏敦煌文獻》定名爲『沙州諸寺勘經部帙數目』，此件雖列有諸寺名，但所記録的並非諸寺各自的行爲，而是寺院之上的都僧統司組織的活動，很可能是都僧統司下屬的經司的活動，故擬題爲『沙州僧團勘經部帙數目』。

校記

〔一〕『㥦（篋）』，《敦煌佛教經録輯校》校補作『一篋』。
〔二〕『轉』，《敦煌佛教經録輯校》漏録。
〔三〕『真轉』，原寫於『道真』旁（朱筆？），《敦煌佛教經録輯校》將其録在『道真』前。
〔四〕『經』，當作『積』，據文義改，《敦煌佛教經録輯校》逕釋作『積』。
〔五〕『轉真』，當作『真轉』，《敦煌佛教經録輯校》據文例乙。
〔六〕『尼』，《敦煌佛教經録輯校》據歷代經録補。
〔七〕『廣』，《敦煌佛教經録輯校》據歷代經録補。
〔八〕『官入』，《敦煌佛教經録輯校》漏録。
〔九〕『寶』，《敦煌佛教經録輯校》據文例補。
〔一〇〕『十』，《敦煌佛教經録輯校》漏録。

〔一一〕「巧咒」，《敦煌佛教經録輯校》據歷代經録補。
〔一二〕「轉」，《敦煌佛教經録輯校》漏録。
〔一三〕「堅」字衍，《敦煌佛教經録輯校》據歷代經録删。
〔一四〕「記授」，當作「授記」，《敦煌佛教經録輯校》據歷代經録乙。
〔一五〕「多」，當作「名」，《敦煌佛教經録輯校》據歷代經録校改。
〔一六〕「便」，《敦煌佛教經録輯校》據歷代經録補。
〔一七〕「兩」，《敦煌佛教經録輯校》釋作「二」，誤。
〔一八〕「意」，《敦煌佛教經録輯校》據歷代經録補。
〔一九〕「卷」，《敦煌佛教經録輯校》釋作「婁」，誤。

參考文獻

《東方學報》（京都）二九册二八一至二八三頁；*Descriptive Catalogue of the Chinese Manuscripts from Tunhuang in the British Museum*, p.272；《スタイン敦煌文獻及び既紹介西域出土漢文文獻内容分類目録初稿》（非佛教文獻之部）古文書類第二分册，三七頁；Mair, *Chinoperl Papers* Vol. 10, 45®；《敦煌寶藏》四册，二八頁（圖）；《英藏敦煌文獻》一卷，二〇三頁（圖）；《敦煌佛教經録輯校》七二五至七三二（録）。

斯四七六　二　沙州僧團勘經部帙數目

釋文

安國《法句經》，六卷。道幽〔一〕。《十輪》，八卷。《道神足》，八〔卷〕〔二〕。《五戒威儀》，六卷。《本願功德》，七□。《雲（寶）寶（雲）》〔三〕，七卷。道哲〔四〕。道哲，道幽〔五〕。

卷積積大〔六〕

靈金金金卷達法師〔七〕

開元《護國菩薩》，八卷〔八〕。《大雲經》，十二卷。行如〔九〕。《花嚴經》，第三十卷〔一〇〕。善來。《大般若》，第十九。法惠〔一一〕。《命（?）隆（?）經》，廿九卷。曇秀〔一二〕。《開解梵志》等，十二卷。超寂。

法惠　　　　索　　歸〔一三〕

靈圖寺《五千五百佛名》，七卷。《大灌頂》，十二卷。《寶如來》，七卷。《念佛三昧》，六卷。《央（鴦）掘》，六卷。法嚴[一四]。《阿蘭若集》[一五]，五卷。法演（？）[一六]。《大悲分陁〔利〕》[一七]，八卷。榮照。

藏惠惠微微藏大卷卷[一八]

蓮臺寺《雜寶藏》藏藏[一九]

興善《十住斷結》，道定。《無字寶篋》，十六卷。寶鏡。

《大寶積》，第九袟（帙）。《菩薩十地經》卷[二〇]。

說明

此件爲斯四七六號之第二片，其內容雖與上件爲同類，但並非同一文書，而與斯四七六背第二片相連接。所以，斯四七六背第二片實際是正面，此件爲背面，這是一件正背連續抄寫的文書。

此件中有吐蕃時期的都教授『榮照』，其時代應在吐蕃管轄敦煌時期。

校記

〔一〕「幽」，《敦煌佛教經録輯校》釋作「出」，誤。

〔二〕「卷」，據文例補。

〔三〕「雲寶」，當作「寶雲」，據歷代經録改。《敦煌佛教經録輯校》把以上二字釋作「雲：《寶》」，即「雲」爲寺名（「大雲寺」之簡稱），「寶」爲經名。但此件係接續另一面書寫，前面已有「大云」，「大云寺」不應出現兩次。而且，此件和斯四七六號另一片書寫「大云寺」均寫作「云」，不作「雲」，所以，這裏的「雲寶」，似釋作經名較妥。

〔四〕「哲」，《敦煌佛教經録輯校》釋作「啓（？）」。

〔五〕「道哲、道幽」爲後人另筆所添加；「哲」，《敦煌佛教經録輯校》釋作「檢」。

〔六〕此行係後人另筆所添加。

〔七〕此行係後人另筆所添加。

〔八〕「護國菩薩，八卷」，《敦煌佛教經録輯校》未能釋讀。

〔九〕「行如」，《敦煌佛教經録輯校》釋作「□轉」。

〔一〇〕「三」，《敦煌佛教經録輯校》釋作「五」。

〔一一〕「十九、法惠」，《敦煌佛教經録輯校》未能釋讀。

〔一二〕「曇」，《敦煌佛教經録輯校》未能釋讀。

〔一三〕此行係後人所添加。

〔一四〕「法嚴」，《敦煌佛教經録輯校》釋作「付□」。

〔一五〕「集」，《敦煌佛教經録輯校》釋作「習」。
〔一六〕「法演（？）」，《敦煌佛教經録輯校》釋作「付□」。
〔一七〕「利」，據歷代經録補。
〔一八〕此行係後人所添加。
〔一九〕此行係後人所添加。
〔二〇〕此行係後人所添加。

參考文獻

《東方學報》（京都）二九册二八一至二八三頁；*Descriptive Catalogue of the Chinese Manuscripts from Tunhuang in the British Museum*, p.272；《スタイン敦煌文獻及び既紹介西域出土漢文文獻分類目録初稿》（非佛教文獻之部）古文書類第二分册，三七頁；Mair, *Chinoperl Papers* Vol, 10, 45Ⓡ；《敦煌寶藏》四册，二九頁（圖）；《英藏敦煌文獻》一卷，二〇三頁（圖）；《敦煌佛教經録輯校》七三四至七三七頁（録）。

斯四七六背　一　沙州僧團大衆轉經付經點檢歷

釋文

三月廿三日大衆轉經：

《大寶積》，一十二袟（帙）。《花嚴經》，五袟（帙）。《增一阿含》，五袟（帙）。《中阿含》，六袟（帙）。《長阿含》，第一袟（帙）。《金光明》。

廿九日：

龍興，《大寶積經》，第一、第二袟（帙）。付法進。

大云，《華嚴經》，第二袟（帙）。道義。

乾元，《寶積》，第七，欠一。丑□□□

開元〔二〕

大乘，《寶積經》，第三、第四袟（帙）。

普光，《寶積》第五，欠一，第六袟（帙），付悟心。

靈修，第九、第十。付幽護。

金光明，《寶積》，第一。付歸真。
圖〔二〕，《寶積》，第十二，欠一。
恩〔三〕，《華嚴》，第一袟（帙）。開（？）悟（？）。
三月：
五十五袟（帙），欠五百卌八、卌九、五十，五十六袟（帙），欠五百五十七、五十八、五九、六十，五十七袟（帙），欠五百六十六、六十八、七十。

説明

此件爲斯四七六背面第一片，爲敦煌僧團大衆轉經付經點檢歷。所記包括各日參與轉經的寺院（寺名多省略了『寺』字或用簡稱），所轉經名、帙數及接受經者。組織大衆轉經的機構應爲敦煌的都僧統司。《英藏敦煌文獻》將此件與斯四七六背的另一片定爲同一標題，實際這兩片不僅不是一件文書，內容也不一樣。

校記

〔一〕『開元寺』下原空。
〔二〕『圖』，敦煌靈圖寺之簡稱。
〔三〕『恩』，敦煌報恩寺之簡稱。

參考文獻

《東方學報》（京都）二九册二八一至二八三頁；*Descriptive Catalogue of the Chinese Manuscripts from Tunhuang in the British Museum*, p.272；《スタイン敦煌文獻及び既紹介西域出土漢文文獻分類目録初稿》（非佛教文獻之部）古文書類第二分册，三七頁；《敦煌寶藏》四册，二九頁（圖）；《英藏敦煌文獻》一卷，二〇四頁（圖）；《敦煌佛教經録輯校》七三二至七三四頁（録）。

斯四七六背　二　沙州僧團勘經部帙數目

釋文

龍興寺《花嚴》，第二十卷，歸真。《大泥洹》，六卷。藏。《虚空藏》，八卷。如。《大寶》，第九。幹。《觀佛三昧》，十卷。日進。《大集經》，六袟（帙）。

報恩《大〔寶〕積》〔一〕，第十一、十卷〔二〕。第三、第五、第十二，文哲〔三〕。《佛本行經》，七卷〔四〕。承恩。《大哀》，八卷。弘恩。《六度集》，八卷。惠恩〔五〕。

金光〔六〕《佛本行集》，六袟（帙）。第五袟（帙），八卷，〔欠〕一九卷〔七〕。《金光明經》，一袟（帙）。《乳光經》〔八〕，十八卷。檀〔九〕。

蓮臺《大〔寶〕積》〔一〇〕，第二、十一〔帙〕〔一一〕，各十卷。弘恩。

永安《菩薩瓔珞》，五卷。《尼揵》，七卷。曇隱。

大云、《摩訶經抄》，道乾，四卷。《菩薩本業》，八卷。法進。《菩薩藏》，十卷。惠信。《大方等念佛三昧》，十卷。曇空。《正法花經》，十卷。

乾元《諸佛心》，十四卷。離俗（？）。《維摩》，九卷。《決定》〔一二〕，四卷。真詮。《大寶積》，第十。智清。《小品》，六卷。《大品》，第三十卷，第一九卷。《放光般若》，第一十卷，第三七卷。《差摩婆帝經》，廿三卷。像照。

說明

此件是《英藏敦煌文獻》圖版斯四七六背面第二片，實際應爲斯四七六號第二片的正面，其內容爲敦煌僧團勘經部帙數目，所記寺名多省略了「寺」字或用簡稱，《英藏敦煌文獻》圖版斯四七六正面第二片係接續此件。

校記

〔一〕「寶」，《敦煌佛教經録輯校》據歷代經録補。
〔二〕「十二」，《敦煌佛教經録輯校》漏録。
〔三〕「第五、第十二，文哲」，《敦煌佛教經録輯校》未能釋録。
〔四〕「《佛本行經》，七卷」，《敦煌佛教經録輯校》釋作「大□♯□卷」。
〔五〕「八卷。惠恩」，《敦煌佛教經録輯校》未能釋録。
〔六〕「金光」，敦煌「金光明寺」之簡稱。
〔七〕「欠」，《敦煌佛教經録輯校》據文義校補。
〔八〕「光經」，《敦煌佛教經録輯校》未能釋録。
〔九〕「檀」，《敦煌佛教經録輯校》未能釋録。
〔一〇〕「寶」，《敦煌佛教經録輯校》據歷代經録補。
〔一一〕「帙」，《敦煌佛教經録輯校》據文義補。
〔一二〕「決定」，當爲「決定毗尼」之簡稱。

參考文獻

《東方學報》（京都）二九册二八一至二八三頁；*Descriptive Catalogue of the Chinese Manuscripts from Tunhuang in the*

British Museum, p. 272；《スタイン敦煌文獻及び既紹介西域出土漢文文獻内容分類目録初稿》（非佛教文獻之部）古文書類第二分册，三七頁；《敦煌寶藏》四册，三〇頁（圖）；《英藏敦煌文獻》一卷，二〇四頁（圖）；《敦煌佛教經録輯校》七三七至七四〇頁（録）。

斯四七七　老子道經河上公章句卷上

釋文

（前缺）讓，不處權。　强其骨，□常使民無知無欲，　反樸守淳。□思慮深，不輕言。　爲無爲。　□不治。　德化淳，百姓安。

□道冲而用之，　冲，中也。道□或不盈。　或，常也。道常謙□物之宗。　道淵深不可知，似□鋭，進也。人欲鋭情進取功〔一〕□見。　解其忿，　忿〔二〕，結恨也。□和其光，　言雖有獨見之明，□亂人。　同其塵，　當與衆□湛兮似或存〔三〕，　言道湛然〔四〕，□吾不知其誰之子，　老子□象帝之先。　道似在□地，至今在者，以能安□身法道。

天地不仁，天施地化，不以□蒭狗；　天地生萬物，人最爲貴，天地視之如蒭草狗畜，不責望其報。　聖人不仁，　聖人愛養萬民，不以仁恩，法天地，行自然。　以百姓爲蒭狗。　聖人視百姓如蒭草狗畜，不責望其禮意。　天地之間，天地之間空虚，和炁流行，故萬物自生。人能除情欲，節滋味，清五藏，則神明居之。其猶橐籥乎〔五〕？橐籥中空虛，故能有聲炁。虛而不屈，動而愈出。言空虛無有屈竭時，動搖之，益出聲炁。多言數窮，多事害神，多言害身，口開舌舉，必有禍患。不如守中。不如守德於中，育養精神，愛炁希言。

谷神不死，谷，養神〔六〕。人能養神則不死。神謂五藏之神：肝藏魂，肺藏魄，心藏神，腎藏精，脾藏志，五藏盡傷，則五神去矣。是謂玄牝。言不死之道，在於玄牝。玄，天也，於人爲鼻。牝，地也，於人爲口。天食人以五炁，從鼻入藏於心。五炁清微，爲精神聰明，音聲五性。其鬼曰魄（魂）〔七〕，魂者雄也，主出入人鼻，與天通。故鼻爲玄也。地食人以五味，從口入藏於胃。五味濁辱，爲形骸骨肉，血脉六情。其鬼曰魄，魄者雌也，出入人口〔八〕，與地通，故口爲牝。玄牝之門，是謂天地之根。根，元也。言鼻口之門，是乃天地之元炁所從往來〔九〕。綿綿若存，鼻口呼噏喘息，當綿綿微妙，若可存，復若無有。用之不勤。用炁當寬舒，不當急疾勤勞。

天長地久，說天地長生久壽，以喻教人。天地所以能長且久者，以其不自生，天地所以獨長且久者，以其安靜，施不求報，不如人居處汲汲求自饒之利，奪人以自與。故能長生。以其不求生，故能長生不終。是以聖人後其身，先人而後己。而身先；天下敬之，先以爲官長。外其身，薄己而厚人。而身存。百姓愛之如父母，神明祐之若赤子，故身常存。　非以其無私耶？　聖人爲人所愛，神明所祐，非以其公正無私所致乎？　故能成其私。　人以爲私者，欲以厚己。聖人無私而己自厚，故能成其私。

上善若水，　上善之人，如水之性。　水善利萬物，　水在天爲霧露，在地爲泉源。　而不爭。處衆人之所惡，　衆人惡卑濕垢濁，水獨靜流居之。故幾於道矣。　水性幾與道同。　居善地，　水性善喜於地，在草木之上即流而下，有似於牝動而下人。　心善淵，　水心空虚，淵深清明。　與善仁，　萬物得水以生，與虚不與盈。　言善信，　水内影照形，不失其物情〔一〇〕。　正善治，　無有不洗，清且平。　事善能，　能方能圓，曲直隨形。　動善時，　夏散冬凝，應期而動，不失時〔一一〕。　夫唯不爭，　壅之則止，決之則流，聽從人。　故無尤。　水性如是，故天下無有怨尤水者也。

持而盈之，不如其已〔一二〕。　盈，滿也。已，止也。持滿必傾，不如止之也。　揣而挩（鋭）之，不可長保。　揣，治也。先揣之，後必棄捐。　金玉滿堂，莫之能守。　嗜欲傷神，財多累身。　富貴而驕，自遺其各（咎）〔一三〕。　夫富當振（賑）貧，貴當矜賤，而反驕恣，必被禍患。　功成名遂，身退，天之道。　言人所爲，功成事立，名跡稱遂，不退身避位，則遇於害，此乃天之常道。譬如日中則移，月滿則虧，物盛則衰，樂極則哀。

載營魄，　營，魂也〔一四〕。人載魂魄之上得以生，當愛養之。喜怒亡魂，卒驚傷魄。魂在肝，魄在肺。美酒甘肴，腐人肝肺。故魂靜，志道不亂；魄安，修德〔一五〕，壽延年長〔一六〕。

抱壹，能無離乎？　言人能抱一，使不離於身，則身長存。一者，道始所生，太和之精炁，故曰一。布名下天下〔一七〕，天得一以清，地得一以寧，侯王得一以爲正平。入爲心，出爲行，布施爲德，捴名爲一。一之爲言，至一無二〔一八〕。　專炁致柔，能專精炁〔一九〕，使不亂，則形體能應之而柔順。　能嬰兒乎？　能如嬰兒内無思慮，外無正事〔二〇〕，則精神不去。　滌除玄覽，　當洗其心，使潔清。心居玄冥之處，覽知萬事，故謂之玄覽。　能無疵乎？　不淫耶。　愛民治國，　治身者愛炁則身全，治國者愛民則國安。　能無知（爲）乎〔二一〕？　治身呼吸精炁，無令耳聞；治國者布德施惠〔二二〕，無令下知。　天門開闔，　謂北極紫宫〔二三〕。開闔，謂終始五際。治身，天門謂鼻孔，開謂喘息，闔謂呼吸。　能爲雌乎？　治身當如雌牝，安静柔弱，治國應變，和而不唱。　明白四達，　言道明白，如日月四通〔二四〕，滿於天下八極之外。故曰視之不見，聽之不聞。布之十方〔二五〕，焕焕煌煌。能無知乎？　無有能知道滿於天下者。　生之、蓄之。　道生萬物而蓄養之。　生而不有，道生萬物，無有所取〔二六〕。　爲而不恃，　道所施爲，不恃望其報。　長而不宰，　道養萬物長大〔二七〕，不宰割以爲器用。　是謂玄德。　言道行德玄冥〔二八〕，不可得見，欲使人如道。卅輻共一轂，　古者車卅輻，法月數，共一轂者，轂中有孔，故衆輻共湊之。治身者，當除情去欲，使五藏空虚，神乃歸之；治國者，寡能，捴衆弱，共扶强。當其無，有車之用；　無謂空虚。轂中空虚，輪得轉行；轝中空虚，人得載其上。挻（埏）埴以爲器，埏（埏），和也；埴，土也。和土以爲食飲之器〔二九〕。　當其無，有器之用；　器中空虛，故有所盛受。鑿户牖以爲室，　謂作室屋〔三〇〕。　當其無，有室之用。　言户牖空虛，人得以出入、觀視；室中空虛，人得以居處，是其用。　故有之以爲利，　物利於形〔三一〕，器中有物，室中有人，恐其屋破壞；腹中有神，畏形之消亡。

無之以爲用。　言虛空者，乃可用盛受萬物，故曰虛無制有形〔三二〕。道者空也。

五色令人目盲，　貪淫好色則傷精失明〔三三〕。　五音令人耳聾，　好聽五音則和炁去心，不能聽無聲之聲。　五味令人口爽，　爽，亡也。人嗜於五味，則口亡，言失於道。　馳騁田獵，令人心發狂。　人精神好安靜，馳騁呼吸，精神散亡，故發狂。　難得之貨，令人行妨。妨，傷也。難得之貨，謂金銀珠玉，心貪意欲，不知厭足，則行傷身辱。　是以聖人爲腹，　守五性，去六情，節志炁，養神明。不爲目。目不妄視，妄視泄精於外。　故去彼取此。　去彼目之妄視，取此腹之養性。

寵辱若驚，　身寵亦驚，身辱亦驚。　貴大患若身。　貴，畏也。若，至也。畏大患至身，故皆驚。　何謂寵辱？　問何謂寵，何謂辱？寵者，尊榮；辱者，耻〔三四〕。　及身還自問者，以曉人。　辱爲下〔三五〕，　辱爲下賤。得之若驚，　得寵榮驚者，處高位如臨危〔三六〕。　貴不敢驕，富不敢奢。　失之若驚，　失者，失寵處辱也。驚者，恐禍重來。是謂寵辱若驚。

解上得之而驚〔三七〕，失之而驚〔三八〕。　何謂貴大患若身？　復還自問，何故畏大患至身？吾所以有大患者，爲吾有身。　吾所以有大患者，坐吾有身〔三九〕。有身憂其勤勞，念其飢寒，觸情從（縱）欲，則遇禍患。　及吾無身，吾有何患乎？　使吾無有身體，得道自然，輕舉昇雲，出入無間，與道通神，當有何患？　故貴以身爲天下者，則可以寄於天下。　言人君故貴其身而賤人〔四〇〕，欲爲天下主者，則可寄立，不可以久。　愛身以爲天下者〔四一〕，乃可以託於天下。　言人君能愛其身，非爲己，乃欲爲萬民之父母，以此得爲天下主者，乃可以託其身於萬民之上，長無咎。

視之不見，名曰夷；　無色曰夷。言一無采色，不可得視而見之。　聽之不聞，名曰希；　無聲曰希。言一無音聲，不可得聽而聞。　搏之不得，名曰微。　無形曰微。言一無形體，不可搏持而得之。　此三者不可致詰，　三者，謂夷、希、微也。不可致詰者，夫無色、無聲、無形，口不能言，書不能傳，當受之以靜，求之以神，不可詰問而得。故混而爲一。　混，合也。故合於三，名之爲一。　其上不皦，　言其一在天上，不皦皦光明。　其下不昧。　言一在天下，不昧昧有有所暗冥〔四二〕。　繩繩兮不可名，　繩繩者，動行無寵（窮）極〔四三〕。不可名者，非一色也，不可以青黃白黑赤別〔四四〕；非一聲也，不可以宮商角徵羽聽；非一形也，不可以長短大小度。　復歸於無物。　物，質也。復當歸之於無質。　是謂無狀之狀。　言一無形狀，而能爲萬物作形狀。　無物之象，　言一無物質而爲萬物設形象。　是謂忽恍。　言一忽忽恍恍，若存若亡，不可見。　隨之不見其後，　言一無影跡可得而看〔四五〕。　迎之不見其首，　一無端末，可須待〔四六〕，除情去欲，一自歸已〔四七〕。執古之道，以御今之有，　聖人執守古道，生一以御〔物〕〔四八〕，　知今當有一，以知古始，是謂道紀。　人能知上古本始有一，是謂知道綱紀。古之善爲士者，　謂得道之君。　微妙玄通，　玄，天也。言其志節玄妙，精與天通。深不可識。　道德深遠，不可識知。内視若盲，反聽若聾，莫知所長。　夫唯不可識，故强爲之容。謂下句。　豫兮若冬涉川〔四九〕。　舉事輒加重慎，　豫豫兮若冬涉川〔五〇〕，心難之。　猶兮若畏四鄰，　其進退猶猶如拘制，若人犯法，畏四鄰知之。儼兮其若客，　如客因主人儼然〔五一〕，無所造作。　涣兮若冰之將釋。　涣者，解散。釋者，消亡。除情去欲，日以空虚。　敦兮其若樸，　敦者，質厚；樸者，形未分。内守精神，外無采文〔五二〕。曠兮其若谷，　曠者，寬大；谷者，空虚。不有德名功〔五三〕，無所不苞容〔五四〕。　渾兮其若濁。　渾者，守本真；濁者，不照然。與衆合同不自尊。　濁以静之，徐徐自清〔五五〕？　孰安以久〔五六〕，動之徐生？　孰，誰也〔五七〕。誰能安静以久，徐徐以長生。　保此道者，不欲盈。　保此徐生之道者，不欲奢泰盈溢。　夫唯不盈，故能蔽不新成。　夫唯不盈滿之人，能守弊不爲新成。　弊者，匿光榮，新成者，謂貴功名〔五八〕。

至虚極，　道人能損情去欲〔五九〕，五内清淨，至虚極。　守静篤，　守清静，行篤厚。　萬物並作，　作，生也。萬物並生一。　吾以觀其復。　言吾以觀見萬物，無不習歸其本，人當念重本〔六〇〕。　夫物芸芸，　芸芸，華葉盛。　各復歸其根。言萬物無不枯落，各復返其根而更生。　歸根曰靜。　靜謂根也。根安靜柔弱，謙卑處下，故不復死。　是謂復命。　玄安靜者〔六一〕，是爲復還性命，使不死。復命曰常。　復命曰常〔六二〕，使不死，乃道之所常行。　知常曰明。　能知道之所常行，則爲明。　不知常，妄作凶。　不知道之所常行，妄作巧詐，則失神明，故凶。　知常曰容〔六三〕。　能知道之常行，則去情欲〔六四〕，無不苞容。　容乃公。　無不苞容，則公正無私，衆耶（邪）莫當。
公乃王。　公正無私，則可爲天下王。治身正則形一。神明千萬，共湊己躬。　王乃天。能王，德合神明，乃與天通。　天乃道。　德與天通，則與道合同。　道乃久。　與道合同，乃能長久。　没身不殆。　能公能王，通天合道，四者純備，道德弘遠，無殃無咎，〔乃〕〔興〕〔六五〕；天地俱没，不危殆。

老子道經　河上公章句第二品

太上，下知有之。　太上謂太古無爲之君〔六六〕。下知有之者，下知上有君，而不臣事，質樸淳〔六七〕。　其次親之譽之。　其德可見，恩惠可稱，故親愛而譽之。其次畏之。　設刑法以治之。　其次侮之。　禁多令煩，不可歸誠，故欺侮之。信不足焉，　君信不足於下，則有巧詐，民有不信〔六八〕。君信不足於下，下則應之以不信，而欺其君。　猶兮其貴言。　說太上之君，舉事猶猶，然貴重於言。恐離道失自然。　成功遂事〔六九〕，謂天下太平。　百姓皆謂我自然。百姓不知君之德厚，乃以爲自當然〔七〇〕。

大道廢，有仁義；　大道之時，家有孝子，户有忠信，仁義不見。大道廢不用，惡逆生，乃有仁義可傳道耳。　智慧出，有大僞；　智慧之君，賤德而貴言，賤質而貴文，下則應之，以爲大僞奸詐。　六親不和，有孝慈；　六紀絶，親戚不和，乃有孝慈相收養。　國家昏亂，有忠臣。　正（政）令不行，上下相怨，耶（邪）僻爭權，乃有忠臣匡救其君〔七一〕。此言天下太平不知仁，人盡無欲不知廉，各自潔己不知貞。大道之世，仁義没，孝慈滅，猶日中盛明，衆星失光。

絶聖，　絶聖制作，反初守元。五帝畫像，倉頡作書，不如三皇結繩無文。　棄智，智惠，反不無爲〔七二〕。　民利百倍；　農事修，公無私。　絶仁之之見恩惠〔七三〕，棄義之尚華言。民復孝慈，　德化淳。絶巧、〔棄〕〔利〕〔七四〕，　絶巧，詐僞亂真。棄利，　塞貪路，閉權門。　盜賊無有。　上化公正，〔下〕無耶（邪）私〔七五〕。　此三者，謂上三事所絶棄〔七六〕。　以爲文不足，　以爲文不足者，文不足以教民。　故令有所屬。當如下句。　見素抱樸，　見〔素〕者〔七七〕，當見素守真〔七八〕，不尚文飾也。　抱樸者，當抱其質樸，以示下，故可法則。　少私，　正無私。　寡欲。　當知足〔七九〕。

絶學，　絶學不真，不合道文。　無憂。　除浮華則無憂患。　唯之與阿，相去幾何？同爲應對而相去幾何？疾時賤質而貴文。　善之與惡，相去何若？　善者稱譽，惡者諍諫，能相去何如？疾時惡忠直，用佞耶（邪）〔八〇〕。人之所畏，人謂道人。人所畏者，畏不絶學之君。不可不畏，近令色，煞仁賢。荒兮其未央哉。言世俗人荒亂，欲進學文〔八一〕，未央正。衆人熙熙，熙熙，淫〔放〕多情欲。如享太牢。如飢思大牢之具，意無足時。如春登臺，（下缺）

説明

此件首尾殘缺，殘存部分自《老子》第三章「强其骨」起，至二十章「如春登臺」止。此前似未有對此件的録校，故以斯四四七爲底本，以王卡點校《老子道德經河上公章句》（中華書局，一九九三年八月）爲甲本參校。原卷正文及注文字體大小相同，未標章次，每章另起一行，正文與注之間空一字。此依原格式釋録。

校記

〔一〕「情」，甲本作「精」。
〔二〕「忿」，甲本作「紛」。
〔三〕「或」，甲本作「若」。
〔四〕「道」，甲本作「當」。
〔五〕「槖」，甲本作「橐」。

〔六〕「神」，甲本無。
〔七〕「魄」，當作「魂」，據文義及甲本改。
〔八〕「出」，甲本作「主出」。
〔九〕「是乃」，甲本作「乃是」。
〔一〇〕「物」，甲本無。
〔一一〕「時」，甲本作「天時」。
〔一二〕「如」，甲本作「知」，據章句疑甲本誤。
〔一三〕「各」，當作「咎」，據文義及甲本改。
〔一四〕「營，魂也」，甲本作「營魄，魂魄也」。
〔一五〕「修」，甲本無。
〔一六〕「長」，甲本無。
〔一七〕「布名下天下」，甲本作「一布名於天下」。
〔一八〕「至」，甲本作「志」。
〔一九〕「能專」，甲本作「專守」。
〔二〇〕「正」，甲本作「政」。
〔二一〕「知」，當作「爲」，據文義及甲本改。
〔二二〕「布德施惠」，甲本作「布施惠德」，疑誤。
〔二三〕「謂北極紫宫」，甲本作「天門謂北極紫微宫」。
〔二四〕「通」，甲本作「達」。

〔二五〕「布」，甲本作「彰布」。
〔二六〕「無有所取」，甲本作「無所取有」，疑誤。
〔二七〕「道養萬物長大」，甲本作「道長養萬物」。
〔二八〕「行」，甲本無。
〔二九〕「食飲」，甲本作「飲食」。
〔三〇〕「室屋」，甲本作「屋室」。
〔三一〕「物利於形」，甲本作「利，物也，利於形用」。
〔三二〕「制」，甲本作「能制」。
〔三三〕此句後，甲本有「不能視無色之色」。
〔三四〕「耻」，甲本作「耻辱」。
〔三五〕「辱爲下」前，甲本有「寵爲上」。
〔三六〕「危」，甲本作「深危」。
〔三七〕「而」，甲本作「若」。
〔三八〕「而」，甲本作「若」。
〔三九〕「坐」，甲本作「爲」。
〔四〇〕「故」，甲本無。
〔四一〕「愛身以爲」，甲本作「愛以身爲」。
〔四二〕「有有」，據甲本其中一「有」字爲衍文，當删。
〔四三〕「寵」當作「窮」，據甲本改。

〔四四〕「青黄白黑赤」，甲本作「青黄赤白黑」。
〔四五〕「可」，甲本作「不可」。
〔四六〕「可須」，甲本作「不可預」。
〔四七〕甲本「迎之不見其首」及注文在「隨之不見其後」及注文之前。
〔四八〕「物」，據甲本補。
〔四九〕「豫」，甲本作「與」。
〔五〇〕「豫豫」，甲本作「與與」。
〔五一〕「因」，甲本作「畏」。
〔五二〕「采文」，甲本作「文采」。
〔五三〕「德名功」，甲本作「德功名」。
〔五四〕「容」，甲本無。
〔五五〕此句甲本作「孰能濁以止静之，徐清」。
〔五六〕「安」，甲本作「能安」。
〔五七〕「孰，誰也」是「孰能濁以止静之，徐清」的注文，以下原脱「誰能知水之濁，止而静之，徐徐自清也。」
〔五八〕「謂」，甲本無。
〔五九〕「道人」，甲本作「得道之人」；「損」，甲本作「捐」。
〔六〇〕「重」，甲本作「其重」。
〔六一〕「玄」，甲本作「言」。
〔六二〕「復命曰常」，據甲本「曰常」爲衍文。

〔六三〕「曰」，甲本無。
〔六四〕「情」，甲本作「情忘」。
〔六五〕「乃興」，據甲本補。
〔六六〕「無爲」，甲本作「無名」。
〔六七〕「淳」，甲本無。
〔六八〕「君信不足於下，則有巧詐，民」，甲本無。
〔六九〕「成功遂事」，甲本作「功成事遂」。
〔七〇〕「乃以爲」，甲本作「反以爲己」。
〔七一〕「救」，甲本作「正」。
〔七二〕「不」，甲本無，疑衍。
〔七三〕「之之」，據甲本及文義，當衍一「之」字。
〔七四〕「棄利」，據甲本及文義補。
〔七五〕「下」，據甲本及文義補。
〔七六〕「絶棄」，甲本作「棄絶」。
〔七七〕「素」，據甲本及文義補。
〔七八〕「見」，甲本作「抱」。
〔七九〕此句正文及注文，甲本作「少私寡欲。少私者，正無私也，寡欲者，當知足也」。
〔八〇〕「佞耶（邪）」，甲本作「邪佞」。
〔八一〕「學」後，甲本有「爲」。

參考文獻

Descriptive Catalogue of the Chinese Manuscripts from Tunhuang in the British Museum, p.217；《スタイン將來大英博物館藏敦煌文獻分類目録·道教之部》二七頁；《敦煌論集》三一五頁；《敦煌道經目録編》，二〇九至二一四頁；《敦煌道經圖録編》四三四至四四一頁（圖）；《敦煌古籍叙録》二三三頁；《敦煌寶藏》四册，三〇至三七頁（圖）；《倫敦所藏敦煌老子寫本殘卷研究》六頁；《敦煌古籍叙録新編》一一五至一四五頁（圖）；《英藏敦煌文獻》一卷，二〇五至二一〇頁（圖）。

斯四七九　太公家教一卷

釋文

（前缺）

意重則密〔一〕，情薄則疏〔二〕；榮則共樂〔三〕，□□□□；□□□□，危則相扶〔四〕。勤爲無價之寶，忍是護身之符〔五〕；□□□□□□，學是明月神珠〔六〕。積財千萬，不如明解經書〔七〕；□□□□，不如薄伎隨軀〔八〕。香餌之下，必有縣（懸）魚〔九〕；重賞之下〔一〇〕，□□□□。□□□□，有過者誅〔一一〕。不念無功之子〔一二〕，只愛有力之奴〔一三〕。養子不教〔一四〕，不如養驢〔一五〕；養女不教〔一六〕，□□□□。□□□□，□□□□。孝是百行之本，故云其大者乎〔一七〕。

武王問太公曰〔一八〕，『凡夫皆蒙天地覆載〔一九〕，何爲貴賤不等〔二〇〕？』□□□□，□□□□。□□□，夫萬物不等者何〔二一〕，出家有十惡。□□□□□：□□□□？□□□：『種蒔非時〔二二〕，爲一惡；用物無道，□□□；□□□□，□□□；廢作喫酒〔二三〕，爲四惡；畜養無用之物〔二四〕，□□□；□□□□，□□□；蓋藏不牢〔二五〕，爲七惡；井竈不利〔二六〕，□□□；□□□□，□□□；不作燃燈，爲十惡。』武王曰〔二七〕：『□□□□□，□□□□□？』□□□：『家有三耗。』武王曰：『何名爲三耗〔二八〕？』□□□：『禾熟不刈〔二九〕，處在風雨〔三〇〕，爲一耗；蓄積在場〔三一〕，□□□□，□□□□，□□□；盆瓮確磑，覆蓋不勤〔三二〕，掃略不淨〔三三〕，□□□□。□□□：『□□□□，不富者何？』太公曰：『家有三衰。』武王曰〔三四〕：『□□□□□？』□□□：『持（嗜）酒健鬭〔三五〕，爲一衰；子逐他婦、婦逐他夫〔三六〕，□□□；手不執作〔三七〕，專行盜賊〔三八〕，爲三衰。』

武王曰：『人命長矩（短）不等者何〔三九〕？』太公曰〔四〇〕：『由家有一錯〔四一〕、二悞〔四二〕、三癡、四失、五逆、六不祥、七奴、八賤、九遇（愚）〔四三〕、十狂。』武王曰〔四四〕：『何名爲一錯〔四五〕？』太公曰：『有子不教，爲一錯。』『何名爲二悞〔四六〕？』太公曰：『貪酒逐色〔四七〕，爲一悞；不擇師友〔四八〕，損辱己身，爲二悞〔四九〕。』『何名爲三癡〔五〇〕？』太公曰：『誹謗調戲，爲一癡；未語先笑，爲二癡；言不擇善，爲三癡。』『何名爲四失〔五一〕？』太公曰：『好挽他弓，好騎他馬〔五二〕，爲一失；飲他酒〔五三〕，勸他人，二失〔五四〕；喫他飯〔五五〕，笑他人〔五六〕，爲三失〔五七〕；借他人物〔五八〕，轉借與人〔五九〕，爲四失〔六〇〕。』武王曰〔六一〕：

『何爲五逆〔六二〕？』太公曰：『不孝父母，爲一逆；不受（愛）所（師）有（友）〔六三〕，爲二逆〔六四〕；仕官不勤〔六五〕，爲三逆〔六六〕；違上命教〔六七〕，爲四逆〔六八〕；鄉黨相辱〔六九〕，爲五逆〔七〇〕。』武王曰〔七一〕：『何名爲六不祥〔七二〕？』太公曰：『與惡人交往，一不祥〔七三〕；無事生嗔，二〔不〕祥〔七四〕；輕師慢長，三不祥〔七五〕；夜起路（露）刑（形）〔七六〕，四不祥；非理求財〔七七〕，五不祥；有過不改，六不祥。』武王曰〔七八〕：『何名爲七奴相〔七九〕？』太公曰：『蹺脚下牀〔八〇〕，一奴相〔八一〕；食不漱口，二奴相；著鞋上牀，三奴相；起立著褌，四奴相；起坐背人〔八二〕，五奴相；露刑（形）洗浴〔八三〕，六奴相；惡口不損〔八四〕，七奴相。』武王曰〔八五〕：『何名爲八賤〔八六〕？』太公曰：『行步葱（匆）葱（匆）〔八七〕，一賤〔八八〕；蹺脚立屎〔八九〕，二賤；坐不端整（正）〔九〇〕，三賤；你我他人，四賤；唾涕污地，五賤；著雜色衣〔九一〕，六賤；不自修飾，七賤；坐不擇地，八賤。』武王曰：『何爲九愚〔九二〕？』太公曰：『躭酒逐色〔九三〕，一愚〔九四〕；求財不足〔九五〕，爲二愚〔九六〕；好衣薄得（德）〔九七〕，爲三愚〔九八〕；自談己善，四愚〔九九〕；好説他人〔一〇〇〕，五愚〔一〇一〕；慳貪悕惜，六愚〔一〇二〕；妒嫉勝己〔一〇三〕，七愚〔一〇四〕；行惡不慮，八愚〔一〇五〕；受辱不處〔一〇六〕，九愚〔一〇七〕。』武王曰：『何名爲十狂〔一〇八〕？』太公曰：『爲下違上〔一〇九〕，一狂〔一一〇〕；説他密事〔一一一〕，二狂；立身無志〔一一二〕，三狂；不修道業，四狂；見善不習，五狂；輕師（慢）勝己〔一一三〕，六狂；嗔他行善，七狂；同類相欺，八狂；修（專）習鷹犬〔一一四〕，九狂；言説天下〔一一五〕，十狂。』

武王曰〔一一六〕：『欲成蓋己〔一一七〕，如知（之）何〔一一八〕？』太公曰：『五穀養人〔一一九〕，種之〔一二〇〕；六畜大（代）人〔行〕〔步〕〔一二一〕，蓄之；家産生活〔一二二〕，勤之；酒能敗身，去之；色能喪身，畏之；口能招禍，慎之；雖豐錢財〔一二三〕，儉之；良（糧）食少（矩）短〔一二四〕，節之；尊長孝（教）訓〔一二五〕，依之。勤奴見（賤）婦〔一二六〕，憐之；若有愆過，罰之；身能皈首〔一二七〕，恕之。恭勤孝養〔一二八〕，習之；口欲出言，審之；無財與者，説之〔一二九〕；不自決者〔一三〇〕，問之；言語不典〔一三一〕，正之〔一三二〕；引道苦切〔一三三〕，化之〔一三四〕。』

武王曰：『欲教子孫，如〔之〕何〔一三五〕？』太公曰：『爲子慈孝〔一三六〕，爲父母威嚴〔一三七〕，爲兄矜和，爲第（弟）孝順〔一三八〕。』

太公家教一卷。

乾符六年正月廿八日學生呂康三讀誦記。

説明

此件前缺，尾部原題『太公家教一卷』。現知敦煌文獻中保存的『太公家教』有三十多個本子，數量頗多。這些本子實際可分爲三種類型，第一類是以叙述的形式撰寫的『太公家教』，而且有序和跋。第二類是在前一類『太公家教』之後，又增加了一段武王問，太公答的内容。第三類是只抄寫第一類『太公家教』的尾部的跋和武王問、太公答的内容，實際是把第一類的『跋』當作『序』。各同類寫本的内容亦每有出入，且多異文。

有些學者將上述武王問、太公答的内容稱爲『武王家教』，但從這些文書的題記來看，時人把武王問、太公答這一部分内容也稱作『太公家教』。

敦煌文獻中保存的『太公家教』以第一類居多，此件屬於第二類，但與第一類相同的内容已大部缺失，武王與太公問答部分得以完整保留。此件之外，尚有伯三七六四、伯二八二五、伯五五四六和伯二九八一等諸件屬於第二類，而伯二六〇〇則屬於第三類。

以上的釋文是以斯四七九爲底本，用伯三七六四（稱其爲甲本）、伯二八二五（稱其爲乙本）、伯五五四六（稱其爲丙本）、伯二九八一（稱其爲丁本）和伯二六〇〇（稱其爲戊本）參校。所有異文均分别出校，以供參考。

校記

〔一〕『意』，據甲、乙、丁本補。

〔二〕『疏』，甲、丁本同，乙本作『舒』。

〔三〕『共樂』，據乙、丁本補，甲本作。

〔四〕『危則相』，據甲、乙本補；『危』，丁本作『病』。

〔五〕『之符』，據丁本補，此句甲、乙本均無。

〔六〕『學是』，據甲、乙、丁本補。

〔七〕「解經書」，據甲、乙、丁本補。
〔八〕「不如薄伎隨」，據甲、乙、丁本補；「軀」，甲本同，乙、丁本作「身」。甲、乙本此句下尚有「慎是護身之符，謙是百行之本」。
〔九〕「縣」，乙本同，當作「懸」，據甲、丁本改。
〔一〇〕「賞之下」，據甲、乙、丁本補。
〔一一〕「有過」，據丁本補；甲、乙本此句作「過者可誅」。
〔一二〕「功」，丁本同，甲、乙二本均作「力」；乙本「不愛」之前有「慈父」二字。
〔一三〕「有力之奴」，據甲、乙、丁本補。
〔一四〕「養」，據甲、乙、丁本補；「子」，甲、乙、丁本均作「男」。
〔一五〕「不如」，甲、丁本同，乙本作「爲人」；「驢」，甲、乙、丁本均作「奴」。
〔一六〕「教」，據甲、乙、丁本補。
〔一七〕「云」，甲、乙本同，丁本作「知」；「者乎」，據甲、乙、丁本補。以上爲第一類「太公家教」的内容，以下則爲武王與太公問答。甲乙本在「者乎」之後至武王與太公問答間尚有「余之志也，五常爲家，四海爲宅，不驕身意，不樂榮華，食不重味，衣不純絲。唯貪此書一卷，不用黄金千車。集之數韵，未辯（辨）玭瑕。本不呈於君子，意欲教於童兒」。
〔一八〕「武王問太公曰」，據甲、乙、丁、戊本補。
〔一九〕「凡夫皆蒙」，據丁本補；「凡夫皆蒙天地覆載」，甲、乙、戊本均作「人生天地之間」。
〔二〇〕「何爲貴賤不等」，丁本同，甲、乙本均作「以何爲貴」。
〔二一〕「夫」，據丁本補，甲、乙本作「天地」；「何」，甲、乙本同，丁本作「何爲」。

〔二二〕「種蒔非時」，甲、乙本均作「耕種不時」。

〔二三〕「廢作」據甲、乙本補。

〔二四〕「用之物」，據甲、乙、戊本補。

〔二五〕「藏」，乙本同，甲本作「覆」；「牢」，乙本作「勞」，「勞」通「牢」，甲本作「勤」。

〔二六〕「竈不利」，據甲、乙本補；「利」，戊本作「治」。

〔二七〕「王曰」，據甲、乙本補。

〔二八〕「三耗」，據乙本補，甲本無此句。

〔二九〕「禾熟不」，據甲、乙本補；「刈」，甲、乙、戊本均作「收」。

〔三〇〕「處在」，甲、乙、戊本均作「苦於」。

〔三一〕「在場」，據甲、乙、戊本補。

〔三二〕「覆蓋」，甲、乙本同，戊本作「蓋覆」。

〔三三〕「略」，乙本同，甲本作「灑」。

〔三四〕「王曰」，據乙本補，甲本無此句。

〔三五〕「持」，乙本作「恃」，當作「嗜」，據甲本改；戊本此句作「嗜鬭好酒」。

〔三六〕「夫」，據甲、乙、戊本補。

〔三七〕「執作」，據甲、乙本補。

〔三八〕「專」，據甲、乙、戊本補；「行」，甲本同，乙、戊本作「爲」。

〔三九〕「矩」，戊本同，當作「短」，據文義改；「人命長矩（短）不等者何」，戊本同，乙本作「人命不等者何」，甲本作「家無三衰，不富者何」。

〔四〇〕「太公曰」，乙本同，甲本作「太公答曰」。
〔四一〕「由家」，戊本同，甲、乙本均作「世人由家」。
〔四二〕「悮」，甲、戊本同，乙本作「娱」。
〔四三〕「遇」，當作「愚」，據甲、乙本改。
〔四四〕「武王曰」，乙、戊本同，甲本作「武王問太公曰」。
〔四五〕「名」，乙本同，甲、戊本無此字；下文同此，不另出校。
〔四六〕甲本在此句前有「武王曰」。
〔四七〕「酒」，甲、乙本同，戊本脱此字。
〔四八〕「友」，甲、戊非同，乙本作「父」。
〔四九〕「損」，甲、乙本同，戊本脱此字。
〔五〇〕甲本此句前有「武王曰」。
〔五一〕甲本此句前有「武王曰」。
〔五二〕「騎」，乙本同，甲本作「乘」。
〔五三〕「飲」，甲本同，乙本作「飽喫」，戊本作「喫」。
〔五四〕「二失」，戊本同，甲、乙本均作「爲二失」。
〔五五〕「他」，甲、乙本同，戊本脱。
〔五六〕「笑」，甲、乙本同，戊本作「歡」。
〔五七〕「爲」，甲、乙本同，戊本無此字。
〔五八〕「人」，甲、乙本均無。

〔五九〕「借與」，甲、戊本同，乙本作「者」，疑誤。

〔六〇〕「爲」，甲、乙本同，戊本無此字。

〔六一〕「武王曰」，甲、乙、戊本均無。

〔六二〕「何爲五逆」，甲、戊本同，乙本作「何名爲五逆」。

〔六三〕「受」，當作「愛」，據甲、乙、戊本改；「所」，當作「師」，據甲、乙、戊本改；「有」，乙本作「父」，當作「友」，據甲、戊本改。

〔六四〕「爲」，乙本同，甲、戊本無此字。

〔六五〕「仕」，甲、戊本作「士」，「士」通「仕」，乙本作「事」。

〔六六〕「爲」，乙本同，甲、戊本無。

〔六七〕「命教」，乙本同，甲、戊本作「教命」。

〔六八〕「爲」，乙本同，甲、戊本無。

〔六九〕「相辱」，甲、乙、戊本均作「不相脣齒」。

〔七〇〕「爲」，乙本同，甲、戊本無。

〔七一〕「武王曰」，甲、乙、戊本均無。

〔七二〕「名」，乙本同，甲、戊本無。

〔七三〕「一不祥」，甲、戊本同，乙本作「爲一不祥」。

〔七四〕「不」，據甲、乙、戊本補；「二不祥」，乙本作「爲二不祥」，以下乙本在某不祥前均加「爲」字，不另出校。

〔七五〕「不」，甲、乙本同，戊本脱。

〔七六〕「起」，甲、戊本同，乙本作「卧」；「路」，戊本同，當作「露」，據甲、乙本改；「刑」，乙本同，當作「形」，據甲、戊本改。

〔七七〕「財」，乙、戊本同，甲本作「才」。

〔七八〕「武王曰」，甲、乙、戊均無。

〔七九〕「名」，乙本同，甲、戊本無；「相」，甲、乙、戊本均無。

〔八〇〕「蹺」，甲、乙、戊本均作「跣」，似當作「跣」。

〔八一〕「相」，甲、乙、戊本均脱，以下各「奴」同，不另出校；「一奴相」，乙本「一」前有「爲」字，以下各「奴」同，不另出校。

〔八二〕「起坐」，甲、乙、戊本均作「坐起」；「背」，乙本同，甲本作「皆」，戊本作「有」，均誤。

〔八三〕「露」，甲、乙本同，戊本作「路」；「刑」，甲、乙本同，當作「形」，據戊本改。

〔八四〕「惡口不損」，甲、乙、戊本均作「口面不淨」。

〔八五〕「武王曰」，甲、乙、戊本均無。

〔八六〕「名」，乙本同，甲、乙本無。

〔八七〕「葱葱」，甲、乙本同，戊本作「忩忩」，當作「匆」，據文義改。

〔八八〕「一賤」，甲、戊本同，乙本作「爲二賤」，以下各「賤」同，不另出校。

〔八九〕「蹺」，甲、乙本均作「跣」。

〔九〇〕「整」，乙本同，戊本作「政」，當作「正」，據甲本改。

〔九一〕「著雜色衣」，甲本作「雜色衣裳」，乙本作「著雜色衣裳」，戊本作「雜衣裳」，甲本脱「著」字，戊本脱「著、色」二字。

〔九二〕「何爲九愚」，甲、戊本同，乙本作「何名爲九愚」。

〔九三〕「躭」，甲、乙本同，戊本作「貪」。
〔九四〕「一愚」，戊本同，甲本脱「愚」字，乙本作「爲一愚」。
〔九五〕「財」，乙本同，甲本作「才」。
〔九六〕「爲」，乙本同，甲、戊本無。
〔九七〕「薄」，甲本同，乙本作「愽」；「得」，甲本同，乙本作「與人」，當作「德」，據戊本改。
〔九八〕「爲」，乙本同，甲、戊本無。
〔九九〕「四愚」，甲、戊本同，乙本作「爲四愚」。
〔一〇〇〕「好説他人」，甲、乙、戊本同，丙本作「説官長善惡」。
〔一〇一〕「五愚」，甲、戊本同，乙本作「爲五愚」。
〔一〇二〕「六」，乙、戊本同，甲本作「七」，誤；「六愚」，戊本同，乙本作「爲六愚」。
〔一〇三〕「妒嫉」，甲本同，乙本作「妒疾」，「疾」通「嫉」，戊本作「嫉妒」。
〔一〇四〕「七愚」，甲、戊本同，乙本作「爲七愚」。
〔一〇五〕「八愚」，甲、戊本同，乙、丙本作「爲八愚」。
〔一〇六〕「受辱不處」，甲、乙、丙、戊本均作「被辱不耻」。
〔一〇七〕「九愚」，甲、戊本同，乙本「爲九愚」。
〔一〇八〕「名」，乙本同，甲、戊本無；「十」，甲、乙本同，戊本作「一」，誤。
〔一〇九〕「爲下違上」，甲、乙、戊本均作「爲下干上」。
〔一一〇〕「一狂」，甲、戊本同，乙本作「爲一狂」，以下各「狂」，乙、丙本均作「爲」某狂，不另出校。
〔一一一〕「他」，甲、乙、戊本同，丙本作「人」。

〔一一二〕「志」，甲、乙、丙本同，戊本作「智」。
〔一一三〕「師」，當作「慢」，據甲、乙、戊本改；「輕慢」，甲、乙、戊本同，丙本作「慢他」。
〔一一四〕「修」，當作「專」，據甲、乙、丙、戊本改。
〔一一五〕「言説天下」，甲、乙、丙、戊諸本均作「讒説他人」。
〔一一六〕甲、乙、丙、戊本在「十狂」下和此段之間尚有「《禮記》云：君子不失色於人，不妄言於口。《莊子》云：吾比養汝、憐汝、極深汝。今養子應知吾心，汝今不孝，子亦如之。相繼相報，是其常理。」甲、乙本至此全卷結束，後題「太公家教一卷」。
〔一一七〕「己」，丙本同，戊本無。
〔一一八〕「知」，當作「之」，據丙本改；「如之何」，戊本作「之如何」。
〔一一九〕「五」，丙本同，戊本無。
〔一二〇〕「種之」，丙本同，戊本作「所以種之」。
〔一二一〕「大」，當作「代」，據戊本改；「行步」，據戊本補。
〔一二二〕「産」，戊本脱。
〔一二三〕「豐」，戊本脱。
〔一二四〕「良」，當作「糧」，據丙、戊本改；「矩」，戊本同，當作「短」，據丙本改。
〔一二五〕「孝」，當作「教」，據丙、戊本改；「訓」，丙、戊本作「悔（誨）」。
〔一二六〕「見」，戊本作「健」，當作「賤」，據文義改；「婦」，戊本作「婢」，近是。
〔一二七〕「身」，丙、戊本均作「自」，
〔一二八〕丙、戊本此句之上有「惡人欲染，避之」。

〔一二九〕「說」，丙、戊本均作「悦」。
〔一三〇〕「者」，戊本同，丙本作「處」。
〔一三一〕「典」，戊本作「善」。
〔一三二〕「正之」，戊本作「教正典之」。
〔一三三〕「切」，丙本作「空」。
〔一三四〕「引道苦切，化之」，戊本無。
〔一三五〕「之」，據丙、戊本補。
〔一三六〕「爲子慈孝」，戊本作「爲人恭孝」。
〔一三七〕「父母」，戊本作「父」，戊本至此，全卷結束，後題「太公家教一卷」。
〔一三八〕丙本此後尚有一段内容。

參考文獻

Giles, *BSOS*, 9.4, 1034 ®; *Descriptive Catalogue of the Chinese Manuscripts from Tunhuang in the British Museum*, p.243；《敦煌寶藏》四册，五二頁（圖）；《敦煌遺書總目索引》一一八頁；《敦煌學輯刊》一九八四年一期六四頁；《敦煌遺書論文集》六七頁；《敦煌寫本太公家教研究》二九至三九頁（圖）（録）；《敦煌研究》一九八六年一期四八頁（録）；《蘭州學刊》一九八六年六期八〇頁（録）；《漢學研究》四卷二期三九〇頁；《敦煌古籍叙録新編》一一册二五二至二五六頁（圖）；《敦煌學輯刊》一九八七年一期二九頁；《敦煌民俗學》一一二至一四二頁（録）；《敦煌兒童文學》六〇至八〇頁（録）；《英藏敦煌文獻》一卷，二一一頁（圖）；《敦煌學》一五輯一三九頁。

斯四八二　元陽上卷超度濟難經品第一

釋文

（前缺）

神不敢迴視。此經神力，亦復如是。有病痛者〔一〕，當清淨洗浴身體手足頭面〔二〕，一心爲人讀誦，衆患除愈〔三〕。

上師告條林法淨真人言：若有餓鬼磨（魔）兵蠱道〔四〕，不隨我言者，吾當使此磨（魔）曹衆（？）邪蠱道送付玄都鬼律受罪〔五〕。如押油殃□□徵滅〔六〕，無有遺餘。吾即舉七仙真人名字，亦得度脱衆耶（邪）境界何等。七仙真人度脱衆耶（邪）境界何等〔七〕。七仙真人：弟（第）一廣唯衛真人、第二戒法真人〔八〕、第三隨業真人、第四拘正林真人、第五拘真玄林真人、第六淨得真人、弟（第）七釋龍種真人。若有苦厄病痛者，便當讀此七仙真人名字，諸惡蠱道悉皆消滅，無得侵近者。我説此已，復告汝等〔九〕，我今復憐愍衆生故，便演説斯經〔一〇〕。元陽上部復有六神仙人名字。一名羅法真人、二名羅上真人、三名賀陽真人〔一一〕、四名勤度真人、五名頭劉真人、六名玄林真人〔一二〕。此是六神仙人名字，汝等若有衆生，無男無女，無貴無賤，有苦厄者[一三]，皆當稱説六神仙人名字[一四]，所患悉除，衆惡疫氣[一五]，不得來近，一切滅盡，無有遺餘。

上師告條林法淨真人：汝一心善聽：我所陳説[一六]。若有無數弟子等及得道真人諸天神王一切天人，我昇天後[一七]，若有受持我所囑累法[一八]，汝常當晝夜擁護[一九]，令得安穩。條林法淨真人曰（白）上師尊[二〇]：弟子當於得道度世，將廿五真人，於惡世中能有讀此經之處[二一]，弟子等晝夜在其左右擁護是人，衆耶（邪）魍魎䰼魅[二二]，不得來近。常使是人卧安覺〔安〕[二三]，修行善法。師（上）師謂弟子等[二四]：善哉！善哉！汝能擁護我百千萬劫中，所可修集（習）[二五]，即成神仙元陽上品第一弟子耳。當説此未既（訖）[二六]，復有四天神王各將眷屬部曲行正長跪[二七]，叉手言師尊[二八]：我等於師尊昇天之後[二九]，各將斯等眷屬案行國界[三〇]，有能讀誦書寫者[三一]，受持是經者[三二]，我等眷屬常來隨逐是人，晝夜擁護，令不見惡；是人欲行曠野者[三三]，我常隨逐道（導）從，勤心擁護[三四]，不離是人，不令惡鬼妄來侵近，常得充足，不令飢渴；所欲求者，我等神王遣諸軍將吏兵[三五]，悉令供給，如其所願，無所乏少。何以故？是人能流布此經，修行善法，供養仙寶元陽上品，繫其仙簿，不令斷絶。説是未既（訖）[三六]，復有七山神王等各萇（長）跪，叉手於上師前，一心合掌白師尊[三七]：我等山神王領衆無數，上有百千天人常當飛行於惡世中，人間有能讀誦書寫受持是元陽卻魔經者，我等山神與天人齊執與其眷屬共到天上。是人所柱（住）

之處，受此法典，常當守護，晝夜不離，在其四面，擁護是人。衆磨（魔）惡鬼不得奪其精氣，不得横來絶命，不得横來橈（擾）害，不得求其萇（長）短，不得觸厭令毒不行；我等眷屬常來在其人所住於虚空中，是人若遇大水，悉決漂去，我山神王力即於空中來護是人〔三八〕，不令見溺，水即還停〔三九〕，得渡水難；若遇大火，我等山神王力隨其方便救護其身，不令大火所燒；若遇大賊，於（我）我（於）四面救護是人〔四〇〕，能使賊心刀杖不舉，即發慈心；若遇官事〔四一〕，繫縛枷鎖，晝夜愁苦，我等山神王力各將眷屬軍將吏兵，於虚空中能令其官心生歡喜，悉令放赦，皆得解脱。我等山神王力眷屬軍將〔吏〕〔兵〕伏怒（弩）〔四二〕，一心救護，不令他緣而得擾亂。於無數國土人民聚落城邑劫中當念是經。何以故？此經仙聖殷勤所屬之法，其文流布，法應宣傳。若有昇天仙道士經行林野止息樹崖者，若有山神磨（魔）女、崖嚮惡精魁魅魍魎來欲遶（擾）害之者〔四三〕，我等山神王力，能令是人不生畏想，禪思如故〔四四〕。

上師言：〔吾〕令（今）讚（謂）汝等山神王徒〔四五〕，善哉！善哉！汝等軍將吏兵勇卒〔四六〕，堅勁伏怒（弩）日久〔四七〕，曾於過去世時乃至百萬歲百千萬歲劫中〔四八〕，時值遇百千萬億諸仙，上品元陽經卷處弟（第）八之中〔四九〕，廣度衆生〔五〇〕，神通弟（第）八弟子之例（列）。汝〔等〕若能流布此經〔五一〕，讀誦書寫，方便救濟，不令見惡，常行善心〔五二〕，爾時山神王等，即與諸眷屬軍將吏兵〔五三〕，頂禮師尊，一心奉行，即辭而出〔五四〕。

上師告弟子法淨條林真人曰：吾以壬寅歲七月七日當行遠方，汝等於我去後，好用心〔我〕所眷屬著舉身囑累汝等〔五五〕，唯有廣智弟子勤心流布此法，令一切衆生悉得聞知。族姓子：汝冣是吾心中弟子〔五六〕，我所〔出〕法〔五七〕，悉付囑汝。吾今憐愍一切衆生故，欲令解脱衆難〔五八〕。還正坐，付囑此法已。〔復〕〔告〕族姓子汝等〔五九〕：此經尊極有神力，勸令一切族姓子家男女供養〔六〇〕，香華雜華（果）〔六一〕。燃燈續明〔六二〕，復能轉讀誦習救人〔六三〕，疾病苦〔厄〕之人〔六四〕，現世安吉，無復疾病。將來往生文昌宫，宿即生蓮華，中軀體神仙，得五通無礙智慧〔六五〕，身壽八萬八千歲。更還年少，五通具足，知（智）勇猛健如上仙，皆元陽仙公〔六六〕，功值如是，不可稱計。族姓子：汝當用好紙好筆還默（墨），至心細書寫此遺文，流布國界。我所出法，上下句文如吾本師元陽仙公。所囑妙法，無有錯誤，汝無令妄失一畫一沾（點）〔六七〕。族姓子：我憐愍衆生，唯囑此經〔六八〕。皆令一切有刑（形）之類，悉得聞知，心開意解，常行善法〔六九〕，念念不忘。皆行往生清淨〔林〕〔崖〕〔七〇〕，受（壽）命延萇（長），神通無礙。爾時條林真人曰：在世師尊前，一心又（叉）手舉身肉相（袒）〔七一〕，詩（身）毛悉竪〔七二〕，戰戰兢兢，一心諦聽上尊所語，不敢妄失一句一文。流淚而言：師尊所囑妙法，至心受持，廣令流布。弟子等受天尊真教，頂禮先師，一心奉行。師曰：汝等若行若止，若在山林〔七三〕，他方國土，城邑聚洛（落），人民都市，〔帝〕〔鄉〕縣官〔七四〕，〔因〕繫獄中〔七五〕，思念此經，宣傳教他讚誦書寫〔七六〕，吾當神化，令汝悉得神通，倍加於今，頂禮師尊，慘然萇（長）別。相善因緣〔七七〕。

元陽上卷超度濟難經品第一。

説明

此件《英藏敦煌文獻》漏收，現予補録。

此件首缺尾全，存該經第一品的大部分。其内容與傳世《洞玄靈寶上師説救護身命經》基本相同，字句略有出入。《倫敦藏敦煌漢文卷子目録提要》（臺灣福記文化圖書有限公司一九九三年版）據其中『世』、『愍』字缺筆，確定其爲七世紀寫本（參看該書第八二六頁）。

以上的釋文是以斯四八二爲底本，用傳世《道藏》中之《洞玄靈寶上師説救護身命經》參校（稱其爲甲本）。

校記

〔一〕『有』，甲本作『若有』。
〔二〕『清淨』，甲本作『淨』。
〔三〕『患』，甲本作『病』。
〔四〕『磨（魔）兵』，甲本作『魔兵衆邪』。

〔五〕「衆邪蠱道」，甲本無。

〔六〕此句底本有二字不清楚，甲本此句作「如塵沙釁殃，悉皆消滅」。

〔七〕據甲本及文義，此句爲衍文，當删。

〔八〕「戒」，甲本作「式」。

〔九〕「復」，甲本作「復憐愍」。

〔一〇〕「斯」，甲本作「此」。

〔一一〕「賀」，甲本作「加」。

〔一二〕「玄」，甲本作「郗」。

〔一三〕「有」，甲本作「若有」。

〔一四〕「稱説」，甲本作「誦」。

〔一五〕「疫」，甲本作「疾」。

〔一六〕「説」，甲本作「矣」。

〔一七〕「後」，甲本作「去後」。

〔一八〕「法」，甲本作「妙法」。

〔一九〕「汝」，甲本作「我」，疑誤。

〔二〇〕「曰」，當作「白」，據甲本改。

〔二一〕「之處」，甲本作「者」，近是。

〔二二〕「魍魎魅魅」，甲本作「魍魅魅魍」。

〔二三〕「安」，據甲本補。

〔二四〕第一個「師」當作「上」，據文義改；「等」，甲本無。
〔二五〕「集」，當作「習」，據甲本改。
〔二六〕「此」，甲本無。
〔二七〕「神」，甲本作「山神」，疑誤。
〔二八〕「叉」，甲本作「又」，誤。
〔二九〕「之」，甲本作「去」。
〔三〇〕「案」，甲本作「累」，誤。
〔三一〕「者」，甲本無。
〔三二〕「是」，甲本作「此」；「者」，甲本無。
〔三三〕「欲」，甲本作「故」。
〔三四〕「心」，甲本作「力」。
〔三五〕「神」，甲本作「山神」，疑誤。
〔三六〕「是」，甲本作「此」；「未既（訖）」，甲本作「已」。
〔三七〕「合掌」，甲本作「稽首」。
〔三八〕「護」，甲本作「接」。甲本「遇水」一句在「遇火」句後。
〔三九〕「還停」，甲本作「停住」。
〔四〇〕「於我」，當作「我於」，據甲本改。
〔四一〕「事」，甲本作「事法」。
〔四二〕「吏兵」，據甲本補。

〔四三〕「魅」，甲本作「魑」。
〔四四〕「禪」，甲本作「存」。
〔四五〕「吾」，據甲本補；「令讚」，當作「今謂」，據甲本改；「徒」，甲本作「承從」。
〔四六〕「勇卒」，甲本無。
〔四七〕此句甲本無。
〔四八〕「乃」、「百萬歲」，甲本無。
〔四九〕「處」，甲本無。
〔五〇〕「廣」，甲本作「濟」。
〔五一〕「等」，據甲本補；「此經」，甲本作「此經經法」。
〔五二〕「心」，甲本作「法」。
〔五三〕「即」，甲本無。
〔五四〕「出」，甲本作「去」。
〔五五〕「我」，據甲本補；「著」，甲本作「若」。
〔五六〕「冣」，甲本作「能聽受」，近是。
〔五七〕「出」，據甲本補。
〔五八〕「欲」，甲本無。
〔五九〕「復告」，據甲本補；「子汝」，據文義當刪。
〔六〇〕「勸」，甲本無。
〔六一〕「雜」，甲本作「珍」；「華」，當作「果」，據甲本改。

〔六二〕「燈」，甲本作「燭」。
〔六三〕「習」，甲本作「經」。
〔六四〕「厄」，據甲本補；「人」，甲本作「者」。
〔六五〕「得」，甲本作「備足」。
〔六六〕「公」，甲本作「公等」。
〔六七〕「沾」，當作「點」，據甲本改。
〔六八〕「唯囑」，甲本作「故遺」。
〔六九〕「行」、「法」，甲本脱。
〔七〇〕「林崖」，據甲本補。
〔七一〕「又」，當作「叉」；「相」，當作「袒」，均據甲本改。
〔七二〕「悉」，甲本作「肆」，疑誤。
〔七三〕「若」，甲本無；「林」，甲本作「林中」。
〔七四〕「帝鄉」；據甲本補。
〔七五〕「因」，據甲本補；「繫獄」，甲本作「獄繫」。
〔七六〕「讃」，甲本作「讀」。
〔七七〕此句甲本無。

參考文獻

《敦煌道經目録》二二至二三頁；《スタィン將來大英博物館藏敦煌文獻分類目録·道教之部》一五至一六頁；《敦煌

道經目録編》，一〇〇至一〇二頁；《敦煌道經圖録編》一七三至一七五頁（圖）；《敦煌寶藏》四册，六〇頁（圖）；《敦煌學》一五輯一三九頁；《倫敦藏敦煌漢文卷子目録提要》八二六頁。

斯四九〇　毗尼心一卷題記

釋文

一十八紙。

説明

此件書於經文之後，係朱書，《敦煌寶藏》圖版未能顯示，《英藏敦煌文獻》未收，現予補録。

參考文獻

《敦煌遺書總目索引》一一九頁（録）；*Descriptive Catalogue of the Chinese Manuscripts from Tunhuang in the British Museum*, p.174（録）。

釋文

（前缺）

□、□□□□□，故云疾時有〔一〕之。《傳》：柔，安。《正義》曰：《釋詁》文。《箋》：能猶至姓親。《正義》曰：《尚書·毋逸》云〔二〕：柔遠能邇。注：以能爲恣。則此言伽者，與恣同。謂順適其意也。爾（邇）〔三〕，近。《釋詁》文。安遠方之國，當先順伽其近者，即《論語》所謂：『悦近來遠』是也。此與上文相成。能近，謂惠中國；柔遠，即綏四方也。厲王身爲王矣，而云『以定我王』，故知以定我周家爲王之功，若廣論天下之事，雖則異姓，可以稱我，今指言王身而文稱我，是共王有周家之辭，故云我者，同姓親。

〔人〕〔亦〕〔至〕〔王〕〔休〕〔四〕。《毛》以爲今周人亦皆罷勞止而又危耳，近於死亡，王可以小安之〔五〕。當愛此中畿之國，以爲諸夏之人，使得會聚〔六〕。王若施善政，當糾察有罪，無得縱此詭人之善，隨人之惡者，以此敕慎讙譁爲大惡者〔七〕。又用此無縱之事，止其寇虐之害，無使有遭此寇虐之憂。又誘王言其始時，有善勸令終之無棄爾〔八〕。王始時勤政事之功〔九〕，以爲王政之美。《鄭》唯「汔、幾」爲「異」，餘同。《傳》：休定逑合。《正義》曰：《釋詁》云，休，息也；定，止也。息，亦定之義，故以休爲定。逑，合。《釋詁》文〔一〇〕。《箋》以休之爲定〔一一〕，於義雖通而未是正訓，故以休爲止息，合爲合聚，所以申足毛義。傳：惛怓大亂。《正義曰》：惛怓者，其人好鄙爭，惛惛而怓怓然。故箋以爲猶讙譁，謂好爭訟者，是其言語無節〔一二〕，大聒亂人，故云大亂，非是大爲禍亂也。傳：休美。《正義》曰：《釋詁》文。《箋》：勞猶至掖之。《正義》曰：勞力然後有功，故云勞猶功也。知汝勞爲汝始時勤政事之功者。以言無棄〔一三〕，明其先有而不棄也。厲王暴虐，初則然矣，而述其始有功者，誘掖之耳。誘掖之，言出衡門之序，謂誘導而扶掖之。以小人貪功，聞已先有善或將勉力，故誘之。

人亦至弘大。《毛》以爲人亦罷勞，止又危耳〔一四〕，可以止息之。先愛此中國之京師〔一五〕，使諸夏之人〔一六〕，其憂寫洩而去。又當無縱詭隨之人，以此敕慎衆，爲危殆之行者。又用此止寇虐之害，無使王之政道敗壞也。所以須然者，在王之大位者，雖小子而用事甚大，夫不可不慎〔一七〕，故須息勞人而止寇虐也〔一八〕。《鄭》以「訖」爲「幾」，「厲」爲「惡戎」，「汝弘」爲「廣」爲「異」〔一九〕，餘同。《傳》：愒息泄去。《正義》曰：愒，息。《釋詁》文。《説文》云〔二〇〕：洩〔二一〕，漏也。然則洩者，閉物漏去之名，故以爲去。《箋》以爲「憂洩」者，是憂氣在腹而發出，故云「出」也，「發」也。其意亦與《毛》同。《月令》云：是謂洩天地之氣，是發出之意也。《傳》：醜衆厲危。《正義》曰：醜衆，《釋詁》文。《易》之言厲者〔二二〕，皆危之義〔二三〕。乾九三夕惕〔二四〕，若厲之類皆是危也〔二五〕。

（後缺）

説明

此件前後均缺，起「之。傳：柔，安」，迄「若厲之類皆是」。《毛詩正義》爲唐孔穎達撰，此寫本之傳、箋用朱書，正義墨書，凡「民」字均改「人」。

此件與傳世本在文字上每有異同，以上的釋文是以斯四九八爲底本，而用流傳較廣的中華書局標點本《十三經注疏》中之《毛詩正義》參校，稱其爲甲本，所有異文分別出校，以供研究。

校記

〔一〕「故云疾時有」，據甲本補。

〔二〕「毋」，甲本作「無」。

〔三〕「爾」，當作「邇」，據甲本改。

〔四〕「人亦至王休」，據甲本及此件體例補，按甲本作「民亦至王休」，而此件「民」字均作「人」，故亦將所補之「民」字改作「人」。底本雖脱「人亦至王休」，但在原件上留有此五字的空間，只不過是忘記了用朱書補寫此五字而已。

〔五〕甲本此句下尚有「定止，息矣」。

〔六〕「人」，甲本作「民」。

〔七〕「讙譁」，甲本作「其讙譁」。
〔八〕「令」，甲本作「今」，疑誤。
〔九〕「勤」，甲本作「之」，底本義勝。
〔一〇〕「釋」，甲本脱。
〔一一〕「以」，甲本作「云」。
〔一二〕「無節」，甲本脱。
〔一三〕「言」，甲本作「云」。
〔一四〕「人」，甲本作「民」。
〔一五〕「此」，甲本作「止」。
〔一六〕「人」，甲本作「民」。
〔一七〕「夫」，甲本作「大」，誤。
〔一八〕「人」，甲本作「民」。
〔一九〕「爲廣」，甲本作「廣」。
〔二〇〕「《説文》」，甲本脱。
〔二一〕「洩」，甲本作「泄」，下同，不另出校。
〔二二〕「者」，據甲本補。
〔二三〕「皆危之義」，據甲本補。
〔二四〕「乾九三夕惕」，據甲本補。
〔二五〕「危也」，據甲本補。

參考文獻

Descriptive Catalogue of the Chinese Manuscripts from Tunhuang in the British Museum, p. 230；《敦煌古籍叙録》四五頁；《敦煌寶藏》四册，一四八頁（圖）；《敦煌論集續編》八〇頁；《敦煌古籍叙録新編》二册三四九至三五二頁（圖）；《英藏敦煌文獻》一卷，二一二頁（圖）。

斯五〇九　千手千眼大悲心陀羅尼經題記

釋文

西涼府施主陰治榮寫記〔一〕。

説明

此件《英藏敦煌文獻》未收，現予補録。此卷背面有蔣孝琬所書『千手千眼大悲經一卷無頭』，未録。

校記

〔一〕『治』，《敦煌遺書總目索引》釋作『任』。

參考文獻

Descriptive Catalogue of the Chinese Manuscripts from Tunhuang in the British Museum, p. 105～106（録）；《敦煌遺書總目索引》一一九頁（録）；《敦煌寶藏》四册，一九三頁（圖）；《敦煌大藏經》五七卷，七七八頁（圖）。

斯五一一背　雜寫（齋文等）

釋文

法海聞如景流暉，煦塵方而開日月，法流疏浪洽沙界。
竊聞刹號莊嚴，雕七珍於梵宇；方稱極樂，浮百寶之仙宫。

説明

此件爲時人隨手所書，第二行所抄爲『齋文』之起首部分。《英藏敦煌文獻》漏收，現予補録。

參考文獻

《敦煌寶藏》四册，二〇一頁（圖）。

斯五一二　歸三十字母例

釋文

歸三十字母例

端丁當顛战　精煎將尖津　知張衷貞珍
透汀湯天添　清千槍僉親　徹倀忡樫縯〔一〕
定亭唐田甜　從前墻晉秦　澄長蟲呈陳
泥寧囊年拈　喻延羊鹽寅　來良隆冷鄰
審昇傷申深　見今京犍居　不邊逋賓夫
穿稱昌嗔覘　磎欽卿褰祛　芳偏鋪繽敷
禪乘常神諶　群琴擎蹇渠　並便蒲頻苻
日仍穰忎任　疑吟迎音般　明綿模民無
心修相星宣　曉馨呼歡袄
邪囚祥餳旋　匣形胡桓賢

照周章征專　　影纓烏剜煙

説明

上録文字是現知最早的有關字母的資料，有原題。周祖謨先生推測是某種辨析聲韻書中的一段，原書爲唐人所作，確切年代不明，對研究唐人造字母的有關情况具有十分重要的參考價值（參看周祖謨《唐五代韻書集存》下册九五五至九五七頁）。此件卷背尚有蔣孝琬所書之數碼和『三十字母敲韻』，未録。

校記

〔一〕『繽』，《唐五代韻書輯存》釋作『縝』。

參考文獻

《經世季刊》二卷一期四〇頁（録）；《瀛涯敦煌韻輯》二，九卷、一八卷（録）；*Descriptive Catalogue of the Chinese Manuscripts from Tunhuang in the British Museum*, p.267；《敦煌寶藏》四册，二〇二頁（圖）；《敦煌遺書總目索引》一一九頁（録）；《唐五代韻書輯存》下，七九五、九五五至九五七頁（録）；《敦煌變文集新書》五五三頁；《敦煌學論文集》三六一至三六二、七二七至七三六頁（録）；《英藏敦煌文獻》一卷，二一三頁（圖）。

斯五一一三　金剛般若波羅蜜經題記

釋文

上元三年閏三月十一日左春坊楷書歐陽玄悊寫〔一〕。
用紙一十二張〔二〕。
裝潢手解善集。
初校書手蕭禕。
再校書手蕭禕。
三校書手蕭禕。
詳閲太原寺大德神符。
詳閲太原寺大德嘉尚。
詳閲太原寺寺主慧立。
詳閲太原寺上座道成。
判官司農寺上林署令李德。

使朝〔散〕大夫守上舍奉御閤玄道監〔三〕。

說明

此件《英藏敦煌文獻》未收，現予補録。

校記

〔一〕「悊」，《敦煌遺書總目索引》釋作「[illegible]」，誤。

〔二〕「一」，《敦煌遺書總目索引》漏録。

〔三〕「散」，《敦煌遺書總目索引》據文義補；「上」，《敦煌遺書總目索引》釋作「尚」。

參考文獻

Giles, *BSOS*, 8.1, 18ⓡ; *Descriptive Catalogue of the Chinese Manuscripts from Tunhuang in the British Museum*, p.24（録）；《敦煌寶藏》四册，二〇三頁（圖）；《敦煌學要籥》九一至九二頁（録）；《敦煌遺書總目索引》一一九頁（録）；《敦煌大藏經》一五卷，五〇三至五一〇頁（圖）；《中國古代寫本識語集録》二二四頁（録）。

斯五一四　沙州敦煌縣懸泉鄉宜禾里大曆四年（七六九）手實

釋文

（前缺）

沙州　敦煌縣　懸泉鄉　宜禾里　大曆四年手實[一]

戶主趙大本年柒拾壹歲　老男　下下戶，課戶見輸。

妻　孟　年陸拾玖歲　老男妻

女光明年貳拾歲　中女

男明鶴年叁拾陸歲　會州黃石府別將　乾元二年十月　日授，甲頭張爲言。曾德、祖多、父本。

男思祚年貳拾柒歲　白丁

男明奉年貳拾陸歲　白丁　轉前籍，年廿。大曆二年帳後貌加就實。

男如玉年貳拾肆歲　中男　寶應元年帳後漏附。

合應受田肆頃五拾叁畝　玖拾畝已受　八十九畝永業　一畝居住園宅

三頃六十三畝未受。

一段拾畝永業　城東十五里八尺渠　東自田　西翟守　南翟　北自田

一段拾畝永業　城東十五里八尺渠　東索暉　西路　南路　北自田

一段伍畝永業　城東十五里八尺渠　東索暉　西渠　南渠　北索謙

沙州　敦煌縣　懸泉鄉　宜禾里　大曆四年手實

一段肆畝永業　城東十五里八尺渠　東竇智　西渠　南渠　北荒

一段陸畝永業　城東廿里沙渠　東趙義　西路　南渠　北玄識

一段貳拾畝永業　城東十五里八尺渠　東路　西路　南懷慶　北路

一段玖畝永業　城東十五里八尺渠　東渠　西觀田　南渠　北張孝

一段貳拾伍畝永業　城東十五里八尺渠　東路　西路　南孟慶　北路

一段壹畝居住園宅

户主李真如年肆拾貳歲　中女　乾元三年籍後死〔一〕。

户主李仙仙年肆拾壹歲　中女　乾元三年籍後死，全户除。

母　談　年柒拾陸歲　寡

户主張可曾年貳拾肆歲　中女　代兄承户，下下户，不課户。

兄妹妹年壹拾伍歲　小男　乾元三年籍後死。

母令狐年伍拾伍歲　寡

沙州　敦煌縣　懸泉鄉　宜禾里　大曆四年手實

弟履華年壹拾肆歲　小男　乾元三年籍後死。

合應受田捌拾壹畝　肆拾陸畝已受　廿畝永業　廿五畝口分　一畝居住園宅

卅五畝未受

一段伍畝永業　城東廿里沙渠　東自田　西趙仵　南自田　北渠

一段柒畝永業　城東廿里沙渠　東荒　西自田　南路　北渠

一段貳畝永業　城東廿里沙渠　東荒　西張住　南路　北渠

一段壹畝永業　城東廿里沙渠　東韓德　西荒　南善德　北索阿

一段伍畝永業　城東廿里沙渠　東自田　西渠　南路　北自田

一段拾畝口分　城東廿里沙渠　東張住　西買住　南路　北荒

一段伍畝口分　城東廿里沙渠　東自田　西玄義　南自田　北荒

一段拾畝口分　城東廿里沙渠　東自田　西渠　南路　北渠　和奴〔三〕

一段壹畝居住園宅

户主張介介年陸拾肆歲　老女　乾元三年籍後死，全户除。

沙州　敦煌縣　懸泉鄉　宜禾里　大曆四年手實

妹妃妃年叁拾玖歲　中女

户主宋二娘年柒拾貳歲　寡　代婿承户下下户不課户

婿索嗣藝年陸拾壹歲　老男翊衛乾元三年籍後死。

男索秀章年貳拾柒歲　白丁大曆三年帳後死。

合應受田伍拾壹畝並未受

户主索思禮年陸拾伍歲　老男　昭武校尉，前行右金吾衛靈州武略府別將，上柱國官天寶十三年十一月廿七日授，甲頭張思黠[四]。勳[五]，開元十九年四月十八日授，甲頭王遊仙[六]，曾貴，祖滿，父運[七]。下中户，不課户[八]。

母氾年捌拾玖歲　寡　上元二年帳後死。

妻　氾年伍拾玖歲　老男妻

男游鸞年叁拾柒歲　丹州通化府折衝上柱國　大曆元年月日授，甲頭李季札。

鸞妻張年叁拾捌歲　職資妻

鸞男齊岳年壹拾貳歲　小男　大　二年帳後漏附。

奴羅漢年叁拾陸歲　丁

奴富奴年貳拾玖歲　丁

沙州　敦煌縣　懸泉鄉　宜禾里　大曆四年手實

奴安安年伍拾叁歲　丁　乾元三年籍後死

婢寶自年貳拾玖歲　丁

合應受田陸拾壹頃伍拾叁畝　貳頃肆拾叁畝已受，卌畝永業，一十九畝勳田，一十四畝買田，一頃六十七畝口分，三畝居住園宅。五十九頃一十畝未受。

一段壹頃拾玖畝（卌畝永業，一十九畝勳田，一十四畝買田。卌六畝口分，）城東十五里瓜渠　東安璟　西澤　南宋章　北渠

一段貳拾陸畝口分　城東十五里瓜渠　東渠　西渠　南渠　北坑

一段拾壹畝口分　城東十五里瓜渠　東仁亮　西渠　南渠　北澤

一段叁拾叁畝口分　城東十五里瓜渠　東安璟　西路　南渠　北路

一段玖畝口分　城東十五里瓜渠　東渠　西渠　南路　北渠

一段玖畝口分　城東十五里瓜渠〔九〕東楊絢　西渠　南渠　北澤

一段捌畝口分　城東十五里瓜渠〔一〇〕東渠　西荒　南索楚　北渠

一段拾伍畝口分　城東一里孟授渠　東張奉儀　西路　南和雅　北路

一段拾畝口分　城東十五里瓜渠　東李方　西渠　南渠　北安壽

一段叁畝居住園宅〔一一〕

（中缺）

户主索遊仙年玖歲　小男 乾元三年籍後死。

户主安遊璟年伍拾叁歲　上柱國 開元廿五年九月五日授，甲頭王斛斯，曾言，祖興，父嗣，代叔承户。下下户，不課户。

叔承嗣年柒拾柒歲　老男 乾元三年籍後死。

妻張年肆拾柒歲　職資妻

女娘娘年壹拾陸歲　小女

叔懷節年叁拾肆歲　廢疾 上元二年帳後死。

合應受田叁拾壹頃壹畝 貳拾玖畝已受，廿畝永業〔一二〕，三畝買田，五畝口分，一畝居住園宅。卌頃七十二畝未受。

一段柒畝永業　城東十五里瓜渠　東渠　西自田　南索濟　北渠

一段貳畝永業　城東十五里瓜渠　東自田　西自田　南索禮　北渠

一段陸畝永業　城東十五里瓜渠　東鄧難　西安慶　南渠　北索禮

一段叁畝買田　城東十五里瓜渠　東渠　西索禮　南舍　北渠〔一三〕

一段捌畝 五畝永業，三畝口分　城東十五里瓜渠　東渠　西官田　南安壽　北官田〔一四〕

一段壹畝口分　城東十五里瓜渠　東路　西坑　南沙　北自田

沙州　敦煌縣　懸泉鄉　宜禾里　大曆四年手實

一段壹畝口分　城東十五里瓜渠　東自田　西渠　南自田　北渠

一段壹畝居住園宅

户主安大忠年貳拾陸歲　白丁　下下户，課户見輸。

母屈　年肆拾柒歲　寡　永泰二年帳後勘責逃走，限滿除〔一五〕。

弟金苟年壹拾陸歲　小男　上元二年帳後死。

妹桃花貳拾叁歲　中女　上元二年帳後死。

妹胡胡年貳拾歲　中女　永泰二年帳後勘責逃走，限滿除。

妹妃妃年貳拾壹歲　中女　永泰二年帳後勘責逃走，限滿除。

亡叔妻張年叁拾柒歲　中女　永泰二年帳後勘責逃走，限滿除〔一六〕。

亡叔欽妻張年肆拾肆歲　寡　永泰二年帳後勘責逃走，限滿除。

妹仙仙年壹拾貳歲　小女　永泰二年帳後勘責逃走，限滿除。

合應受田壹頃壹畝　叁拾叁畝已受，廿畝永業，一十二畝口分，一畝居住園宅。
六十八畝未受。

一段捌畝永業　城東十五里瓜渠　東楊大勖　西荒　南荒　北澤

沙州　敦煌縣　懸泉鄉　宜禾里　大曆四年手實

一段柒畝永業　城東十五里瓜渠　　東渠　　西荒　　南荒　　北渠
一段拾柒畝四畝永業城東十五里瓜渠　　東渠　　西渠　　南路　　北自田
一十三畝口分
一段壹畝居住園宅
户主令狐朝俊年貳拾歲　　中男大曆三年帳後逃還附，代父承户，下下户。
不課户
父嗣宗　年伍拾玖歲　　老男廢疾乾元三年籍後死。
母任年捌拾壹歲　　寡
姊仙仙年貳拾陸歲　　中女乾元三年籍後死。
姊妙妃年貳拾歲　　中女乾元三年籍後死。
妹　羅羅年壹拾陸歲　　小女乾元三年籍後死。
妹　妃妃年壹拾肆歲　　小女乾元三年籍後死。
合應受田壹頃叁拾壹畝　叁拾捌畝已受，廿畝永業，一十八畝口分。
九十三畝未受。
一段伍畝永業　城東十五里瓜渠　　東渠　　西陰義　　南渠　　北自田
沙州　　　敦煌縣　　　懸泉鄉　　　宜禾里　　　大曆四年手實

一段叁畝永業　城東十五里瓜渠　東渠　西陰義　南自田　北宋素
一段伍畝永業　城東十五里瓜渠　東渠　西陰義　南渠　北自田
一段肆畝永業　城東十五里瓜渠　東路　西渠　南渠　北渠
一段壹畝永業　城東十五里瓜渠　東自田　西自田　南路　北場
一段肆畝二畝永業城東十五里瓜渠　東渠　西荒　南令狐惠　北渠
二畝口分
一段拾畝口分　城東十五里瓜渠　東伽生　西荒　南路　北渠
一段貳畝口分　城東十五里瓜渠　東渠　西陰義　南自田　北路
一段肆畝口分　城東十五里瓜渠　東渠　西舍　南義巨　北渠
户主令狐海賓年貳拾肆歲　中男　乾元三年籍後死，全户除。
祖母孔年玖拾柒歲　寡
母　蘇年陸拾叁歲　寡
户主令狐進堯年伍拾捌歲　老男上柱國　開元廿八年五月十五日，授甲頭趙承鑒。曾素，
祖感，父忠。代父承户，下下户，不課户。
父懷忠年陸拾壹歲　老男　上輕車都尉　永泰二年帳後勘責逃走，限滿除。
沙州　敦煌縣　懸泉鄉　宜禾里　大曆四年手實

女真真年壹拾捌歲　中女　永泰二年帳後勘責逃走，限滿除。
女妃妃年玖歲　小女　永泰二年帳後勘責逃走，限滿除。
弟思賓年叁拾歲　品子　上元二年帳後死。
亡叔男海賓年肆拾歲　廢疾　廣德二年帳後逃還附，患左眼瞎並風癡。
合應受田叁拾壹頃壹畝　壹頃叁畝已受，卌畝永業，六十二畝口分，一畝居住園宅。
廿九頃九十八畝未受。
一段拾畝永業　城東十五里瓜渠　東自田　西路　南自田　北荒
一段壹畝永業　城東十五里瓜渠　東渠　西路　南荒　北自田
一段伍畝永業　城東十五里瓜渠　東令狐宗　西渠　南渠　北自田
一段貳畝永業　城東十五里瓜渠　東令狐宗　西渠　南渠　北自田
一段伍畝永業　城東十五里瓜渠　東海賓　西令狐宗　南嗣宗　北渠
一段壹畝永業　城東十五里瓜渠　東場　西自田　南佛圖　北自田
一段伍畝永業　城東十五里瓜渠　東陰曜　西海賓　南自田　北渠
一段捌畝永業　城東十五里瓜渠　東渠　西渠　南張楚　北楊巨
沙州　敦煌縣　懸泉鄉　宜禾里　大曆四年手實
一段叁畝永業　城東十五里瓜渠　東陰曜　西渠　南渠　北自田〔一七〕

一段壹畝口分　城東廿里沙渠　東路　西自田　南荒　北岸
一段貳畝口分　城東廿里沙渠　東澤　西玄爽　南自田　北自田
一段叁畝口分　城東廿里沙渠　東澤　西自田　南自田　北自田
一段叁畝口分　城東廿里沙渠　東路　西澤　南渠　北澤
一段伍畝口分　城東廿里沙渠　東自田　西自田　南自田　北何思貞
一段壹畝口分　城東廿里胡渠　東澤　西含怒　南趙表　北澤
一段貳畝口分　城東廿里趙渠　東玄美　西玄美　南玄美　北自田
一段拾叁畝口分　城東廿里沙渠　東澤　西玄義　南荒　北玄義
一段叁畝口分　城東廿里沙渠　東渠　西河　男令狐忠　北沙
一段玖畝口分　城東廿里沙渠　東馬奴　西翟政　南趙仵　北令狐珠
一段貳畝口分　城東十五里沙渠　東渠　西路　南令狐忠　北沙
一段玖畝口分　城東十五里瓜渠　東令狐忠　西渠　南渠　北渠
沙州　敦煌縣　懸泉鄉　宜禾里　大曆四年手實
一段肆畝口分　城東十五里瓜渠　東渠　西懷忠　南懷忠　北渠
一段叁畝口分　城東十五里瓜渠　東陰曜　西渠　南渠　北路
一段貳畝口分　城東十五里瓜渠　東舍　西渠　南令狐忠　北渠

一段壹畝居住園宅

户主令狐娘子年貳拾伍歲　中女　下下户，不課户。

母張年肆拾肆歲　寡

合應受田捌拾壹畝　叁拾玖畝已受，廿畝永業，一十九畝口分。卌二畝未受。

一段叁拾玖畝（廿畝永業，一十九畝口分）城東十五里瓜渠　東自田　西嗣宗　南自田　北自田

户主索仁亮年叁拾捌歲　守左領軍衛宕州常吉府別將　乾元二年十月日授，甲頭唐遊仙，曾守，祖濟，父楚。代兄承户，下下户，課户見輸。

兄思楚年陸拾玖歲　老男翊衛　寶應二年帳後死。

亡兄妻宋年柒拾歲　寡

亡兄男元亮年貳拾伍歲　品子　乾元三年籍後死。

亡兄男元暉年貳拾玖歲　品子　取故父思楚翊衛蔭，開元廿五年二月九日授。甲頭田秀實。曾守，祖濟，父楚，上元二年帳後逃還附。

沙州　敦煌縣　懸泉鄉　宜禾里　大曆四年手實

斯五一四

亡兄男元俊年貳拾捌歲　品子　上元二年帳後漏附。

亡兄女來來年貳拾肆歲　中女　乾元三年籍後死。

亡兄女娘子年壹拾肆歲　小女　乾元三年籍後死。

合應受田叁頃叁拾貳畝　壹頃叁畝已受，六十畝永業，卌三畝口分。

二頃廿九畝未受。

一段貳畝永業　城東十五里瓜渠　東路　西索賓　南索暉　北渠

一段貳畝永業　城東十五里瓜渠　東渠　西索政　南路　北索政

一段肆畝永業　城東十五里瓜渠　東沙　西渠　南自田　北索信

一段拾畝永業　城東十五里瓜渠　東渠　西索立　南渠　北安落

一段拾貳畝永業　城東十五里瓜渠　東路　西渠　南路　北自田

一段肆畝永業　城東十五里瓜渠　東坑　西索都　南索政　北坑

一段拾畝永業　城東十五里瓜渠　東渠　西坑　南索政　北楊曹

一段拾肆畝永業　城東十五里瓜渠　東沙　西渠　南陰輔　北官田

一段伍畝口分　城東十五〔里〕瓜渠〔一八〕東官田　西渠　南索才　北索才

沙州　敦煌縣　懸泉鄉　宜禾里　大曆四年手實

一段貳畝永業　城東十五里瓜渠　東索才　西渠　南索才　北自田

一段拾叁畝口分　城東廿里瓜渠　東索齊　西官田　南官田　北路
一段肆畝口分　城東廿里瓜渠　東路　西渠　南路　北石忠〔一九〕
一段肆畝口分　城東廿里瓜渠　東安智　西路　南荒　北自田〔二〇〕
一段叁畝口分　城東廿里瓜渠　東彭達　西渠　南自田　北澤
一段貳畝口分　城東廿里瓜渠　東路　西大忠　南自田　北渠
一段貳畝口分　城東十五里瓜渠　東渠　西索暉　南索暉　北路
一段肆畝口分　城東十五里瓜渠　東渠　西宋玉　南宋玉　北令狐忠
一段陸畝口分　城東十五里瓜渠　東荒　西自田　南令狐忠　北路
户主索如玉年肆拾肆歲　蘭州金城府别將，上柱國官，乾元二年十月日授，甲頭曹仁方。勳，
開元廿二年閏十一月日授，甲頭辛換。曾守，
祖濟，父業。下下户，不課户。
母薛　年伍拾伍歲　寡　乾元三年籍後死。
沙州　敦煌縣　懸泉鄉　宜禾里　大曆四年手實
妻孔年肆拾玖歲　職資妻
男秀章年貳拾歲　中男大曆二年帳後死。
合應受田叁拾壹頃壹畝　貳拾貳畝已受，廿畝永業，二畝〔口〕分〔二一〕。
卌頃七十九畝未受。

一段叁畝永業　城東十五里瓜渠　東路　西渠　南渠　北索忠
一段拾玖畝十七畝永業，二畝口分　城東十五里瓜渠　東索本　西渠　南陰惠　北蔡
户主楊日晟年叁拾歲　白丁代兄承户，下下户，課户見輸。
兄大絢年陸拾壹歲　老男　永泰二年帳後逃走，限滿除。
亡兄妻孟年叁拾玖歲　老男妻　永泰二年帳後逃走，限滿除。
弟朝息年壹拾伍歲　小男　永泰二年帳後逃走，限滿除。
妹娘娘年貳拾玖歲　中女　永泰二年帳後逃走，限滿除。
妹花花年貳拾壹歲　中女　永泰二年帳後逃走，限滿除。
（中缺）
弟日遷　年貳拾貳歲　中男　寶應元年帳後死〔二二〕。
弟庭顔　年壹拾陸歲　小男　乾元三年籍後死〔二三〕。
弟庭璡　年壹拾柒歲　小男　乾元三年籍後死〔二四〕。
合應受田壹頃壹畝　陸拾貳畝已受，廿畝永業，卌二畝口分，一畝居住園宅。
卌九畝未受〔二五〕。
一段捌畝永業　城東十五里瓜渠　東渠　西張劍　南楊巨　北義巨
一段拾叁畝永業　城東十五里瓜渠　東楊巨　西路　南路　北楊巨

一段伍畝口分　城東十五里瓜渠　東路　西義巨　南路　北渠
一段貳畝口分　城東十五里瓜渠　東義巨　西義巨　南渠　北路
一段伍畝口分　城東十五里瓜渠　東渠　西舍　南路　北渠
一段柒畝口分　城東十五里瓜渠　東渠　西路　南自田　北路
一段捌畝口分　城東十五里瓜渠　東楊巨　西渠　南張香　北荒
一段拾貳畝口分　城東十五里瓜渠　東渠　西張劍　南渠　北李方
沙州　敦煌縣　懸泉鄉　宜禾里　大曆四年手實
一段壹畝口分　城東十五里瓜渠　東河　西新城　南荒　北路
一段壹畝居住園宅〔一二六〕
户主李大娘年肆拾肆歲　寡　廣德三年帳後逃還附，代翁承户，下下户。
不課户
翁楊義巨年捌拾柒歲　老男武騎尉　永泰二年帳後勘責逃走，限滿除。
亡婿叔妻董年叁拾玖歲　寡　永泰二年帳後勘責逃走，限滿除。
亡婿弟朝宰貳拾叁歲　中男　永泰二年帳後勘責逃走，限滿除〔一二七〕。
合應受田伍拾玖畝並已受廿畝永業，廿五畝買田，一十三畝口分，一畝居住園宅。
一段柒畝永業　城東十五里瓜渠　東渠　西路　南楊本　北路

一段柒畝永業　城東十五里瓜渠　東楊本　西楊本　南路　北渠
一段壹畝永業　城東十五里瓜渠　東舍　西渠　南楊本　北楊本
一段壹畝口分　城東十五里瓜渠　東楊本　西自田　南渠　北路
一段伍畝永業　城東十五里瓜渠　東渠　西路　南自田　北令狐宗
一段貳畝口分　城東十五里瓜渠　東渠　西楊本　南渠　北路
沙州　敦煌縣　懸泉鄉　宜禾里　大曆四年手實
一段壹畝口分　城東十五里瓜渠　東義本　西楊本　南路　北舍
一段玖畝口分　城東十五里瓜渠　東渠　西路　南自田　北路
一段壹畝口分　城東十五里瓜渠　東渠　西楊忠　南渠　北自田
一段拾伍畝買田　城東十五里瓜渠　東河　西渠　南荒　北沙
一段伍畝買田　城東十五里瓜渠　東渠　西自田　南渠　北楊本
一段伍畝買田　城東十五里瓜渠　東自田　西荒　南張劍　北楊本
一段壹畝居住園宅
户主樊黑頭年肆拾肆歲　白丁　下下户課户見輸。
母崔永覓年柒拾貳歲　寡　永泰二年帳後逃走，限滿除。
母　曹　年肆拾叁歲　寡　永泰二年帳後逃走，限滿除〔二八〕。

合應受田壹頃壹畝　肆拾叁畝已受，廿畝永業，廿二畝口分，一畝居住園宅。
五十八畝未受。

一段拾畝永業　城東卌里三支渠　東自田　西賀貞　南路　北路

一段陸畝永業　城東卌里三支渠　東路　西自田　南路　北自田

沙州　敦煌縣　懸泉鄉　宜禾里　大曆四年手實

一段肆畝永業　城東卌里三支渠　東路　西自田　南自田　北路

一段貳拾貳畝口分城東卌里三支渠　東渠　西路　南讀　北路

一段壹畝居住園宅

户主王山子０年捌拾柒歲　老男武騎尉　乾元三年籍後死。

妻張年肆拾歲　老男妻　乾元三年籍後死。

男憨子年貳拾叁歲　中男　寶應元年帳後死。

男老生年貳拾壹歲　中男乾元三年籍後死。

男元芝年壹拾壹歲　小男　乾元三年籍後死。

女仙尚年玖歲　小女　乾元三年籍後死。

女妙妙年壹拾陸歲　小女　乾元三年籍後死。

女買娘年叁拾玖歲　中女　乾元三年籍後死。

户主唐元欽年伍拾柒歲　　老男　下下户，課户見輸。
亡兄妻孫年陸拾捌歲　　寡
沙州　　敦煌縣　　懸泉鄉　　宜禾里　　大曆四年手實
亡兄男遊玉年貳拾柒歲　　白丁
亡兄女妃妃年壹拾玖歲　　中女　永泰二年帳後逃走，限滿除。
女尚日年貳拾歲　　中女　永泰二年帳後逃走，限滿除。
合應受田壹頃伍拾壹畝玖拾畝已受，卌畝永業，五十畝口分。
六十一畝未受。
一段拾畝永業　　城東廿里沙渠　　東渠　　西懷藝　　南元嗣　　北渠
一段玖畝永業　　城東廿里沙渠　　東渠　　西懷藝　　南荒　　北懷藝
一段叁拾伍畝廿一畝永業，一十四畝口分　城東廿里沙渠　　東自田　　西渠　　南荒　　北渠
一段叁拾陸畝口分　　城東廿里沙渠　　東渠　　西自田　　南荒　　北渠
户主唐大昭年肆拾柒歲　　白丁　大曆三年帳後逃還附，代父承户，下下户，課户見輸。
父元嗣年陸拾捌歲　　老男武騎尉　永泰二年帳後逃走，限滿除。
母田年陸拾陸歲　　老男妻　永泰二年帳後逃走，限滿除〔二九〕。
弟思貞年肆拾歲　　白丁　寳應元年帳後死。

亡兄妻白年叁拾貳歲　寡

沙州　敦煌縣　懸泉鄉　宜禾里　大曆四年手實〔三〇〕

（後缺）

説明

此件首尾均缺，中間亦有殘缺，起「沙州」，迄「大曆四」，存十八户，二百多行，上鈐「沙州都督府之印」和「敦煌縣之印」一百多顆。各紙粘接處均注有「沙州敦煌縣懸泉鄉宜禾里大曆四年手實」，並用印章押縫，户籍内容變化之處亦鈐有印章，這些均表明此件原爲實用文書。

此件的另一面抄有佛教典籍《衆經要攢》，現在一般把抄有《衆經要攢》的一面作爲正面，從以上所介紹的情況來看，抄寫有「沙州敦煌縣懸泉鄉宜禾里大曆四年手實」的一面應爲正面，後來僧人是用已過時的「手實」背面抄寫佛教典籍，在抄寫前對原紙的破損處做了剪裁，並重新粘接。所以，現在抄寫有「手實」的這一面各紙雖是連接在一起的，但有兩處内容並不連續。

在「沙州敦煌縣懸泉鄉宜禾里大曆四年手實」的縫隙處，每有一些後人添加的文字，多爲重抄「手實」的某行，因與此件無關，這些文字均未録入正文，而是放在了校記中。

此件文獻價值極高，所含學術信息亦很豐富，故對其進行釋録、研究的論著甚多。

校記

〔一〕「敦煌縣懸泉鄉宜禾里大曆四年手實」，據此件體例補。

〔二〕「真如」，《敦煌社會經濟文獻真蹟釋録》釋作「如真」，原件確作「如真」，但「真」作旁有倒乙符號。

〔三〕「和奴」二字書於原件「北渠」之下，但已發表之釋文均未録此二字。

〔四〕「甲」，*Tun-huang And Turfan Documents-Conderning Social And Economic History* II釋作「田」；「思」，*Tun-huang And Turfan Documents-Conderning Social And Economic History* II釋作「田」，均誤。

〔五〕「勳」，*Tun-huang And Turfan Documents-Conderning Social And Economic History* II釋作「動」，誤。

〔六〕「王」，*Tun-huang And Turfan Documents-Conderning Social And Economic History* II釋作「土」，誤。

〔七〕「運」，《敦煌社會經濟文獻真蹟釋録》釋作「連」，疑誤。

〔八〕「不課户」，*Tun-huang And Turfan Documents-Conderning Social And Economic History* II漏録。

〔九〕「瓜」，*Tun-huang And Turfan Documents-Conderning Social And Economic History* II釋作「押」，誤。

〔一〇〕「瓜」，*Tun-huang And Turfan Documents-Conderning Social And Economic History* II釋作「押」，誤。

〔一一〕「一段三畝」，據此件之體例及所記該户之土地總數推補。

〔一二〕「業」，*Tun-huang And Turfan Documents-Conderning Social And Economic History* II釋作「畝」，誤。

〔一三〕此行與下行之間有「一段捌」三字，字體與此件不同，係後人所添加之文字，未録。

〔一四〕此行與下行之間有一「畝」字，字體與此件不同，係後人所添加之文字，未録。

〔一五〕此行與下行之間有二「母」字，字體與此件不同，係後人所添加之文字，未録。

〔一六〕此行與下行之間有「亡叔欽妻張年肆拾肆歲」，係後人抄録下行首部文字，未録。

〔一七〕以下三行行間有佛教文字，未録。
〔一八〕「里」，據此件體例補。
〔一九〕此行與下行之間有「一段肆畝口分」，係後人抄録此行首部文字，未録。
〔二〇〕此行與下行之間有「一段三畝口分，城東廿里瓜渠，東安智，西路南荒」，係後人所添加之文字，未録。
〔二一〕「口」，據文義補。
〔二二〕此行前有「弟日遷年貳拾拾，寶應」，此行下有「寶應元年帳後死」；此行與下行之間有「弟弟日遷年貳拾歲，乾元三年籍後死」，均係後人所添加之文字，未録。
〔二三〕此行與下行之間有「弟弟」，係後人所添加之文字，未録。
〔二四〕此行與下行之間有「弟庭年壹拾七歲，弟弟弟」，係後人所添加之文字，未録。
〔二五〕「卌二畝口分」，《敦煌社會經濟文獻真蹟釋録》釋作「卌一畝口分」；此行下有「菜菜」，此行與下行中間有「合應受田頃一畝菜田渠園」，係後人所添加之文字，未録。
〔二六〕在此行與下行中間及下一行之底部有「户主李大娘年肆拾肆歲 寡 廣德三年帳後逃還附，代翁承户下下户 不課户」，係後人抄録下一行文字，不屬於此件，未録。
〔二七〕在此行與下行之間有「合應受田伍拾玖畝並已受廿畝永業　廿五畝買賣佃苗」，係後人添加，不屬於此件，未録。
〔二八〕此行下有「永泰二年限」，係後人添加，不屬於此件，未録。
〔二九〕此行下有另一種筆體淡墨書寫的「曰：述而不作，信而好」。
〔三〇〕「年手實」，據此件體例補。

參考文獻

Giles, *BSOS*, 9.1, 17－18®；*Descriptive Catalogue of the Chinese Manuscripts from Tunhuang in the British Museum*, p.136；《敦煌資料》一輯，六一至七九頁（録）；《敦煌論集》二七三頁；《敦煌古籍叙録》一二三頁；《中國古代籍帳研究》二二五頁（録）（圖）；《社會科學》（甘肅）一九八一年二期六八頁；《中國社會經濟史研究》一九八二年一期五二頁（録）；《魏晋南北朝隋唐史資料》四期七三至八三頁；《敦煌寶藏》四册，二一九至二二八頁（圖）；《魏晋南北朝隋唐史資料》五期六一至六九頁；《敦煌吐魯番文獻研究論集》二輯，三三頁；《西北師院學報》一九八四年增刊二二頁；《北朝隋唐的均田制度》二一二頁；《中嶋敏先生古稀記念論集》一二九至一五五頁；*Tun-huang And Turfan Documents-Conderning Social And Economic History* ⅡA50至59（圖）、B83至98頁（録）；《敦煌學譯文集》一一五二頁；《莫高窟年表》三五四頁（録）；《敦煌古籍叙録新編》一八至五九頁（圖）；《敦煌社會經濟文獻真蹟釋録》一輯一八九至二〇七頁（圖）（録）；《一九八三年全國敦煌學術研討會文集·文史遺書編》上，二八六頁；《隋唐五代經濟史料匯編校注》第一編上，九二頁（録）；《東方學會創立四十周年紀念東方學論集》八九三至八九八頁；《敦煌研究》一九八九年一期五六頁；《浙江學刊》一九八九年六期；《敦煌民俗學》七至一〇頁（録）；《敦煌吐魯番學研究論文集》九八至一〇八頁（録）；《英藏敦煌文獻》一卷，二一三至二二一頁（圖）；《敦煌吐魯番文書論稿》一一至一四、二二至三三頁（録）；《唐代人口問題研究》四四七至四五三頁（録）；《陳門問學叢稿》一九六至一九八頁（録）；《敦煌經濟文書導論》二二、三〇、三五至三八、六三至六四、六九至七〇、七五至八〇頁（録）。

斯五一五　齋文集

釋文

（前缺）

□焦，六塵怯（祛）而永淨，甘露一灑，能□增福。今者叩洪鍾（鐘），走魚梵，散爐煙。集□消災。玉軸金文，廣洪宣而資助，所申意者□神姿，智雄英達，謀能剋獲，大國稱□。□辭人代天界遷昇萬天失雨露，□騁騎，遠届流沙，集慶資神，廣修勝事，余□還龍宮，福備恒沙，功圓已畢，以兹種種無限勝因，惣用莊嚴大論公，神武□□，□□寶□，識託龍庭，再登國祚之階，永繼百王之□。又將勝福，次用莊嚴，惟願榮花（華）日進，寵禄逐增。節兒諸官，願功名剋著，清素永聞，常爲邦國之忠臣，恒紹人王之社稷。願常以奇才獨拔，智溢超群，悟世非常，設齋修福，年年列供，月月延僧。願家國平安，所求稱遂。今得如願，報佛慈恩。

故於良晨（辰），聿修白業。以兹種種功德，無限福田，先用莊嚴龍天八部，願使風調雨順，百穀豐登，疫疾不行，兵戎永息，合家長幼，並得休宜，遠〔近〕親羅〔一〕，俱同告

（吉）慶[二]。又將勝善，次用莊嚴營齋助會，惟願三災不染，九横長消，百福資身，含生同益。然後上窮空界，傍括十方，一切含靈，同霑斯福，摩訶般若，所願剋從，大衆虔誠，一切普誦。

逆修

佛陀者，超修萬行，果滿三身，遺教娑婆，法流空寂，不住生滅，永絶心緣，無影無刑（形），證真常樂。然今檀越，堅勝虔恭，所申意者，逆修設齋之所爲也。惟齋主公擬超苦海，獨拔死生，預飾天宮，能光勝□，於是日嚴治悌（第）宅，華飾廳堂，爐煙六殊，幡花遍列，延鷄園之法侶[三]，請梵宇之真僧，飯供香餐，儭施金玉。聽如來之秘典，聞半偈之雪山，滅曩劫之災殃，增長年之勝福。以兹種種功德，無限勝因，先用莊嚴齋主貴體，惟願開長者之庫藏，所願尅從；得龍王之髻珠，所求如意。亦將勝福，次用莊嚴合門居眷，表裏姻親，惟願從福延福。已下云云。

亡號

緬尋大教，皆崇孝理之風；歷考前修，並得報先之禮。非神道不以追薦，非法力不可以清昇。故得騰願海以宣□，雍福山而讚翼。亡妙之罷，其在兹乎？然今跪雙足持爐陳本心之雅意者，爲歿故賢妻初七之所崇設。惟賢室可謂雍容美貌等金暄，令德不虧，謹潔治家，若麻姑之俊無失。豈期明珠先碎，王（玉）貌長佉〔四〕，閨庭（？）罷鸞鏡之容，寶帳別鴛鴦之伴。賢夫思故顔之不見，痛割心腸；念結髮之情深，更長難度。男女悲而流血，家族憶而哀號。竟無益於幽魂，設檀（壇）那以資助。以兹功德，無限勝因，總用莊嚴亡妻所生魂路，唯願天宫妙室，相見逢迎，鼓樂弦歌，常歡快樂。又持勝福，次用莊嚴齋主合門眷屬，表裏親羅，惟願積財積算，若樹蹄伽之富崇高，惠命逾長，比西王母之不殞。然後福通三界，傍括四生，十類含靈，俱登覺道，摩訶一念，拔苦濟危。大衆〔五〕。

亡考

伏惟先考，名行衆推，信及僖（？）德。爲鄉閭之令則，作邦國之鹽梅。冀期壽等青松，凌霜不變；何圖掩辭白日，永就泉臺。不由歡會之期，常隔親鄰之苦。至孝等思劬勞之恩重，念訓獎之情深。建此檀那，福資冥路，以兹種種功德，無限勝因，先用莊嚴亡考所生魂路，惟願識託西方，神遊淨刹。給孤園内，常聞八解之音；耆樹林間，沐浴塵勞之垢。又將勝福，次用莊嚴齋主某父（公）即體〔六〕，惟願家無死横，永保休宜，宅納吉祥，門來善瑞。然後災害頓遣，福禄咸臻。普及含靈，同霑斯益。摩訶般若。

除脱

惟願三周之禮已終，俗典難違，乃是先賢之令。故於是日，嚴治家室，廣設□三界，神生淨方，紅蓮花開，更□牀蹋（榻）亦除，漸染優遊之性。又□姻親，惟願福如春草，不□自□有識，傍括十方，一切含生，同斯霑[福]〔七〕。

臨壙

夫佛法僧寶，功德超三界之尊□聖，愚痴者必墜三塗，若盲鼠失浮，焚香郊外，祈請衆僧，臨壙行香，福利□惣用莊嚴亡靈去識，惟願浮雲花菩提樹下，朝聞解脱之音；給孤園中，□[至]孝等惟願菩提之水〔八〕，灌溉心田，智惠（慧）□河，壙野含生，同霑福利，並將迴向□

病患

大慈慜衆生，故令我歸依，善拔□差還復生，如來所治者，必（畢）竟不復發□亦不生。然今虔恭焚香意者，時則□惟禪師道德崇高，蘊解脱之妙□，□湛而常清，混風波不濁，理應體□疐患門弟等，和上少疾，食止（脂）不甘，聞□德急難建茲清薰，報斯厥德，以此用莊嚴和上尊體，伏願金剛之體，□□傳法燭，遍照三千；戒日逾明，恒□益，摩訶般若，利樂無邊，迴向菩提□

□□

□黨臥麻，智劍暫揮，苦海迴而永竭。□□家又寂滅，門弟等戀談柄而□帳智益不垂霞饍（膳），席不安身，醫藥□八邪之□劍增揮，惡朋□（下缺）

說明

此件前後均缺，右上角及尾部下半截殘。墨跡甚淡，文字較難辨識。從所存內容來看，係齋文集，現存第一首不完整，事由不明，第二首『逆修文』，第三首『亡妻文』，第四首『亡考文』，第五首『脫服文』，第六首『臨壙文』，第七首『禪師患文』，第八首雖殘，從其所存內容看，當亦爲僧人患文。第一首中有『節兒諸官』等，知此件應作於吐蕃管轄敦煌時期。

校記

〔一〕「近」，據文義及其他齋文例補。
〔二〕「告」，當作「吉」，據文義改。
〔三〕「之」和「法侣」之間原有「維歲次壬午五月丁巳朔十四日庚子，從□□來，敢昭告於亡師姑之靈，善受畢延，下天宫亡姑攀」等，一段文字，已被圈掉。
〔四〕「王」，當作「玉」，據文義改。
〔五〕參照其他齋文，此句應爲「大衆虔誠，一切普誦」。
〔六〕「父」，當作「公」，據文義改。
〔七〕「福」，據文義補。
〔八〕「至」，據文義補。

參考文獻

《敦煌寶藏》四册，二二〇頁（圖）；《英藏敦煌文獻》一卷，二二一頁（圖）。

斯五一五背　一　敕歸義軍節度使牒稿

釋文

敕歸義軍節度　　牒
敦煌郡百姓某乙男某乙年多少下
牒，得前件人狀稱，其男在小慕道，
不樂囂塵，今因爲國薦福，大
會之次，許令出度者，故牒。
節度判官兼御史中丞。
使檢校右散騎常侍兼御史大夫張。

説明

此件爲歸義軍政權頒發給出家者身份的憑證——度牒之草稿，據榮新江教授考證，其年代在天復元年（九〇一）（參看《歸義軍史研究》上海古籍出版社一九九六年，九三頁）。

參考文獻

*Descriptive Catalogue of the Chinese **Manuscripts** from Tunhuang in the British **Museum***, p. 246；《敦煌寶藏》四册，二二九頁（圖）；《敦煌社會經濟文獻真蹟釋録》四輯六三頁（圖）（録）；《敦煌吐魯番學研究論文集》七八九頁；《英藏敦煌文獻》一卷，二二三頁（圖）；《歸義軍史研究》九三頁；《周紹良先生欣開九秩慶壽文集》一六九頁（録）；《唐後期五代宋初敦煌僧尼的社會生活》七至八頁（録）。

斯五一五背　　二　敕歸義軍節度使牒稿

釋文

敕歸義軍節度使牒

開元寺律師沙門神秀

補充攝法師，

牒奉　處分，前件僧釋中英傑，

衆内超群，行業傳於流浪（沙）〔一〕，

聲跛傳佈沙門，戒如金寶，
法護神融，仍雖（須）束身，更擬
遷昇提獎。牒帖所由，故牒
知者。
　　節度判官張承奉郎張。
　　　十月廿日牒。
使檢校工部尚書兼御史大夫張。

說明

此件爲張承奉時期歸義軍節度使提昇沙洲開元寺律師神秀爲攝法師的牒稿，與上件連書，其年代亦在天復元年。此件表明在歸義軍時期，敦煌僧人僧位的昇遷也控制在世俗政權手中。

校記

〔一〕「浪」，疑當作「沙」，據文義改。

參考文獻

Descriptive Catalogue of the Chinese Manuscripts from Tunhuang in the British Museum, p.246；《敦煌寶藏》四册，二二九頁

（圖）；《敦煌社會經濟文獻真蹟釋録》四輯，四四頁（圖）（録）；《英藏敦煌文獻》一卷，二二三頁（圖）；《歸義軍史研究》九三頁；《周紹良先生欣開九秩慶壽文集》一六五頁（録）；《唐後期五代宋初敦煌僧尼的社會生活》三九五頁（録）。

斯五一六　曆代法寶記

釋文

曆代法寶記 亦名《師資血脈傳》，亦名《定是非摧邪顯正破壞一切心傳》〔一〕，亦名《最上乘頓悟法門》〔二〕

案《本行經》云，《阿含經》〔三〕。《普曜經》云，《應瑞經》〔四〕、《文殊師利涅槃經》〔五〕、《清淨法行經》〔六〕、《無垢光轉女身經》、《決定毗尼經》、《大佛頂經》〔七〕、《金剛三昧經》〔八〕、《法句經》〔九〕、《佛藏經》〔一〇〕、《瓔珞經》、《華嚴經》、《大般若經》、《禪門經》〔一一〕、《涅槃經》〔一二〕、《楞伽經》〔一三〕、《思益經》〔一四〕、《法華經》〔一五〕、《維摩經》〔一六〕、《金剛般若經》、《藥師經》、《付法藏經》〔一七〕、《道教西昇經》〔一八〕、《釋法琳傳》〔一九〕、《釋虛實記》〔二〇〕、《開元釋教》〔二一〕、《周書異記》、《漢法内傳》、《尹喜内傳》〔二二〕、《牟子》〔二三〕、《列子》〔二四〕、《苻子》〔二五〕、《吴書》並《古録》及《楊楞伽》、《鄴都故事》等〔二六〕。

《漢法内傳》〔二七〕：後漢明帝永平三年，夜夢見金人〔二八〕。身長一丈六尺〔二九〕，項背圓光〔三〇〕，飛行殿庭〔三一〕。於晨旦問朝臣，『是何瑞應〔三二〕？』太史傅毅奏曰〔三三〕：『西方有大聖人〔三四〕，號曰佛〔三五〕，是其像也。』明帝問曰〔三六〕：『何以知之〔三七〕？』太史傅毅對曰〔三八〕：『《周書異記》曰：昭王甲寅歲佛生〔三九〕，穆王壬申歲佛滅度〔四〇〕。一千年後〔四一〕，教法流於漢地，今時是也〔四二〕。』明帝遣郎中蔡愔〔四三〕、博士秦景等，使於天竺國，請得佛像、菩薩形像，經卌二章。得法師二人，迦葉摩騰、竺法蘭。明帝請昇殿供養，故洛陽城西創置白馬寺。

永平十四年正月一日，五岳、霍山、白鹿山道士褚善信、費叔才等六百九十人等表奏〔四四〕：『臣聞太上無刑（形），虚無自然〔四五〕，上古同遵〔四六〕，百王不易。陛下棄本逐末，求教西域，化謂胡神，所説不參。華夏臣等，多有聰惠，博涉經典，願陛下許臣等得與比校。若有勝，願除虚詐；如其不如，任從重決。』帝曰：『依。』敕有司命辦供具，並五品已上文武内外官寮〔四七〕，至十五日平旦〔四八〕，集白馬寺〔四九〕。道士在寺門外，置三檀（壇）〔五〇〕，開廿四門。帝在寺南門外〔五一〕，置舍利及佛經像，設七寶行殿。褚善信、費叔才等〔五二〕，以道經、子書、符術等，置於壇上，以火驗之。悲淚咒曰：『胡神亂我華夏，願太上天尊，曉示衆生〔五三〕，得辨真僞〔五四〕。』道經、子書、符術等，見火化爲煨燼。道士驚愕，先昇天者，不得昇天〔五五〕；先隱形者，不能隱〔五六〕；先入水火者，更不敢入〔五七〕；

〔先〕禁咒者〔五八〕，喚策者不能應〔五九〕。種種功能，無一可驗〔六〇〕。褚善信、費叔才等，自感而死。時佛舍利，五色光明，斑環如蓋〔六一〕，遍覆大衆，光蔽日輪。摩騰法師，坐卧虚空，神化自在〔六二〕，天雨寶花及天音樂。竺法蘭梵音讚嘆。摩騰法師説偈曰〔六三〕：『狐非師子類，燈非日月明，池無巨海納，丘無嵩岳榮。』明帝大悦，放五品已上公侯子女及陰夫人等出家〔六四〕。道士六百人投佛出家。法蘭誦《出家功德經》及《佛本生》等經。明帝大喜，舉國歸依佛教。

明帝問二師：『佛號法王，何爲不生於漢國〔六五〕？』迦葉摩騰法師對曰：『迦毗羅衛城者，百億日月之中心〔六六〕，三千大千世界之主〔六七〕。一切龍神，有福之者，皆生彼國，法王所以生於天竺國〔六八〕。』明帝又問法師〔六九〕：『佛種族是誰？何時生，何時滅？』摩騰法師答曰：『佛是千代金輪王孫，淨飯王子。姓瞿曇氏，亦名釋種。癸丑歲七月十五日，從兜率天宫降下摩耶夫人託胎。甲寅之歲四月八日，於毗尼園，摩耶夫人右脅而誕。又五百釋種、五百白馬乾陟車匿等，共佛四月八日同時生。壬申之歲二月八日，踰城出家。癸未之歲二月十五日，入般涅槃。佛雖不生於漢地，一千年後或五百年後，衆生有緣，先令聖弟子於彼行化。案《清淨法行經》云：天竺國東北真丹國，人民多不信敬，造罪者甚衆〔七〇〕，吾我今先遣聖弟子三人，悉是菩薩，於彼示現行化〔七一〕。摩訶迦葉彼稱老子，光淨童子彼號仲尼，明月儒童彼名顏迴（回）。講論五經，《詩》、《書》、《禮》、《樂》、威儀法則，以漸誘化，然後佛經當往。』

《牟子》云：昔漢孝明皇帝，夜夢見神人，身有日光，飛在殿前，意中欣然也，心甚悦之。明日傳問群臣，『此爲何？』有通人傳毅曰：『臣聞，天竺有德（得）道者，號曰佛。輕舉能飛，身有日光，殆將其神。』於是上悟，遣使張騫、羽林郎中秦、博士弟子王尊等十二人大月支（氏）〔七二〕，寫取佛經卌二章〔七三〕，在蘭臺石室第十四。即時洛陽城西雍門外起佛寺，於其壁畫朝廷千乘萬騎繞十三匝。又於南宫清涼臺及開陽門上作佛形像。明帝在時，知命無常，先造壽陵。陵曰顯節。亦於其上作佛圖像。於未滅時，國豐民寧，遠夷慕義，減（咸）來歸德，願爲臣妾者，以爲億數。故謚曰『明』也。自是之後，京城左右及諸州縣，處處各有佛寺，學者由此而滋。

《晋書》云：晋桓帝時，欲删除佛法，召廬山遠法師，帝問曰：『朕比來見僧尼戒行不純，多有毁犯。朕欲删除揀擇，事今可否？』遠公答曰：『崑山出玉，上雜塵砂；麗水豐金，猶饒瓦礫。陛下只得敬法重人，不可輕人慢法。』晋帝大赦之。

蕭梁武帝會三教云：『小時學《周禮》，弱冠窮六經，中復觀道書，有名與無名，晚年開釋卷，猶日映衆星。』

按《花嚴經》云：一切諸佛退位，或作菩薩，或作聲聞，或作轉輪聖王，或作魔王，或作國王、大臣、居士、長者、綵女、百官，或作大力鬼神、山神、河神〔七四〕、江神、海神、主日神、主月神〔七五〕、晝神、夜神、主火神〔七六〕、主水神、一切苗稼神、樹神及諸外道，作種種方便。助我釋迦如來化導衆生。

按《大般若經陀羅尼品》云：爾時舍利子白佛言：『世尊如是般若波羅蜜多甚深經典，佛般涅槃後，何方興盛？』佛言〔七七〕：『舍利子，如是般若波羅蜜多甚深經典，我涅槃後，從北方至東北方，漸當興盛。彼方多有安住大乘諸苾蒭、苾蒭尼、烏波索迦、烏波斯迦，能依如是甚深般若波羅蜜多，深信樂。』又佛告舍利子：『我涅槃後，後時後分後五百歲，如是甚深般若波羅蜜多，於東北方大作佛事。』

按《付法藏經》云：釋迦如來滅度後，法眼付囑摩訶迦葉，迦葉付囑阿難，阿難付囑末田地，末田地付囑商那和修，商那和修付囑優波掬多，優波掬多付囑提多迦，提多迦付囑彌遮迦，彌遮迦付囑佛陀難提，佛陀難提付囑佛陀蜜多，佛陀蜜多付囑脅比丘，脅比丘付囑富那耶奢，富那耶舍（奢）付囑馬鳴，馬鳴付囑毗羅長老，毗羅長老付囑龍樹，龍樹付囑迦那提婆，迦那提婆付囑羅睺〔羅〕〔七八〕，羅睺〔羅〕付囑僧伽那提〔七九〕，僧伽那提付囑僧伽耶舍，僧伽耶舍付囑鳩摩羅馱，鳩摩羅馱付囑闍夜多，闍夜多付囑婆修槃陀，婆修槃陀付囑摩拏羅，摩拏羅付囑鶴勒那，鶴勒那付囑師子比丘，師子比丘付囑舍那婆斯已。故從中天竺國來向罽賓國〔八〇〕，王名彌多羅掘。其王不信佛法，毀塔壞寺，煞害衆生，奉事外道末曼尼及彌師訶等。時師子比丘故來化此國王。其王無道，自手持利劍口云：若是聖人，諸師等惣須誡形。時師子比丘示刑，身流白乳。末曼尼〔八一〕、彌師訶等被刑死，如凡人流血灑地〔八二〕。其王發心歸佛，即命師子比丘弟子。師子比丘先付囑舍那婆斯已。入南天竺國，廣行教化，度脱衆生。王即追尋外道末曼弟子及彌師訶弟子等，得已，於朝堂立架懸首，舉國人射之。罽賓國王告令諸國：若有此法，驅令出國。因師子比丘佛法再興。舍那婆斯付囑優婆掘，優婆掘付囑須婆蜜〔多〕〔八三〕，須婆蜜〔多〕付囑僧迦羅叉〔八四〕，僧迦羅叉付囑菩提達摩多羅〔八五〕。西國廿九代，除達摩多羅，即廿八代也。

有東都沙門淨覺師，是玉泉神秀禪師弟子，造《楞伽師資血脉記》一卷〔八六〕，妄引宋朝求那跋陀三藏爲第一祖〔八七〕，不知根由，或（惑）亂後學，云是達摩祖師之師。求那跋陀自是譯經三藏，小乘學人，不是禪師。譯出四卷《楞伽經》，非關受（授）《楞伽經》與達摩祖師。達摩祖師自廿八代，首尾相傳承僧迦羅叉，後惠可大師親於嵩山少林寺，問達摩祖師。承上相傳付囑〔八八〕，自有文記分明。彼淨覺師，妄引求那跋陀稱爲第一祖〔八九〕，深亂學〔法〕〔九〇〕。《法華經》云：不許親近三藏小乘學人。求那跋陀三藏譯出四卷《楞伽經》，名《阿跋陀寶楞伽經》。魏朝菩提流支三藏譯出十卷，名《入楞伽經》。唐朝則天時，實叉難陀譯出七卷，名《入楞伽經》。已上盡是譯經三藏，不是禪師，並傳文字教法。達摩祖師宗徒禪法，不將一字教來，默傳心印。

梁朝第一祖　菩提達摩多羅禪師者〔九一〕，即南天竺國王第三子。幼而出家，早禀師氏，於言下悟，闡化南天，大作佛事。是時覩見漢地衆生〔九二〕，有大禪性。乃遣弟子佛陀、耶舍二人往秦地，説頓悟教法〔九三〕。秦中大德，乍聞狐疑，都無信受，被擯出。遂於廬山東林寺，時有法師遠公問曰：『大德將何教來〔九四〕，乃被擯也〔九五〕？』於是二婆羅門申手告遠公曰：『手作拳，拳作手，是事疾否？』遠公答曰：『甚疾。』二婆羅門言：『此未爲疾〔九六〕，煩惱即菩提，即爲疾〔九七〕。』遠公深達，方知菩提煩惱本不異〔九八〕。即問曰：『此法彼國復從誰學〔九九〕？』二婆羅門答曰：『我師達摩多羅也〔一〇〇〕。』遠公既深信已〔一〇一〕，還譯出《禪門經》一卷〔一〇二〕，具明大小乘禪法。西國所傳法者〔一〇三〕，亦具引《禪〔門〕經》序上〔一〇四〕。二婆羅門譯經畢，同日滅度，葬於廬山，塔廟見在。

達摩多羅聞二弟子漢地弘化，無人信受，乃泛海而來。至，梁朝武帝出城躬迎。昇殿問和上曰：『從彼國將何教法，來化衆生？』達摩大師答：『不將一字教來〔一〇五〕。』帝又問〔一〇六〕：『朕造寺度人，寫經鑄像，有何功德？』大師答曰〔一〇七〕：『並無功德。』答曰〔一〇八〕：『此乃有爲之善〔一〇九〕，非真實功德〔一一〇〕。』武帝凡情不曉，乃辭出國。北望有大乘氣。大師來至魏朝，居嵩高山〔一一一〕，接引羣品六年，學如雲奔〔一一二〕，如雨衆〔一一三〕，如稻麻竹葦。唯可大師得其髓。時魏有菩提流支三藏、光統律師，於食中著毒餉大師〔一一四〕，食訖，索槃（盤）吐蛇一斗。又食著毒再餉，大師取食訖，於大磐石上座（坐）〔一一五〕，毒出石裂。前後六度毒，大師告諸弟子：『我來本爲傳法，今既得人〔厭〕〔一一六〕，久住何益？』遂傳一領袈裟，以爲法信。語惠可〔一一七〕：『我緣此毒，汝亦不免此難。至第六代傳法者，命如懸絲。』言畢遂因毒而終。每常自言〔一一八〕，我年一百五十歲，實不知年幾也。大師云：『唐國有三人得我法，一人得我髓，一人得我骨，一人得我肉。得我髓者惠可〔一一九〕，得我骨者道育，得我肉者尼揔持也。』葬於洛州熊耳山。時魏聘國使宋雲，於葱嶺逢大師，手提履一隻，雲問〔一二〇〕：『大師何處去？』答曰〔一二一〕：『我歸本國，汝國王今日亡〔一二二〕。』雲即書記之〔一二三〕。雲又問大師〔一二四〕：『大師去後，佛法付囑誰人？』答：『我去後卌年，有一漢道人可是也〔一二五〕。』宋雲歸朝，舊帝果崩，新帝已立〔一二六〕。雲告諸朝臣説〔一二七〕，大師手提一隻履，歸西國〔一二八〕。言〔一二九〕：『汝舊國王〔今〕〔日〕亡〔一三〇〕。』實如所言〔一三一〕。諸朝臣不信〔一三二〕，遂發大師墓〔一三三〕，唯有履一隻〔一三四〕。蕭梁武帝造碑文〔一三五〕，西國弟子般若蜜多羅，唐國三人，道育、尼揔持等，唯惠可承衣得法。

北齊朝第二祖　惠可禪師，俗姓姬，武牢人也。時年卌，奉事大師六年。先名神光，初事大師，夜於大師前立，其夜大雪至腰不移。大師曰：『夫求法者不貪軀命。』遂截一臂，乃流白乳。大師默傳心契，付袈裟一領。大師云：『我緣此毒，汝亦不免，善自保愛。』可大師問和上：『此法本國承上所傳囑付法者，請爲再説。』具如《禪〔門〕經》序上説。又問大師：『西國誰人承後，亦傳信袈裟否？』大師答：『西國人信敬，無有矯詐。承後者，是般若波羅蜜多羅，承後不傳衣。唐國衆生有大乘性，詐言得道得果，遂傳袈裟，以爲法信。譬如轉輪王子，灌其頂者，得七真寶，紹隆王位；得其衣者，以表法正相承。』可大師得付囑以後，卌年隱峴山洛相二州，後接引群品〔一三六〕，道俗歸依，不可稱數。經廿年開化，時有難起，又被菩提流支三藏、光統律師徒黨，欲損可大師。師付囑僧璨法已，入司空山隱。可大師後佯狂，於四衢城市説法，人衆甚多。菩提流支徒黨告可大師云：妖異。奏，敕令所司推問可大師。大師答〔一三七〕：『承實妖。』所司知衆疾，令可大師審。大師確答：『我實妖。』敕令城安縣令翟冲侃依法處刑〔一三八〕。可大師告衆人曰：『我法至第四祖，化爲名相。』語已悲淚，遂示形，身流白乳，肉色如常。所司奏，帝聞悔過：『此真菩薩。』舉朝發心，佛法再興。大師時年一百七歲。其墓葬在相州城安縣子陌河北五里，東柳溝去墓一百步，西南十五里，吴兒曹口是。《楞伽鄴都故事》具載。弟子承後傳衣得法僧璨，後釋法琳造碑文。

隨（隋）朝第三祖　璨禪師，不知何處人。初遇可大師，璨示見大風疾，於衆中見。大師問：『從何處來〔一三九〕，今有何事？』僧璨對曰：『故投和上。』可大師語曰〔一四〇〕：『汝大風患人〔一四一〕，見我何益？』璨對曰：『身雖有患〔一四二〕，患人心與和上心無有別處。』可大師知璨是非常人，便付囑法及信袈裟與僧璨〔一四三〕。可大師曰：『汝善自保愛，吾有難，汝須避之。』璨大師亦佯狂市肆〔一四四〕，後隱舒州司空山〔一四五〕。遭周武帝滅佛法〔一四六〕，隱峴公山十餘年〔一四七〕。此山比多足猛獸〔一四八〕，常損居人，自璨大師至，並移出境。付法並袈裟與道信後〔一四九〕，時有峴禪師、月禪師、定禪師、巖禪師來至璨大師所云：『達摩祖師付囑後，此璨公真神璨也。定惠（慧）齊用，深不思議也〔一五〇〕。』璨大師遂共諸禪師往隱羅浮山〔一五一〕，〔隱〕三年〔一五二〕。後至大會齋，出告衆人曰〔一五三〕：『吾今欲食。』諸弟子奉飲食〔一五四〕。大師食畢〔一五五〕，告衆人曰：『諸人歎言，坐終爲奇〔一五六〕，唯吾生死自由〔一五七〕。』語已〔一五八〕，一手攀會中樹枝，掩然立化，亦不知年幾。塔廟在蜆山寺側。弟子甚多，唯道信大師傳衣得法承後。薛道衡撰牌文〔一五九〕。

唐朝第四祖　信禪師，俗姓司馬，河内人也〔一六〇〕。少小出家，承事璨大師。璨大師知爲特器〔一六一〕，晝夜常坐不卧，六十餘年，脅不至席，神威奇特。目常不視〔一六二〕，若欲視人，見者驚悚。信大師於是大業年，遥見吉州狂賊圍城，百日已上。泉井枯涸，大師入城，勸誘道俗，令行般若波羅蜜。狂賊自退，城中泉井再泛。學道者衆。信大師遥見蘄州黄梅破頭山有紫雲蓋，信大師遂居此山，後改爲雙峰山。貞觀十七年，文武皇帝　敕使於雙峰山，請信禪師入内。信禪師辭老不去。　敕使　迴見帝奏云：『信禪師辭老不來。』

敕又遣〔使〕再請〔一六三〕。使至信禪師處，使云：『奉　敕遣請禪師。』禪師苦辭老不去。語使云：『若欲得我頭，任斬將，我終不去。』使迴見帝奏云：『須頭任斬將去，心終不去。』敕又遣使封刀來取禪師頭。　敕云：『莫損和上。』使至和上處云：『奉　敕取和上頭，禪師去不去？』和上云：『我終不去。』使云：『奉敕云，若禪師不來，斬頭將來。』信大師引頭云：『斫取〔一六四〕。』使反刀乙項。信大師唱言：『何爲不斫〔一六五〕，更待何時？』使云：『奉　敕不許損和上。』信禪師大笑曰：『教汝知有人處。』後時信大師大作佛事，廣開法門，接引羣品，四方龍像，盡受歸依。經卅餘年，唯弘忍事之得意。付囑法及袈裟與弘忍訖[一六六]，命弟子元一師，與吾山側造龍龕一所，即須早成。後問：『龍龕成否？』元一師答：『功畢。』永徽二年閏九月廿四日，大師素無痾疾，奄然坐化。大師時年七十有二[一六七]。葬後周年，石户無故自開。大師容貌端嚴，無改常日。弘忍等重奉神儀，不勝感慕，乃就尊容，加以柒（漆）布，自此已後，更不敢閉。弟子甚多，唯弘忍傳衣得法承後。中書令杜正倫撰碑文。

唐朝第五祖　弘忍禪師，俗姓周，黄梅人也。七歲事信大師[一六八]，信年十三[一六九]，入道披衣。其性木訥沈厚，同學輕戲，默然無對。常勤作務，以禮下人。晝則混跡驅給，夜便坐攝至曉，未常（嘗）懈倦，卅年不離信大師左右。身長八尺，容貌與常人絶殊。得付法[一七〇]，居馮茂山。在雙峰山東，相去不遥，時人號爲東山法門[一七一]，即馮茂山也，非嵩山是也。時有狂賊可達寒奴戮等，圍饒州城數匝，無有路入，飛鳥不通。大師遥見，來彼城，群賊退散。遞相言[一七二]：『無量金剛執杵趁我，怒目切齒，我遂奔散。』忍大師卻歸馮茂山。顯慶五年，大帝　敕使黄梅馮茂山，請忍大師，大師不赴所請[一七三]。又敕使再請，不來。賜衣藥[一七四]，就馮茂山供養。後卌餘年，接引道俗，四方龍像，歸依奔湊。大師付囑惠能法及袈裟。後至咸享（亨）五年[一七五]，命弟子玄賾師，與吾起塔。至二月十四日，問：『塔成否？』答[一七六]：『功畢。』大師云：『不可同佛二月十五日入般涅槃。』又云：『吾一生教人無數，除惠能餘有十爾[一七七]。神秀師、智詵師、智德師、玄賾師、老安師、法如師〔一七八〕、惠藏師、玄約師〔一七九〕、劉主簿〔一八〇〕。雖不離吾左右〔一八一〕，汝各一方師也。』後至上元二年二月十一日，奄然坐化，忍大師時年七十四也〔一八二〕。弟子唯惠能傳衣得法承後〔一八三〕。學士閭丘均撰碑文。

唐朝第六祖　韶州漕溪能禪師，俗姓盧，范陽人也。隨父宦嶺外〔一八四〕，居新州。年廿二，來至馮茂山，禮忍大師。初見，大師問：『汝從何來？』答〔一八五〕：『從新州來，唯求作佛。』忍大師曰：『汝新州是獦獠，若爲作佛〔一八六〕？』惠能答曰〔一八七〕：『獦獠佛性與和上佛性〔一八八〕，豈異別否〔一八九〕？』大師深知其能，再欲共語〔一九〇〕，爲衆人在左右。令能隨衆踏碓八個月，碓聲相似不異〔一九一〕。忍大師就碓上，密説直了見性。於夜間潛唤入房，三日三夜共語了，付囑法及袈裟，汝爲此世界大師，即令急去。大師自送過九江驛，看渡大江已，卻迴歸。諸門徒並不知付法及袈裟與惠能。去三日，大師告諸門徒：『汝等散去，吾此間無有佛法，佛法流過嶺南〔一九二〕。』衆人咸驚，遞相問〔一九三〕，嶺南有誰。潞州法如師對曰：『惠能在彼。』衆皆奔湊〔一九四〕，衆中有一四品官將軍〔一九五〕，捨官入道，字惠明，久在大師左右，不能契悟。聞大師此言，即當曉夜倍逞（程）奔趁〔一九六〕。至大庾嶺上見能，禪師怕急，恐性命不存，乃將所傳衣袈裟過與惠明禪師。惠明禪師曰：『我本不爲袈裟來，忍大師發遣之日，有何言教，願爲我説。』能禪師具説心法直了見性。惠明師聞法已〔一九七〕，合掌頂禮，發遣能禪師，急過嶺去。在後大有人來相趁。其惠明禪師〔一九八〕，後居象山，所出弟子亦只看淨。能禪師至韶州漕溪，卌餘年開化，道俗雲奔。後至景雲二年，命弟子立楷，令新州龍山造塔。至先天元年，問：『塔成否？』答：『已成。』其年九月，從漕溪卻歸〔一九九〕，至新州〔二〇〇〕，漕溪僧立楷、智海等問和上，『已後誰人得法承後傳信袈裟？』和上答：『汝莫問，已後難起極盛，我緣此袈裟，幾度合失身命〔二〇一〕。在信大師處三度被偷，在忍大師處三度被偷，乃至吾處六度被偷，竟無人偷得〔二〇二〕。我此袈裟，女子將去也，更莫問我，汝若欲知得我法者，我滅度後，廿年外，豎我宗旨者，即是得法人也。』至先天二年，忽告門徒：『吾當大行矣。』八月三日夜，奄然坐化。大師春秋七十有六，漕溪溝澗斷流，泉池枯竭，日月無光，林木變白，異香氛氳，三日不絕。其年於新州國忌寺迎和上神座，至十一月葬於漕溪。太常寺承（丞）韋據造碑文。至開元七年，被人磨改別造碑。近代報修，侍郎宋鼎撰碑文。

自教法東流，三百年前，盡無事相法則。後因晉石勒時，佛圖澄弟子道安法師在襄陽。秦苻堅遙聞道安名，遂遣使代（伐）襄陽〔二〇三〕，取道安法師。秦帝常重遇之〔二〇四〕，長安衣冠子弟爲詩賦諷誦，皆依附學，不依道安法師，義不中難也〔二〇五〕，此是世智辯聰〔二〇六〕。後又造講說章門〔二〇七〕，作僧尼軌範、佛法憲章、受戒法則。條爲三例：一曰行香定坐，二曰常六時禮懺，三曰每月布薩悔過事相，威儀法事，咒願讚歎等，出此道安法師。近代蜀僧嗣安法師，造《齋文》四卷，現今流行。

《楞伽經》云：乃至有所立，一切皆錯亂。若見於自心，是則無違（爲）諍〔二〇八〕。又云：若依止少法，而有少法起；若依止於事，此法即便壞。又云：隨言而取義，建立於諸法〔二〇九〕；以彼建立故，死墮地獄中。又云：理教中求我〔二一〇〕，是妄垢惡離，離聖教正理，欲滅或反增〔二一一〕。是外道狂言，智者不應説。《金剛經》云：離一切諸相即名諸佛。又云：若以色見我，以音聲求我，是人行邪道，不能見如來。《思益經》云：比丘，云何隨佛教，云何隨佛語？若稱讚毁辱，其心不動，是隨佛教。又答云：若不依文字語言，是名隨佛語。比丘，云何應受供養？答言：於法無所取者〔二一二〕。云何消供養？不爲世法之所牽者。誰人報佛恩？答言：依法修行者。諸小乘禪及諸三昧門，不是達摩祖師宗旨。列名如後，白骨觀、數息觀、九相觀、五停心觀〔二一三〕、日觀、月觀、樓臺觀、池觀、佛觀。又《禪秘要經》云：人患熱病，想涼冷觀〔二一四〕；患冷病，作熱想觀；色想，作毒蛇觀、不淨觀；愛好飲食〔二一五〕，作蛇蛆觀；愛好衣，作熱鐵纏身觀、諸餘三昧觀等。《禪門經》云：坐禪觀中，見佛形像，卅二相，種種光明，飛行騰虚空，變見自在〔二一六〕。爲真實耶〔二一七〕？爲虚妄耶〔二一八〕？佛言：坐禪見空無有物，若見於佛，卅二相，種種光明，飛騰虚空〔二一九〕，變見自在〔二二〇〕，皆是自心顛倒，繫著魔網。於空寂滅見如是事，即爲虚妄〔二二一〕。《楞伽經》云：如是種種相〔二二二〕，墮於外道見。《法句經》云：若學諸三昧，是動非坐禪，心隨境界流，云何名爲定。《金剛三昧經》云：我不入三昧，不住坐禪〔二二三〕，無生無行〔二二四〕，不動不禪，是無生禪。《思益經》云：不依止欲界，不住色無色，行如是禪定。是菩薩遍行。

《維摩經》云：維摩詰訶舍利弗林間晏坐，訶須菩提、大迦葉不平等。《轉女身經》云：無垢光女訶天帝釋，汝聲聞乘人，畏生死樂涅槃〔二二五〕。《決定毗尼經》云〔二二六〕：菩薩乘人〔二二七〕，持開通戒；聲聞乘人，持盡遮戒、盡護戒。《藥師經》云：佛訶阿難，汝聲聞人，如盲如聾，不識無上空義。《佛頂經》云：訶聲聞人，得少爲足此七。《佛藏經》云：舍利弗，如來在世，三寶一味，我滅度後，分爲五部。舍利弗，惡魔於今，猶尚隱身〔二二八〕，佐助調達，破我法僧。如來大智，見在世故。弊惡魔衆，不能成其大惡。當來之世，惡魔變身，作沙門形，入於僧中，種種耶（邪）説，令多衆生，入於耶（邪）見，爲説邪法〔二二九〕。爾時惡人，爲魔所迷，各執所見，我是彼非。舍利弗，如來豫見，未來世中，如是破法事，故説是深經，悉斷惡魔，諸所執著。阿難，譬如惡賊，於王大臣，不敢自見。盗他物者〔二三〇〕，不自言賊。如是阿難，破戒比丘成就非沙門法，尚不自言，我是惡人，況能向餘人説，自言罪人〔二三一〕。阿難，如是經者，破戒比丘，隨得聞時，自降伏則有慚愧，持戒比丘得自增長。

《大佛頂經》云：即時如來普告大衆及阿難言〔二三二〕：汝等有學緣覺聲聞，今日迴心趣大菩提無上妙覺。吾今已説真修行法，汝猶未識〔二三三〕。修奢摩他毗婆舍那，微細魔事，魔境現前，汝不能識，洗心非正，落於邪見〔二三四〕。或汝蔭魔，或復天魔，或著鬼神，或遭魑魅，心中不明，認賊爲子，又復於中，得少爲足。如第四禪，無聞比丘，妄言證聖。天報已畢，衰相見前，謗阿羅漢，身遭後，有墮入阿鼻獄。所以釋迦如來，傳金襴袈裟，令摩訶迦葉，在鷄足山，待彌勒世尊下生分付。

今惡世時，學禪者衆。我達摩祖師，遂傳袈裟，表其法正，令後學者，有其稟承也。

忍大師當在黄梅馮茂山日〔二三五〕，廣開法門，接引群品。當此之時，學道者千萬餘人，其中親事不離忍大師左右者，唯有十人〔二三六〕，並是昇堂入室。智詵、神秀、玄賾、義方、智德、惠藏、法如、老安、玄約、劉主簿等，並盡是當官領袖，蓋國名僧。各各自言爲大龍像，爲言得底，乃知非底也。忽有新州人，俗姓盧，名惠能，年廿二，禮拜忍大師。問〔二三七〕：『汝從何來，有何事意？』惠能答言：『從嶺南來，亦無事意，唯求作佛。』大師知是非常人也。大師緣左右人多〔二三八〕。『汝能隨衆作務否？』惠能答：『身命不惜，何但作務。』遂隨衆踏碓八個月。大師知惠能根機純熟〔二三九〕，遂默喚付法及與所傳信袈裟，即令出境。後惠能恐畏人識，常隱在山林，或在新州，或在韶州。十六七年在俗，亦不説法。後至南海制心寺，遇印宗法師講《涅槃經》，惠能亦在坐下。時印宗問衆聽人〔二四〇〕：『汝惣見風吹翻（幡）干〔二四一〕，上頭翻（幡）動否？』衆答言：『見動。』或言見風動，或言見翻（幡）動〔二四二〕。不是風動〔二四三〕，是見動。如是問難不定。惠能於座下立答法師言〔二四四〕：『自是衆人妄想心動〔二四五〕，動與不動，非是翻（幡）動，法本無有動不動。』法師聞説驚愕忙（茫）然，不知是何言。問：『居士從何處來？』惠能答：『本來不來，今亦不去。』法師下高座，迎惠能就房。子細借問，惠能一一具說東山佛法及有付囑信袈裟。印宗法師見已，頭面頂禮歎言：『何期座下有大菩薩』。語已又頂禮，請惠能爲和上，印宗法師自稱弟子〔二四六〕。即與惠能禪師剃髮披衣已，自許弟子，及講下門徒歎言：『善哉！善哉！黄梅忍大師法，比聞流嶺南〔二四七〕，誰知今在此間。衆人識否？』咸言不識。印宗法師曰：『吾所說〔法〕〔二四八〕，猶如瓦礫，今有能禪師，傳忍大師法門〔二四九〕，喻若真金，深不思議。』印宗法師領諸徒衆，頂禮能禪師足。恐衆人疑〔二五〇〕，及（乃）請所傳信袈裟示衆人，並自身受菩薩戒。印宗法師共大衆送能禪師歸漕溪，接引群品，廣開禪法，天下知聞，漕溪佛法〔二五一〕，最不思議。

後時大周立，　則天即位，敬重佛法。至長壽元年，敕天下諸州，各置大雲寺。二月廿日，敕使天冠（官）郎中張昌期，往韶州漕溪請能禪師，能禪師託病不去。　則天後至萬歲通天元年，使往再請能禪師，『能禪師既不來，請上代達摩祖師傳信袈裟，　朕於内道場供養。』能禪師依請即擎達摩祖師傳信袈裟與　敕使。使迴得傳信袈裟〔二五二〕，則天見傳信袈裟來〔二五三〕，甚喜悦，於内道場供養。萬歲通天二年七月，則天　敕天冠（官）郎中張昌期，往資州得（德）純寺，請詵禪師。詵禪師授（受）請，赴京内道場供養。久視年，使荆州玉泉寺請秀禪師，安州受山寺請玄賾禪師，隨州大雲寺請玄約禪師，洛州嵩山會善寺老安禪師，則天内道場供養。　則天本請諸大德〔二五四〕，緣西國有三藏婆羅門，則天常偏敬重之〔二五五〕。劍南智詵禪師當（嘗）有疾，思念歸鄉，爲關山阻遠，心有少憂。其邪通婆羅門云：『彼與此何殊，禪師何得思鄉』？智詵答：『三藏何以知之？』答云：『禪師但試舉意，看無有不知者。』詵又云〔二五六〕：『去也，看。』想身著俗人衣裳〔二五七〕，於西市曹門看望。其三藏云：『大德僧人何得著俗衣市中而看。』詵又云：『好看，去也。』想身往禪定寺佛圖相輪上立。三藏又云：『僧人何得登高而立。』詵云：『赭回好好更看，去也。』即當處依法想念不生。其三藏於三界内尋看，竟不可得。三藏婆羅門遂生敬仰，頂禮詵足，白和上言：『不知唐國有大乘佛法〔二五八〕，今自責身心懺悔。』則天見三藏歸依詵禪師，則天諮問諸大德：『和上等有欲否？』神秀、玄約、老安、玄賾等皆言無欲。則天問詵禪師：『和上有欲否？』詵禪師恐不放歸，順則天意，答：『有欲。』則天答（又）云（問）〔二五九〕：『何得有欲？』詵答云：『生則有欲，不生則無欲。』則天言下悟。又見三藏歸依詵和上，則天倍加敬重。詵禪師因便奏請歸鄉，敕賜新翻《花嚴經》一部，彌勒綉像及幡花等。及將達摩祖師信袈裟。則天云：『能禪師不來，此上代信袈裟亦奉上和上〔二六〇〕，將歸故鄉，永爲供養。』則天至景龍元年十一月，又使内侍將軍薛間至漕溪能禪師所〔二六一〕，宣口　敕云：『將上代信袈裟奉詵禪師〔二六二〕，將受持供養，今别將摩納袈裟一領，及絹五百疋，充乳藥供養。』

資州德純寺智詵禪師，俗姓周，汝南人也。隨祖宦至蜀，年十歲，常好釋教，不食薰辛。志操高標，不爲童戲。年十三，辭親入道。初事玄奘法師學經論，後聞雙峰山忍大師，便辭玄奘法師，捨經論，遂於馮茂山投忍大師。大師云〔二六三〕：『汝兼有文［字］性〔二六四〕。』後歸資州德純寺，化道（導）衆生，造《虚融觀》三卷，《緣起》一卷，《般若心疏》一卷。後至萬歲通天二年七月，則天敕天冠（官）郎中張昌期於得（德）純寺請〔二六五〕，遂赴西京。後因疾進表，卻歸得（德）純寺〔二六六〕。首尾卅餘年，化道（導）衆生。長安二年六月，命處寂扶侍吾，遂付信衣云：『此衣是達摩祖師所傳袈裟，則天賜吾，吾今付汝，善自保愛。』至其年七月六日夜，奄然坐化，時年九十四。

處寂禪師，綿州浮城縣人也〔二六七〕。俗姓唐，家代好儒，常習詩禮，有分義孝行。年十歲，父亡，歎曰：『天地既無，我聞佛法不可思議，拔生死苦，乃投詵和上。』詵和上問：『汝從何來〔二六八〕？』答〔二六九〕：『故投和上來。』和上知非常人，當赴京日，遂擔大師至京，一眉（肩）不移〔二七〇〕。身長八尺，神情稟（凜）然，於衆獨見其首〔二七一〕，見者欽貴。後還〔二七二〕，居資州德純寺，化道（導）衆生，廿年〔二七三〕。後至開元廿四年四月，密遣家人王鍠喚海東無相禪師，付囑法及信袈裟云：『此衣是達摩祖師信衣〔二七四〕，則天賜詵和上。詵和上與吾，吾轉付汝，善自保愛，看好山住去〔二七五〕。』後至其年五月廿七日，告諸門徒：吾不久住。至夜半子時，奄然坐化。處寂大師，時年六十八。

劍南城（成）都府淨衆寺無相禪師〔二七六〕，俗姓金，新羅王之族，家代海東。昔在本國，有季妹，初聞禮娉〔二七七〕，授刀割面，誓志歸真〔二七八〕。和上見而歎曰：『女子柔弱，猶聞雅操，丈夫剛强，我豈無心。』遂乃削髮辭親，浮海西渡，乃至唐國。尋師訪道，周遊涉歷，乃到資州德純寺，禮唐和上。唐和上有疾，遂不出見。便燃一指爲燈，供養唐和上。唐和上知其非常人〔二七九〕，便留左右二年。後居天谷山，卻至德純寺。唐和上遣家人王鍠密付信衣：『此衣是達摩祖師傳衣，則天賜與詵和上，詵和上與吾，吾付囑汝〔二八〇〕。』金和上得付法及信衣，遂居天谷山石巖下，草衣節食，食盡餐土，感猛獸衛護。後章仇大夫講開禪法，居淨衆寺，化道（導）衆生，廿餘年〔二八一〕。後至寶應元年五月十五日，忽憶白崖山無住禪師。『吾有疾，計此合來看吾。』數數問左右人〔二八二〕：『無住禪師何爲不來？吾將年邁。』密使工人董璿將吾信衣及餘衣十七事〔二八三〕，密送與無住禪師。『善自保愛，未是出山時，更待三五年，聞太平即出。』遥付囑訖。至五月十九日，命弟子：『與吾取新淨衣，吾欲沐浴。』至夜半子時，儼然坐化，是日日月無光〔二八四〕，天地變白，法幢摧折，禪河枯涸，衆生失望，學道者無依。大師時年七十九。

金和上每年十二月、正月，與四衆百千萬人受（授）緣，嚴設道場，處高座説法。先教引聲念佛，盡一氣絶聲停〔二八五〕，念訖説云：『無憶無念，莫忘（妄）〔無〕〔妄〕〔二八六〕，無憶是戒，無念是定，莫忘（妄）是惠（慧）。此三句語即是惣持門。』又云：『念不起，猶如鏡面，能照萬像；念起，猶如鏡背，即不能照見。』又云：『須分明知起，須知起滅〔二八七〕，須知滅〔二八八〕。此知須不間斷〔二八九〕，即是見佛。譬如二人同行，俱至他國。其父將書教誨，一人得書，尋讀已畢，順其父教，不行非法；一人得書，尋讀已畢，不依教示，熾行諸惡。一切衆生，依無念者，是孝順之子。著文字者，是不孝之子〔二九〇〕。又云：『譬如有人酒醉而卧〔二九一〕，其母來喚，欲令還家。其子爲醉迷亂，惡駡其母。一切衆生，無明酒醉，不信自身見性成佛道〔二九二〕。』又《起信論》云：『心真如門〔二九三〕，心生滅門。無念即是真如門，有念即是生滅門。』又云：『無明頭出，般若頭没，無明頭没，般若頭出。』又引《涅槃經》云：『家犬野鹿，家犬喻妄念〔二九四〕，野鹿喻佛性。』又云：『綾本來是絲，無有文字〔二九五〕，巧兒織成，乃有文字。後拆卻，還是本絲。絲喻佛性，文字喻妄念〔二九六〕。』又云：『水不離波，波不離水。波喻妄念，水喻佛性。』又云：『擔麻人伴轉逢銀所〔二九七〕，一人即捨擔取銀〔二九八〕。餘人言〔二九九〕：我麻擔已定，我終不能棄〔三〇〇〕。又至金所，棄銀取金，諸人云：我麻擔已定，終不能捨〔三〇一〕。金喻涅槃〔三〇二〕，麻喻生死。』又云：『我此三句語，是達摩祖師本傳教法。』不言是詵和上、唐和上所説。又言：『許弟子有勝師之義，緣詵、唐二和上不説了教，曲承信衣，金和上所以不引詵、唐二和上説處，每常座下教戒直言〔三〇三〕，我達摩祖師所傳，此三句語是惣持門，念不起是戒門〔三〇四〕，念不起是定門，念不起〔是〕惠（慧）門〔三〇五〕，無念即是戒定惠（慧）具足。是過去未來見在恒沙諸佛皆從此門入。若更有别門，無有是處。』

東京荷澤寺神會和上，每月作壇場，爲人説法，破清淨禪，立如來禪，立知見，立言説。爲戒定惠（慧）不破言説云：「正説之時即是戒，正説之時〔即〕是定〔三〇六〕，正説之時即是惠（慧）。説無念法立見性。」開元年中，滑臺爲天下學道者定宗旨，會和上云：「若更有一人説，會終不敢説也，爲會和上不得信衣」〔三〇七〕。天寶八年中〔三〇八〕，洛州荷澤寺亦定宗旨，被崇遠法師問：「禪師於三賢十聖修行，證何地位？」會答曰：「《涅槃經》云：南無純陀，南無純陀，身同凡夫，心同佛心。」會和上卻問遠法師：「講《涅槃經》來得幾遍？」遠法師答：「卌餘遍。」又問：「法師見佛性否？」法師答：「不見。」會和上云：「《師子吼品》云：若人不見佛性，即不合講《涅槃經》；若見佛性，即合講《涅槃經》。」遠法師卻問會〔三〇九〕：「和上見佛性否〔三一〇〕？」會答：「見。」又問：「云何爲見？爲復眼見耶〔三一一〕，耳鼻等見耶〔三一二〕？」會答：「見無爾許多，見只没見。」又問：「見等純陀否？」會答：「比量見，比即比於純陀〔三一三〕，量等純陀，不敢定斷。」又被遠法師問：「禪師上代袈裟傳否？」會答：「傳，若不傳時，法有斷絶。」又問：「禪師得否〔三一四〕？」答：「不在會處。」遠法師又問〔三一五〕：「誰得此袈裟？」會答：「有一人得，已後自應知，此人若説法時，正法流行，邪法自滅〔三一六〕。爲佛法事大，所以隱而未出。」

會和上在荆府時，有西國人迦葉賢者、安樹提等廿餘人，向會和上説法處問：「上代信袈裟和上得否？」答：「不在會處。」卻問：「賢者等從何處來？」迦葉答：「從劍南來。』問：『識金禪師否？』迦葉答：『盡是金和上弟子[三一七]。』會和上問：『説汝金禪師教人教道如何[三一八]？』迦葉答：『無明頭出，涅槃頭没，般若頭出，無明頭没。有念猶如鏡面（背）[三一九]。』會和上叱之：『莫説此閑言語[三二〇]，汝姓迦葉[三二一]，是婆羅門種姓，計合利根，乃是尿床婆羅門耳。』會和上云：『汝劍南詵禪師，是法師，不説了教。唐禪師是詵禪師弟子，亦不説了教。唐禪師弟子，梓州趙法師是，陵州王是律師[三二二]，已西表是法師，益州金是禪師，説了教亦不得。雖然不説了教，佛法只在彼處。』

郎中馬雄使到漕溪，禮能和上塔。問守塔老僧：『上代傳信袈裟何在？』老師答：『能和上在。』立楷師、智海師等問能和上：『承上袈裟傳否[三二三]？佛法付囑誰人？』能和上答：『我衣女子將（去）也[三二四]，我法我死後廿年外，竪立宗旨是得我法人也[三二五]。』

劍南成都府大曆保唐寺　無住和上，每常爲學道四衆百千萬人及一人無有時節[三二六]，有疑任問，處座説法，直指見性[三二七]。以直心爲道場，以發行爲道場，以深心爲道場，以無染爲道場，以不取爲道場，以不捨爲道場，以無爲爲方便，以廣大爲方便，以平等爲方便，以離相爲火，以解脱爲香，以無罣礙是（爲）懺悔[三二八]，以無念爲戒，以無爲無所得爲定[三二九]，以不二爲惠（慧），不以嚴設爲道場。和上云：『一切衆生本來清淨，本來圓滿，添亦不得，減亦不得，爲順一念，漏心三界，受種種身，假善知識[三三〇]，直指本性[三三一]，見性即成佛道。著相即沈輪（淪）[三三二]，爲衆生有念，假説無念，有念若無，無念不自，滅三界心，不居寂地，不住事相，不無功用，但離虚妄，名爲解脱。』又云：『有心即是波浪〔三三三〕，無心即是外道，順生死即是衆生垢，依寂〔滅〕即是涅槃〔垢〕〔三三四〕，動不順生，不依寂〔滅〕〔三三五〕，不入三昧，不住坐禪，無生無行，心無得失，影體倶非，性相不立。』

和上，鳳翔郿縣人也，俗姓李，法號無住，年登五十。開元年，代父朔方展效，時年廿，膂力過人，武藝絶倫。當此之時，信安王充河朔兩道節度使〔三三六〕，見和上有勇有列（烈），信安王留充衙前遊弈（奕）先鋒官。和上每自歎，在世榮華，誰人不樂，大丈夫兒，未逢善知識，一生不可虚棄。遂乃捨官宦，尋師訪道。忽遇白衣居士陳楚璋，不知何處人也，時人號爲維摩詰化身，説頓教法。和上當遇之日，密契相知，默傳心法。和上得法已，一向絶思斷慮〔三三七〕，事相並除，三五年間，白衣修行。天寶年間，忽聞范陽到次山有明和上，東京有神會和上，太原府有自在和上，並盡是第六祖師弟子〔三三八〕，説頓教法。和上當日之時，亦未出家，遂往太原，禮拜自在和上。自在和上説：『淨中無淨想〔三三九〕，即是真淨佛性。』和上聞法已，心意決（快）然〔三四〇〕，欲辭前途。老和上共諸律師大德苦留，不放此真法棟梁，便與削髮披衣。天寶八年，受具戒已〔三四一〕，便辭老和上，向五臺山清涼寺。經一夏聞説，到次山明和上〔三四二〕，縱由神會和上語音即知意况〔三四三〕，亦不往禮〔三四四〕。天寶九載，夏滿出山，至西京安國寺、崇聖寺往來。天寶十載，從西京却至北靈州，居賀蘭山二年。忽有商人曹瓌禮拜問：『和上曾到劍南，識金和上否？』答云：『不識。』瓌云：『和上相貌一似金和上，鼻梁上有靨，顔狀與此間和上相貌〔三四五〕，更無別也，應是化身。』和上問曹瓌：『居士從劍南來，彼和上說何教法？』曹瓌答：『說無憶無念莫忘（妄）。弟子當日之時，受緣訖，辭，金和上問瓌：「何處去？」瓌答云：「父母在堂，欲歸覲省〔三四六〕。」金和上語瓌：「正不憶不念，惣放卻，朗朗蕩蕩，看有汝父母否？」瓌當日之時，聞已未識，今呈和上〔三四七〕，和上聞說豁然，遥與金和上相見。』

遂乃出賀蘭山，至北靈州出行文，往劍南禮金和上。遂被留後姚嗣王不放〔三四八〕。大德史和上、辯才律師、惠莊律師等諸大德不放來。至德二年十月〔三四九〕，卻從北靈州默出〔三五〇〕，向定遠城及豐寧軍使楊含璋處出行文，軍使苦留，問和上：『佛法爲當只在劍南，爲復此間亦有？若彼此一種，緣何故去？』和上答：『若識心見性，佛法遍一切處，無住爲在學地，善知識在劍南，所以遠投。』軍使又問和上：『善知識是誰？』和上答：『是無相和上，俗姓金，時人號金和上也。』軍使頂禮，便出行文。和上漸漸南行至鳳翔，又被諸大德苦留不放，亦不住。又取太白山路入住太白山，經一夏夏滿，取細水谷路出至南梁州〔三五一〕，諸僧徒衆苦留，不住。

乾元二年正月，到成都府淨衆寺。初到之時，逢安乾師引見，金和上見〔三五二〕，非常歡喜。金和上遣安乾師作主人，安置在鍾（鐘）樓下院住。其時正是受緣之日，當夜隨衆受緣。只經三日三夜，金和上每日於大衆中高聲唱言：『緣何不入山去，久住何益。』左右親事弟子怪金和上不曾有此語，緣何忽出此言。無住和上默然入山。金和上憶，緣何不來，空上座、秦上座欲得相識，恐後相逢，彼此不知是誰。和上向倪朝説：『吾雖此間每常與金和上相見，若欲不相識，對面千里。吾重爲汝説一緣起。佛昔在日，夏三月，忉利天爲摩耶夫人説法。時十六大國王及一切衆生悉皆憶佛，即令大目犍連往忉利天請佛。佛降下閻浮時，須菩提在石室中，聞佛降下，即欲出室。自念云：我聞世尊〔説〕〔三五三〕，若在三昧，即是見吾〔三五四〕。若來，縱見吾色身，有何所益〔三五五〕。便即卻入三昧。是時蓮華色比丘尼擬除惡名，即欲在前見佛。諸大國王、龍神八部，闔匝圍繞，無有路入。化身作大轉輪王，千子圍繞，龍神、國王，悉皆開路。蓮華色比丘尼還作本身，圍繞世尊已，合掌説偈：我初見佛，我初禮佛。説偈已，作禮而立。爾時世尊告比丘尼：於此會中，汝最在後。比丘尼白世尊：於此會中，無有阿羅漢，云何言我在後？世尊告比丘尼：須菩提在石室中，常在三昧，所以先得見吾法身〔三五六〕。汝縱來見吾色身〔三五七〕，所以在後。佛有明文，無住所以不去〔三五八〕。』

同住道逸師習誦禮念。和上一向絶思斷慮，入自證境界。道逸共諸同住小師白和上云〔三五九〕：『逸共諸同住欲得六時禮懺，伏願和上聽許。』和上語道逸等：『此間糧食並是絶緣人般（搬）運深山中，不能依法修行，欲得學狂，此並非佛法〔三六〇〕。和上引《佛頂經》云〔三六一〕：狂心不歇，歇即菩提，勝淨明心，本周法界，無念即是見佛，有念即是生死。若欲得禮念即出山，平下大有寬閑寺舍，任意出去。若欲得同住，一向無念，得即任住，不得即須下〔山〕去〔三六二〕』。道逸師見不遂本意，辭和上出天蒼山，來至益州淨衆寺。先見空上座等說：『山中無往禪師，不行禮念〔三六三〕，只空閑坐〔三六四〕。』何空等聞說，倍常驚怪，『豈是佛法？』領道逸師見金和上，道逸禮拜未了，何空等諮金和上云：『天倉（蒼）山無住禪師只空閑坐〔三六五〕，不肯禮念，亦不教同住人禮念，豈有此事，可是佛法？』金和上叱何空、道逸等，『汝向後。吾在學地時，飯不及喫，只空閑坐，大小便亦無功夫。汝等不識，吾當天谷山日，亦不禮念。諸同學嗔吾並出山去，無人送糧，惟練土爲食，亦無功夫。出山一向閑坐，孟寺主聞諸同學說吾閑坐，便向唐和上譏吾。唐和上聞說吾閑坐〔三六六〕，倍加歡喜。吾在天谷山，亦不知譏。聞唐和上四大違和，吾從天谷山來，至資州德純寺。孟寺主見吾來，不放入寺。唐和上聞吾來，使人喚吾。至堂前，吾禮拜未訖，唐和上便問：汝於天谷山作何事業？吾答：一物不作〔三六七〕，只沒忙。唐和上報吾：汝忙〔三六八〕，吾亦忙矣。唐和上知衆不識。和上云：居士，達摩祖師一支佛法，流在劍南，金和上即是。若不受緣，恰似寶山空手歸。璿聞已，合掌起立，弟子即入成都府受緣去。』

和上山中，知金和上遥憶〔三六九〕，彼即知意。遂向璿說：『此有茶芽半斤，居士若去〔三七〇〕，將此茶芽爲信，奉上　金和上，傳無住語，頂禮金和上。金和上若問無住，云無住未擬出山。』璿即便辭和上，將所奉茶芽〔三七一〕，至建巳月十三日至成都府淨衆寺，爲金和上四體違和，輒無人得見。董璿逢菩提師，引見金和上，具陳無住禪師所奉茶芽，傳頂禮金和上。金和上聞説及見茶芽，非常歡喜。語董璿：『無住禪師既有信來，何不身自來？』董璿答：『無住禪師來日云〔三七二〕，未擬出山。』金和上問董璿：『汝是何人？』璿誑金和上〔三七三〕，答是無住禪師親事弟子。金和上向璿云：『歸白崖山日，吾有信去，汝須見吾來。』至十五日見金和上，璿云欲歸白崖山〔三七四〕，取和上進止。其時發遣左右親事弟子：『汝等惣出堂外去。』即喚董璿入〔三七五〕。璿依命入堂，胡跪合掌〔三七六〕。金和上將袈裟一領〔三七七〕，人間罕守匆有〔三七八〕，呈示〔璿〕〔三七九〕：『此是則天皇后與詵和上，詵和上與唐和上，唐和上與吾，吾傳將付與無住禪師〔三八〇〕。此衣久遠已來保愛，莫遣人知。』語已，悲淚哽咽：『此衣嫡嫡相傳付授，努力努力。』即脱身上袈裟，覆膊裙衫坐具，共有十七事〔三八一〕。『吾將年邁，汝將此〔衣〕物〔三八二〕，密送〔與〕無住禪師〔三八三〕，傳吾語，善自保愛，努力努力。未是出山時〔三八四〕，更待三五年間，自有貴人迎汝即出。』便即發遣董璿急去，莫教人見〔三八五〕。璿去後，金和上獨語云〔三八六〕：『此物去遲，到頭還達。』金和上正語之時，左右無人。堂外弟子聞和上語聲，一時入堂。問金和上云〔三八七〕：『何獨語？』『吾只没語〔三八八〕。』爲金和上四大違和，諸人見已有擬〔三八九〕，便問和上：『承上所傳信衣何在？和上佛法付囑誰人？』金和上云〔三九〇〕：『吾法無住處去，衣向木頭上樹著〔三九一〕，無一人得。』金和上向諸人言：『此非汝境界，各著本處去。』元年建巳月十五日改爲寶應元年五月十五日。遥付囑法訖〔三九二〕，至十九日，命弟子，『與吾取新淨衣裳〔三九三〕，吾今沐浴。』至夜半子時，儼然坐化。

副元帥黄門侍郎杜相公，初到成都府日，聞金和上不可思議，金和上既化〔三九四〕，合有承後弟子。遂就淨衆寺、衡山寧國寺，觀望見金和上在日蹤跡。相公借問小師等：『合有承後弟子，僧人得衣鉢者。』小師答：『亦無人承後，和上在日有兩領袈裟，一領衡山寧國寺，一領留在淨衆寺供養。』相公不信，又問諸律師：『鴻漸遠聞金和上是大善知識〔三九五〕，承上已來師師相傳，授付囑衣鉢。金和上既化，承後弟子何在？』律師答相公云：『金禪師是外國蕃人，亦無佛法，在日亦不多説法，語不能得正〔三九六〕，在日雖足供養布施，只空是有福德僧〔三九七〕。縱有弟子〔三九八〕，亦不閑佛法。』相公高鑒，即知盡是嫉言，即迴歸宅，問親事孔目官馬良、康然等：『知劍南有高行名僧大德否？』馬良答云：『院内常見節度軍將説，蠶崖關西白崖山中有無住禪師，得金和上衣鉢，是承後弟子。此禪師得（德）業深厚，亦不曾出山。』相公聞説，向馬良等：『鴻漸遠聞，金和上是大善知識。昨自到衡山寧國寺、淨衆寺，問金和上親事弟子，皆云無承後弟子及得衣鉢〔三九九〕。又問律師，咸言毁謗。據此蹤由，白崖山無住禪師必是道者。』即於大衙日，問諸軍將等：『知此管内有何名僧大德否？』節度副使牛望仙、李靈應、歸誠王、董嘉會、張温、陰洽、張餘光、張軫、韋鸞、秦逖等諮相公：『白崖山中有無住禪師，金和上衣鉢在彼禪師處，不可思議。』相公問牛望仙：『君何以得知？』答云〔四〇〇〕：『望仙、高大夫差充石碑營使，爲去道場不遠〔四〇一〕，數就頂禮，知不可思議。』相公又問〔四〇二〕：『適來言衣鉢在彼，誰知的實〔四〇三〕？』秦逖、張鍠、諮儔曰：『逖等充左右巡虞候，金和上初滅度日，兩寺親事弟子啾唧囑何常侍向大夫説〔四〇四〕，金和上信衣不知的實，及不肯焚燒。高大夫判付左右巡虞候推問，得實領過，當日初，只得兩領袈裟，兩寺各得一領，信衣不知尋處。當日不知有蠶崖關西白崖山中有無住禪師，後被差充十將，領兵馬上西山打當狗城，未進軍，屯在石碑營，寄住行營，迫道場〔四〇五〕。逖等諸軍將賫供養到彼〔四〇六〕，見此禪師，與金和上容貌一種。逖等初見，將是金和上化身。借問逗留，知金和上衣鉢先遣人送，被隱二年不送，賣與僧〔四〇七〕。僧得衣〔四〇八〕，夜有神人，遣還本主，若不還，必損汝命。買人遞相告報，後賣不得，還到本禪師處。逖等初聞，當時推尋，不知袈裟去處，今在此間〔四〇九〕，即請頂禮。亦不生難，便擎袈裟出，呈示諸軍將官健等，所以知在彼處。』相公聞説：『奇哉奇哉，僧等隱没佛法，不如俗人，俗人卻欲得佛法流行〔四一〇〕。』節度副使李靈應、張温、牛望先（仙）、歸誠王、董嘉會、韋鸞、秦逖等，即衆連署狀請和上。相公向諸軍將知無住禪師，自有心請。相公差光禄卿慕容鼎爲專使，即令出文牒，所在路次州縣，嚴擬幡花〔四一一〕、僧道、耆壽及音聲，差一了事縣官，就山同請。

文牒未出，淨衆〔四一二〕、寧國兩寺小金師、張大師聞請無住和上，惶怖無計，與諸律師平章，擬作魔事。先嚴尚書表，弟子蕭律師等囑太夫人，奪金和上禪院爲律院，金和上禪堂爲講律堂。小金師苟且安身，與蕭律師等相知計會，爲律院立碑，郄昂撰文。律師張知足與王英耀及小金師〔四一三〕、張大師，囑郄昂郎中，律師英耀共王謇侍御〔四一四〕，同姓相認爲兄弟。囑崔僕射任夫人設齋，食訖，小金師即擎裴僕射所施納袈裟〔四一五〕，呈示僕射及夫人。小金師悲淚云：『此是承上信衣〔四一六〕。』僕射：『旰由來不知此事，請無住禪師，相公意重，不關旰事。』郄昂、王謇曲黨，恐奪律院迴〔四一七〕。顧問諸律師：『此山僧無住禪師有何道業？』英耀律師等答：『若據此無住禪師，無有知解。若請此僧，深不益緇流。』尚書問：『緣何不益緇流？』答云：『有一工人，於汶川刻鏤功德，平得袈裟一領〔四一八〕，計直廿千文，被彼禪師奪彼工人衣不還，云是金和上與我。不行事相禮念，據此蹤由〔四一九〕，即是不益緇流。』僕射向諸律師云：『旰先在西山兵馬〔使〕〔四二〇〕，具知意況，律師等何用相誣。』語已離席，魔黨失色無計，魔事便息。

永泰二年九月廿三日，光祿卿慕容鼎專使縣官僧道等〔四二一〕，就白崖山請和上，傳相公、僕射、監軍請頂禮，願和上不捨慈悲，爲三蜀蒼生作大橋梁，殷勤苦請。和上知相公深閑佛法，愛慕大乘，知僕射仁慈寬厚〔四二二〕，知監軍敬佛法僧，審知是同緣同會，不逆所請，即有幡花寶蓋。諸州大德恐和上不出白崖山，亦就山門，同來赴請。即寶輿迎和上〔四二三〕，令坐輿中，和上不受，步步徐行。欲出之日〔四二四〕，茂州境内，六迴震動，山河吼，蟲鳥鳴〔四二五〕。百姓互相借問〔四二六〕：『是何祥瑞？』見有使來迎和上，當土僧尼道俗，再請留和上。專使語僧俗等：『是相公、僕射意重，爲三蜀蒼生，豈緣此境，約不許留。』當和上未出山日，寇盜競起，諸州不熟，穀米湧貴，萬姓惶惶〔四二七〕。相公、僕射迎和上出山，所至州縣，穀米倍賤，人民安樂，率境豐熟，寇盜盡除，晏然無事。和上到州，史（使）〔躬〕迎〔四二八〕；至縣，縣令引路。家家懸幡，户户焚香，咸言蒼生有福。道俗滿路，唱言：『無相和上去，無住和上來。此即是佛佛授手〔四二九〕，化化不絶，燈燈相傳，法眼再明〔四三〇〕，法幢建立，大行佛法矣。』

相公令都押衙欽華遠迎和上〔四三一〕，欽押衙傳相公語云：『鴻漸忽有風疾，不得遠迎，至日頂禮。』劍南西川節度使左僕射兼御史大夫成都尹崔公，令都虞候王休巖、少府監李君昭、衙前虞候杜璋等，傳僕射語：『頂禮和上，弟子是地主，自合遠迎。緣相公風疾，所以弟子及監軍使不敢先來，伏願和上照察。』傳語已，一時便引和上至空惠寺安置，是九月廿九日。

到十月一日，杜相公、吴監軍、諸郎官侍御東川留後杜郎中杜濟〔四三二〕、行軍杜藏經、邛南使中丞鮮于叔明、郎中楊炎、杜亞、郄昂、馬雄、岑參，觀察判官員外李布〔四三三〕、員外柳子華〔四三四〕，青苗使吴郁、祖（租）庸使韋夏有、侍御狄博濟、崔伉、崔倜、王謇、蘇敞、司馬廉〔四三五〕，兩少尹成賁、白子昉，兩縣令斑愻、李融，捕賊官惣來空惠寺門，即都虞候王休巖、相公都押衙欽華、衛擇交先來白和上云〔四三六〕：『相公來謁和上〔四三七〕。』和上答：『來即從他來。』押牙等白和上：『國相貴重，應須出迎。』和上答：『不合迎，迎即是人情，不迎是佛法。』押衙又欲語，相公入院，見和上，容儀不動，儼然安佯（詳）。相公頓身下階，作禮合掌，問信起居。諸郎官侍御未曾見有此事，乍見和上不迎不起，兩兩相看。問：『緣何不迎不起？』郎中楊炎、杜亞久事相公〔四三八〕，深識意旨〔四三九〕，亦閑佛法。語諸郎官侍御〔四四〇〕：『觀此禪師，必應有道，相公自鑒〔四四一〕，何用怪耳。』是日，門外節度副使、都虞候捕賊官乍聞和上見相公不起不迎〔四四二〕，戰懼失色，流汗霡霂。使人潛聽，更待進止。見相公坐定言笑，和上說法。相公合掌叩額，諸郎官侍御等喜〔四四三〕。門外人聞已，便即無憂。相公初坐，問和上：『因何至此間〔四四四〕？』和上答云〔四四五〕：『遠故投金和上〔四四六〕。』相公又問：『先在何處？今來遠投金和上〔四四七〕。說何教法〔四四八〕？』答〔四四九〕：『無住曾臺山抱腹〔寺〕並汾等州及賀蘭山坐〔四五〇〕。聞金和上說頓教法，所以遠投。』相公問和上〔四五一〕：『金和上說無憶無念莫忘（妄）是否？』和上答云〔四五二〕：『是。』相公又問：『此三句語爲是一〔四五三〕，爲是三〔四五四〕？』和上答：『是一不三。無憶是戒，無念是定，莫妄是惠（慧）。』又云：『念不起戒門，念不起定門，念不起惠（慧）門，無念即戒定惠（慧）具足〔四五五〕。』相公又問：『既一妄字，爲是亡下女，爲是亡下心？』和上答〔四五六〕：『亡下女。』『有證處否？』和上答：『有〔四五七〕。』即引《法句經》云〔四五八〕：説諸精進法，爲增上慢説，若無增上慢，無善無精進。若起精進心〔四五九〕，是妄非精進，若能心不妄，精進無有涯。相公又聞説白〔四六〇〕：『和上見庭前樹否？』和上答：『見。』相公又問和上：『向後墻外有樹見否〔四六一〕？』和上答：『見。非論前後，十方世界悉見悉聞。』庭前樹上鵶鳴，相公又問和上：『聞鵶鳴否〔四六二〕？』和上答：『此見聞覺知，是世間見聞覺知。《維摩經》云：若行見聞覺知，是即見聞覺知〔四六三〕，法離見聞覺知〔四六四〕。無念即無見，無念即無知，爲衆生有念，假説無念，正無念之時，無念不自。』又引《金剛三昧經》云〔四六五〕：尊者大覺尊，説生無念法。無念無生心，心常生不滅。又《維摩經》云〔四六六〕：不行是菩提，無憶念故，常求無念，實相智惠（慧）。《楞伽經》云：聖者内所證，常住於無念。《佛頂經》云：阿難汝蹔舉心〔四六七〕，塵勞先起。又云：見猶離見，見不能及。《思益經》云：云何一切法正，云何一切法邪？若以心分別，一切法邪，若不以心分別〔四六八〕，一切法正。無心法中〔四六九〕，起心分別，普皆是邪。《楞伽經》云：見佛聞法，皆是自心分別，不起見者，是名見佛。相公聞説，頂禮和上。白和上云〔四七〇〕：『鴻漸初聞〔四七一〕，和上未下山日，鴻漸向淨衆寺、寧國寺觀金和上蹤跡，是大善知識〔四七二〕，即知劍南更合有善知識。鴻漸遍問諸師僧，金和上三句語及妄字。皆云：亡下作心，三句語各別，不決弟子所疑。鴻漸問諸軍將，劍南豈無真僧，無有一人祇對得者。節度副使牛望先（仙）〔四七三〕、秦逖諸軍將齊諮鴻漸〔四七四〕，説和上德業深厚，所以遠迎。伏願和上不捨慈悲，與三蜀蒼生，作大良緣。』語已頂禮，『弟子公事有限，爲僕射、諸節度副使未得禮拜和上。鴻漸未離劍南，每日不離左右。』語已，辭去。

僕射知相公歡喜，云：『和上不可思議。』即共任夫人及節度軍將頂禮和上，起居問訊訖，坐定處分，都押衙放諸軍將同聽和上説法。時有無盈法師，清原法師〔四七五〕，僧中俊哲，在衆而坐。和上引《佛頂經》云：阿難，一切衆生，從無始來，種種顛倒，業種自然〔四七六〕，如惡叉聚諸修行人，不能得成無上菩提，乃至別成聲聞緣覺〔四七七〕，及成外道諸天魔王眷屬。皆由不知二種根本，錯亂修習，猶如煮沙，欲成嘉饌〔四七八〕，縱經塵劫，終不能得。云何二種？阿難，一者無始生死根本。則汝今與諸衆生用攀緣心爲自性〔四七九〕，二者無始菩提涅槃，無清淨體，則汝今者識精無明，能生諸緣。緣所遺者，由失本明，雖終日行，而不自覺，枉入諸趣〔四八〇〕。和上又説：一切衆生，本來清淨，本來圓滿，上至諸佛，下至一切含識，共同清淨性。而爲衆生〔四八一〕，一念妄心，即染三界。爲衆生有念，假説無念，有念若無，無念不自。無念即無生，無念即無滅，無念即無愛，無念即無憎〔四八二〕，無念即無取，無念即無捨，無念即無高，無念即無下，無念即無男，無念即無女，無念即無是，無念即無非。正無念之時，無念不自。心生即種種法生，心滅即種種法滅。如其心然，罪垢亦然，諸法亦然。正無念之時，一切法皆是佛法，無有一法離菩提者。又云：因妄有生，因生有滅。生滅名妄〔四八三〕，滅妄名真〔四八四〕。是稱如來無上菩提，及大涅槃。和上說法已，儼然不動。僕射聞說，合掌白和上云〔四八五〕：『盱是地主，自合遠迎，爲公事不獲，願和上勿責。盱先是西山兵馬使，和上在白崖山蘭若，元是當家，若有所須〔四八六〕，專差衙前虞候祇供和上〔四八七〕。』和上答云〔四八八〕：『修行般若波羅蜜，百無所須。』又云：『汝但辦心，諸天辦供。辦何等心？辦不求心，不貪心；辦不受心〔四八九〕，辦不染心〔四九〇〕。梵天不求，梵天自至。果報不求，果報自至。無量珍寶，不求自至。』又云：『知足大富貴，少欲最安樂。』僕射聞和上說，合掌頂禮。清原法師作禮白和上〔四九一〕：『小師一聞法已，疑網頓除，今投和上，願悲慈攝受〔四九二〕。』和上：『然。』無盈法師倨傲〔四九三〕，懔然色變。和上問無盈法師：『識主客否？』無盈法師答，引諸法相，廣引文義。和上云：『法師不識主客，强認前塵，以流注生滅心，自爲知解。猶如煮沙，欲成嘉饌〔四九四〕，計劫只成熱沙，只是自誑誑他。《楞伽經》云：隨言而取義，建立於諸法，已（以）彼建立故，死墮地獄中。』無盈法師聞說，側身偏坐。和上問法師〔四九五〕：『無記有幾種？』法師答：『異熟無記，變易無記，工巧無記，威儀無記。』和上又問：『何者是有記？』法師答：『第六意識是有記。』和上云：『第六意識是顛倒識，一切衆生不出三界，都由意識，意不生時，即超三界。剃頭削髮，盡是佛弟子，不可學有記，不可學無記。今時法師盡學無記，不信大乘〔四九六〕，云何是大乘。內自證不動，是無上大乘。我無上大乘，超過於名言，其義甚明了。愚夫不能覺，覺者覺諸情〔四九七〕，識空寂無生，名之爲覺。』無盈法師聞說〔四九八〕，杜口無詞。和上云：『無記有二種〔四九九〕。一者有覆無記，二者無覆無記。第六意識至眼等五識，盡屬有覆無記。第六識已下至八識，盡屬無覆無記〔五〇〇〕。並是强名言之。又加第九識，是清淨識，亦是妄立。和上引《楞伽經》云：八九種種識，如海衆波浪，習氣常增長，槃根堅固依，心隨境界流，如鐵於瓷（磁）石〔五〇一〕，如水瀑流盡，波浪即不起，如是意識滅，種種識不生，種種意生身，我說爲心量，得無思想法，佛子非聲聞。』無盈法師聞說：唯稱不可思議。和上又問：『《楞伽經》云：已（以）楔出楔〔五〇二〕，此義云何？』無盈法師答云〔五〇三〕：『譬如劈木，先以下大楔〔五〇四〕，即下小楔，令出大楔。』和上報法師：『既小楔出大楔，大楔既出，小楔還在，云何以楔出楔？』法師更無詞敢對，和上解楔喻衆生煩惱，楔假諸佛如來言教，煩惱既無，法即不自。譬如有病然，與處方，病〔若〕得愈〔五〇五〕，方藥並除。然今法師執言教法〔五〇六〕，如病人執方而不服藥，不捨文字，亦如楔在木中。《楞伽經》云：譬如以指指物〔五〇七〕。小兒觀指，不觀於物，隨言說指，而生執著〔五〇八〕。乃至盡命，終不能捨文字之指。取第一義〔五〇九〕。和上又問法師三寶、四諦義，又問三身義。法師更不敢對，唯稱和上不可思議〔五一〇〕。僕射聞說法已，倍加歡喜：『弟子當日恐和上久在山門，畏祗對相公不得，深憂。直緣三川師僧，無一人稱相公意者〔五一一〕。相公一見和上，向弟子說：真實道者，天然特達，與諸僧玄殊。讚歎不可思議〔五一二〕。弟子聞相公說，喜躍不勝〔五一三〕。是弟子有福〔五一四〕，登時無憂。」諸軍將並喜慰〔五一五〕，不可〔言〕説〔五一六〕，頂禮去〔五一七〕。

時有東京體無師，僧中俊哲，處處尋師。戒律威儀及諸法事，聰明多辯，亦稱禪師。是聖善寺弘政禪師弟子。共晉原竇承、什邡李去泰〔五一八〕、青城蘇承、判官周洽等，尋問和上，直至禪堂。和上見來，相然〔諾〕已〔五一九〕，各坐。體無問：『和上是誰弟子，是誰宗旨？』答〔五二〇〕：『是佛宗旨，是佛弟子。』和上報闍梨：『削髮被衣，即是佛弟子，何用問師宗旨。依了義經，不依不了義經，有疑任問。』體無知和上是金和上弟子，乃有毀言：『希（昔）見劍南不起心禪師〔五二一〕，打人云不打，嗔人云不嗔，有施來受，言不受。體無深不解此事。』和上答：『修行般若波羅蜜，不見報恩者，不見作恩者，已（以）無所受而受〔五二二〕，諸受未具〔五二三〕，佛法亦不滅受。無住從初發心，迄至於今，未曾受人毛髮施〔五二四〕。』體無聞説，視諸官面云〔五二五〕：『禪師言語大曷。』和上問體無：『闍梨既口認禪師〔五二六〕，云何起心打人，起心嗔人，起心受施？』體無自知失宗旨，瞿然失色。量（良）久不語。問：『和上解《楞伽經》否？』和上答云：『解是不解。』諸官相黨〔五二七〕，語和上：『禪師但説，何用相詰？』和上報諸官人：『若説恐諸官不信〔五二八〕。』官人答言〔五二九〕：『信。』和上即説：『我若具説，或有人聞，心即狂亂，狐疑不信。即引《楞伽經》云：愚夫樂妄説，不聞真實惠；言説三界本〔五三〇〕，真實滅苦因〔五三一〕；言説即變異，真實離文字〔五三二〕；於妄想心境〔五三三〕，愚生二種見；不識心及緣，即起二妄想〔五三四〕；了心及境界，妄想即不生〔五三五〕。』體無救義引《法華經》有三乘，和上引《楞伽經》云：『彼愚癡人，說有三乘，不說唯心。無諸境界，心無覺智，生動念即魔網〔五三六〕。又引《思益經》云：云何一切法正，云何一切法邪，若以心分別，即一切法邪；若不以心分別，一切法正。無心法中，起心分別，普皆是邪。』

有惠憶禪師，時人號李山僧，問和上云：『以北禪師，云何入作？』和上答：『禪師亦不南，亦不北，亦不入作〔五三七〕，亦不出作。没得没失，不流不注，不沉不浮，活鱍鱍。』惠憶聞已，合掌叩頭而坐。有義淨師、處默師〔五三八〕、唐蘊師，並是惠明禪師弟子，來欲得共和上同住〔五三九〕。和上問〔五四〇〕：『闍梨解何經論？』唐蘊師答〔五四一〕：『解《百法論》〔五四二〕，曾爲僧講。』和上請說〔五四三〕。唐蘊答〔五四四〕：『内有五個無爲，外有五個有爲〔五四五〕，惣攝一切法〔五四六〕。』和上引《楞伽經》云：『無智恒分別〔五四七〕，有爲及無爲，若諸修行者，不應起分別，經經說妄想〔五四八〕，終不出於名，若離於言說，亦無有所說。』唐蘊語義淨師，請闍梨更問，義淨即問和上：『禪師作没生？坐禪？』和上答：『不生只没禪。』義淨自不會，問處默；『此義云何？』處默亦不會，更令義淨師別問。和上知不會，遂問義淨：『闍梨解何經論？』答：『解菩薩戒。曾爲僧講。』和上問：『戒已（以）何爲體？以何爲義？』其義淨無詞可對〔五四九〕，便出穢言：『非我不解，直爲試你，如似你禪〔五五〇〕，我嫌不行』。處默連聲：『我嫌你鈍不作，我嫌悶不行，我懶嫌不作，我慵嫌不入。』和上語諸僧：『如如之理，具一切智〔五五一〕。我無上大乘，超過於名言。其義甚明了，愚夫不覺知〔五五二〕。無住與諸闍梨説一緣起。有聚落，於晨朝時，有一孩子啼叫聲〔五五三〕，鄰人聞就看，見母嗔打。鄰人問：「何爲打之〔五五四〕？」母答云〔五五五〕：「爲尿牀。」鄰人叱母：「此子幼稚，何爲打之？」又聞一啼哭聲，鄰人就問〔五五六〕。見一丈夫，年登卅，其母以杖鞭之。鄰人問：「緣何鞭？」母答云〔五五七〕：「尿牀。」鄰人聞説，言：「老漢多應故尿，直須痛打〔五五八〕。」如此僧等類，譬如象馬攏捩不調〔五五九〕，加諸楚毒，乃至徹骨。』和上再爲説：『欲求寂滅樂，當學沙門法〔五六〇〕，無心離意識，是即沙門法。諸闍梨削髮被衣，自言我是佛弟子，不肯學沙門法，口言慵作懶作〔五六一〕，嫌鈍不入，此非沙門釋子，是野干之類。佛有明文：未來世當有身著於袈裟〔五六二〕，妄説於有無〔五六三〕，毁壞我正法。譬如以指指物。愚癡凡夫，觀指不觀於物〔五六四〕，隨言説指，而生執著，乃至盡命，終不能捨文字之指。隨言而取義，建立於諸法；以彼建立故，死墮地獄中。』諸僧聞説，忙（茫）然失色辭去。

西京勝光寺僧淨藏師〔五六五〕，聞和上不可思議，遠投和上，和上問：『〔云〕〔何〕知不可思議〔五六六〕？』淨藏師〔五六七〕：『知金和上衣鉢傳授和上。』和上問：『云何以知之〔五六八〕？』淨藏答云〔五六九〕：『僧俗咸言云和上嫡嫡相傳授，得金和上法。小師多幸有福得遇和上。』語已作禮。和上問：『先學何經論？』答云：『小師曾看《維摩章疏》，亦學坐禪，是太白宗旨。』和上即爲説法：『無意是道〔五七〇〕，不觀是禪〔五七一〕。不取亦不捨〔五七二〕，境來亦不緣。若看章疏，即是想念喧動；若學太白宗旨，宗旨坐禪，即是意相攀緣。若欲得此間住，一生來所學者盡不〔得〕在心〔五七三〕。』問淨藏：『得否？』答〔五七四〕：『得。和上慈悲指授，一取和上規模。』和上觀淨藏堪爲法器，即重再説法〔五七五〕：『一物在心，不出三界，有法是俗帝（諦）〔五七六〕，無性第一義，離一切諸相，即名諸佛。無念即無相，有念即虚妄〔五七七〕。無念出三界，有念在三界。無念即無是，無念即無非，無念即無自，無念即無他，自他俱離，成佛菩提。正無念之時〔五七八〕，無念不自。』淨藏聞説，歡喜踴躍，即請和上，改法號名超藏〔五七九〕，不離左右扶持。

隴州開元寺覺禪師弟子知一師〔五八〇〕，時人號質直僧，來投和上。和上問：『汝從何來？』知一師答：『從隴州來。』和上問：『是誰弟子？』知一師答：『是覺和上弟子〔五八一〕。』『覺和上是誰弟子？』『是老福和上弟子。』和上云：『説汝自修行地看。』知一師即呈本師教云：『看淨。』和上即爲説法：『法無垢淨，云何看淨？此間淨由（猶）不立，因何有垢？看淨即是垢，看垢即是淨〔五八二〕。妄想是垢〔五八三〕，無妄想是淨〔五八四〕，取我是垢，不取我是淨。無念即無垢，無念即無淨，無念即無非〔五八五〕，無念即無自，無念即無他，自他俱離〔五八六〕，成佛菩提。正自之時，自亦不自。』知一師聞説〔五八七〕，言下悟於説法處，更不再移。和上見知一師志性淳厚，有忠孝心，便爲改號名超然，不離左右，樂行作務。

登州忠信師，博覽詩書，釋性儒雅，捨諸事業，來投和上。『忠信是海隅邊境，遠投和上。』語已作禮。和上答〔五八八〕：『道無遠近〔五八九〕，云何言遠？』忠信啓和上：『生死事大，聞和上有大慈悲〔五九〇〕，故投和上，不緣衣食，伏願照察〔五九一〕。』和上問：『學士多足思慮，若能捨得〔五九二〕，任住此間。』忠信答云〔五九三〕：『朝聞道〔五九四〕，夕死可矣。身命不惜，何但文字。』和上即爲説法：『尊者大覺尊，説生無念法，無念無生心，心常生不滅，於一切時中自在，勿逐勿轉，不沉不浮〔五九五〕，不流不注，不動不摇，不來不去，活鱍鱍，行坐物是禪。』忠信師聞説〔五九六〕，儼然不動。和上見已，即知悟解大乘〔五九七〕，改名號超寂。山中常秘密，夜即作務〔五九八〕，不使人知，明即卻來舊處。

有法輪法師，解涅槃章疏，博學聰明，傍顧無人，自言第一。故就山門，共和上問難。遥見和上神威奇特，與諸僧不同。法輪師向前作禮，問訊起居和上〔五九九〕。和上遥見，知是法師，即遣坐。〔坐〕已〔六〇〇〕，和上問：『法師解何經論？』答云：『解《涅槃經》。』和上問：『云何解《涅槃經》？』法師即引諸章疏。和上説云：『非是《涅槃經》，此並是言説。言説三界本，真實滅苦因，言説即變異，真實離文字〔六〇一〕。高貴得（德）王菩薩問世尊云〔六〇二〕，何名大般涅槃？佛言：盡諸動念，思想心息，如是法相，名大涅槃。云何將言説妄想已（以）爲涅槃〔六〇三〕？若如此説，即是不解，云何言解《涅槃》？』法輪聞説，無詞敢對。和上云：『有法是俗帝（諦）〔六〇四〕，無性第一義，言解即是繫，聰明是魔施〔六〇五〕，無念即無繫，無念即無縛，無念是涅槃，有念是生死，無念是聰明，有念是暗鈍，無念即無彼，無念即無此，無念即無佛，無念無衆生，般若大悲智，無佛無衆生，無有涅槃佛，亦無佛涅槃，若明此解〔六〇六〕，是真解者，若不如此解者〔六〇七〕，是著相凡夫。』法輪師聞說，啓顙歸依：『小師傳迷日久，今日得遇和上，暗眼再明，伏願和上，慈悲攝授。』

綏州禪林寺僧，兄弟二人，並持《法華經》〔六〇八〕，時人號史法華。兄法名一行〔六〇九〕，弟名惠明師，來投和上。和上問：『從何處來？先學何教法？』惠明師云〔六一〇〕：『從綏州來，持《法華經》，日誦三遍。』和上問：『《安樂行品》：一切諸法，空無所有，無有常住，亦無起滅，是名智者親近處。』惠明等聞說〔六一一〕。『小師迷没，只解依文誦習，未識義理，伏願和上接引盲迷。』和上即爲說法：『諸法寂滅相，不可以言宣，示法不可示言詞相〔六一二〕，寂滅離相滅相，常寂滅相，終歸於空。常善入於空寂行，恒沙佛藏一念了〔六一三〕，若欲得住山中〔六一四〕，更不得誦習，常閑憕憕，得否〔六一五〕？』惠明等兄弟知誦習是不究竟，故投和上。和上即爲再說：『無念即無生，無念即無死〔六一六〕，無念即無遠，無念即無近，無念即是史法華，有念即是法華史，無念即是轉法華，有念即是法華轉，正無念之時，無念不自。』惠明等聞已，心意快然〔六一七〕，便住山中，樂作務〔六一八〕。

慶州慕容長史夫人並女，志求大乘，舉家大小並相隨，來禮拜和上。和上問：『夫人從何處來？』答：『弟子遠聞和上有大慈悲，故來禮拜。』和上即爲説種種法要。其女聞説，合掌𨁝跪。啓和上：『弟子女人，三障五難，不自在身。今故投和上，擬截生死源，伏願和上指示法要。』和上語云：『若能如此，即是大丈夫兒。云何是女？』和上爲説法要：『無念即無男，無念即無女，無念即無障，無念即無礙，無念即無生，無念即無死，正無念之時，無念不自，即是截生死源。』女人聞説，目不瞬動〔六一九〕，立不移處〔六二〇〕，食頃間，和上知此女人有決定心，與法號常精進，母號正遍知，落髮修行，尼僧中爲道首。後引表妹，姓韋，是蘇宰相女孫。聰明黠惠，博學多知，問無不答，來禮拜和上。和上見有剛骨志操，即爲説法：『是法非因非緣，無非不非〔六二一〕，無是非是〔六二二〕，離一切相，即一切法。法過眼耳鼻舌身心，法離一切觀行。無念即無行，無念即無觀，無念即無身，無念即無心，無念即無貴，無念即無賤，無念即無高，無念即無下。正無念之時，無念不自。』女人聞説，合掌白和上〔六二三〕：『弟子女人，罪障深重，今聞法已〔六二四〕，垢障消除。』語已悲泣雨淚，便請法號名了見性。得號已，自落髮披衣，尼師中爲首。

誰人報佛恩，依法修行者，誰人銷供養，世事不牽者，誰人堪供養，於法無所取者〔六二五〕。若能如此〔六二六〕，自有天厨供養。和上向諸弟子説：『攝己從他，萬事俱和〔六二七〕；攝他從己，萬事不已〔六二八〕。』又説偈：『一念毛輪觀自在，勿共同學諍道理。見鏡（境）即是丈夫兒，不明即同畜生類。但修自己行，莫見他邪正，口意不量他，三業自然淨。欲見心佛國，普敬真如性，善男子於慳惜心盡，即道眼心開明如日，若有毛輪許惜心者，其道眼即被翳障，此是黑暗之大坑，無可了了，實知難出。』又説偈：『我今意況大好〔六二九〕，行住坐卧俱了，看時無物可看，畢竟無言可道，但得此中意況，高祇木枕到曉。』和上所引諸經，了義無旨，心地法門，並破言説。和上所説，説不可説〔六三〇〕。今願同學，但依義修行，莫看言説〔六三一〕，若著言説，即自失修行分。《金剛經》云：若取法相，即著我人衆生；若取非法相，即著我人衆生。是故不應取法，不應取非法。以是義故，如來常説：汝等比丘知我説法如筏喻者，法尚應捨，何況非法。《華嚴經》云：譬如貧窮人，日夜數他寶，自無一錢分，於法不修行，多聞亦如是。如聾設音樂，彼聞自不聞，於法不修行，多聞亦如是。如盲設衆象，彼見自不見，於法不修行，多聞亦如是。如飢設飲食，彼飽自復（腹）餓〔六三二〕，於法不修行，多聞亦如是。譬如海船師，能渡於彼岸，彼去自不去，於法不修行，多聞亦如是。

《法句經》云：説食之人，終不能飽。《佛頂經》云：阿難縱强記，不免落邪思〔六三三〕。覺觀出思惟〔六三四〕，身心不能及。歷劫多聞，不如一日修無漏法。《方廣經》云：一念亂禪定，如煞三千界，滿中一切人；一念在〔禪〕定〔六三五〕，如活三千界，滿中一切人。《維摩經》云：心不住内，亦不在外，是爲宴坐。若能如此者，佛即印可。無以生滅心説實相法〔六三六〕，法過眼耳鼻舌身心，法離一切觀行，法相如是，豈可説乎？是故文殊師利菩薩讚維摩詰：無有言説，是真入不二法門。和上説：『無念法，法本不自。』又云：『知見立知，即無明本，知見無見，思即涅槃，無漏真淨。』又破知病，知行亦寂滅，是即菩提道。又破智病，智求於智不得智〔六三七〕，無智亦無得〔六三八〕，已無所得，故即菩提薩埵。又云：『圓滿菩提〔六三九〕，歸無所得，無有少法可得，是名阿耨多羅三藐三菩提。』又破本病。云何爲本？一切衆生本來清淨，本來圓滿，有本即有利，爲有利故〔六四〇〕，心有採集，識家得便，便即輪迴生死〔六四一〕，本離離他，即無依止。己他俱利，成佛菩提。佛無根境相，不見名見佛，於畢竟空中，熾然建立。又破淨病，涅槃病，自然病，覺病，觀病，禪病，法病。若住此（住）者〔六四二〕，即爲有住是病〔六四三〕。法不垢不淨，亦無涅槃佛。法離觀行，超然露地坐，識蔭般涅槃，遠離覺所覺。不入三昧，不住坐禪，心無得失。又破一病，一亦不爲一，爲一破諸數，一根既返源，六根成解脱。制之一處，無事不辦。參羅及萬像，一法之所印，一本不起，三用無施。其心不計，是有力大觀。汝等當離，己衆他衆，己即是自性，他即是妄念。妄念不生，即是自他俱離，成佛菩提。和上每説言，『有緣千里通，無緣人對面不相識。但識法之時，即是見佛。此諸經了義經。』和上坐下，尋常教戒諸學道者，恐著言説，時時引稻田中螃蟹問，衆人不會。又引《王梵志詩》：『惠眼近空心，非關髑髏孔，對面説不識，饒你母姓董。』

有數老人，白和上：『弟子盡有妻子男女眷屬，罄捨投和上學道。』和上云：『道無形段可修，法無形段可證，只没閑，不憶不念，一切時中，惣是道。』問老人：『得否？』老人默然不對。爲未會，和上又説偈：『婦是没耳枷，男女蘭單杻，你是没價奴，至老不得走。』

又有劍南諸師僧，欲往臺山禮拜，辭和上。和上問言：『大德何去？』僧答：『禮文殊師利。』和上云：『大德！佛在身心，文殊不遠。妄念不生，即是見佛，何勞遠去？』諸師僧欲去，和上又與説偈：『迷子浪波波，巡山禮土坡，文殊只没在，背佛覓彌陀。』

和上呷茶次，是日幕府郎官侍御卅人，禮拜訖，坐定。問：『和上大愛茶。』和上云『是。』便説茶偈：『幽谷生靈草，堪爲人道媒，樵人採其葉，美味入流壞（杯）〔六四四〕，静慮澄虛識，明心照會臺，不勞人氣力，直聳法門開。』諸郎官因此問和上：『緣何不教人讀經念佛禮拜？弟子不解。』和上云：『自證究竟涅槃，亦教他人如是〔六四五〕。不將如來不了教，迴自已解已悟初學，佛印是人得真三昧者〔六四六〕。』和上説訖，儼然不動，諸郎官侍御咸歎言未曾有也〔六四七〕。問：『和上緣何不教事相法？』和上答：『大乘妙理，至理控（空）曠〔六四八〕，有爲衆生，而不能入經教旨，衆生本性見性，即成佛道。著相即沈輪，心生即種種法生，心滅即種種法滅。轉經禮拜，皆是起心，起心即是生死，不起即是見佛。』又問和上：『若依此教人得否？』和上云：『得。起心即是塵勞，動念即是魔網。一切有爲法，如夢幻泡影，如露亦如電，應作如是觀。』諸官聞説，疑網頓除，咸言爲弟子。

又有道士數十人，山人亦有數十人〔六四九〕，法師、律師、論師亦有廿人，皆是劍南領袖〔六五〇〕。和上問道士云：『道可道，非常道；名可名，非常名。豈不是老君所説？』道士云：『是。』和上云：『尊師解此義否？』道士默然無對。和上又問：『爲學日益，爲道日損，損之又損之〔六五一〕，已（以）至於無爲，無爲無不爲。』又問：『《莊子》云〔六五二〕：生生者不生，煞生者不死。』道士盡不敢對。和上云：『時今道士，無有一人學老君者，只學謗佛〔六五三〕。』道士聞已，失色合掌。和上又問諸山人：『夫子説《易》否？』山人答云：『説。』又問：『夫子説仁義禮智信否？』答言：『説。』又問：『《易》如何？』山人並不言。和上即爲説云：『《易》言，無思也，無爲也，寂然不動，感而遂通，此義如何？』山人不敢對。和上更説云：『《易》不變不易，是衆生本性。無思也，無爲也，寂然不動，是衆生本性。若不變不易，不思不想〔六五四〕，即是行仁義禮智信。如今學士，不見本性，不識主客〔六五五〕，强識前塵，已爲學問大錯。夫子説無思無爲大分明。』山人問和上：『感而遂通義如何？』和上答云：『梵天不求，梵天自至；果報不求，果報自至。煩惱已盡，習氣亦除。梵釋龍神，咸皆供敬。是故如來入城乞食，一切草木，皆悉頭低，一切山河，皆傾向佛，何況衆生。此是感而遂通也。』山人一時禮拜和上，並願爲弟子。和上又問道士云：『上得（德）不失得（德），是以有得（德）；下得（德）〔以〕不失得（德）〔六五六〕，是以無得（德）。此義如何？』道士云：『請和上爲説。』和上云：『上得（德）之人，無所得心。

爲無所得，即是菩提薩埵。無有少法可得，是名阿耨多羅三藐三菩提，即是上得（德）之義。下得（德）不失得（德），是以無得（德）。下得（德）之人，爲有所求〔六五七〕，若有所求，即有煩惱，煩惱之心，即是失得（德）。此是失得（德）之義也。』又云：『爲學日益，爲道日損。若有學心〔六五八〕，惟憎塵勞生死，此是不益也。爲道日損，損之又損之〔六五九〕，已（以）至於無爲，無爲不爲。道即本性，至道絶言，妄念不生，即是損之〔六六〇〕。觀見心王時，一切皆捨離〔六六一〕，即是又損之〔六六二〕，以至於無爲。性空寂滅時，是法是時見，無爲無不爲，即是不住無爲。修行無起，不已（以）無起爲證。修行於空，不以空爲證。即是無不爲義也。又《莊子》云：生生者不生，妄念不起，即是不生；煞生者不死，不死義者〔六六三〕，即是無生』。又云：『道可道，非常道，即是衆生本性，言説不及，即非常道。名可名，非常名，亦是衆生本性，但有言説，都無實義，但名但字，法不可説，即非常名也。』道士聞説已，合掌問和上：『若如此説〔六六四〕，即佛道無二？』和上言：『不然。《莊子》、《老子》盡説無爲無相，説一，説淨，説自然。佛即不如此説。因緣自然，倶爲戲論。一切賢聖，皆以無爲法，而有差別。佛即不住無爲，不住無相，以住於無相，不見於大乘，二乘人三昧酒醉，凡夫人無明酒醉，聲聞人住盡智，緣覺〔人〕〔住〕寂淨智〔六六五〕。如來之智惠，生起無窮盡。莊、老、夫子説與共聲聞等。佛呵聲聞人，如盲如聾，預流一來果不還阿羅漢〔六六六〕，是等諸聖人，其心悉迷惑〔六六七〕。佛即不墮衆數，超過一切，法無垢淨，法無形相，法無動亂，法無處所，法無取捨。是以超過孔丘、老子、莊子〔六六八〕。佛常在世間，而不染世法，不分别世〔間〕故〔六六九〕，敬禮無所觀。孔、老所説多有所著〔六七〇〕，盡是聲聞二乘境界。』道士作禮，盡爲弟子，默然信受聽法。

又問諸法師：『云何是佛寶，云何是法寶，云何是僧寶？』法師默然不語。和上説云：『知法即是佛寶，離相即是法寶，無爲即是僧寶。』又問法師：『法無言説，云何説法？夫説法者，無説無示。其聽法者，無聞無得。無法可説，是名説法。常知如來，不説法者，是具足多聞〔六七一〕。法師云何説法？』法師答曰〔六七二〕：『般若有三種。一文字般若，二實相般若，三觀照般若。』和上答云〔六七三〕：『一切諸文字，無實無所依，俱同一寂滅，本來無所動。我法無實無虚，法離一切觀行。』諸法師互相視面，無詞可言。

和上問律師：『云何是戒律，云何是決定毗尼，云何是究竟毗尼，戒以何爲體，律以何爲義？』律師盡不敢答。和上問律師：『識主客否〔六七四〕？』律師云：『請和上爲説主客義。』和上答：『來去是客，不來去是主。想念不生，即没主客，即是見性。千思萬慮，不益道理，徒爲動亂，失本心王，若無思慮，即無生滅。律是調伏之義，戒非青黄赤白。非色非心是戒體，戒是衆生本性〔六七五〕，本來圓滿〔六七六〕，本來清淨。妄念生時，即背覺合塵，即是犯戒律。妄念不生，即背塵合覺〔六七七〕，即是戒律滿足。念不生時，即是究竟毗尼；念不生時，即是決定毗尼；念不生時，即是破壞一切心識〔六七八〕。若見持戒，即破戒〔六七九〕。

戒、非戒，二見一相〔六八〇〕，能知此者，即是大道師。見犯重罪比丘，不入地獄；見清淨行者，不入涅槃。若住如是見，是平等見。今時律師，説觸説淨，説持説犯，作相授戒〔六八一〕，作相威儀，及以飯食皆作相。假使作相，即與外道五通等。若無作相，即是無爲，不應有見。妄想是垢〔六八二〕，無妄想是淨〔六八三〕；取我是垢，不取我是淨；顛倒是垢，不顛倒是淨。持犯但束身，非身無所束〔六八四〕，無非遍一切〔六八五〕，云何獲圓通。若説諸持戒，無善無威儀，戒相如虚空，持者爲迷倒，心生即種種法生，心滅即種種法滅，如其心然，罪垢亦然，諸法亦然。今時律師，只爲名聞利養，如猫伺鼠，細步徐行，見是見非，自稱戒行，此並是滅佛法，非沙門行。《楞伽經》云：未來世當有身著於袈裟，妄説於有無，毁壞我正法，未來世於我法中而爲出家，妄説毗尼，壞亂正法，寧毁尸羅，不毁正見。尸羅生天，增諸結縛；正見得涅槃。』律師聞説，惶悚失色，戰慄不安。和上重説：『離相、滅相，常寂滅相，終歸於空。常善入於空寂行，恒沙佛藏一念了。佛只許五歲學戒律，五歲已捨小乘師〔六八六〕，訪大乘師，學無人我法。若不如此，佛甚呵責。』律師聞已，疑網頓除。白和上：『小師傳迷日久，戒律盡捨，伏願慈悲攝受。』一時作禮，雨淚而泣。和上云：『不憶不念，一切法並不憶，佛法亦不憶，世間法亦不憶，只没閑。』問：『得否？』律師咸言：『得。』和上云：『實若得時，即是真律師，即是見性，正見之時，見猶離見，見不能及，即是見佛。正見之時，見亦不自。』和上更爲再説：『起心即是塵勞，動念即是魔網。只没閑，不沉不浮，不流不轉，活鱍鱍。一切時中，惣是禪。」律師聞已，踴躍歡喜，默然坐聽。

和上問諸法師：『論師作何學問？』論師答：『解百法。』和上説：『解一百法，是一百個計。惣不解是無計，無計即無念〔六八七〕，無念即無愛〔六八八〕，無念即無自，無念即無他。爲衆生有念，假説無念，正無念時，無念不自。』又問：『論師更解何經論？』答：『解《起信論》。』和上説云：『起即不信，信即不起。』又問：『論以何爲宗〔六八九〕？』論師不語。和上云：『論以摧邪顯正爲宗〔六九〇〕。論云：離言説相，離名字相，離心緣相〔六九一〕，離念相者，等虚空遍法界，無所不遍。如今論師，只解口談藥方，不識主客，以流注生滅心解經論，大錯。論云：離言説即著言説，離名字即著名字，只解渾喫餖子，不知棗素。《楞伽經》云：乃至有心轉，是即爲戲論，不起分別者，是人見自心，以無心無意無受行，而悉摧伏諸外道，達諸法相無罣礙，稽首如空無所依。』論師聞説，合掌作禮。

又有道幽師、旻法師、寇律師法名嗣遠問和上：『禪師〔六九二〕，經云：貪著禪味，是菩薩縛。』和上答：『諸法師取相著相，是衆生繫。』又經云：『鈍根淺智人，著相驕慢者，如斯之等類，云何而可度。』和上言：『經云，離相，滅相，常寂滅相，律師法師，惣違佛教，著相取相，妄認前塵，以爲學問，如犬逐塊，塊即增多。無住即不如此，如師子放塊尋人，塊即自息。想念喧動〔六九三〕，壞其善根，悟性安禪，即無漏智。若於外相求，縱經塵劫，終不能得。於内覺觀，刹那頃便成阿耨多羅三藐三菩提〔六九四〕。』

又時有廣慶師、悟幽師〔六九五〕、道宴師、大智師，已上並是堅成禪師弟子〔六九六〕，來至和上坐下。是時和上呷茶次〔六九七〕，悟幽師向和上説：『呷茶三五碗合眼坐，恰似壯士把一瘦人腰著，急腔腔地大好。』和上語悟幽師：『莫説閑言語，永淳年不喫泥餺飥。』悟幽聞語失色〔六九八〕。和上云：『阿師今將世間生滅心，測度禪，大癡愚。此是龍象蹴蹹，非驢所堪。』和上語悟幽師：『無住爲説一個話。有一人高塠阜上立。有數人同伴路行，遥見高處有人立〔六九九〕。遞相語言：「此人必失畜生。」有一人云失伴，有一人云採風凉，三人共爭不定。來至高處〔七〇〇〕，問塠上人：「失畜生否？」答云：「不失。」又問：「失伴否〔七〇一〕？」〔云〕〔七〇二〕：「亦不失伴。」又問：「採風凉否？」〔云〕〔七〇三〕「亦不採風凉。」既惣無，「緣何高立塠上？」答：「我只没立〔七〇四〕。」』和上語悟幽師：『無住禪不沈不浮，不流不注，而實有用〔七〇五〕，用無生寂〔七〇六〕，用無垢淨，用無是非，活鱍鱍。一切時中，惣是禪。』有雄俊法師問和上〔七〇七〕：『禪師入定否？』和上云：『定無出入。』問〔七〇八〕：『禪師入三昧否？』答云：『不入三昧，不住坐禪，心無得失，一切時中，惣是禪。』

又有隴右法緣師，俗姓曹，遠聞和上，將母相隨至白崖山，禮拜和上〔七〇九〕。和上問：『講説何經論？』答云：『講《金剛般若波羅蜜經》。』和上問：『用誰疏論？』答云〔七一〇〕：『用天親無著論、暉壇達等師疏。』和上問：『經云，一切諸佛及諸佛阿耨多羅三藐三菩提法，皆從此經出，云何是此經？黄蘗是此經，紙是此經，墨是此經〔七一一〕？』法緣師答云：『實相般若，觀照般若，文字般若。』和上語法緣師〔七一二〕：『一切諸文字，無實無所依，俱同一寂滅，本來無所動，法離一切觀行。經云：我法無實無虚，若言如來有所説法〔七一三〕，既爲謗佛。』法緣答云〔七一四〕：『法緣依章疏説〔七一五〕。』和上語法緣師，『天親無著、暉壇等疏，何如佛説？』法緣師答〔七一六〕：『不如。』和上云〔七一七〕：『既不如，緣何不依佛教。經云：離一切諸相，即名諸佛。若以色見我，以音聲求我，是人行邪道，不能見如來。此經者即是此心，見性成佛道，無念即見性，無念無煩惱，無念即無自，無念即無他，無念即無佛，無念無衆生，正無念之時，無念不自。』法師聞已，合掌白和上：『法緣多幸得遇和上，法緣老親，伏願慈悲攝授。』便住山中，不離左右。

般若波羅蜜，不見報恩者，不見作恩者，無住行無緣慈，行無願慈〔七一八〕，行不熱慈，行無恩慈〔七一九〕，亦不彼，亦不此，不行上中下法，不行有爲無爲實不實法，不爲益，不爲損，無大福，無小福，以無所授〔七二〇〕，而授諸授〔七二一〕，未具佛法，亦不滅授〔七二二〕。若欲懺悔者，端坐觀實相。無念即實相，有念即虚妄，懺悔咒願，皆是虚妄。和上又説〔七二三〕：『誰人報佛恩，依法修行者；誰人堪授（受）供〔七二四〕，世事不牽者；誰人消供養，於法無取者。無念即無取，無念即無捨〔七二五〕，無念即無垢，無念即無淨，無念即無繫，無念即無縛，無念即無自，無念即無他，正無念之時，無念不自。無念即是般若波羅蜜，般若波羅蜜者是大神咒，是大明咒，是無上咒，是無等等咒。能除一切苦，真實不虛。何其壇（檀）越拔妄見之源，悟無生之體，卷重雲而朗惠日，業障頓祛，廓妄相以空心，寂然不動〔七二六〕。真如之義，非理非事，無生無滅，不動不寂，二諦雙照，即真見佛。檀越但依此法，無慢斯須，雖關塞阻遥，即常相見無異也。儻違此義〔七二七〕，流注根塵，思慮競生，貪染過度，縱常對面，楚越難以喻焉。

大曆保唐寺和上傳頓悟大乘禪門門人寫真讚并序

山人孫寰述曰：道也無名，悟道者方知得本法也〔七二八〕。無相識法者，乃達其源。得本即道，知道體妙有無生；識法即源，見法性圓明自在。在無所在，在非彼此之方〔七二九〕；生無所生，生非有無之際。故釋迦文佛説十二部之分法，惣了於心，即説無所説。我和上指八萬門之塵積，直教見性。乃至無所指，矧知法離言説，法非言説不明；法離見聞，法非見聞不顯〔七三〇〕。因言顯義，得義亡言。是知順言説者〔七三一〕，言顯而法亡；返見聞者，言亡而法顯。無言無我，無我無爲。無爲之體如如，如如之理不一，不一不自，寔曰菩提。勝淨明心，周於法界，即我和上處。其門傳其法，示無念之義，不動不寂，説頓悟之門，無憶無念。每謂門人曰：法即如是，非言説所及，吾祖師達摩多羅傳此法要〔七三二〕，嫡嫡相授〔七三三〕，是諸佛之秘門，是般若波羅蜜。亦名第一義，亦名不二門，亦名見性，亦名真如，亦名涅槃，亦名禪門。如是之名，是過去諸如來之假説，真實之義無有名字。時門人得教，如説修行而味之，共相歎曰：蕩蕩乎，如覩太虚之寥廓，無纖無埃；洋洋乎，若視滄溟之浩渼，無際無涯。深知道言不及〔七三四〕，微妙無名。感荷大師，愍我迷愚，示我正法，不由階漸〔七三五〕，直至菩提。若遇諸學，我須轉示，不有師相，曷以顯諸。遂嘿召良工〔七三六〕，繪事真跡，容光焕然，相好成就。覩貌者可以摧邪〔七三七〕，依法者可以至妙，更深處而未測。稽首瞻仰，强爲讚云：最上乘法，無理非事，善説多門〔七三八〕，皆歸不二。迦葉得之，西弘於佛域；達摩受之〔七三九〕，東流於漢地。事即千有餘載，聖乃卅有四。嫡嫡相承，代代相次，得法契於道源，傳衣表於真僞。吾師密授〔七四〇〕，堂堂顯示，豁諸佛之秘門〔七四一〕，啓大乘之了義。不順有爲，不依無記，離性離相，不愚不智，義非有無，有無非義，逆凡夫心，越賢聖意，行過三乘，頓超十地，非因非果，無他無自，用無生寂，影體俱離，見無明暗，無念即是。遂召良工〔七四二〕。潛爲繪事，挫毫生相，覩巍巍之應身；離相窮言，見汪汪之法器。得猶天錫，骨與世異，嘿妙良哉，宛得真氣，貌惶惶而欲言，目瞬瞬而將視〔七四三〕。仰之彌高，瞻之彌貴〔七四四〕，不有吾師，此法將墮。

大曆九年六月三日，告諸門徒，『與吾取新淨衣，吾欲沐浴〔七四五〕』。沐浴訖，著衣〔七四六〕。問弟子〔七四七〕：『齋時到未？』答：『到。』約束諸門徒弟子，『若是孝順之子，不得違吾言教。吾當大行。吾去後，不得頻眉，不得同世間不修行人〔七四八〕。哭泣著服及頻眉者，即不是吾弟子〔七四九〕。哭泣即是世間法〔七五〇〕，佛法即不然，離一切諸相，即是見佛。』語已，奄然坐化，大師春秋六十有一。

《曆代法寶記》一卷〔七五一〕

説明

此件基本完整，僅首部十二行缺失一半，二十至二十二行和三十行處中間略有殘缺。原件上有朱筆校改，卷背有蔣孝琬所書之數碼和『曆代法寶記，又名師資血脉傳』，未録。

《曆代法寶記》無傳世本，對研究禪宗史具有重要價值，現知敦煌文獻中保存的與其有關的寫本計有八種。除此件保存的内容較多以外，尚有伯二一二五首尾完整，伯三七一七保存了大部分（首部殘缺，中間亦有缺失），其他均只保存了片斷，各本都存在同音字互相替代的現象。《大正新修大藏經》第五一卷全文收録，以伯二一二五爲底本，以此件爲校本。

以上的釋文是以斯五一一六爲底本，用伯二一二五（稱其爲甲本）、伯三七一七（稱其爲乙本）、斯五九一六（稱其爲丙本）、伯三七二七背（稱其爲丁本）、斯一六一一（稱其爲戊本）、斯一七七六背（稱其爲己本）諸本參校，所有異文均出校，以供研究。

校記

〔一〕『定是非摧邪顯正破』，據甲本補。

〔二〕『乘頓悟法門』，據甲本補。

〔三〕「阿含經」，乙本同，甲本作「雜阿含經」。
〔四〕「應瑞經」，據甲本補。
〔五〕「文殊師利涅槃經」，據甲本補。
〔六〕「清淨法行經」，據甲本補。
〔七〕「大佛頂經」，據甲本補。
〔八〕「金剛三昧經」，據甲本補。
〔九〕「法句經」，據甲本補。
〔一〇〕「佛藏經」，據甲本補。
〔一一〕「門經」，據甲本補。
〔一二〕「涅槃經」，據甲本補。
〔一三〕「楞伽經」，據甲本補。
〔一四〕「思益經」，據甲本補。
〔一五〕「法華經」，據甲本補。
〔一六〕「維摩經」，據甲本補。甲本此經之後是《藥師經》。
〔一七〕「經」，據甲本補。
〔一八〕「道教西昇經」，據甲本補。
〔一九〕「釋法琳傳」，據甲本補。
〔二〇〕「釋虛實記」，據甲本補。
〔二一〕「開元釋教」，據甲本補。

〔二二〕「内傳」，據甲、乙本補。
〔二三〕「牟子」，據甲、乙本補。
〔二四〕「列子」，據甲本補。
〔二五〕「苻子」，據甲本補。
〔二六〕「都故事等」，據甲本補。
〔二七〕「漢法内傳」，據甲、乙、丙本補。
〔二八〕「夜夢見金人」，據甲、丙本補。
〔二九〕「身長一丈六尺」，據甲本補，乙、丙本作「身長丈六」。
〔三〇〕「項背圓光」，據甲、乙、丙本補。
〔三一〕「飛行殿」，據甲、乙、丙本補。
〔三二〕「瑞應」，據甲、乙、丙本補。
〔三三〕「太史傅毅奏曰」，據甲、乙、丙本補。
〔三四〕「西方有大聖人」，據甲、乙、丙本補。
〔三五〕「號」，據甲、乙、丙本補。
〔三六〕「曰」，據丙本補，甲、乙本無。
〔三七〕「何以知之」，據甲、乙、丙本補。
〔三八〕「太史傅毅對曰」，據甲、乙、丙本補。丙本至此止。
〔三九〕「寅歲佛生」，據甲、乙本補。
〔四〇〕「穆王壬申歲佛滅度」，據甲、乙本補。

〔四一〕「一千年」，據甲、乙本補。
〔四二〕「是時也」，據甲、乙本補。
〔四三〕「明帝遣」，據甲、乙本補。
〔四四〕「叔」，《大正新修大藏經》本均釋作「齋」，誤，以下同，不另出校。
〔四五〕「刑」，當作「形」，據甲、乙本改。
〔四六〕「遵」，甲、乙本均作「尊」。
〔四七〕「寮」，據甲、乙本補。
〔四八〕「至十五日」，據甲、乙本補。
〔四九〕「集」，乙本同，甲本作「集於」。
〔五〇〕「檀」，當作「壇」，據甲、乙本改。
〔五一〕「帝在寺」，據甲、乙本改；「南」，乙本同，甲本無。
〔五二〕「費叔才」，據甲、乙本補。
〔五三〕「曉」，甲本同，乙本作「驍」，誤；「示」，乙本同，甲本無。
〔五四〕「僞」，甲、乙本作「爲」誤。
〔五五〕「不得昇天」，乙本同，甲本作「昇天不得」。
〔五六〕「不能隱」，乙本同，甲本作「隱形不得」。
〔五七〕「更」，乙本同，甲本無。
〔五八〕「先」，據甲本補。
〔五九〕「者」，乙本同，甲本無。

〔六〇〕「可」，乙本同，甲本無。
〔六一〕「珽」，《大正新修大藏經》釋作「旋」，誤。
〔六二〕「化」，乙本同，甲本作「光」。
〔六三〕「摩騰法師説」，乙本同，甲本無。
〔六四〕「陰夫人等出」，據甲、乙本補。
〔六五〕「於」，乙本同，甲本無。
〔六六〕「之」，乙本同，甲本同。
〔六七〕乙本此句以下至「大師遥見蘄州黄梅破頭山有紫雲蓋」間缺文。
〔六八〕「於」，甲本無。
〔六九〕「又」，甲本作「有」。
〔七〇〕「甚」，甲本無。
〔七一〕「示」，甲本作「是」。
〔七二〕「大月支（氏）」，甲本脱。
〔七三〕「取」，甲本無。
〔七四〕「河」，甲本作「何」。
〔七五〕「主」，甲本無。
〔七六〕「主」，甲本無。
〔七七〕「言」，甲本作「告」。
〔七八〕「羅」，據甲本補。

〔七九〕「羅」，據甲本補；「伽」，甲本作「迦」，以下同，不另出校。
〔八〇〕「國」，甲本作「國王」。
〔八一〕「尼」，甲本無。
〔八二〕「如凡人」，甲本無。
〔八三〕「多」，據甲本補。
〔八四〕「多」，據甲本補；「叉」，甲本無。
〔八五〕「叉」，甲本無。
〔八六〕「造」，甲本作「告」，誤。
〔八七〕「妄」，甲本作「接」；「宋朝」，甲本無。
〔八八〕「付囑」，甲本無。
〔八九〕「妄」，甲本作「接」。
〔九〇〕「法」，據甲本補。
〔九一〕「者」，丁本同，甲本無。
〔九二〕「是」，丁本同，甲本無。
〔九三〕「説」，甲本同，丁本脱；「教」，丁本同，甲本無。
〔九四〕「教」，丁本同，甲本作「法」。
〔九五〕「也」，甲、丁本作「出」。
〔九六〕「未」，甲本同，丁本作「末法」。
〔九七〕「即爲疾」，甲本作「此即爲疾」。

〔九八〕「本」，甲本同，丁本作「大」，誤。
〔九九〕「復」，甲本無。
〔一〇〇〕「也」，甲本無。
〔一〇一〕「既」，丁本同，甲本無。
〔一〇二〕「還」，丁本同，甲本作「便」。
〔一〇三〕「者」，甲本無。
〔一〇四〕「亦」，丁本同，甲本無；「門」，據丁本補。
〔一〇五〕「教」，丁本同，甲本無。
〔一〇六〕「又」，丁本同，甲本脱。
〔一〇七〕「曰」，甲本同，丁本作「言」。
〔一〇八〕「答曰」，丁本作「答」，甲本無，疑衍。
〔一〇九〕「乃」，丁本同，甲本無。
〔一一〇〕「實」，丁本同，甲本無。
〔一一一〕「高」，丁本同，甲本無。
〔一一二〕「如」，丁本同，甲本作「人」，
〔一一三〕「衆」，丁本同，甲本作「驟」。
〔一一四〕「於食」，丁本同，甲本無。
〔一一五〕「座」，當作「坐」，據甲本改。
〔一一六〕「厭」，據甲本補。

〔一一七〕「語」，甲本同，丁本作「悟」，誤。
〔一一八〕「常」，甲本同，丁本作「帝」，誤。
〔一一九〕「我」、「者」，甲本無，以下兩句同此，不另出校。
〔一二〇〕「雲」，丁本同，甲本作「宋雲」。
〔一二一〕「曰」，甲本同，丁本無。
〔一二二〕「亡」，甲本同，丁本作「喪」。
〔一二三〕「雲」，丁本同，甲本作「宋雲」。
〔一二四〕「雲」，甲本作「宋雲」；「大師」，甲、丁本無。
〔一二五〕「道人」，丁本同，甲本作「僧」。
〔一二六〕「新帝已立」，甲本同，丁本作「新已立帝」。
〔一二七〕「雲」，丁本同，甲本作「宋雲」；「告」，甲本同，丁本脱。
〔一二八〕「歸西國」，甲本作「歸西國去也」。
〔一二九〕「言」，甲本作「其言」。
〔一三〇〕「今日」，據甲本補；丁本此句作「汝舊國王崩」。
〔一三一〕「實如其言」，甲本同，丁本無。
〔一三二〕「朝」，甲本同，丁本無；「不信」，甲本作「並皆不信」。
〔一三三〕「發」，甲本同，丁本作「開」；丁本此句後尚有「果如其言」。
〔一三四〕「唯有」，甲本同，丁本作「空留」；丁本此句後尚有「事不虛設」。
〔一三五〕此句甲本無，丁本作「蕭梁武帝遂造碑記」，丁本至此結束。

〔一三六〕「群」，甲本作「郡」，誤。
〔一三七〕「大師」，甲本無。
〔一三八〕「刑」，甲本作「形」。
〔一三九〕「從」，戊本同，甲本作「信」，疑誤。
〔一四〇〕「可大師」，甲本同，戊本作「事可大師」。
〔一四一〕「汝」，甲本同，戊本無。
〔一四二〕「有」，甲本同，戊本作「爲」。
〔一四三〕「與僧璨」，戊本同，甲本無。
〔一四四〕「亦佯狂」，甲本同，戊本作「亦常佯狂」。
〔一四五〕「司」，甲本同，戊本脱。
〔一四六〕「滅」，甲本同，戊本作「常滅」，疑誤。
〔一四七〕「餘」，甲本同，戊本作「二」。
〔一四八〕「猛」，甲本同，戊本無。
〔一四九〕「付法」，戊本同，甲本作「付囑法」；「與道信」，戊本同，甲本脱。
〔一五〇〕「也」，戊本同，甲本無。
〔一五一〕「往」，甲本同，戊本作「住隱」。
〔一五二〕「隱」，據甲、戊本補。
〔一五三〕「人」，甲本同，戊本作「生」，誤。
〔一五四〕「飲食」，戊本同，甲本脱。

〔一五五〕『食』，甲本同，戊本脱。
〔一五六〕『終』，戊本同，甲本脱。
〔一五七〕『吾』，甲本同，戊本脱。
〔一五八〕『語已』，戊本同，甲本無。
〔一五九〕戊本至此結束。
〔一六〇〕『也』，甲本無。
〔一六一〕『器』，甲本作『氣』。
〔一六二〕『常』，甲本作『閑』。
〔一六三〕『使』，據乙本補。
〔一六四〕『斫』，乙本同，甲本作『斬』。
〔一六五〕『何爲不斫』，乙本同，甲本作『何不斬』。
〔一六六〕『囑』，甲本同，乙本脱。
〔一六七〕『時』，甲本同，乙本無。
〔一六八〕乙本『信大師』後衍『大師信』三字，己本作『信大師住』。
〔一六九〕『信』，甲、己本無，疑衍。
〔一七〇〕『得付法』，乙、己本同，甲本作『得付法袈裟』。
〔一七一〕『法門』，乙本同，甲本作『法師』，己本作『門』。
〔一七二〕『相』，乙、己本同，甲本無。
〔一七三〕『大師』，甲、乙本同，己本無。

〔一七四〕「賜」，乙、己本同，甲本作「敕賜」。
〔一七五〕「享」，乙、己本同，當作「亨」，據甲本及文義改。
〔一七六〕「答」，己本同，甲、乙本作「答言」。
〔一七七〕「除」，乙本同，甲、己本脱。
〔一七八〕「師」，甲、乙本同，己本脱。
〔一七九〕「玄約師」，甲、己本同，乙本脱。
〔一八〇〕「簿」，甲、乙本同，己本作「落」，誤。
〔一八一〕「右」，甲、乙本同，己本脱。
〔一八二〕「後至上元二年二月十一日，奄然坐化，忍大師時年七十四也」，甲己本同，乙本無。
〔一八三〕「唯」，乙、己本同，甲本無。
〔一八四〕「宦」，甲、乙本同，己本作「官」。
〔一八五〕「答」，乙、己本同，甲本作「答言」。
〔一八六〕「若爲作佛」，乙、己本同，甲本無。
〔一八七〕「惠能」，己本同，甲本作「能禪師」。
〔一八八〕「獦獠佛性與和上佛性」，甲本作「身雖是獠」，己本作「獦獠佛性」。
〔一八九〕「豈異别否」，甲本作「佛性豈異和上」，己本作「豈汝别」。
〔一九〇〕「再欲」，甲、乙本同，己本脱。
〔一九一〕「碓聲相似不異」，乙、己本同，甲本作「碓聲聲相似」。
〔一九二〕「南」，甲、乙本同，己本脱。

〔一九三〕「問」，甲、乙本同，己本作「問曰」。
〔一九四〕「衆」，甲、乙本同，己本無。
〔一九五〕己本至「衆中有一四品官將」止。
〔一九六〕「逞」，甲本同，當作「程」，據乙本改。
〔一九七〕「法」，甲本同，乙本無。
〔一九八〕「其」，甲本同，乙本無。
〔一九九〕「却歸」，乙本同，甲本脱。
〔二〇〇〕「至新州」，乙本同，甲本脱。
〔二〇一〕「身命」，乙本同，甲本作「身命不存」。
〔二〇二〕「竟無人偷得」，乙本同，甲本脱。
〔二〇三〕「代」，當作「伐」，據甲、乙本改。
〔二〇四〕「常」，乙本同，甲本無。
〔二〇五〕「也」，乙本同，甲本無。
〔二〇六〕「此是」，乙本同，甲本作「此是也」。
〔二〇七〕「又」，乙本同，甲本無。
〔二〇八〕「違」，甲本作「爲」，乙本原亦作「爲」，但在「爲」字之旁又寫一「違」字，當作「爲」，據甲本及文義改。
〔二〇九〕「諸」，乙本同，甲本作「佛」。
〔二一〇〕「我」，乙本同，甲本作「義」。
〔二一一〕「反」，乙本同，甲本作「返」。

〔二一二〕「於」，乙本同，甲本作「依」。
〔二一三〕「心」，乙本同，甲本無。
〔二一四〕「想」，乙本同，甲本作「相」，以下「想」字甲本均作「相」，不另出校。
〔二一五〕「飲」，乙本同，甲本作「飯」。
〔二一六〕「見」，乙本同，甲本作「現」。
〔二一七〕「實」，乙本同，甲本無。
〔二一八〕「耶」，乙本同，甲本無。
〔二一九〕「虚空」，甲本同，乙本無。
〔二二〇〕「變見」，甲本作「變爲」，乙本無此二字。
〔二二一〕「即」，甲本同，乙本作「皆」。
〔二二二〕「相」，甲本同，乙本作「見相」。
〔二二三〕「不住坐禪」，乙本同，甲本脱。
〔二二四〕「無生無行」，乙本同，甲本脱。
〔二二五〕「畏」，乙本同，甲本作「爲」。
〔二二六〕「云」，乙本同，甲本無。
〔二二七〕「菩薩乘人」，乙本同，甲本作「菩薩乘人畏生」。
〔二二八〕「尚」，乙本同，甲本作「上」。
〔二二九〕「邪」，乙本同，甲本脱。
〔二三〇〕「物」，甲本同，乙本作「物故」。

〔二三一〕「人」，乙本同，甲本無。
〔二三二〕「時」，乙本同，甲本作「是」。
〔二三三〕「猶」，乙本同，甲本作「由」。
〔二三四〕「邪」，乙本同，甲本作「耶」。
〔二三五〕「黄梅」，甲本同，乙本作「黄梅山」。
〔二三六〕「其中親事不離忍大師左右者，唯有十人」，乙本同，甲本脱。
〔二三七〕「問」，乙本同，甲本作「大師問」。
〔二三八〕「緣」，甲本同，乙本作「緣在」。
〔二三九〕「知」，乙本同，甲本脱；「純」，乙本同，甲本作「成」。
〔二四〇〕「聽」，乙本同，甲本無。
〔二四一〕「翻」，當作「幡」，據甲、乙本改，以下同，不另出校。
〔二四二〕「見」，甲本同，乙本脱。
〔二四三〕「動」，甲本同，乙本脱。
〔二四四〕「言」，乙本同，甲本脱。
〔二四五〕「動」，乙本同，甲本脱。
〔二四六〕「法」，乙本同，甲本無。
〔二四七〕「聞」，乙本同，甲本作「見聞」，疑甲本衍「見」字。
〔二四八〕「法」，據甲本補。
〔二四九〕「法門」，乙本同，甲本作「法」。

〔二五〇〕「衆」，乙本同，甲本脱。
〔二五一〕「佛」，乙本同，甲本脱。
〔二五二〕「使」，乙本同，甲本脱。
〔二五三〕「見」，乙本同，甲本作「見得」。
〔二五四〕「諸」，乙本同，甲本無。
〔二五五〕「之」，乙本同，甲本無。
〔二五六〕「又」，乙本同，甲本作「有」。
〔二五七〕「想」，乙本同，甲本作「相」。下句同此，不另出校。
〔二五八〕「乘」，乙本同，甲本無。
〔二五九〕「答云」，當作「又問」，據文義及甲、乙本改。
〔二六〇〕「此上」，乙本同，甲本作「此」，脱「上」字。
〔二六一〕「間」，乙本同，甲本作「簡」；「漕」，乙本同，甲本作「曹」。
〔二六二〕「上」，乙本同，甲本作「先」。
〔二六三〕「大師」，甲本同，乙本無。
〔二六四〕「字」，底本、甲本均脱，據乙本補。
〔二六五〕「得」，甲、乙本作「德」。
〔二六六〕「得」，乙本同，甲本作「德」。
〔二六七〕「浮」，乙本同，甲本作「陪」。
〔二六八〕「從」，乙本同，甲本脱。

〔二六九〕「答」，乙本同，甲本作「答云」。
〔二七〇〕「眉」，甲本同，當作「肩」，據乙本及文義改。
〔二七一〕「首」，乙本同，甲本作「手」。
〔二七二〕「還」，乙本同，甲本作「還歸」。
〔二七三〕「廿年」，乙本同，甲本「廿餘年」。
〔二七四〕「信」，乙本同，甲本脱。
〔二七五〕「看」，甲本同，乙本作「覓」。
〔二七六〕「淨衆寺」，乙本同甲本作「淨泉寺」。以下同此，不另出校。
〔二七七〕「初」，乙本同，甲本作「初算」。
〔二七八〕「誓」，乙本同，甲本作「誓言」。
〔二七九〕「人」，甲本同，乙本脱。
〔二八〇〕「吾」，乙本同，甲本作「吾今」。
〔二八一〕「廿餘年」，乙本同，甲本作「經廿餘年」。
〔二八二〕「數數問左右人」，乙本同，甲本作「數度」，有脱文。
〔二八三〕「密」，乙本同，甲本無；「十七」，乙本同，甲本作「一十七」。
〔二八四〕「是日」，乙本同，甲本作「是時」。
〔二八五〕「盡一氣絶聲停」，乙本同，甲本作「盡一氣念絶聲停」。
〔二八六〕「忘」，乙本同，當作「妄」，據下文及甲本改，以下之「莫忘」均改作「莫妄」，校改理由同此，不另出校；「無妄」，據甲本補。

〔二八七〕「須知起滅」，乙本同，甲本作「知滅」。
〔二八八〕「須知滅」，乙本同，甲本無。
〔二八九〕「須」，乙本同，甲本無。
〔二九〇〕「孝」，甲本同，乙本作「孝順」。
〔二九一〕「酒醉」，乙本同，甲本作「醉酒」。
〔二九二〕「道」，乙本同，甲本無。
〔二九三〕「心」，甲本無。
〔二九四〕「念」，乙本同，甲本作「相」。
〔二九五〕「有」，乙本同，甲本作「明」。
〔二九六〕「念」，乙本同，甲本作「相」。
〔二九七〕「伴」，乙本同，甲本無。
〔二九八〕「即」，乙本同，甲本無；「擔」，乙本同，甲本作「麻」。
〔二九九〕「言」，甲本同，乙本作「言言」，衍一「言」字。
〔三〇〇〕「我」，乙本同，甲本無。
〔三〇一〕「終不能捨」，乙本同，甲本作「我終不棄麻取金，金不能捨」。
〔三〇二〕「金」，乙本同，甲本作「捨」。
〔三〇三〕「直」，乙本同，甲本作「真」。
〔三〇四〕「念」，乙本同，甲本脱。
〔三〇五〕「是」，據甲、乙本補。

〔三〇六〕「即」，據甲本補。
〔三〇七〕「衣」，乙本同，甲本作「袈裟」。
〔三〇八〕「年」，乙本同，甲本作「載」。
〔三〇九〕「會」，乙本同，甲本無。
〔三一〇〕「佛性」，乙本同，甲本無。
〔三一一〕「耶」，乙本同，甲本無。
〔三一二〕「耶」，乙本同，甲本無。
〔三一三〕「比即」，乙本同，甲本無。
〔三一四〕「否」，乙本同，甲本作「不」。
〔三一五〕「遠」，乙本同，甲本無。
〔三一六〕「邪」，甲、乙本作「耶」。
〔三一七〕「盡」，乙本同，甲本作「並」。
〔三一八〕「説」、「教人」，乙本同，甲本無；「道」，甲本同，乙本無。
〔三一九〕「有」，乙本同，甲本作「又」；「面」，乙本同，當作「背」，據甲本改。
〔三二〇〕「語」，乙本同，甲本無。
〔三二一〕「姓」，乙本同，甲本作「性」。
〔三二二〕「州、律」，乙本同，甲本脱。
〔三二三〕「否」，甲、乙本作「付」，疑誤。
〔三二四〕「去」，據甲、乙本補。

〔三二五〕「人」，乙本同，甲本脱。

〔三二六〕「常」，乙本同，甲本無。

〔三二七〕「指」，甲、乙本作「至」。

〔三二八〕「是」，乙本同，當作「爲」，據甲本改。

〔三二九〕「無所得」，乙本同，甲本作「所得」，脱「無」字。

〔三三〇〕「假」，乙本同，甲本作「假名」。

〔三三一〕「直」，乙本同，甲本脱。

〔三三二〕「輪（淪）」，甲本同，乙本作「轉」，誤。

〔三三三〕「有」，乙本同，甲本作「又」。

〔三三四〕「滅、垢」，據甲本補。

〔三三五〕「滅」，據甲本補，乙本作「地」，底本原亦寫作「地」，旁有廢字號。

〔三三六〕「河」，乙本同，甲本作「何」。

〔三三七〕「向」，乙本同，甲本作「面」。

〔三三八〕「盡」，乙本同，甲本無；「第六」，乙本同，甲本作「第六祖」。

〔三三九〕「想」，甲、乙本作「相」。

〔三四〇〕「決」，當作「快」，據甲本及文義改。

〔三四一〕「受」，乙本同，甲本脱。

〔三四二〕「次」，甲本同，乙本作「此」。

〔三四三〕「音」，乙本同，甲本作「意」。

〔三四四〕「往禮」，乙本同，甲本作「住」。
〔三四五〕「貌」，乙本同，甲本作「似」。
〔三四六〕「欲歸覲省」，乙本同，甲本作「辭欲歸覲省」。
〔三四七〕「今」，乙本同，甲本作「金」。
〔三四八〕「嗣王」，乙本同，甲本作「詞玉」。
〔三四九〕「年」，乙本同，甲本作「載」。
〔三五〇〕「卻從北靈州默出」，乙本同，甲本作「從北靈出」。
〔三五一〕「梁」，乙本同，甲本作「凉」。
〔三五二〕「和上」，乙本同，甲本下尚有「和上」二字。
〔三五三〕「説」，乙本亦脱，據甲本補。
〔三五四〕「是」，乙本同，甲本無。
〔三五五〕「所」，乙本同，甲本作「利」。
〔三五六〕「先」，乙本同，甲本脱。
〔三五七〕「吾」，乙本同，甲本脱。
〔三五八〕「去」，甲本同，乙本作「共」，疑誤。
〔三五九〕「同住」，乙本同，甲本作「同學住」。
〔三六〇〕「佛法」，乙本同，甲本無。
〔三六一〕「和上引」，乙本同，甲本無。
〔三六二〕「山」，據甲本補。

〔三六三〕「不行禮念」，乙本同，甲本作「不得禮懺念誦」。
〔三六四〕「只」，乙本同，甲本無；「閑坐」，乙本同，甲本作「閑坐云」。
〔三六五〕「坐」，乙本同，甲本作「坐禪」。
〔三六六〕「吾閑坐」，乙本同，甲本無。
〔三六七〕「一物」，乙本同，甲本作「惣」。
〔三六八〕「汝忙」，乙本同，甲本作「汝於彼忙」。
〔三六九〕「遥憶」，乙本同，甲本作「山中遥憶」。
〔三七〇〕「去」，乙本同，甲本無。
〔三七一〕「奉」，乙本同，甲本作「奉上」。
〔三七二〕「云」，乙本同，甲本脱。
〔三七三〕「璿」，乙本同，甲本作「董璿」。
〔三七四〕「云」，乙本同，甲本脱。
〔三七五〕「入」，乙本同，甲本作「入堂」。
〔三七六〕「璿依命入堂，胡跪合掌」，乙本同，甲本無。
〔三七七〕「金」，乙本同，甲本無；「將」，乙本同，甲本作「遂將」。
〔三七八〕「罕守勿」，乙本同，甲本無。
〔三七九〕「璿」，據甲本補。
〔三八〇〕「傳將付與」，乙本同，甲本作「傳與」。
〔三八一〕「十七」，乙本同，甲本作「一十七」。

〔三八二〕「衣」，據甲本補。
〔三八三〕「與」，據甲本補。
〔三八四〕「是」，乙本同，甲本脱。
〔三八五〕「教」，乙本同，甲本作「交」。
〔三八六〕「獨語」，乙本同，甲本脱。
〔三八七〕「金」，乙本同，甲本無。
〔三八八〕「吾」，乙本同，甲本無。
〔三八九〕「已有」，乙本同，甲本無；「擬」，乙本同；甲本作「疑」。
〔三九〇〕「云」，甲本同，乙本無。
〔三九一〕「樹」，甲、乙本作「挂」。
〔三九二〕「法」，甲、乙本無。
〔三九三〕「裳」，乙本同，甲本無。
〔三九四〕「金」，乙本同，甲本無。
〔三九五〕「大」，乙本同，甲本無。
〔三九六〕「得」，乙本同，甲本無。
〔三九七〕「是、僧」，乙本同，甲本脱。
〔三九八〕「縱有」，乙本同，甲本無。
〔三九九〕「承後」，甲本同，乙本作「親承後」。
〔四〇〇〕「云」，乙本同，甲本無。

〔四〇一〕「去」，乙本同，甲本脱。
〔四〇二〕「問」，甲本同，乙本作「問曰」。
〔四〇三〕「知」，乙本同，甲本作「人」，疑誤。
〔四〇四〕「何」，乙本同，甲本無。
〔四〇五〕「迫」，乙本同，甲本作「近」。
〔四〇六〕「等」，乙本同，甲本作「共」。
〔四〇七〕「僧」，乙本同，甲本作「僧人」。
〔四〇八〕「僧」，乙本同，甲本作「僧人」；「衣」，乙本同，甲本無。
〔四〇九〕「今」，甲本同，乙本作「金」。
〔四一〇〕此句乙本同，甲本無。
〔四一一〕「幡」，甲本同，乙本作「香」；「花」，乙本同，甲本作「華」。
〔四一二〕「淨衆」，乙本同，甲本作「淨泉寺」，「寺」字衍。
〔四一三〕「足」，乙本同，甲本無；「小金師」，乙本同，甲本作「小金」，脱「師」字。
〔四一四〕「英耀」，乙本同，甲本作「王英耀」。
〔四一五〕「納」，乙本同，甲本無。
〔四一六〕「衣」，乙本同，甲本作「袈裟」。
〔四一七〕「律院」，乙本同，甲本作「律師院」。
〔四一八〕「得」，乙本同，甲本作「德」。
〔四一九〕「由」，乙本同，甲本作「猶」。

〔四二〇〕「使」，據甲本補。
〔四二一〕「光禄卿」，乙本同，甲本無。
〔四二二〕「仁」，乙本同，甲本作「人」。
〔四二三〕「迎」，甲本同，乙本作「即迎」。
〔四二四〕「出」，乙本同，甲本作「出山」。
〔四二五〕此句乙本同，作「山河蟲吼鳥鳴」。
〔四二六〕「互」，乙本同，甲本作「弟（遞）」。
〔四二七〕「萬」，乙本同，甲本作「百」。
〔四二八〕「史」，乙本同，當作「使」，據甲本改；「躬」，據甲本補。
〔四二九〕「授」，甲本同，乙本作「受」。
〔四三〇〕「明」，乙本同，甲本作「朗」。
〔四三一〕「銜」，乙本同，甲本作「牙」，以下同此，不另出校。
〔四三二〕「川」，乙本同，甲本作「山」；「杜郎中」，乙本同，甲本作「郎中」。
〔四三三〕「布」，乙本同，甲本作「希」。
〔四三四〕「外」，乙本同，甲本脱。
〔四三五〕「廉」，乙本同，甲本作「兼」。
〔四三六〕自「李融」至「銜擇交」，甲本無。
〔四三七〕「和上」，乙本同，甲本無。
〔四三八〕「杜亞」，乙本同，甲本作「杜亞相」。

〔四三九〕「意」，乙本同，甲本作「音」，誤。
〔四四〇〕「侍御」，乙本同，甲本作「等」。
〔四四一〕「鑒」，甲乙本作「監」。
〔四四二〕「聞和上見相公不起不迎」，乙本同，甲本作「見聞和上不起見相公」。
〔四四三〕「郎、使御」，乙本同，甲本無。
〔四四四〕「間」，乙本同，甲本無。
〔四四五〕「答」，乙本同，甲本無。
〔四四六〕「故」，乙本同，甲本無。
〔四四七〕「今」，乙本同。甲本作「金」。
〔四四八〕「説何教法」，乙本同，甲本作「和上説何教法」；「何」，乙本同，甲本脱。
〔四四九〕「答」，乙本同，甲本作「無住答」。
〔四五〇〕「寺」，據甲本補；「等州」，乙本同，甲本作「州等」。
〔四五一〕「和上」，乙本同，甲本無。
〔四五二〕「云」，乙本同，甲本無。
〔四五三〕「爲」，甲本同，乙本無。
〔四五四〕「是三」，乙本同，甲本作「不是」，疑誤。
〔四五五〕「具」，乙本同，甲本作「是」，誤。
〔四五六〕「答」，乙本同，甲本作「答云」。
〔四五七〕「答」，乙本同，甲本脱；「有」，乙本同，甲本作「又」。

〔四五八〕「即」，乙本同，甲本脱。
〔四五九〕「心」，乙本同，甲本脱。
〔四六〇〕「又」，甲、乙本無。
〔四六一〕「和上、後」，乙本同，甲本無。
〔四六二〕「鵶鳴」，乙本同，甲本無。
〔四六三〕「是」，乙本同，甲本無。
〔四六四〕甲本無此句。
〔四六五〕「三昧」，乙本同，甲本無。
〔四六六〕「又」，乙本同，甲本作「又引」。
〔四六七〕「蹔」，甲本無。
〔四六八〕「若不以心分別」，乙本同，甲本作「若以心不分別」。
〔四六九〕「無」，乙本同，甲本作「正」，甲本此句下尚有「起心法中」。
〔四七〇〕「云」，乙本同，甲本無。
〔四七一〕「初」，乙本同，甲本無。
〔四七二〕「大」，乙本同，甲本作「教」。
〔四七三〕「先」，乙本同，當作「仙」，據上文及甲本改。
〔四七四〕「諸軍將」，乙本同，甲本無。
〔四七五〕「清原」，乙本同，甲本作「清凉原」。
〔四七六〕「種」，乙本同，甲本作「重」。

〔四七七〕「成」，乙本同，甲本脱。
〔四七八〕「嘉」，乙本同，甲本作「喜」，誤。
〔四七九〕「性」，乙本同，甲本作「姓」。
〔四八〇〕「趣」，乙本同，甲本作「聚」。
〔四八一〕「而」，甲本同，乙本脱。
〔四八二〕此句甲本無。
〔四八三〕「名」，乙本同，甲本作「云」；「妄」，甲本同，乙本作「妄滅」。
〔四八四〕「名」，乙本同，甲本作「有」。
〔四八五〕「云」，乙本同，甲本無。
〔四八六〕「若有」，甲本同，乙本作「若耳有」。
〔四八七〕「供」，乙本同，甲本作「承」。
〔四八八〕「答」，乙本同，甲本無。
〔四八九〕「辦」，乙本同，甲本無；「受」，乙本同，甲本作「愛」。
〔四九〇〕「辦」，乙本同，甲本無。
〔四九一〕「清」，乙本同，甲本作「請」。
〔四九二〕「受」，甲本同，乙本作「授」。
〔四九三〕「倨」，甲、乙本作「據」。
〔四九四〕「嘉」，乙本同，甲本作「喜」，誤。
〔四九五〕「問」，甲本同，乙本作「聞」，誤。

〔四九六〕『信』，乙本同，甲本作『住』。
〔四九七〕『覺者』，乙本同，甲本脱，
〔四九八〕『聞説』，乙本同，甲本無。
〔四九九〕『二』，甲本作『三』，誤。
〔五〇〇〕『無覆』，乙本同，甲本脱。
〔五〇一〕『瓷』，乙本同，當作『磁』，據甲本改。
〔五〇二〕『出楔』，乙本同，甲本無。
〔五〇三〕『云』，乙本同，甲本無。
〔五〇四〕『大』，甲本同，乙本脱。
〔五〇五〕『若』，乙本亦脱，據甲本補。
〔五〇六〕『然』，乙本同，甲本無。
〔五〇七〕『指指』，乙本同，甲本作『詣詣』，誤。
〔五〇八〕『生』，乙本同，甲本作『不生』，誤。
〔五〇九〕此句乙本同，甲本無。
〔五一〇〕『和上』，乙本同，甲本無。
〔五一一〕『無』，乙本同，甲本作『無有』；『稱』，乙本同，甲本作『只對』。
〔五一二〕『歎』，乙本同，甲本無。
〔五一三〕『勝』，乙本同，甲本作『已』。
〔五一四〕『是』，乙本同，甲本無。

〔五一五〕「並」，乙本同，甲本作「並皆」。
〔五一六〕「言」，據甲本補。
〔五一七〕「去」，乙本同，甲本無。
〔五一八〕「汁」，乙本同，甲本脱。
〔五一九〕「諾」，據甲本補。
〔五二〇〕「答」，乙本同，甲本作「和上答」。
〔五二一〕「劍南」，乙本同，甲本作「劍南人」。
〔五二二〕「而受」，乙本同，甲本脱。
〔五二三〕「諸」，乙本同，甲本脱。
〔五二四〕「人」，乙本同，甲本作「一」。
〔五二五〕「面」，乙本同，甲本作「人」。
〔五二六〕「既」，乙本同，甲本脱。
〔五二七〕「官」，乙本同，甲本作「官人」。
〔五二八〕「官」，乙本同，甲本作「官人」。
〔五二九〕「官人」，乙本同，甲本作「諸官人」。
〔五三〇〕「界本」，乙本同，甲本作「苦因」。
〔五三一〕「實」，乙本同，甲本作「是」。
〔五三二〕「實」，乙本同，甲本作「是」。
〔五三三〕「妄」，甲本同，乙本作「忘」；「想」，乙本同，甲本作「相」。

〔五三四〕「想」，乙本同，甲本作「相」。
〔五三五〕「想」，乙本同，甲本作「相」。
〔五三六〕「生動念」，甲本同，乙本作「心生動念」，底本原亦寫爲「心生動念」，但「心」字旁有廢字符號。
〔五三七〕「入」，乙本同，甲本脱。
〔五三八〕「師」，甲本同，乙本脱。
〔五三九〕「同住」，乙本同，甲本作「論説佛法」。
〔五四〇〕「問」，乙本同，甲本作「見問」。
〔五四一〕「答」，乙本同，甲本無。
〔五四二〕「論」，乙本同，甲本無。
〔五四三〕「説」，乙本同，甲本脱。
〔五四四〕「答」，乙本同，甲本無。
〔五四五〕此句乙本同，甲本「外有」前有「外道」二字。
〔五四六〕「惣」，乙本同，甲本無。
〔五四七〕此句乙本同，甲本無。
〔五四八〕「想」，甲、乙本作「相」。
〔五四九〕「其」，乙本同，甲本無。
〔五五〇〕「你」，乙本同，甲本作「異没」。
〔五五一〕「具」，乙本同，甲本作「其」。
〔五五二〕「不」，乙本同，甲本脱。

〔五五三〕「一、生」，乙本同，甲本無。
〔五五四〕「之」，乙本同，甲本無。
〔五五五〕「云」，乙本同，甲本無。
〔五五六〕「就問」，乙本同，甲本作「聞就問」。
〔五五七〕「云」，乙本同，甲本無。
〔五五八〕「痛」，乙本同，甲本無。
〔五五九〕「捩」，甲、乙本作「麗」。
〔五六〇〕「法」，乙本同，甲本作「沙」，誤。
〔五六一〕「口」，乙本同，甲本作「只」。
〔五六二〕「有」，甲本同，乙本作「於」，疑誤；「身」，乙本同，甲本脱。
〔五六三〕「無」，乙本同，甲本脱。
〔五六四〕「於」，乙本同，甲本脱。
〔五六五〕「師」，乙本同，甲本無。
〔五六六〕「云何」，據甲、乙本補。
〔五六七〕「師」，甲本作「答」。
〔五六八〕「以、之」，乙本同，甲本無。
〔五六九〕「云」，乙本同，甲本無。
〔五七〇〕「意」，乙本同，甲本作「億」。
〔五七一〕「禪」，乙本同，甲本作「禪師」，「師」字衍。

〔五七二〕『亦』，乙本同，甲本無。
〔五七三〕『得』，據甲、乙本補。
〔五七四〕『答』，甲本無。
〔五七五〕『重再』，甲本作『再爲』。
〔五七六〕『帝』，當作『諦』，據甲本改。
〔五七七〕『妄』，甲本同，乙本作『忘』。
〔五七八〕『無』，乙本同，甲本脱。
〔五七九〕『法』，乙本同，甲本作『名』。
〔五八〇〕『弟子』，乙本同，甲本脱。
〔五八一〕『是』，乙本同，甲本無。
〔五八二〕『看垢即是淨』，乙本同，甲本作『即看垢是淨』。
〔五八三〕『想』，甲、乙本作『相』。
〔五八四〕『想』，乙本同，甲本作『相』。
〔五八五〕『念』，乙本同，甲本作『是』。
〔五八六〕乙本在『自』『他』之間有『垢不取我是淨無念』。
〔五八七〕『師』，乙本同，甲本無。
〔五八八〕『答』，乙本同，甲本無。
〔五八九〕『道』，乙本同，甲本作『若』。
〔五九〇〕『有』，乙本同，甲本作『又』。

〔五九一〕「照察」，乙本同，甲本作「和上照察」。
〔五九二〕「能」，乙本同，甲本作「欲」。
〔五九三〕「云」，乙本同，甲本無。
〔五九四〕「朝」，乙本同，甲本作「願」，誤。
〔五九五〕「不沉不浮」，乙本同，甲本作「不浮不沉」。
〔五九六〕「説」，乙本同，甲本脱。
〔五九七〕「知」，乙本同，甲本脱。
〔五九八〕「務」，乙本同，甲本作「禪」。
〔五九九〕「和上」，乙本同，甲本無。
〔六〇〇〕「坐」，據甲本補。
〔六〇一〕「實」，乙本同，甲本作「是」。
〔六〇二〕「得」，乙本同，當作「德」，據甲本改。
〔六〇三〕「將」，乙本同，甲本脱。
〔六〇四〕「帝」，乙本同，當作「諦」，據甲本改。
〔六〇五〕「施」，乙本同，甲本作「施設」。
〔六〇六〕「解」，乙本同，甲本作「解者」。
〔六〇七〕「者」，乙本同，甲、乙本無。
〔六〇八〕「持」，乙本同，甲本作「是持」。
〔六〇九〕「一行」，乙本同，甲本作「一行師」。

〔六一〇〕「師」，乙本同，甲本無。
〔六一一〕「聞」，乙本同，甲本脱；「説」，乙本同，甲本作「説已」。
〔六一二〕「示法」，乙本同，甲本作「是法」。
〔六一三〕「了」，乙本同，甲本作「了知」。
〔六一四〕「住」，乙本同，甲本作「坐」。
〔六一五〕「得」，乙本同，甲本作「能」。
〔六一六〕此句乙本同，甲本脱。
〔六一七〕「快」，乙本同，甲本作「決」。
〔六一八〕「樂」，乙本同，甲本作「常樂」。
〔六一九〕「不、動」，乙本同，甲本脱。
〔六二〇〕「不」，乙本同，甲本作「不不」，衍一「不」字。
〔六二一〕「無非」，乙本同，甲本作「非無」。
〔六二二〕「非是」，乙本同，甲本作「非」。
〔六二三〕「上」，乙本同，甲本作「子」，誤。
〔六二四〕「今」，乙本同，甲本作「金」。
〔六二五〕「者」，乙本同，甲本脱。
〔六二六〕「如此」，乙本同，甲本作「如此行」。
〔六二七〕「俱」，乙本同，甲本作「皆」。
〔六二八〕「不已」，乙本同，甲本作「競起」。

〔六二九〕「大」，乙本同，甲本作「漸」。
〔六三〇〕「不」，乙本同，甲本脱。
〔六三一〕「看」，甲、乙本作「著」。
〔六三二〕「復」，乙本同，當作「腹」，據甲本改。
〔六三三〕「思」，乙本同，甲本作「見」，近是。
〔六三四〕「覺觀」，乙本同，甲本作「思覺」。
〔六三五〕「禪」，據甲、乙本補。
〔六三六〕「以」，乙本同，甲本作「已」。
〔六三七〕「智」，乙本同，甲本作「知」。
〔六三八〕「無智」，乙本同，甲本無。
〔六三九〕「提」，乙本同，甲本作「薩」。
〔六四〇〕「爲有利」，乙本同，甲本脱。
〔六四一〕「便」，甲、乙本無。
〔六四二〕「此」，當作「住」，據文義及甲本改；此句乙本作「若在此者」。
〔六四三〕「是」，乙本同，甲本脱。
〔六四四〕「壞」，乙本同，當作「杯」，據文義改。
〔六四五〕「他」，乙本同，甲本無；「是」，乙本同，甲本作「人」。
〔六四六〕「佛印」，乙本同，甲本作「即」；「真」，乙本同，甲本作「直」疑誤。
〔六四七〕「歎」，甲本無；「歎言」，乙本作「言歎」。

〔六四八〕「控」，乙本同，當作「空」，據文義及甲本改。
〔六四九〕「山人」，乙本同，甲本作「出入」，誤。
〔六五〇〕「是」，乙本同，甲本無。
〔六五一〕「又」，乙本同，甲本作「有」。
〔六五二〕「云」，乙本同，甲本脱。
〔六五三〕「謗」，乙本同，甲本作「傍」，誤。
〔六五四〕「想」，乙本同，甲本作「相」。
〔六五五〕自「不思不想」至「不識主客」，乙本同，甲本無。
〔六五六〕「得（德）」，乙本同，甲本脱；「以」，據文義及甲本補。
〔六五七〕「有」，甲本同，乙本脱。
〔六五八〕「心」，乙本同，甲本作「人」。
〔六五九〕「又」，乙本同，甲本作「有」。
〔六六〇〕「損」，乙本同，甲本先寫作「損」，又用朱筆改爲「益」。
〔六六一〕「離」，甲本同，乙本作「利」。
〔六六二〕「損」，乙本同，甲本原亦寫作「損」，又用朱筆改爲「益」。
〔六六三〕「者」，乙本同，甲本作「也」。
〔六六四〕「如」，乙本同，甲本作「依」。
〔六六五〕「人住」，據甲本及文義補。
〔六六六〕「還」，甲本作「來」；「阿羅漢」，甲本同，乙本作「阿羅漢果」，底本原亦寫作「阿羅漢果」，但「果」字旁有廢字符號。

〔六六七〕「惑」，甲本同，乙本作「或」。

〔六六八〕「莊子」，甲本同，乙本作「莊」，脱「子」字。

〔六六九〕「問」，據甲本及文義補。

〔六七〇〕「老」，乙本同，甲本作「丘」，誤。

〔六七一〕「是」，乙本同，甲本作「是名」，近是。

〔六七二〕「曰」，乙本同，甲本無。

〔六七三〕「云」，乙本同，甲本無。

〔六七四〕「否」，甲本同，乙本作「不」。

〔六七五〕「性」，乙本同，甲本脱。

〔六七六〕甲本「本來圓滿」前有「衆生」二字。

〔六七七〕自「即是犯戒律」至「即背塵合覺」，甲本無。

〔六七八〕「破壞」，乙本同，甲本作「破戒壞」，誤。

〔六七九〕「破戒」，乙本同，甲本作「大破戒」。

〔六八〇〕「見」，乙本同，甲本作「是」。

〔六八一〕「相」，乙本同，甲本作「想」。

〔六八二〕「想」，甲、乙本作「相」。

〔六八三〕「想」，甲、乙本作「相」。

〔六八四〕「束」，乙本同，甲本作「觸」。

〔六八五〕「無非」，乙本同，甲本作「非無」。
〔六八六〕「上」，甲本同，乙本脱。
〔六八七〕「無計」，甲本同，乙本作「無是計」，疑衍「是」字。
〔六八八〕「愛」，乙本同，甲本作「受」，疑誤。
〔六八九〕「論」，乙本同，甲本作「論師」。
〔六九〇〕「論以」，乙本同，甲本脱。
〔六九一〕「心」，乙本同，甲本作「名」。
〔六九二〕「師」，乙本同，甲本作「門」。
〔六九三〕「想」，乙本同，甲本作「相」，「相」通「想」。
〔六九四〕「頃」，甲、乙本作「傾」。
〔六九五〕甲本「悟幽師」後有「道幽師」。
〔六九六〕「已上」，乙本同，甲本作「已上師僧」。
〔六九七〕「是時」，乙本同，甲本無。
〔六九八〕「語」，乙本同，甲本作「已」。
〔六九九〕「有」，甲、乙本無。
〔七〇〇〕「高處」，乙本同，甲本無。
〔七〇一〕「否」，乙本同，甲本無。
〔七〇二〕「云」，據甲本補。
〔七〇三〕「云」，據甲本補。

〔七〇四〕「我」，乙本同，甲本無。
〔七〇五〕「而實有用」，乙本同，甲本作「而而實實」。
〔七〇六〕「用」，乙本同，甲本脱。
〔七〇七〕「俊」，乙本同，甲本脱。
〔七〇八〕「問」，甲、乙本作「又問」。
〔七〇九〕「拜」，甲本同，乙本脱。
〔七一〇〕「云」，乙本同，甲本無。
〔七一一〕此句乙本同，甲本無。
〔七一二〕「語法緣師」，乙本同，甲本作「答」。
〔七一三〕「如來」，乙本同，甲本無。
〔七一四〕「云」，乙本同，甲本無。
〔七一五〕「法緣」，乙本同，甲本無。
〔七一六〕「師」，乙本同，甲本無。
〔七一七〕「云」，乙本同，甲本脱。
〔七一八〕「願」，甲本同，乙本作「緣願」，「緣」字衍。
〔七一九〕「恩」，乙本同，甲本作「因」。
〔七二〇〕「授」，乙本同，甲本作「受」。
〔七二一〕「諸授」，乙本同，甲本作「諸受」。
〔七二二〕「授」，乙本同，甲本作「受」。

〔七二三〕「又」，乙本同，甲本無。
〔七二四〕「授」，乙本同，當作「受」，據甲本改。
〔七二五〕此句乙本同，甲本無。
〔七二六〕「不」，乙本同，甲本作「無」。
〔七二七〕「違」，乙本同，甲本作「爲」；「義」，乙本同，甲本作「理」。
〔七二八〕「也」，乙本同，甲本作「者」。
〔七二九〕「彼此」，甲本同，乙本作「彼人此」，衍「人」字。
〔七三〇〕「法非」，乙本同，甲本作「法離非」，衍「離」字。
〔七三一〕「知」，乙本同，甲本作「故」。
〔七三二〕「吾」，乙本同，甲本作「悟」。
〔七三三〕「授」，乙本同，甲本作「受」。
〔七三四〕「知」，乙本同，甲本作「故」，誤。
〔七三五〕「階」，乙本同，甲本脱。
〔七三六〕「工」，乙本同，甲本脱。
〔七三七〕「可」，乙本同，甲本作「何」，誤。
〔七三八〕「門」，乙本同，甲本作「聞」。
〔七三九〕「受」，甲、乙本作「授」。
〔七四〇〕「密」，甲本同，乙本作「蜜」。
〔七四一〕「豁」，甲本同，乙本作「論」。

〔七四二〕「召」，甲本同，乙本作「名」，誤。
〔七四三〕「而」，乙本同，甲本脱。
〔七四四〕「彌」，甲本同，乙本作「珍」，誤。
〔七四五〕「吾欲」，乙本同，甲本無。
〔七四六〕「著衣」，乙本同，甲本作「著新淨衣訖」。
〔七四七〕「問弟子」，乙本同，甲本作「問弟子曰」。
〔七四八〕「得」，乙本同，甲本無。
〔七四九〕「是」，乙本同，甲本作「名」。
〔七五〇〕「是」，甲本同，乙本脱。
〔七五一〕「一卷」，乙本同，甲本無。

參考文獻

《大正新修大藏經》五一卷，（録）（R）；《鳴沙餘韻》（R）；《禪の語録・三・初期入禪史》Ⅱ（R）；*Descriptive Catalogue of the Chinese Manuscripts from Tunhuang in the British Museum*, p.233；《初期禪宗史書の研究》（R）；《禪宗文獻の研究》六二五頁（R）；《敦煌寶藏》四册，二三一頁（圖）；《王梵志詩校輯》一八七頁；《敦煌吐魯番文獻研究論集》二輯，二一頁；《敦煌吐魯番文獻研究論集》四輯，五七二頁；《王梵志詩研究》三七至八三頁；《敦煌學輯刊》一九八七年二期三五頁；《敦煌地理文書匯輯校注》二九五頁；《敦煌吐魯番文獻研究論集》五輯，五三至五六頁；《英藏敦煌文獻》一卷，二二三至二三九頁（圖）；《敦煌文學叢考》四四〇至四四七頁；《王梵志詩校注》七二五至七二八、九〇六至九一二頁（録）；《北凉譯經論》八三至一〇二頁（録）；《周紹良先生欣開九秩慶壽文集》二三五至二四二頁；《敦煌吐魯番文獻研究》四〇二至四二〇頁（録）。

斯五一八　天福拾肆年（九四九）八月廿二日歸義軍節度使曹某建窟檐記

釋文

維大漢天福拾肆年歲次丙午八月丁丑朔廿二日戊戌，敕河西歸義軍節度瓜沙等州觀察處置
支度營田押蕃落等使，光禄大夫特進檢校太傅，食邑壹阡户食實封叁伯（佰）户，譙郡開
國侯曹某之世再建窟檐記。

說明

翟理斯已考出此件中的曹某爲曹元忠（參看 *Descriptive Catalogue of the Chinese Manuscripts from Tunhuang in the British Museum*, p.246）。

參考文獻

Giles, *BSOS*, 11.1, 152 ®; *Descriptive Catalogue of the Chinese Manuscripts from Tunhuang in the British Museum*, p.246；《敦煌寶藏》四册，二五四頁（圖）；《英藏敦煌文獻》一卷，二四〇頁（圖）；《敦煌研究》一九九一年二期二八頁（録）；《敦煌碑銘讚輯釋》五五〇頁（録）；《敦煌學》一九輯四七頁；《歸義軍史研究》一一六頁；《敦煌莫高窟史研究》一三八至一三九頁（録）。

斯五二〇＋斯八五八三　天福八年（九四三）二月十九日河西都僧統龍辯牓

釋文

（以下爲斯五二〇）

報恩寺方等道場　　牓

請諸司勾當分配如後

前殿請吴僧政　索僧政　郭僧政　索僧政

就法律　恩梁法律　康教授　蓮李法律、

氾校授　智惠　羅僧政

北院浴室恩索教授　圖大宋法律　圖氾法律　翟法律

乾弘遂、雲保定

南院浴室龍氾法律　令孤（狐）法律　乾氾法律　賈法律

開智行　永道行

北院消息　金大張法律　界張法律〔一〕　金弘張法律　玄鏡
　雲保德
南院消息　龍張法律　劉法律　圖寶善　海清
　雲祥定
威儀　恩張法律　雲氾法律　圖宋法律　閻法律
　北院厠　開張法律　蓮張法師　金法真
　　道明　界慈保
南院厠　何法律　圖張法師　圖道惠
　滿成　福最
唱經　金受索法律　土宋法律（以下爲斯八五八三）雲李法律
恩張法律　程法律　龍永紹　法受　土法深　保會　智光
納色　界張僧政　鄧僧政　蓮張法律〔二〕
　右件諸司所請禪律大德律師等，
竊緣　釋迦留教，律寶朗然，纍
代精修，不聞隳壞。乃見邊方

安泰，法眼重興，道俗傾心，上下虔
敬。自從
司徒秉政，設法再役，河西改俗，□
風專慕，弘揚　佛日。今且四
方開泰，五穀豐盈，別建福
門，須置方等。前件大德僧首
判官，謹奉　明條，遵守律式，
存心勾當，幸勿殷（因）循。忽若檢教（校）
不周，一則虧陷律儀，二則却招殃
禍。准茲僉請，必不紊然。
右仰准此條流，不得違越者。天福捌
年二月十九日　　　　牓。

河西應管内外釋門都僧統龍晉。

說明

此件係以河西都僧統龍䛒名義發佈的報恩寺方等道場牓，方等道場是僧人受具足戒之道場，此件爲方等道場司向下屬諸司分派任務的文件。原件已從中間斷裂爲兩段，起首部分爲斯五二〇號，尾部爲斯八五八三號，兩段可直接拼合。兩件拼合後首尾完整，僅下部略殘。有關情況可參看郝春文《唐後期五代宋初敦煌僧尼的社會生活》第三四至三五、六五至六七、七二頁。又，此件起首、中間和尾部鈐有「河西都僧統印」三方。

此件中之寺名均用簡稱，「恩」，指報恩寺；「蓮」，指蓮臺寺；「圖」，指靈圖寺；「乾」，指乾元寺；「雲」，指大雲寺；「龍」，指龍興寺；「開」，指開元寺；「永」，指永安寺；「金」，指金光明寺；「界」，指三界寺；「土」，指淨土寺。

校記

〔一〕「界」，《敦煌社會經濟文獻真蹟釋録》四輯釋作「玖分」，誤。

〔二〕「張」，過去的釋文一般釋作「龍」。細核原件，書寫者是先寫作「龍」，後又用墨筆在「龍」字之上寫了一個「張」字。

參考文獻

Descriptive Catalogue of the Chinese Manuscripts from Tunhuang in the British Museum, p.246；《東方學報》（京都）三一册二一至二二頁（録）；《敦煌寶藏》四册，二五六頁（圖）；《敦煌社會經濟文獻真蹟釋録》四輯，一二八至一二九頁（録）（圖）；《敦煌研究》一九八九年四期七四至七五頁（録）；《英藏敦煌文獻》一卷，二四〇頁（圖）；《敦煌碑銘讚輯釋》二四四頁（録）；《唐研究》二卷，七〇至七一、九四頁（録）；《唐後期五代宋初敦煌僧尼的社會生活》第三四至三五、六五至六七、七二頁（録）。

斯五二二二　一　消滅交（教）念往生發願文

釋文

消滅交（教）念往生發願文

南無彌勒如來，應正等覺，願我含識，速奉慈顏。南無彌勒如來，助居内衆，願捨命已後，得生其中。南無彌勒如來，應正等覺，願隨彌勒佛，下生閻浮龍花三會，直至命終已後，但交（教）口念一切佛，骨肉不得哭泣，吸（及）或（惑）亂病人，心生顛倒，但知與念諸佛名號。一日已後，哭吸（泣）即得，莫交親骨肉男女妻兒近前，病人心生受（愛）變（戀）〔一〕，難捨命根也。

説明

此發願文與其他有原題之發願文格式不同。

此卷原有烏絲欄，卷背有蔣孝琬所書之數碼（朱書）和『消滅交念往生發願文』，未録。

校記

〔一〕『受變』，當作『愛戀』，據文義改。

參考文獻

《敦煌寶藏》四册，二五八頁（圖）；《英藏敦煌文獻》一卷，二四一頁（圖）；《首都師範大學學報》一九九六年二期六八頁（録）；《敦煌佛學·佛事篇》二六頁（録）；《敦煌願文集》二九三至二九八頁（録）。

斯五二二二　　二　數息觀門

釋文

者是數息觀門。

善男子善女人覺坐禪觀行者，先須斷除妄想，不起攀緣，心若死灰，身如枯樹，一切愛情，物須捨卻。空房之内，獨坐觀心，不動不摇，如同明鏡。善惡都莫思量，自然得見真性。湛然清淨，心如眼精相似。一切愛情，莫交染著。若有煩惱起時，須作白骨觀，先自然自身，從足至頂，皆如白骨相似，然后觀外邊一切樹木、園林、房舍、山河、大地，妻兒男女，飲食、衣服，皆是白骨。

説明

此件雖題『數息觀門』，但並未言及如何數息，只述及在坐禪時如何斷除妄想和煩惱。

參考文獻

《敦煌寶藏》四册，二五八頁（圖）；《英藏敦煌文獻》一卷，二四一頁（圖）。

斯五二二二　三　大乘四無量安心入道法要略

釋文

大乘四無量安心入道法要略

初至五更，端身正坐，棄諸妄想，外攝六根，正意思惟。觀至此虛空輪上想風輪，傍觀無餘，厚十六億俞（踰？）善那毗嵐猛風，持器世間。從風輪上想有水輪，厚八落叉；又從水輪上想有金輪，直至地面；自身坐處，純是金輪。又想自身，從足至膝，地大黄色，黄光阿字，以爲種子，成其日輪。從膝至腰，想水大白色，白光訶字，以爲種子，成其月輪。從腰至肩，火大赤色，赤光唵字，以爲種子；面作風大紫色，紫光娑縛二合字，以爲種子；頂作空大黑色，黑光訶字，以爲種子。變四大已，次將阿字，遍補支節，一切身分，即此阿字，是諸法種子，故乃至諸佛常色，亦從此生。故變自身，即成佛身，不須猶豫。阿字安頂上，想成螺髻；阿字安額，相（想）成白毫，放大光明，餘皆準知。須誦一切如來心陀羅尼一遍，安惡二字，安在頂上，以爲種子，從其種子，生一寶樹，是西方極樂世界。寶樹樹上無量壽佛，左右觀音、勢至二大菩薩，與萬菩薩眷屬俱，佛爲説法並有二蜜跡金剛力士，兼有無量蓮花化生。想自身在上品上位，蓮花臺上，合掌聽法，是西方業。須於腋中，想一乳海白色，從其乳海何（阿）字中出蓮花臺〔二〕，大如車輪，臺上想阿字變成圓壇。白色壇上安一縛子，白色，以爲種子，上安大空點，即成妄字，即成志子（字），變成大毗楞伽寶珠。猶如月輪，内外明澈，淨無瑕穢，放白色光，照耀天地。清涼寶珠力故，乳變清令，即起大悲與樂拔苦之心，其乳下流兼從寶珠出，霜雪共乳俱下，猶如大雲流注不絶，直至八地獄四門盡開，涼風來入，霜雪冷乳，灌注罪人，罪人各各仰面口張，注之飽足，一切苦其悉皆隱没，猛火消滅，鑊湯爐炭，變蓮花池；刀山劍樹，並皆摧折。

復從自身，出百千道神光，光中化佛，無量無邊，不可稱計，入八地獄，罪人無量，佛亦無邊。罪人見佛，稱南無。滅恒河沙罪，既滅已，生天淨土，不唱一人，地獄空曠。又於心上想一羅字，安大空點，既成囕字，下想乳海如前蓮花臺，臺安三角火壇，赤色壇囕字，以爲種子，字成火珠，猶如日輪。火珠力故，乳變成熱，熱乳灌注八寒地獄，日光照觸，冰山盡消。熱乳灌注罪人口中，光放化佛，一一好前，即乳道放餓鬼中，面回鬼趣，不可知所，恒沙乳道，灌注口中，誦四佛名㗚陀羅尼，餓鬼道中，一切罪人，悉皆飽滿，放化佛一如前説。即此乳道，放畜生道中，師子、虎、狼、駝、驢、象、馬，乃至蚊蟻，皆悉滿足，放光佛一如前説。即此乳道，放萬百億那由多恒河沙，三千大大千世界，微塵數衆生，皆悉飽滿，放光化佛。見佛身已，疾患者，皆得除差；正捨命者，皆得長壽；諸邪見者，皆入正見；牢獄離苦解脱；長道失路，令得本道；貧皆得富；六根不具，貌具其中；或有出家入道，證得四沙門果；無量衆生，發菩提心；修行萬六度四攝座金剛座，成等正覺；復度無量無邊，有情皆得道果。即此乳道，灌注三千大千世界，地居諸天大藥叉衆諸妹姉神，口中火出，食衆生精血，斷命根，乳入彼口，並皆滿足，惡心正（止）息[二]，放化佛光照其身，身心慈善，見佛懺悔，罪障消滅，發菩提心，當來成佛。從此灌注住七金山，及須彌山，堅守持鬙恒嬌天王，卅三天一一次第。至第六天，日天月天，五大星辰，廿八宿兼上色界，初禪二禪，三四淨慮，周遍一切，皆悉飽滿，放光化佛，如前無異。即此慈悲，無量世與樂拔苦行相成就，故此諸無量無所有情，離苦得喜。次起心隨喜，彼所得樂，即此無量也。從喜起捨起奢摩他鉢捨那，入無所得觀，觀二空埋住淨法界，今識成身。從四心後，起毗鉢捨那者照世，此四無量，皆是有相因果法。故若不起，寂照即離，不出三界，彼喜起捨，捨者心平等性也。此平等性，即平等大悲體也。捨以無貪善根爲性，即與（以）不望四無量報，無所得相應世。即從捨起毗鉢捨那照前，與樂拔苦因之與果，一切皆空。誦衆生類在三界内，苦樂之中，一切衆生性空無，既無實體，亦不生不滅；既無生滅，寧有苦樂？既無無樂者，若得樂者，亦無與樂者，此内外俱空也。内外空故，心無所依；心無所依，故順奢摩。他即空相，應名奢摩；他世定寂世，即無取捨。即了無所依，得由（猶）無所得，無所不得，建（既）無所不得，即佛果自成。若事了已，收去四大。口語心念應云，四大各歸本所轉聖，四大成凡四，將此福分，迴施一切有情及諸善神等。隨情了已，即發願云：我願此福作淨土因，臨命終時，心莫顛倒，乃至同斯願海等，此即往生因也。更有成身合識，轉凡作聖等義，即應口傳，不合妄語，抄出恐爲小根誹謗，作三途因四鎮。

説明

此件對研究禪法與密教的結合具有重要意義（參看田中良昭《敦煌禪宗文獻の研究》五一一至五一

二頁）。

校記

〔一〕「何」，當作「阿」，據文義改。
〔二〕「正」，當作「止」，據文義改。

參考文獻

《禪宗文獻の研究》五一一頁(R)；《敦煌寶藏》四册，二五八頁（圖）；《英藏敦煌文獻》一卷，二四一頁（圖）。